/学/思/语/言/学/丛/书/

现代汉语情态系统与表达研究

范 伟 ◎ 著

RESEARCH
ON MODALITY SYSTEM
AND EXPRESSION
IN MODERN CHINESE

中国社会科学出版社

图书在版编目(CIP)数据

现代汉语情态系统与表达研究 / 范伟著 . —北京:中国社会科学出版社,
2017. 12

(学思语言学丛书)

ISBN 978-7-5203-1934-8

Ⅰ.①现…　Ⅱ.①范…　Ⅲ.①现代汉语-语言表达-研究　Ⅳ.①H109.4

中国版本图书馆 CIP 数据核字(2017)第 329991 号

出 版 人　赵剑英
责任编辑　任　明
特约编辑　李晓丽
责任校对　王佳玉
责任印制　李寡寡

出　　版　中国社会科学出版社
社　　址　北京鼓楼西大街甲 158 号
邮　　编　100720
网　　址　http://www.csspw.cn
发 行 部　010-84083685
门 市 部　010-84029450
经　　销　新华书店及其他书店

印刷装订　北京君升印刷有限公司
版　　次　2017 年 12 月第 1 版
印　　次　2017 年 12 月第 1 次印刷

开　　本　710×1000　1/16
印　　张　22.5
插　　页　2
字　　数　369 千字
定　　价　89.50 元

序

　　现代汉语语法研究中，情态研究一直是一个比较薄弱的环节，这在世界范围内语言学"情态热"的当下，"薄弱"就显得更为突出。究其原因。大概有两点：一方面，从作为一个语义范畴和语法范畴的情态本身而言，汉语学界对情态的定义、情态的类型、情态的表达方式、情态和语气的关系、情态和句类的关系等都缺乏统一的认识，争议颇多，导致情态热的降温；另一方面，从目前已有的研究成果看，普遍存在着层次不高的情况：在研究取向上，针对个别助动词的零散研究较多，对情态进行系统、整体描写的研究较少；在研究对象上，对情态在词汇层面上的研究较多，大都关注助动词和副词的表达方式，而在句法层面上的研究偏少，对小句的情态隐喻少有学者关注；在研究方法上，在传统的功能主义框架下的研究居多，引入较新的认知语法理论、构式语法理论对情态在现代汉语小句层面所具有的功能的研究则很少见到。范伟的新著《现代汉语情态系统与表达研究》一书的出版，在一定程度上弥补了汉语情态研究的一些不足，书中的许多分析和解释，会让读者有一种与以往不同的感受，这种新意体现了这本专著的质量和层次，值得关注情态研究的学者细细研读。

　　情态是一个非常复杂的语义概念，但其内部却有高度一致的语义特征——可能性大小的程度差别。如认识情态表达说话人对命题为真的可能性的推断，推断有把握大小的不同；道义情态表示促动命题成真的外部要求的强制约束力的大小；动力情态体现行为主体能力的大小和意愿的强弱。除了情态语义的这一量级特征，原型性特征是情态的另一个重要特征。《现代汉语情态系统与表达研究》通过对情态语义小类之间的交叉现象的考察，列出情态语义次范畴的原型性等级，说明情态是一个原型范畴，其内部成员有典型性程度的差异。值得赞颂的是，作者从形式的角度根据语言单位的不同语法表现对情态范畴所做的分类，提出的成分情态和构式情态两个概念，体现了作者对汉语的深刻理解和对汉语情态表达形式高度概括的一种能力，是值得肯定的。这样的分类是从形式的角度出发的，但是有逻辑基础，与语义上认识、道义、动力的情态三分结果并不冲突；这样的分类是从表达的角度出发的，"穷尽式列举"的许多表达形式，都是以往被学界忽视的，无形之中扩大了情态研究的范围。情态分类上的创新是本书的一大特点，这对汉语情态研究来说是具有重要的参考作用的。

受构式语法理论的启发，作者认为情态的表现形式不仅限于以往研究中的语法实体单位——词类，这在语表上有显性标志，是句子独立的构成成分；而且还包括凝固性和规约性较强的语法构式。《现代汉语情态系统与表达研究》结合现代汉语的实例，深入探讨了情态的这两种形式类型之间的关系，并对同义情态成分与情态构式的功能差别进行了分析。难能可贵的是，这本专著从构式语法的角度对现代汉语的情态表达系统进行观照，在文献资料、工具书和语料库的基础上，搜集并列出现代汉语中各类型的情态构式，同时附以例句说明，这在同类专论汉语情态的著作中是不多见的。例如"断定型认识情态构式"作者列举如下 18 类："不……才怪；非……不可$_1$；……，就更不用说（……）了；要……了；怎么说/怎么着也……；不 X 则 Y；要 X 早 X 了；有得 X 了；（没）有 X 就（没）有 Y；这下可 X 了；X 不到哪儿去；N 不 X 谁 X；N 才不 V 呢；N 有你（们）V 的；X 不了；X 了去了；X 的还在后头；X 定。"这种基础性的材料收集工作是十分辛苦的，"挂一漏万"的诟病时有发生，没有高度的责任心和献身精神是不会去作这方面的研究的。材料丰富是本书又一特点，作者在构建现代汉语的情态形式表达系统的同时，事实上也构建了汉语情态研究的一项基础性工程。

《现代汉语情态系统与表达研究》一书是在博士学位论文的基础上写就的，当初论文做完，范伟意犹未尽，她在毕业论文中写道："从系统的角度看，现代汉语情态的各种表现形式都值得作个案研究，它们表达情态语义的特点，与其他相近形式的语义、功能等各方面的差别等等，都是可以开垦的领域。"在修改论文的过程中，她又增加了第八章"复句与情态"和第五章"'大不了'的情态语义及其来源"。特别是第八章，从情态的角度对现代汉语复句系统的研究，确实也是一个创新之处。单句结构中情态意义的使用和表达比较容易把握，研究也较多，但对复句结构中情态意义的存在方式和表达特点的系统考察，在汉语情态研究中尚属首次。

其实，创新也可以看作这本书的一个鲜明的特点，前面介绍过的情态分类可以看成是研究理论上的创新，复句的研究则可以看成是研究范围上的创新，这种创新反映了作者在学术研究上的探索精神。创新在书中时有闪现，例如构式情态的特征描写，例如"大不了"的语义演变，从情态角度对复句的分类，"X定$_1$"和"X定$_2$"的区分，等等，这些章节都写得很精彩，值得读者关注。

说到作者的探索精神，在论文的选题上就可以反映出来。范伟当初做这个题目的时候，我们两人是有争议的。我不是太赞成她选择"情态"作为博士论文选题，我自己长期研究汉语的语气成分和语气系统，深知情态的复杂。我甚至夸张地跟她说，"情态"是杀手，专杀女生，这是个适合男生做的题目，希望她能放弃这个选题。她说她要好好地思考思考，几天之后，过来跟我说，她还是希望做情态，希望在这个男生擅长研究的题目上作些探索。作为在职研究生，三年能够如期毕业是很不容易的，何况还要在这么艰深、晦涩的课题中耕耘。范伟毕业已经七年了，我到现在还在许多场合说起，情态真的是"催老"的杀手，曾经把一个漂亮的青年女教师，短短时间里变成中年女教师了。三年时间里为了这个选题，范伟付出了很多，读者现在看到的《现代汉语情态系统与表达研究》一书，字里行间渗透着作者的心血、作者的汗水、作者的操劳和作者的辛苦，还能隐隐约约地看到当年范伟的挣扎、努力与奋斗，还有她的殚精竭虑和尽善尽美。

范伟做博士论文的那种"衣带渐宽终不悔"的精神，是她立志高远的表现。当下，有高大志向的人不少，但成功的人并不多。为什么，只是因为都不愿意"脚踏实地"，浮在半空谈信念，谈理想，是现在的时代病，在学术界也不少见。范伟是愿意脚踏实地的，在我的博士研究生中，她是扎扎实实、兢兢业业的典范，有两件事可以证明。在读期间，范伟参加《现代汉语语气成分用法词典》的编撰工作，任这部词典的副主编，我曾在这部词典的后记中写过："带着五位研究生，一干又是两年的时间，其间与责任编辑的往来，全是范伟在那里扛着，其中的甘苦她体会最深。"编词典的人都知道这是"实在活"，来不得半点虚假，后来词典在上海市哲社评奖中获得著作奖，范伟居功甚伟。再有一件事就是她自己在本书后记中所说的，"原以为可以工作、学习两不误，但那是让我敬佩的榜样才能做到的，事实证明我只能一个时间做一件事"。这是她博士毕业后在单位里工作时的真实写照，学院压在她身上大量的专业建设、教学管理的工作，她都完成得很好，当然牺牲也是很多的，包括牺牲了做学问的时间和精力。可见立志高远不容易，而脚踏实地更难。

还想说说范伟在做学问时"专一"的问题。专一是和脚踏实地紧密关联的，也只有脚踏实地的人才能做到专一。当今的学术浮夸被许多人所不屑，但现有的评价机制又不得不让很多人掉入浮夸的泥淖，这是一种悖论，很多著名学者都会深陷其中走不出来。这种时候提倡专一，确实会被一些人看作"不识时务"，但范伟就是这样做的。范伟不是生活在真空里，环境会对她有影响，周围有的人拿了课题，有的人发了文章，有的人提了职称，不是没有触动过她。"七年磨一剑"，支撑她的是对学术的一种坚持，这种专一也不是谁都能做到的，安于寂寞，乐于清贫，才有今天这本专著的问世。

有一年我到南京讲学，范伟跟我说到她儿子，说她儿子在学国际象棋，现在已经会"三步杀"了。"三步杀"是国际象棋中的一个术语，意即可以看到"三步"之后的"杀着"了，这是棋艺到了一定水平之后的表现。范伟自己现在的学术研究，也到了"三步杀"的局面了，再向前迈进一步，就会有丰硕的成果问世了。就如范伟在本书后记中所说，"儿子的优秀常常激励着我，我也应该不懈努力，跟儿子一起进步，在学术上不断成长"。人生到了范伟这个年龄段里，负担都是很重的，"累，但努力着"，这是范伟目前的状况。期待着范伟能够百尺竿头更进一步，取得更好的成绩。

也把这样的祝愿送给和范伟同样状况的青年学者们。

齐沪扬

2017 年 6 月梅雨季节于杭州仓前

目　录

第一章 绪论

第一节 研究的论题及缘起

本书主要研究情态的相关问题。所谓情态，概括地说就是说话人对句子命题可能性情况的观点或态度，包括句子命题内容的真实性、事件发生的可能性等。情态是世界语言中普遍存在的一个语义范畴，在不同语言中有着丰富多样的表现形式。人们运用语言来反映客观世界，表达主观思想，情态是言语的重要内容。研究语言也避不开情态，语言学史上许多流派都或多或少地涉及对情态的研究。国外系统的、较为全面的情态语义研究始于20世纪七八十年代，以英语为主要研究对象，探讨情态的语义内涵及形式表现等，取得了丰富的研究成果。近年来，随着语言学理论的深入发展，情态研究的视角、领域得到不断的更新和扩大，比如说从跨语言类型学的角度考察不同语言中的情态类型及表达特点等，具体表现下文详细论述。

本书旨在探讨和尝试创建现代汉语情态语义系统及其形式表达系统。在现代汉语语法研究中，情态研究相对来说还是一个比较薄弱的环节。从汉语语法研究史上来看，有关汉语中情态语义方面的内容，学者们很早就已经注意到。比如说对汉语助动词的考察，对可能、许可、必要与说话人的判断、猜测、意愿等主观概念的分析，对汉语语气系统所作的各种研究等，都涉及情态语义的相关内容。但总的来说，早期的研究大多附于词类等其他语法研究之内，并没有情态的专题研究，自然也不成系统。当代的汉语情态研究刚刚起步，主要借鉴西方语言学情态研究的理论和方法，结合汉语事实进行相关分析和考察。2002年4月召开的第十二次现代汉语语法学术讨论会以情态为其中的一个主题，说明情态研究所受的关注度开始提高。近年来，有关情态问题的单篇论文、博士学位论文及专著不断涌现，国际国内学术会议中探讨情态问题的论文也时有所见，2014年10月召开的第十八次现代汉语语法学术讨论会又以汉语的情态作为主要议题之一。这些现象都表明，情态的视角和方法逐渐受到重视，汉语情态研究的成果也在不断丰富。但总的来看，现代汉语的情态研究相对来说仍不算热门，远未达到蓬勃发展的地步，即使在列为议题之一的学术研讨会中，提交并入选论文集的情态方面的论文仍是少数。因此，现代汉语情态的系统研究，包括语义系统及形式表达系统的整体考察及其个性特点的深入发掘仍然需要大量的努力。

从情态的角度探讨现代汉语中某些语义、语法问题，发掘语言中客观内容与主观成分的运用规律，进而从整体上把握现代汉语情态语义系统及形式表达系统是本书的出发点和目标。国外情态研究的理论、方法和成果以及现代汉语的相关情态研究奠定了本书的研究基础，本书将立足于汉语事实，对现代汉语情态语义内涵及表达形式作一系统考察，并对具体的情态成分、情态构式等现代汉语情态表达手段进行个案分析。

第二节　国外语言学中的情态研究

一　情态研究的逻辑学渊源

语言学中的"情态"（modality）术语来源于逻辑学中的"模态"（modality）一词。在模态逻辑（modal logic）中，模态的意思就是"可能"和"必然"。其中有客观存在的可能性与必然性，如"人都必然会死"就是一个模态命题；也有认识中的可能性与必然性，如"恐龙的灭绝可能是因为气候的突变"。恐龙灭绝已是事实，这一模态命题中的"可能"只是表示说话人对造成这一事实的原因存在主观不确定性。模态逻辑以命题的真值状况为研究的依据和中心，探讨模态意义的分类及各自不同的形式结构。如 Von Wright（1951）把模态分成真值、认识、道义、存在四种模式，Rescher（1968）则分出八种模态意义类型，包括真值模态、可能模态、原因模态等。① 逻辑学的模态研究引起了语言学家对表达模态

---

① Rescher 的八类模态意义为："真伪情态"（alethic modality）、"认知情态"（epistemic modality）、"时间情态"（temporal modality）、"意愿情态"（boulomaic modality）、"义务情态"（deontic modality）、"评价情态"（evaluative modality）、"因果情态"（causal modality）、"可能情态"（likelihood modality）。转引自彭利贞（2007：13）。

命题的语言形式的兴趣，从而产生了自然语言的情态研究。

语言学中的情态研究借鉴于模态逻辑的研究。可能性与必然性被视为情态概念的逻辑核心，国外早期的情态研究对情态语义的判定都与其逻辑内容密切相关。如 Fillmore（1968）认为句子是由"情态+命题"的方式组成的，诸如否定、时态、体、语气等命题之外的句子成分都属于"情态"的范围；Lyons（1977）把情态看作"命题以外的成分"；Steele（1981）等认为情态包括可能性与必要性的概念；Perkins（1983）把情态定义为"可能世界"；等等。在模态逻辑研究的影响下，语言学家认定下来的情态意义的涵盖范围很广，几乎任何带有从属子句的命题都是带有情态的命题。包括真实性、可信性、愿望、要求、评价、可能性，甚至时间、原因等概念也算在内。随着情态研究的独立、深入发展，情态的语义本质中摒弃了真值、时间等相关逻辑因素，但"可能性与必然性"这个基本逻辑成分仍然是情态语义得以确立的基础。虽然直到目前为止，关于情态的语义范围、分类方式及结果等还存在着较多分歧，但"可能性与必然性"作为情态的核心内容基本上为学界所认可。情态被定义为说话人对句子命题内容的观点和态度（Lyons，1977；Palmer，1986），其中典型的情态语义就是说话人对命题为真及成真的可能性的判定。这些都体现了逻辑根源对情态研究的深远影响。

二　情态的语义内涵研究

语言学史上各个流派基本上都涉及情态语义的研究，但因为各流派的学术背景不同，研究的出发点和目标及研究的方法都有所差异，因此对情态语义的认识与界定并未取得一致的意见。传统语法将情态的意义等同于情态助动词表达的意义，也就是在研究情态助动词的语法属性的同时，将其表达的允许和可能、强制性和必要性、意愿和预见等意义称作情态或语气（Mood）。传统语法基本上将情态看作一个句法范畴，而非语义范畴，对它所作的研究也是在助动词范畴内考虑的（Quirk，1985）。

Lyons（1977）较早系统地从语义学的角度研究情态的本质内涵，并将其定义为说话人对句子命题内容的真实性（the truth and falsity of propositions）所抱持的观点和态度，可能性与必要性是情态的逻辑核心。Lyons对情态语义的界定基本上为后来的学者所认同，他们在 Lyons 情态定义的基础上对情态的语义内涵作了更为细致深入的探讨，如 Palmer（1986）

进一步将情态解释为说话人的主观态度和看法在语法上的表现。至于可能性与必要性概念，他认为并不是情态的必要条件。有的语言不通过这两个概念传达情态意义，而是根据说话人所持有的证据类型来传递他的观点和态度。另外像英语的能力、意愿等意义也不与可能性和必要性的情态本质直接相关，但却与表达典型情态义的情态助动词拥有相同的语法形式。因此，Palmer 认为客观描述主语能力、意愿的意义也应该算作情态。Palmer 对 Lyons 列举的带有评价意义的副词，如"frankly、fortunately"进行了分析论证，并将其也归入情态范围之内。总结 Palmer 的观点，他的情态意涵就是说话人对句子命题的真实性及成立的可能性的态度，涉及可能、必要、道义（或义务）、能力、意愿、评价等。

Perkins（1983）认为情态与可能世界密切相关，人类常常假设事件在一个非现实的世界中是否成立，而这些非现实的"可能世界"就是情态。因此，Perkins 将情态的语义范围限定在表达尚未实现的事件或非现实命题的概念之内。而像英语的"good、amazing"等所谓的评价情态词由于其功能是对现实世界中已发生的命题进行评价，预设命题已经成立，与非现实世界中的可能性无关，因此不属于他所界定的情态。

Bybee 与 Fleischman（1995）在其主编 *Modality in Grammar and Discourse* 一书的序言中介绍了他们对情态语义的看法，他们认为情态是语义范围涵盖很广的一个语义域（semantic domain），其中包括祈使、意愿、怀疑、感叹、假定、潜力、义务等语义概念。这些情态意义添加在意义最中立的句子命题，即事实性（factual）命题和直陈性（declarative）命题之外。

Taylor（2002）等认知语法学家认为情态是句子的背景内容，情态表达式是说话人对句子情境可能性进行评估的反映。情态的力量（force）有强度（strength）的差别，涉及可能、必然、心理状况（意图、计划等）、社会准则、逻辑、常识等。从发展的角度看，情态表达式从表示物质世界的可能性到反映认识世界的推理和评估，这是一个主观化的过程（Langacker，1990）。

Nuyts（2005）认为情态是一个应用面很广的概念，不仅包括说话者对事件状态的修饰认定，甚至还包括诸如时、体等其他维度的表现。

三　情态的语义类型研究

情态的语义内涵十分丰富，语言学家从不同的角度对其进行了分类。

Lyons（1977：327—335）的情态类型包括真势情态（alethic modality）、认识情态（epistemic modality）、道义情态（deontic modality）。真势情态表示必然或偶然成立的命题（truth and falsity of propositions on several occasions）；认识情态表示说话者知道或相信的命题（know or believe it to be true）；道义情态表示说话者认为道义上（包括客观道义及说话者自身的意志）可能或必须完成某行为或动作（the imposition of obligations）。Lyons 的情态分类对后来的情态研究影响很大，很多学者沿用他的名称。当然共用同一术语，其含义并不一定完全相同。

Palmer 长期从事情态研究，其经典著作 *Mood and Modality*（1979；1986；2001；2007）随着研究的深入不断完善。Palmer 在该书最新的版本中以类型学的视野构建了命题情态（propositional modality）和事件情态（event modality）两大对立的情态语义系统，其中前者又包括证据情态（evidential modality）和认识情态，后者包括责任（deontic）及动态（dynamic）情态[①]。Palmer 在 Lyons 情态分类的基础上增加了动力情态一类，以照顾到同样以情态助动词的形式表达的与主语有关的能力、意愿等意义。Palmer 的情态语义划分比较有代表性，广为认同和沿用。

Coats（1983）基于英语情态助动词的句法特征，把 Lyons 的情态修正为认识情态和根情态（root modality）。她把道义情态改为根情态的理由是，道义情态只是要求和许可的意义，而非认识情态还包括很多其他的意义，这些意义与道义情态意义有着句法上的一致性，理应划归一类，即与认识情态相对立的根情态。Coats 的根情态实际上也包括了后来所说的动力情态，她认为在与认识情态的对立上，道义意义与动力意义拥有某些共性特征。

Perkins（1983）将可能世界的情态语义分为认识、动力和道义三类，与 Palmer 大致相同。Perkins 的视角比较独特，他认为说话者判定命题为真或成真的依据在于不同的法则（law），如道义情态就是与特定社会法则相关的行为规则，而动力情态则与物理、生物等自然法则相关。

Quirk（1985）分出的内在情态（intrinsic modality）和外在情态（extrinsic modality）与 Coats 的认识情态和根情态相对应。名称的改动意味着

---

① "责任"及"动态"译名为李战子审订，见 Palmer《语气·情态》，世界图书出版公司 2007 年版。

研究的视角有所不同。内在情态表达许可、意愿与要求，牵涉人对事件的掌控；外在情态指可能性、必要性与预测等，不以人的意志为转移。

Sweetser（1990）提出了"言语行为情态"（speech act modality），从情态的语用功能角度考察情态的意涵及形式表现。她的主要研究对象是所谓的"言语行为动词"，如"坚持、建议、期望"，它们在实际的句子当中也可以表达认识、道义等情态语义。

Bybee 与 Fleischman（1995）等考察了英语以外的多种其他语言中的情态表达，对情态的语义范围和类型进行了重新界定与划分。除了认识情态，他们还提出了施事情态（或主语取向情态）（agent-oriented modality）和言者情态（或说话人取向情态）（speaker-oriented modality）。施事情态指跟句子主语有关的，或者说主语完成动作的情况，包括能力、意愿、义务、许可等。言者情态是指句子命题内容的实现是说话人驱使的，包括命令、祈愿、允许等。

综上，外国情态语义分类研究可整理如表 1-1 所示。

表 1-1　　　　　　　　　　西方代表性情态分类对照

		情态类型							
		Lyons	Palmer		Coats	Perkins	Quirk	Sweetser	Bybee 等
情态语义	真实可能性	真势情态 认识情态	认识情态	命题情态	认识情态	外在情态	认识情态	认识情态	认识情态
	许可、要求、责任	道义情态	道义情态	事件情态	道义情态	内在情态	根情态	施事情态 言者情态	根情态
	能力、意愿		动力情态		动力情态			施事情态	
	评价		道义情态						
	言语行为						言语行为情态		

四　情态的形式表达研究

情态的表达方式的研究并不是孤立进行的，它与情态的语义研究相辅相成。有的学者（如 Coats）甚至并未定义情态的概念，即从情态的主要表达手段助动词的语法特征入手，回溯助动词表达的情态语义。

一直以来，国外情态研究的主题之一就是探讨情态概念在英语这种语言中的形式表现，其中以情态助动词的研究成果最为丰富。如 Palmer（1979；1990）根据情态的核心语义"可能性"与"必要性"，将英语的主要情态表达手段框定为情态助动词。同时，出于语法形式与意义的一致性考虑，他把英语中情态助动词表达的非"可能""必要"的意义，如能力、意愿、评价等也归到情态语义中来。包括 Palmer 及其后的许多英语情态研究者（如 Coats，1983），实际上都是把情态这个语义范畴与英语的情态助动词这个句法范畴对应起来的。

Perkins（1983）在其专著 *Modal Expressions in English* 中探讨了英语中各种表达情态语义的形式，已经突破了情态助动词的范围。Quirk（1985）则在描述英语语法系统时，涉及助动词，从而对"情态"一词进行了定义。他们是以形式属性来确定英语的情态助动词的范围，再以情态的定义说明这类词的语义共同点。

Bybee 等（1995）通过对英语以外的许多语言的考察，发现除了助动词，情态语义还可以由动词（及其屈折形式）、非黏着（non-bound）的助词等表达。

情态在不同语言中的落实各有特点，Frawley（2005）汇编的论文集 *The Expression of Modality* 中可以找到英语以外的多种语言的情态表达手段。如 Haan 就总结出了如下八种形式的情态成分：

①模态助动词（modal auxiliary verbs）。即一般意义上的助动词。

②语气（mood）。如英语的虚拟语气。

③模态词缀（modal affixes）。如 Tamil 语和土耳其语中附加在动词之上的情态标记①。

④词汇手段（lexical means）。作者没有具体说明和举例，陆丙甫（2008）认为可以理解为名词"可能"或"能力"等。

⑤模态副词和形容词（modal adverbs and adjectives）。如英语副词 maybe、probably、supposedly、necessarily 及俄语形容词 dolžen 等。

⑥模态标记语（modal tags）。如英语 *I think*，*I guess*，*I believe* 等。

⑦模态小词（modal particles）。这种情态表达手段在英语中并不常

① 陆丙甫（2008）补充的日语中"可能式"形态后缀"-rareru 或-reru"就是一种模态词缀。

见，特别是英式英语中。但在美式英语中有所使用，Haan 举了 "*too*"
"*so*" 两个模态小词，认为其功能在于表示 "与所说或所想相反"。Haan
还提供了德语及荷兰语的例子，并讨论了模态小词的句法位置等。

⑧模态格（modal cases）。Haan 指出澳洲北部的一些语言中，名词的
格标记可以表达模态意义，如 Kayardild 语中的 "-*u*"。

这本论文集中的另一位作者 Munro 在其论文 "Modal Expression in
Valley Zapotec" 中谈到萨波特克语（Zapotec）① 中时体标记也可以表达情
态，而且是主要的情态表达手段，从句法位置上看常位于句首②。另外还
有助动词、实义副词及第二位置附着形式（the second position clitic）
" '*zhyi*' "。

在世界的众多语言中，与情态语义相对应的形式系统千差万别，缺
乏一致的判别标准和判定结果。对汉语中的情态表达手段进行分析鉴
别，为世界语言的情态研究提供个别语言的实例，无疑具有重要的类型
学意义。

五　情态研究的新进展

当前国外的情态研究视野更为开阔，研究领域更加广泛，研究的理论
和方法也愈加成熟，成果非常丰富。比如，Palmer（2001）从类型学的角
度，在掌握了世界近 70 种语言相关材料的基础上，考察了不同情态类型
在不同语言中的表现，充分证明了情态是人类语言共有的一个语义概念，
同时在不同语言中又有自己的个性特点。另外很多学者还开拓并发展了以
下研究领域：不同情态类型的专题研究（Heine，1995；Coats，1993）；
情态与语气、时态、体等语法范畴的关系研究（Haiman，1992；Bybee，
1995）；情态语义概念及不同类型情态的习得研究（Guo，1994；Choi，
2006）；情态的话语理解及言语行为功能研究（Sweetser，1990；
Parafragou，2000）；情态的历时发展及不同情态类型之间的相互衍生和发
展关系研究（Traugott，2002）；个别语言的情态系统及专题研究（Choi，
1995；Li，2003）；等等。

---

① 在今墨西哥 Oaxaca 地区附近。
② VZ 语是 VSO 语序的语言，其时体情态标记表现为动词的屈折前缀，因此位于句首。

第三节　汉语情态研究概况

当下的汉语情态研究基本上是在借鉴西方语言学情态研究的理论和方法的基础上进行的，然而在汉语语法研究史上，有关汉语中情态语义方面的内容，学者们则很早就已经注意到。

一　关于"情态"名称的使用

汉语情态研究中的"情态"这一术语是在翻译介绍西方相关理论时使用的，而在西方现代语言学研究中，"情态"又源自逻辑学中的"模态"，另外还有"语气"（mood）一词与"情态"的形式及意义联系密切。因此，这几个术语无论在西方语言学研究还是在现代汉语的语法研究中都曾出现，但所指却不尽相同。另一方面，以往的汉语研究中也有涉及与情态语义及其表现形式相关的内容，却没有使用这几个术语的情况。因此，在梳理文献中的情态研究，开展我们的情态研究工作之前，首先有必要厘清"情态"名称使用的复杂状况。

（一）情态义非"情态"名

追溯汉语语法研究史，我们发现有关情态的概念及表达早已论及，但使用的术语并非"情态"一词。如《马氏文通》（1898；1983：183—185）"助动字"一节中提到一个句子中有"势"的存在，这种"势"是"可、足、能"等助动字所表达出来的关于其后动作的发生情况。

何容《中国文法论》（1985：149—153）提到汉语中"mood"与句类的关系，而这一论题的很多内容都与后来的"情态"概念有相似之处。

吕叔湘《中国文法要略》（1942；1982：246—258）探讨了很多情态语义方面的现象，而且分析及分类都非常详细。比如由助动词表达的"可能、必然、能力、许可、必要"等情态语义在这部著作中都有论述，一些概念还作了进一步的类别分析，如"可能"还可分为三种情况等。吕先生虽未明确提出"情态"的概念，但他对助动词表达的语义系统、助动词的多义现象及语法表现等所作的研究是相当全面和系统的。

王力《中国现代语法》（1943；1985：69）谈到语言运用中"掺杂"

着说话人的判断或猜测、意志或心愿等，并对其语言表现形式作了分析。可以看出，王先生所说的语言中的非客观内容与后来的情态语义内容有很多重合的地方。

高名凯《汉语语法论》（1948）分析了"能"的语义特征，包括"可能""应然""许可""意欲"等，并将表达这些语义概念的词称为"能词"。

较近时期的汉语语义分析中，有关情态的研究常常会见到"模态"和"语气"两个术语。这两个术语所包含的语义内涵与"情态"既有联系，又不尽相同。

范开泰（1988）、黄乃辉（2002）、陆丙甫（2008）等的相关研究以"模态"为名。如范开泰把模态语义分为真值模态义、道义模态义和意愿模态义，并对每一种语义类型作了进一步的下位细分。他还注意到不同语义类型之间的蕴含关系、汉语情态动词的多义现象及多层次的模态语义结构等。范开泰是较早地参照模态逻辑对汉语事实进行情态研究的学者，他的"模态"语义研究为后来的汉语情态研究提供了很多有价值的观点。

黄乃辉探讨了汉语模态词对主语指称的制约情况；郭继懋（2002）对"必须"与"不能不"表达"必然肯定模态"意义时的差异作了分析；肖奚强（2002）对模态副词的句法语义特征进行了分析；邓玉琼（2006）考察了现代汉语或然模态词的语义、语形特点及表达功能；陆丙甫从类型学角度研究了模态动词所表达的模态意义的形式落实，他认为采用"模态"的说法"有利于语言研究跟逻辑研究的接轨"。中国台湾学者蔡维天（2009）考察了汉语模态词的语法特质及其语法化的历程，认为汉语模态词很多"有趣的用法"凸显了句法和语义间的映射机制，模态词的分布和诠释存在一定的对应关系。

"语气"研究无论是在西方语法学还是在汉语语法研究中都有很长的历史，文献浩繁，成果丰硕。就汉语语气研究来看，初期的研究"只是在词类的层面上涉及语气问题，讨论的重点放在语气词的作用上，而不是在语气的如何表达上"（齐沪扬，2002）。如《马氏文通》中的"传信虚字""传疑虚字"，《新著国语文法》中列举的"了""啦""吗"等语气助词。这个时期研究的语气词表达的语气作用并不是情态语义的内容。后来各家从语句表达、句子分析、命题类型等角度对"语气"作了更详细、深入的探讨，虽然认定的语气的范围类型并不一致，如王力认为语气是

"语言对于各种情绪的表示方式"，吕叔湘狭义的语气指"概念内容相同的语句，因使用的目的不同所生的分别"①，但都受到西方语法学中语气研究的一些影响，自觉将语气视为一个语法范畴，并涉及情态的相关内容，如王力的"揣测语气"，高名凯的"疑惑命题""命令命题"等。不过，之后很长一段时间汉语学界并没有延续对语气的语法范畴的研究，也许是观察到汉语事实与西方语言语气表达的差异，因此，对语气的认识基本上是作为句子分类时的一个标准，将句子分为陈述句、疑问句、祈使句、感叹句四种句类，各句类表示相应的语气。这种认识的认同度还比较高，大多数的语法教材一直沿用此说。

　　较近时期学者们论述的"语气"与情态的所指愈加接近起来。贺阳（1992）的语气就是 modality（情态），但涵盖范围比情态要广，既包括命题的交际功能层面的陈述、疑问、祈使、感叹，还包括说话人针对命题内容的评判和情感，如履义、能愿、模态、诧异、侥幸等。孙汝建（1999）也将 modality 称作语气，但与贺阳不同，他认为狭义的语气只有四种：陈述、疑问、祈使、感叹，广义的语气还包括肯定、否定、迟疑、活泼等口气。实际上，孙汝建的语气主要还是指四种句类，语法形式以语气词为主，与情态的可能性与必要性等核心概念基本无关。

　　在对相关研究进行分析、改进之后，齐沪扬（2002）构建了一个更为全面合理的现代汉语语气系统。该系统分为"功能语气"和"意志语气"两大类，前者包括"陈述语气""疑问语气""祈使语气""感叹语气"等功能类型，后者包括"可能语气""能愿语气""允许语气""料悟语气"等，其中涉及"或然""必然""能力""必要"等概念。可以看出，"意志语气"中各语气类型表达的"语气"意义基本上涵盖了一般认同的情态语义——认识（可能/必然）、义务（允许/必要）、动力（能力）义。齐文划分出的两大语气类型边界清晰，功能各异。"功能语气"着眼于"说话人使用句子要达到的交际目的"，"意志语气"着眼于"说话人对说话内容的态度或情感"。我们认为，功能语气与意志语气的区分恰好可以对应汉语中的语气范畴和情态范畴。这种处理的缘由我们留待第二章再详细说明。

　　其他关于汉语语气的著作或论文有个案研究，有历史考察，也有方言

---

　　①　此处及下文相关论述可参见齐沪扬（2002：9—16）。

视角。总的来说，这些研究多侧重语气词的语法特点及语义、表达上的功能，涉及的内容虽与情态有些关系，但仍是从形式到意义的观照，与情态研究的出发点、思路和方法都有所不同。

（二）"情态"名非（典型）情态义

"情态"一词时常出现在现代汉语语法研究的文献中，但它所代表的意义往往与使用者的个人理解有关，存在着较大的分歧。比如有学者在研究动词的态时用到"情态"一词，是指"事情的状态"的意思。如王力《汉语语法纲要》："……只要说话人想表示那事情终结时的情态，都可以用'了'字表现出来。"这个意义上，"情态"与动词的情貌、态等意义相同。甚至有观点直接将表示动作与主体关系的动词范畴"态"（包括主动态、被动态）等同于"情态"（高更生，1992）。

黎锦熙《新著国语文法》中明确出现并定义了"情态词"术语——"表示说话人的意趣、情感或态度的词，就叫作情态词"。这部语法著作把"情态词"分为帮助造句、表示说话人神情的"吗、哇"类（笔者按：语气词）和"啊呀"类叹词，侧重词类范畴及说话人对听话人的态度，而非说话人对命题本身的观点，与表达可能性的"情态"存在一定距离。

在众多语法著作中，我们还会看到"情态副词""情态补语""情态状语"等术语。如"情态副词"是指表示情势、方式、状态的副词，像"偷偷、大肆、亲自、一起、横着"等（吕叔湘《现代汉语八百词》）；"情态补语"是指描写中心语动词所表示的动作或与动作有关的人或事物的情态的补语，这里的情态有"情况、状态"的意思。如"睡得很晚""看书看得忘了吃饭""写得铅笔尖都秃了"等（刘月华《实用现代汉语语法》）；"情态状语"是指表示行为变化的情景和状态的补语，如"静静地""像暴风雨一样地""横七竖八地"等。这些术语应用在很多语法教材及词典中，在理论研究中也时见使用，如张豫峰《近代汉语中表情态的"得"字句》一文中"情态"即是"情状"之意。由此可见，在现代汉语语法研究传统中，"情态"一词多指与情状、方式有关的意义。

二　具体汉语事实的情态分析

国内外语界对西方情态理论做了大量的介绍和引进工作，同时结合英语的情态动词的形式语义特点及语用功能，对情态理论进行了运用和实践。如梁晓波（2002）系统介绍了传统语法、语义学、语用学、转换生成语言学、认知语言学等多个语言学流派对情态的认识及成果；李战子（2001）对系统功能语言学及评价理论关于情态的论述进行了分析评价；范文芳（2006）探讨了情态在不同语境中的意义；何伟（2008）讨论了情态与时态等范畴的关系；黄和斌、戴秀华（2000）考察了英语双重情态动词的句法、语义特征；邱述德（1995）、施兵（2006）、汤敬安（2008）等从情态表达角度等对英语情态动词作了语用分析；廖秋忠（1989）、沈家煊（1997）、赖鹏（2005）等对国外一些比较有代表性的情态研究著作作了书评；纪漪馨（1986）、熊文（1996）、汪云（2008）等以情态理论为指导对英汉情态动词进行了多方面的对比分析。另外还有对其他外语如俄语等的情态研究等。

汉语的情态研究一边吸收和借鉴国外情态研究的理论和方法，一边继续已有的汉语助动词的研究，并逐渐将二者结合起来。因此，有关助动词的情态语义、句法表现、个案分析等的研究成果非常丰富。如较早的有 Tsang（1981）对汉语助动词的系统研究；Tiee（1985）的研究也以汉语助动词表达的情态为主要内容，涉及部分副词和助词的情态语义。

许和平（1991）提出"可能性"与"必要性"两个概念用以覆盖全体助动词的情态语义；渡边丽玲（1998）通过对"能"和"会"句法语义的考察，分析出二者在表达不同情态时的特点。

朱冠明（2003）对汉语情态动词的多义性进行了情态分析，他认为这种多义性是一种情态意义向另一种情态意义演化的结果，其发展的机制是隐喻和转喻。

鲁晓琨（2004）将汉语助动词分为可能类、意愿类、必要类三种类型，她对各种类型助动词的范围、表达的情态语义作了具体分析，并从汉语教学的目的出发，对不同助动词的语义、语用区别作了细致辨析。

张万禾（2006）把意愿情态作为一种语义范畴，通过对"要""想"等个别助动词的分析，论证了意愿情态范畴的意识性、肯定性和主体致使性。同时运用意愿范畴分析了汉语被动句的本质及形成条件。

宋永圭（2006）、闵星雅（2007）等在对个别助动词"能""会"进行系统研究之时，都运用了相关的情态研究的理论、方法及成果。

除了助动词的情态研究，对其他汉语事实的情态分析也有所见。如对汉语副词、语气词、动词、代词、可能补语从情态角度进行的研究等。学者们往往通过对历史语料的考察，以某个具体的情态副词为例，描绘出情态副词情态意义的获得途径。如姬凤霞（2008）对人称代词"咱"的话语情态特点进行了分析，认为"咱"可以表达亲密的情感、不满的情绪，具有丰富的语用情态；董正存（2008）研究了情态副词"反正"的用法及相关问题，认为"反正"通过隐喻直接成为情态副词，表示"无论如何"的周遍意义和主观情态；高增霞（2003）把"怕""看""别"等汉语"担心"的表达法归为认识情态等。

三　与汉语情态有关的系统研究

上一小节谈到的多是以学术论文的形式较为零散的关于具体汉语语法现象的情态研究，本小节介绍几家有代表性的关于汉语情态语义范畴或其形式表现的系统研究，其研究成果表现为博士学位论文或已出版专著。

（一）谢佳玲的情态研究

谢佳玲的博士学位论文《汉语的情态动词》（2002）通过对情态语义的界定、情态动词与情态副词在句法上的划界以及"会""是"两个认知情态动词的个案分析，侧重勾勒汉语情态动词的整体语法框架。她对情态语义的界定以及汉语情态系统的平面分类非常值得注意。

谢佳玲认为情态作为一个自然类，应该区别广义的情态和狭义的情态。狭义的情态必须同时具有［说话者来源］和［可能世界］两个属性，而广义情态则不限定说话人的观点或态度的来源。如"他可能离开了"中的"可能"一方面表达了认知类型的观点，另一方面也暗示这一观点的来源是说话者本人。而与这句话同义的"我猜测他离开了"中的"猜测"虽也表达认知判断，但来源却不一定是说话人，还可以是其他人，如"小王猜测他离开了"中观点的来源是句子主语"小王"。因此，"可能"属于狭义的情态词，而"猜测"则属于广义的情态词。

谢佳玲在 Palmer（1986）情态分类系统的基础上增加了一个评价情态类，它在语义成分上同样包含"观点态度的类型和来源"及"可能世界"两个要素。谢佳玲将评价情态分为"预料"与"愿望"两种用法，这两种用法之下又可分为两种对立的概念。如合乎预料的情态词有"难怪""果然"等，不合预料的情态词有"反而""竟然"等。

谢佳玲的情态语义系统包括认知情态、义务情态、动力情态和评价情态，每种情态类型又分为［+来源］、［-来源］两种情况。广义情态是这两种情况都包括，而狭义情态则只是［+来源］的情况，即能够暗示观点或态度的来源为说话人的情况。

谢佳玲将情态助动词、情态副词和情态实义动词等情态语义表现形式统称为情态词，并为每一种情态语义类型穷尽式地列出了对应的情态词并附语料实例为佐证。

(二) 郭昭军的情态研究

郭昭军的博士学位论文《汉语情态问题研究》(2003) 及博士后出站报告《汉语助动词的情态表达研究》(2005) 以表达情态的汉语助动词的各种语义和句法性质为主要内容，多考察具体语言事实，如"能"的四种情态意义及影响其意义选择的因素；"要"的情态意义；"要"与"想"表达的情态比较研究；"会$_2$"与"可能"情态语义的特点对比等。

郭昭军还对助动词表达的必要和必然类情态语义类型作了理论上的探讨，另外还涉及人称、否定等范畴与助动词表达情态的影响和制约关系。郭昭军的研究延伸到助动词以外的情态表达手段，如弱断言谓词组"我想"及方言中的可能补语，还对方言中的能愿动词作了考察。

郭昭军情态研究的特点在于注重深入细致的专题研究，为以后情态的相关研究提供了事实的基础和根据。

(三) 彭利贞的情态研究

彭利贞的专著《现代汉语情态研究》(2007) 在对国内外相关研究评介分析的基础上，对情态的下位小类、不同情态类型之间的关系作了分析、界定，资料丰富，具有很大的参考价值。比如，就情态的语义类型，他就提到了认识情态、道义情态、动力情态、评估情态、根情态、言语行为情态等多种类型，并对每种类型的地位、提出者及提出角度、合理性等作了分析。

彭著的中心内容之一是对现代汉语情态动词进行范畴地位、性质和范围方面的探讨，并就该书划定的情态动词进行详尽的义项分析，得出现代汉语情态动词表达的情态系统——认识情态、道义情态和动力情态。彭著具体分析了单个的情态动词表达的情态语义，比如，"敢"表达动力情态[勇气]义，"必须"表达道义情态[义务]义，它们是单义的情态动词。汉语中还存在大量多义的情态动词，该书一一作了考察，并进一步研究了多义情态动词情态的分化手段，包括各种句法因素及语境因素等。

彭著还有很大一部分内容讨论了情态这个语义范畴与其他范畴，如体、情状、否定范畴等的关系。该书是近年现代汉语情态研究较为系统的一部著作，情态理论上的阐释说明比较全面，关于情态助动词的研究更为深入。

（四）徐晶凝的情态研究

徐晶凝的专著《现代汉语话语情态研究》（2008）所研究的对象"话语情态"除了包括情态的一般定义"说话人对命题内容的观点和态度"以外，还包括"说话人对听话人的态度"，而且后者更为主要。

徐著从"形式—意义"的关联入手，一方面抓住意义上的主观性与交互主观性，另一方面抓住语言形式上的范畴化，建构了汉语话语情态系统，包括四个分系统：一是由直陈—祈使句类表达的言语行为语气分系统；二是由语气助词表达的传递言者态度的语气分系统；三是由情态助动词和核心情态副词表达的"可能/应然/将然"三维向的情态梯度分系统；四是由边缘情态副词表达的评价情态分系统。

可以看出，徐晶凝的研究与典型的情态研究的主题和思路都有所不同，她是从主观性、情态、话语功能等多方面来研究交际话语中表达的说话人的观点和态度。与情态的语义范畴观相比，徐著更多地将情态看作一个语用功能范畴。其情态系统虽然包括与可能性相关的传统情态领域，但却将主要表达言语行为功能的语气内容也纳入其中，实际上与情态的可能性与必然性典型特征有所偏离。

以往的研究为现代汉语的情态研究提供了丰富的成果，是现在研究的基础，但也存在着不足，主要表现为以下几点：

（1）受国外情态研究的影响，目前汉语情态研究在助动词这种情态表达方式上已经有了大量的成果，语气副词、语气词等研究也初见规模，但汉语表达情态的其他手段涉及较少。

（2）一些较成系统的情态研究也多是从专题入手，以某类情态词或某情态分系统的语义、句法及表达为中心。虽然也给出各自的汉语情态系统框架，但因为不是直接的研究对象，所以系统的整体性和全面性还有欠缺。

（3）汉语情态的系统研究包括语义系统及形式表达系统的研究具有迫切性，许多具体情态现象的分析需要一个整体框架的指导。

总之，汉语情态研究尚处在起步阶段，大量与情态表达相关的语言事实还有待发掘，全面深入的系统研究也需要进一步开展。

四　方言及少数民族语言等其他情态研究

情态研究在方言等领域也已经展开，如忻爱莉（1999）关于台湾闽南语的情态研究；杨将领（2004）独龙语的情态范畴研究；郭昭军（2003）对湖北黄梅方言中可能补语结构所表达的各种情态意义的研究等。柯理思（2009）对汉语中惯常情态语义及形式表现的研究就从西北方言的相关用法中得到不少的启发。方言及少数民族语言的情态研究无疑会丰富现代汉语的情态研究，并为世界语言的情态研究提供更多的具有类型学意义的实证，从而使得对情态这个人类语言共有的语义范畴的认识更加全面。

第四节　本书拟研究的内容

一　内容及意义

本书尝试对现代汉语的情态语义系统作一整体的构建，并从构式语法的角度对情态语义的形式表达手段进行整理归类。另外选取情态成分及情态构式的具体代表进行个案分析。主要内容包括：

1. 情态语义系统概貌

前文曾经谈到现有的汉语情态研究对具体问题的分析较多，而系统性的论证较为欠缺，本书试图在这方面作一定程度的弥补。借鉴西方情态研究的成果，并结合对汉语的情态表现的观察分析，我们认为情态的界定有两个条件：一是表达说话人对命题的观点和态度；二是与命题的可能性特征有关，包括命题为真及成真的可能性。在此基础上，我们将情态分为认识情态、道义情态、动力情态三种语义类型。

2. 情态范畴的量级特征和原型性特征

情态是一个非常复杂的语义概念，但其内部却有高度一致的语义特征——可能性大小的程度差别。如认识情态表达说话人对命题为真的可能性的判断，判断有把握大小的不同；道义情态表示促动命题成真的外部要求的强制约束力的大小等。除了情态语义的这一量级特征，原型性特征是情态的另一个重要特征。我们通过对情态语义小类之间的交叉现象的考察，列出情态语义次范畴的原型性等级，说明情态是一个原型范畴，其内部成员有典型性程度的高低差别。

3. 现代汉语的情态语义类型

本书将现代汉语情态语义分为认识情态、道义情态和动力情态三种类型，分别讨论了各种情态类型的本质内涵及语义次范畴的划分。另外依据庞大的语料库对各情态小类在现代汉语中的形式表现（主要是句法上的词类）进行了认定和归类，并将实际用例列举出来。

4. 现代汉语的情态形式类型

受构式语法理论的启发，我们认为情态的表现形式不仅限于以往研究中的语法实体单位——词类，这在语表有显性标志，是句子独立的构成成分，而且还包括凝固性和规约性较强的语法构式。据此，我们提出成分情态和构式情态的概念，可以看作对现代汉语情态系统的形式分类。另外，本书对现代汉语中的情态成分和情态构式进行搜集整理，并以实例进行说明。

5. 现代汉语情态成分及情态构式的专题研究

本书将现代汉语的情态表现形式分为情态成分和情态构式两大类，前者是独立承载情态意义的单一的词语形式单位，包括各种语法词类及熟语、插入语等固定用语或句子特殊成分；后者是由两个以上词语形式单位构成、具有整体的不可分解的情态意义的固定格式。本书选取"X 定""大不了""X 不到哪儿去"分别作为现代汉语情态成分及情态构式的代表进行个案考察，并考察了现代汉语复句系统表达的情态。这既是对本书情态成分与情态构式理论分析的实际运用和落实，也能够在情态研究的背景下对这几种汉语现象有一个更为深入的认识。

二　理论和方法

本书主要借鉴国外情态研究的理论和方法，同时参考运用认知语言学、构式语法、结构主义、语用学、语法化等理论和方法来开展研究。各个部分的侧重有所不同：构建汉语情态系统时，主要采用国外情态理论并对其进行论证分析和深化修正，同时借鉴语法化、主观性、原型范畴等理论；论证成分情态与构式情态时，主要采用构式语法理论；讨论"大不了""X 定"情态成分与"X 不到哪儿去"情态构式以及复句情态构式时，主要采用认知语言学、语用学理论、构式语法理论及结构主义描写方法并涉及语法化等理论。

　　总体上看，本书采取功能主义语言观，我们认同这样的观点：情态是世界语言中普遍存在的语义概念，而非单纯的语法范畴。情态表达说话人的观点和态度，带有很强的主观性。因此我们在研究思路上努力追求情态语义与其形式表现的相互统一和印证，在此基础上构建合理的情态语义系统及其形式表达系统，并对具体语言现象进行重新观照和解释。我们的立论依据建立在大量实际语料的收集、整理和分析的基础上，同时在研究方法上注意贯彻形式与意义相结合、归纳统计与演绎推导相结合的原则。

三　结构及语料

　　本书采取总分式结构，第一章为绪论，主要内容为情态研究综述；第二章为情态语义系统，包括情态的界定及其语义内涵，情态语义范畴与其他相关范畴的关系等，是对情态语义的系统构建；第三章为现代汉语的情态类型，从意义和形式两方面对现代汉语情态系统的语义类型及其下位次范畴作了系统和深入的探讨；第四章为成分情态与构式情态，论证了情态的两大形式类型，并试图列出现代汉语中表达情态语义的各种词类成分及句法构式；第五章至第七章为专题研究，分别为情态成分"大不了""X定"及情态构式"X不到哪儿去"的个案考察；第八章为复句与情态表达手段的综合考察；第九章为结语和余论。

　　本书语料有以下几个主要来源：

　　（1）北京大学汉语语言学研究中心 CCL 语料库。

　　（2）其他文学作品及网络小说等，主要包括：

《新结婚时代》、《中国式离婚》、《大校的女儿》、《便衣警察》、《舞者》、《深牢大狱》、《平淡生活》、《一场风花雪月的事》、《玉观音》（海岩）、《五星饭店》、《你的生命如此多情》、《拿什么拯救你，我的爱人》、《潜伏》、《人间正道是沧桑》、《狼烟北平》、《蜗居》、《北风那个吹》、《暗算》、《大浴女》、《倾城之恋》（古木）、《小团圆》、《玉观音》（何碧）、《河岸》、《红浮萍》、《不曾放纵的青春》、《初恋爱》、《西决》、《犹大开花》、《武林外传》、《乔家大院》、《屠夫看世界》、《韩寒文集》、《郭敬明文集》等。

　　（3）部分辞书、词典用例。如：《现代汉语八百词》（吕叔湘主编）、《现代汉语虚词词典》（侯学超编）、《现代汉语词典》（第 7 版）、《现代汉语常用格式例释》（武柏索等编）、《现代汉语语气成分用法词典》（齐沪扬主编）等。

（4）部分来自参考文献中摘取的例句，文中注明出处。

（5）部分来自人民网（www. people. cn）和谷歌网（www. google. com），对这类用例进行了适当的修正，避免了不规范用例。

（6）部分例句由自省生成并经多人验证。

关于文中例句的出处，除自省例句外，均附后注明。

第二章 情态语义系统

第一节 情态语义内涵

一 引言：关于情态语义的判定

由于研究目标和理论背景不同，各学术流派虽然对情态的语义内涵作出了自己的界定，但并未取得一致的看法。比如国外早期的情态研究从普遍的逻辑概念入手来定义情态，像 Jespersen（1924）、Von Wright（1951）、Rescher（1968）等，通常以对命题的分析为基础，将情态确定为附加在原命题之上的限定成分，包括真实性、可信性、愿望、要求、评价、可能性，甚至时间、原因等概念也算在内，这样的认定显然泛化了情态意义的涵盖范围。后来的情态研究虽然对此作了修正，但仍有很多学者将其作为判定情态语义的重要因素，如 Fillmore（1968）认为句子的命题部分与情态部分是分开的；Bybee 与 Fleischman（1995）认为情态作为一个语义概念，是"在意义最中立的句子命题之外添加的额外意义"。

本书不打算把"命题之上的限定成分"作为情态的一个必有要素，理由如下：

"命题+限定成分"仍是一个命题，即逻辑上的模态命题。从这个意义上来说，模态成分是命题的一部分。所以，将情态界定为命题之上，而其本身又在命题之中，无疑会造成理论上的矛盾。另外，如上文所述，句子命题之外还有时间、原因、否定等其他非情态的限定成分，用共性来界定个性也会带来操作上的困难。

"命题之上的限定成分"往往在语表形式上有所体现，比如句中相对独立的句法结构之外的部分。但若以此为情态语义判定的形式标志，一方面不是所有的句子结构之外的部分都是情态，另一方面又难免会过滤掉一些真正的情态表达。如汉语普通话中表未然的动词重叠（VV），"这个问题你考虑考虑"，隐含了"建议、要求"等道义情态语义——"你要考虑",但语表形式上找不出"命题之上的限定成分"。另如语言中的固定格式或构式,也常常表达某种情态语义,但从语法形式上来看,这种情态构式融于句子的命题之中,而不是可以分隔开的相对独立的片段。如汉语中"能 X 就 X"构式可以表达"尽量 X"的道义情态义:我们能早去就早去=我们尽量早去。这种构式虽可以抽象出语符标志,但它们在意义上是句子有机整体的构成部分,形式上处于句子命题之中,都不可与命题截然分割开来。

典型的情态是针对命题的,表示说话人对命题内容可能性情况的评估,其语义范域能够及于整个命题。如认识情态和道义情态,比较以下例(1)、例(2)中的 a 与 b、c。但普遍认可的动力情态的意义辖域就比较难说是整个命题,如例(3)中 b、c 的合法度就比较低。

    (1) a 老师可能知道这件事。

        b 可能老师知道这件事。

        c 老师知道这件事是可能的。

    (2) a 你应该好好学习。

        b 应该你好好学习。①

        c 你好好学习是应该的。

    (3) a 小张会开车。

        b* 会小张开车。

        c* 小张开车是会的。

我们认为在语表形式上,情态不一定在命题之外,但并不是说情态与其作用对象——命题是无法区分的,实际上二者是句子内部相互独立的语义内容。

二 说话人对命题的观点或态度

Lyons(1977)是较早从语义学角度系统研究情态问题的学者,他将情态定义为"说话者对句子传达的命题(proposition)或对命题叙述的情

---

① 这一例语法上的可接受度可能令人怀疑,但可以肯定的是,从语义上来看,道义情态词"应该"的管辖范围是包括主语"你"在内的整个句子。而例(3)中的动力情态词"会"则只说明谓语"开车",而不能是针对整个命题。

况所持的观点或态度（opinion or attitude）"。这一定义既是对以往深受逻辑学研究影响的情态界定的一个突破和升华，又为后来的情态研究提供了一个可行的方向。之后很多研究者基本上认同 Lyons 对情态的定义，并在此基础上作了更全面丰富的解释（Quirk，1985；Palmer，1986；汤廷池，1997）。

汉语的情态研究者在对情态语义进行认定时也都会以"说话人的态度和观点"为基础和前提，但对此的理解及由此生发出的对其他相关问题的认识却不尽相同。因此，我们先分析一下这个定义，谈谈我们的看法。

（一）观点或态度的对象

情态能够反映说话人的观点和态度，但反过来说，反映说话人观点和态度的并不都是情态。在国内外的情态研究中，对于这一基本问题，还存在一些较为笼统的认识。如布斯曼（H. Bussmann，2000）《语言与语言学词典》中"情态"词条的定义就采取了宽泛的看法，将一切表达言者态度的词汇、形态、句法等手段都归于情态。但我们认为，从客观上来看，说话人使用语言传达自己对周围世界的主观看法，可能是针对事物或事件，也可能是针对交际中的其他参与者，主要是听话人。比如说"今天可能下雨"，说话人表达了自己对"今天下雨"这一现象的可能性推断。"把钱交出来"这一言语行为明显反映说话人的态度，但并不是对"交钱"这一行为的主观看法，而是针对听话人的命令。

情态的逻辑核心是可能性与必要性，针对的是句子的命题内容，并不与交际对象直接相关。虽然表达允许、要求等语义的道义情态涉及对听话人的指令，如"你可以回去了""你应该早告诉我"，但情态词"可以""应该"本身的情态功能是通过表示允许、要求的个人指令或社会道义，使句子的述谓部分"回去""早告诉我"具备发生或实现的可能性。对句子传达与听话人有关的指令等的理解是由于第二人称主语的关系，主语人称改变，如"他可以回去了""他应该早告诉我"，句子不再体现现场的指令功能，但表达情态的功能不变，仍是对句子主语做某事的建议或要求。

说话人观点和态度的对象存在事实上的差异，因此本书主张只将说话人对句子命题本身的观点和态度看作情态，而将其对听话人的态度排除。这样做有利于澄清情态与其他相关概念的模糊关系，本书把说话人对听话人的态度看作口气，在下文相关部分会有所论述。国内有的学者，如徐晶凝（2008）将汉语中语气词、句类等标识的说话人对听话人的态度及对其行为的影响称为"意态"，与传统的"情态"共同构成其话语情态系统。但在她的讨论过程中，实际上是围绕着"意态"部分来考察汉语的情态表达体系的。她认为现代汉语的情态体系中存在两套语气系统：言语行为语气和传统语气。这样，她的情态与语气又纠结在一起，虽有情态之名，但实为语气及表达的研究。她将情态限定在保留语法化的形式标志的范围内，但情态作为一个语义范畴，其形式表现是多样的，尤其在汉语中并不能为语法化的形式所限定。徐著对情态范畴的形式化追求和努力是值得肯定的，但她将语气这个语法范畴诸多形式所表达的意义看作情态，把说话人对听话人的态度包括进来，本书的看法与之不同。

（二）观点或态度的来源

一个语句是否表达情态还应该考虑其中的情态词是否直接叙述说话人的观点，也就是说"一些情态词的使用同时暗示了这个观点或态度来源于说话者"（谢佳玲，2002）。情态语义可以通过各种语言形式表达出来，无论是词类还是格式类，这些形式本身即含有情态语义内容，而无须其他语境因素的帮助。如"他可能走了"这个句子不仅表明说话人对命题"他走了"的揣测，还暗示这一主观判断源自说话人本身，而这种语义及功能是由情态词"可能"独立表达出的。而自然语义包含"可能"特征的命题态度动词，如"认为""主张""猜测"等，并不一定表达说话人的观点或态度。如：

（4）"老师可能出差了。" = "我猜测老师出差了。"

当"猜测"的句子主语为第一人称时，可以表明对命题的判断是说话人作出的；但若换为其他人称或普通名词做主语，如"他猜测老师出差了""小王猜测老师出差了"等，都不能指示观点或态度的来源为说话人，所以这类似乎含有情态意义的命题态度动词不是情态词，它们所表达的语义也不属情态语义的范畴。

以观点或态度的来源作为判定情态语义的一个条件是中国台湾学者谢佳玲提出来的，非常有见地，但遗憾的是谢文却将"猜测"类动词表达的语义也归入情态①，这就没能使这一条件充分发挥界定标准的作用，而使情态的语义内容和表达手段都有所泛化，增加了对情态内涵把握的难度。

除了情态词，现代汉语中的一些格式也能够直接反映说话人的观点或态度。如：

（5）官面上交待下去，要**不**把你垫了背**才怪**。（老舍《骆驼祥子》）

（6）事情已成定局，煮熟的鸭子，谅也**飞不到哪儿去**。（陆步轩《屠夫看世界》）

（7）**该**知道的**就**应该让人知道，何必遮遮掩掩？（《人民日报》1995 年 8 月 17 日）

（8）以前工会代表大家，屡次向经理提出改善伙食的意见，经理总是**爱理不理的**。（老舍《春华秋实》）

例（5）中说话人用"不……才怪"对命题发生的必然性作出肯定；例（6）"X 不到哪儿去"反映了说话人对命题的猜测断定；例（7）"该……就……"格式所在的句子意思是"应该让人知道该知道的事"，表示说话人的看法与要求；例（8）"爱……不……的"体现了句子主语"经理"的意愿"不情愿、不重视做某事"，这一意愿对该句命题内容"理会（意见）"的发生直接产生影响。这些格式本身就能表明说话人对句子命题的态度，与填充进什么样的具体内容及主语的人称情况无关，因此，它们都是情态格式。其中"不……才怪""X 不到哪儿去"表达认识情态，"该……就……"表示道义情态义，"爱……不……的"表达了动力情态义。

但也有一些格式所在的句子含有情态义，但抽象出的格式本身或者不能暗示说话人的观点态度，或者能表示观点态度，但只是一种评价或强调语气，不涉及命题中事件发生的可能性及命题内容的真实性，与情态的可能性特征无关。因此，我们不认为这种构式具备情态特征，它们不属于情态构式。如：

---

① 谢文作为广义情态范畴的内容。

（9）他什么外语都不懂。

（10）他怎么学都不会。

（11）他谁都不喜欢。

（12）他哪儿也不去。

以上几例拥有同一种构式"什么/怎么/谁/哪儿……都/也（不）……"，这类构式中疑问代词虚化表示遍指，强调主语在某范围内没有例外的情况。例（9）、例（10）表示句子主语完全没有某方面的能力，是一种动力情态的语义解读；例（11）表示主语"他"不喜欢任何人，例（12）表示"他"不去任何地方，这两例只是对句子主语客观情况的描述，并不直接传达说话人的态度，也不涉及命题的可能性，因此就不属于情态表达。例（9）、例（10）之所以带有情态义，与构式本身无关，主要是因为谓语动词是表示知识、能力的词，从而使得整个句子的语义与动力情态中的能力意义相接近。所以我们认为，这类表示强调的格式"哪儿/什么/怎么……都/也（不）……"并不是情态的表达式。

（三）观点或态度的内容

根据现有的情态研究成果，情态语义包括认识情态、道义情态、动力情态三种类型。其中认识情态是最典型的情态语义类型，表示说话人对命题是否成立的推测及判断。如："他可能走了。"道义情态表示说话人对命题事件或动作行为能否发生的判断，其依据包括社会的道义要求及说话人的命令许可等。如："他应该回去。""他可以走了。"

关于动力情态是否表达及如何表达说话人的观点或态度，一直存在争议。在 Palmer 的二分情态系统中，命题情态表示说话人针对命题内容的真实性所作出的判断，事件情态表示说话人对事件将来发生的可能性所抱有的态度。事件能否发生受到各种条件的影响和制约，其中说话人的要求及社会规则等外部因素属于道义情态，而句子主语的能力、意愿等内部因素就是动力情态。[1] 如：

（13）他会说英语。

（14）他想回家。

---

① 参见 Palmer（2007：9—10；76—79）。

例（13）"说英语"动作行为的实现依赖于主语"他"的能力；例
（14）"回家"事件发生的可能性由主语"他"的意愿直接推动。其中承
载能力义的"会"和意愿义的"想"就是动力情态词。

动力情态与句子主语的潜力特征相关，并不是说话人观点的直接反
映，因此有的学者认为它不能表达情态意义（Tsang，1981）。但国外的情
态研究大多将动力类型归入情态，主要是因为在初期情态的主要研究对
象——英语中，情态助动词不仅表达典型的情态语义——认识情态，还可
以表达动力意义。将动力意义也纳入情态范畴，可以保持句法上的一致
性。另外，相关的历时研究显示，英语情态助动词的几种情态语义类型之
间存在着发展演化关系，这从另一个角度证明动力情态是情态语义范畴的
有机组成部分。国外的情态研究者对动力情态次范畴的处理不尽相同，如
Bybee 称其为施事情态，Coats 等称为根情态，Quirk 称为内在情态等，学
者们的观察角度和研究方法有所不同，但对于动力情态的情态地位还都是
承认的，尽管它与句子的主语而不是说话人有直接的关系。

谢佳玲（2002）在论证动力情态的地位时采用了反证的方法，她认
为如果不承认动力意义属于情态，那么可能道义情态也会被排除。因为很
多时候道义情态词表达的可能是说话人之外的人事物的观点，如"回族
人可以和汉族人结婚"，这个句子体现的是一种种族习俗，并非说话人的
直接观点。但实际上这种所谓的说话人之外的人事物的观点多为一般规律
或普遍认识，说话人在这个问题上的看法是与普遍规律相符合的，因此也
是说话人的观点和态度的反映。

说话人的态度和观点在表现方式上有隐显程度或者说直接间接的差
别，动力情态与道义情态都是表示说话人对命题事件发生、动作实现的可
能性的判定，道义情态着眼于外部条件，而动力情态则着眼于内部动力。
本书也倾向于将动力意义归入情态语义范畴，一方面，动力意义与"可
能性"这个情态的逻辑核心有密切关系，事件主体的潜在动力促使行为
事件的发生成为可能。另一方面，命题成真与否取决于句子主语的潜力特
征，对这一情况的认定也间接地体现了说话人的观点和态度。在汉语中，
助动词也是情态表达的重要手段，一些表示能力和意愿的助动词如"能"
"会""要"等也能表达多种情态语义，下文我们还会探讨它们之间的历
时衍生关系。在汉语情态系统中，动力成员的加入有利于展现情态语义与
句法的对应关系。

在上述理论基础上，本书拟指出语言中的惯常意义也是表达情态语义的，并且属于动力情态类型。如：

（15）他一般周末游泳。

（16）妹妹爱脸红。

"一般""爱"体现了句子主语的生活习惯、性格特征，同能力、意愿一样，都属于事件主体的内部特征，直接影响着句子命题中事件的发生或状态的出现。因此，我们认为惯常意义也属于情态范畴，说话人观点或态度的内容就是对句子主语惯常特征的认定，以及在此基础上对命题事件发生的可能性的判定。下文将作详细论述。

三　命题的可能性特征

语言学史上对情态意义的刻画，出现过可能与必然、允许与强制、意愿与预测等多种概念，涉及人们对事件可能性的判断、对事态的影响和控制，从而使其发生或不发生。这些概念都是对情态内容不同方面的理解，从语义本质上看，它们都与命题的可能性特征有关。

语言学中的情态概念来源于逻辑学中的模态概念，而模态的含义就是"可能性（possibility）与必然性（necessity）"。因此在情态问题的探讨中，可能性与必然性是不可回避的中心议题。比如 Lyons（1977）所揭示的情态的两大语义属性，一是表达说话人对句子命题所抱持的观点或态度，二是可能性与必然性语义特征。Lyons 的看法广为认同，之后很多情态研究者也将"可能性与必然性"概念列为情态语义构成的必要条件①。然而，从整个情态语义系统来看，有的情态类型如评价情态②内部很难剖析出可能性或必要性的意涵，有的情态类型的下位小类也不一定与可能性直接相关，如有的语言中认识情态下的证据情态（Palmer，1986）。因此，Palmer 主张情态语义界定时应不只限于可能性与必要性的概念。

在模态逻辑研究中，从亚里士多德就开始讨论必然和可能的关系，比如他在《解释篇》中规定，"某事物可能存在"的矛盾命题是"某事物不

---

① 参见彭利贞（2007：14—24）。

② Palmer（1979）、谢佳玲（2002）等承认评价情态的存在。

可能存在"，而不是"某事物可能不存在"，因为"同一事物似乎是既可能存在，也可能不存在的"。另外，如果说某事物不可能存在，那么意味着它就必然不存在，而不是不必然存在。也就是说，"必然 A"与"不可能不 A"等值，而"可能 A"与"不必然不 A"等值，用公式来表示即是：

$$\Box A \longleftrightarrow \neg \Diamond \neg A$$
$$\Diamond A \longleftrightarrow \neg \Box \neg A \ [①]$$

然而，亚里士多德在其模态三段论中又加入了一个"偶然"概念，使人很难区分偶然和可能，因此会导致内部的逻辑混乱[②]。之后的模态逻辑学家对必然和可能的认识曾通过时间概念来理解，如麦加拉学派中的第奥多鲁斯认为可能的东西即"或者现在是或者将来是"的东西，不可能的东西即"现在假，将来也不真"的东西；"必然"就是"现在真，将来也不假"，"不必然"就是"或者现在假或者将来假"。总的来看，这些对必然和可能的定义还是延续了亚里士多德的观点，直到莱布尼茨提出"可能世界"概念。

莱布尼茨通过"可能世界"来刻画逻辑的必然性和描述逻辑的可能性及偶然性。他认为一个命题的真值可以放在一定的世界（或情况）里确定，这一世界可以是现实的，也可以是非现实的，统称为可能世界，其中现实世界是已经实现了的可能世界。一个命题在所有的可能世界中都为真，那么它就是必然的；若一个命题并非在所有的可能世界中都为真，但至少在某一个可能世界中为真，那么它就是可能的。[③]

在情态研究中，也有学者借助于可能世界的概念。如 Perkins（1983）就认为情态与可能世界密切相关，人类的想法经常会脱离现实世界，假设在某一个可能世界中事件或命题能够得以成立。Perkins 甚至直接将情态定义为一个事件或命题成立或不成立时所处的概念语境，即可能世界。Perkins 把可能世界限定为非现实的及非真实的命题的集合，现实世界中已发生命题的相关状况，如在英语中"good、amazing"等词表达的说话

---

① "可能"以符号◇表示；"必然"以符号□表示。

② 可参见王路（1991）。

③ "可能世界"相关论述参考了冯棉（1995）。

人对现实命题的评价，都不属于可能世界，都被排除在情态语义范围之外。可见，Perkins 的"可能世界"与"可能性"基本上同一，仍囿于未发生的非现实情形。

汉语情态词的研究中，词库小组（1993）、张丽丽（1994）也将可能世界视为情态的界定特征之一[①]。谢佳玲（2002）在其情态研究中论证了可能世界概念与可能性或必要性特征的区分，她认为并非情态语义的所有用法都借由可能性或必要性的逻辑来表达说话人的观点，一个命题之上只要加上说话人的观点与评价，则此命题所表达的现实世界的内容就转化为可能世界的情景。可见她的可能世界概念涵盖范围比较宽，所有与说话人有关的主观性内容——现实的、非现实的都包括在内。谢文据此将表达说话人对现实内容的评价也纳入情态的范围，称为评价情态。谢佳玲对可能世界概念主观化的处理使其与说话人的看法这一主观世界相重合，实际上使可能世界概念失去了对情态语义的独立判定能力，反而容易产生"情态"同于"主观性"的误解。

总之，我们认为可能世界概念的出现在模态逻辑的发展过程中有很大价值，但在语言学的情态含义研究中本书仍然采用"可能性"与"必然性"这组逻辑学色彩没那么凸显的概念作为情态语义的判定条件。

由本小节开头谈到的模态逻辑对"必然"与"可能"的分析可知，二者并不是一对矛盾的概念，"可能"等于"非必然"，但"必然"并不等于"不可能"。因此，"必然"与"可能"不是矛盾关系，而是蕴含关系，即"必然"⊃"可能"（其中"⊃"表示"蕴含"）。也就是说，某事必然发生为真，则某事可能发生也为真，但反过来不一定成立。

"必然"与"可能"的逻辑关系在情态语义范畴中的表现就是说话人对命题为真或成真的确定性程度的不同。"必然"是最强的可能判断，反映说话人最为肯定的态度；"可能"则表示确定性程度一般的主观认识。因此，我们可以只用"可能性"来判定情态语义。命题的可能性特征包括两种情况，一是命题内容是否为真的可能性；二是命题是否成真，即其中的事件状态能否发生或实现的可能性。前者是说话人对不是亲眼所见、亲身经历的事件的判断推测，即认识情态；后者是说话人根据自己的知识经验对未来事件的发生所进行的推断，事件的发生依赖于说话人或其他权

[①] 转引自谢佳玲（2002：74）。

威、规定的许可和要求等命题之外的因素的，属于道义情态；依赖于命题
内部行为主体自身条件的，属于动力情态。详见下文相关论述。

　　通过本小节的论述，我们将反映说话人的观点或态度及命题的可能性
特征作为判定情态语义的两个必要条件。情态语义内涵的构成如图 2-1
所示。

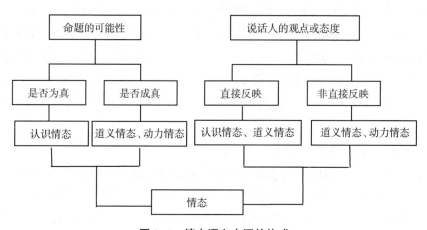

图 2-1　情态语义内涵的构成

第二节　情态语义类型

一　情态的三分观点

　　第一章第二节中介绍了国外不同学者对情态语义类型的划分，各家关
于情态类型的名称、划分的大类和小类的数目、所指内容等都存在较多分
歧。他们的情态研究以英语为主要研究对象，传统做法是先根据命题的可
能性或必然性状况确定英语中表达该意义的形式——情态助动词（如
can、*may*、*must*、*will*、*should* 等），然后分析英语情态助动词表达的意义
特征，除了可能和必然，还涉及义务、责任、权威、命令等意义，这些外
部道义的影响使命题的实现成为可能。由此，较早的研究对情态的划分是
表可能的认识情态和表义务的道义情态两大类（Lyons，1977[①]；Palmer，

　　[①]　Lyons（1977）还分出"真值情态"一类，我们认为属于逻辑角度的认识，非语言学性
质的情态类型。

1986）。在对情态语义进行界定和分类之后，对情态表达形式的研究发现表达认识情态和道义情态的句法范畴——情态助动词，也可以表示能力、意愿等其他意义。为了涵盖情态助动词的语义范域，使情态成为一个语义内容与形式表现相照应的统一整体，其后的研究将主语的能力、意愿也纳入情态的语义范围之内，形成了情态的第三种语义类型——动力情态。情态三分的观点为许多语言学家所采纳，如 Palmer（1979；1990）、Perkins（1983）、Nuyts（2005）等。虽然情态研究的对象扩展到世界上越来越多的语言，研究的理论和方法也在不断更新，但情态语义由认识情态、道义情态和动力情态构成的三分体系仍然起着基础性的作用，影响深远。因此，本小节先介绍一下这三种情态类型的基本内容，下一章结合汉语实际再进行详细论述。

（一）认识情态

认识情态表达说话人对命题内容在某一可能世界中是否为真的判定，是三种传统情态类型中少有争议的一种（Nuyts，2005）。认识情态与说话人的估计与推测有关，命题中的情景在现实世界中的存在状况通过说话人的判断表现出来。从认知的角度看，人对周围世界的认识包括确定性的（源于自身的百科知识、生活常识或经验、外界所得信息等），也包括自身知识经验之外的不确定的部分，人对世界不确定的认识和判断在语言中就表现为认识情态。如：

(17) Someone is knocking at the door. That *will* be John.① （有人敲门，可能是约翰。）

例（17）是英语中有关情态的一个表达，说话人利用情态助动词"will"表示自己不知道谁在敲门，但有可能是 John。"will"一词体现了说话人主观猜测的不确定的态度。

判断推测属于人的基本的认知能力，推断结论的作出基于人所掌握的相关知识或经验。客观上讲，说话人不知道命题是真是假，但对命题的真假有一个倾向性的态度。换句话说，说话人对命题情景的真实性抱有不同程度的确定性信念，这也是研究者们常常谈及的可能性程度或情态强度的

---

① 转引自 Nuyts（2005）用例。

问题。例（17）中如果说话人已经跟 John 约好了现在这个时间见面，那么这时有人敲门，说话人会比较确信敲门人就是 John。因此，虽然还没打开门，没见到敲门者，但说话人依然会说 "That *must* be John"，"*must*" 就是反映说话人较高确信度的认识情态词。说话人对命题情景确信度的不同决定了命题为真的可能性大小，也反映了认识的可能与必然。

根据说话人作出判断的依据和来源，或者命题可能性与必然性的不同，认识情态内部还有判断、推测、证据等不同情况的分别，具体说明详见第三章。

（二）道义情态

道义情态表达说话人对行为或事件在某一可能世界中能否实现或发生的判定。命题成真的条件为说话人的要求或指令，还包括普遍规则及一般社会道义等。道义情态事件发生或动作完成的推动力来源于外部要求，外部要求的范围比较广，直观的理解是说话人发出的指令，如 "You *can* go now" 由特定语法形式——助动词 *can* 来表示。除了说话人的许可与要求，句子主语施行某动作还可以是缘于习俗情理、道德伦常、社会规范等方面的要求。如 "儿女应该赡养父母"，此句情态词 "应该" 所传达的义务来源既可以认为是说话人，也可以认为是普遍的道义要求或法律上的一种规定。道义情态中促使命题成真的道义源可以有三种情况，一是根据语境明确为说话人自己发出的对听话人的指令；二是既可理解为说话人也可理解为社会道义的义务要求，有的学者把这种情况解释为某种道义责任也为说话人所认同，因此本质上也是说话人的观点或态度；三是有的语言中存在 "强制" 义的形式标志，但强制要求的发出者不太确定，或者说不需要确定，似乎与说话人无关（Bybee，1985）。

道义情态中命题成真的可能性也存在程度的差别，可能性小的与必要性较低的允许有关；可能性大的与必要性较高的要求或强制必然性的命令和禁止有关。试比较以下各例：

（18）You can/may go now. （现在你可以走了。）

（19）You must go now. （现在你必须走了。）

（20）You can't go now. （现在你不能走。）[①]

---

① Searle（1983）用例，转引自彭利贞（2007：45），略有改动。

外部要求的不同类型及强制性程度成为道义情态语义次范畴划分的依据，划分的结果最基本的两类是允许（permissive）与要求（obligative）。除此之外，学者们还提到禁止（interdiction）、保证（commissive）等。

Palmer（2007：71—72）的研究发现，不仅英语中的典型情态助动词"*can*、*may*、*must*"可以兼表认识情态的推测与断定以及道义情态的许可与要求，其他欧洲语言中也有相似的一组动词同时拥有这两类情态语义。如德语中的"*magst*"（相当于 *can/may*）与"*musst*"（相当于 *must*），意大利语中的"*Puo*"（相当于 *can/may*）与"*Deve*"（相当于 *must*），法语中的"*POUVOIR*"（相当于 *can/may*）与"*DEVOIR*"（相当于 *must*）等。Palmer 还列举了丹麦语、北弗里斯兰语（North Frisian）、泰米尔语（Tamil）、傈僳语（Lisu）等类似的情况，以丰富翔实的语言实例说明了道义情态与认识情态在形式及语义上的密切关联。

（三）动力情态

动力情态曾被叫作能力情态（facultative modality）或内在情态（inherent modality），涉及句子主语的相关特征，并不直接表达说话人的态度或观点。因此，动力意义是否属于情态范畴曾有过争议。如 Tsang（1981）就对动力意义的情态地位表示质疑，因为它不具备情态语义表达说话人态度的基本特征，仅表示主语的能力或意愿。不过动力情态最终被视为主要的情态类型之一，支持的观点有以下一些。

Tiee（1986）、汤廷池（1997）认为动力情态中所传达的关于句子主语的能力、意愿，实际上是经过说话人认定的，说话人通过这种认定来推论命题事件在未来存在着发生的可能性。因此，动力情态可以说是说话人观点和态度的间接反映，并非与说话人不相关联。然而按照这种观点，语言中所有的句子都是说话人认定的结果，应该都属于情态表达。显然，这样认定的情态就过于泛化了。

有的学者从共时的角度，通过考察多种语言中情态语义的内容及形式特点，发现动力意义与认识、道义意义共用一套语法形式。也就是说，许多语言中的情态词展现出多义的现象，既能表达认识、道义意义，也可以表达动力意义（Palmer，1990；Heine，1991）。

Bybee（1991）、Heine（1991）、Traugott（2005）等对情态语义的历时研究结果显示，西方语言的动力、道义、认识情态词具有先后发展的关系。多义情态词的动力意义是基本意义（root meaning），其道义、认识意义等多是在此动力基本意义的基础上衍生而来的，汉语中也有类似的情况（白晓红，1997；李明，2001；谢佳玲，2001；朱冠明，2003）。由此可见，动力意义与认识、道义情态语义存在共时与历时的双重联系，只有将动力意义纳入情态范畴，才能体现情态作为一个语义上的自然类的统一性。

动力情态表达说话人对行为或事件在某一可能世界中能否实现或发生的判定。命题成真的条件或推动力为行为主体的潜力特征，包括能力、用途（物的"能力"），以及主体的意愿要求等。一般认为，动力情态的下位次范畴即包括能力与意愿两种意义类型。在此基础上，本书拟指出主体的惯常习性也是动力情态的一种情况，因为与能力和意愿类似，惯常习性也属于句子主语的个体特征，也可以推动命题中事件的发生或实现，或者说使命题事件的发生成为可能。比如说"他一般六点起床"，"一般"说明"他"有某种生活习惯，反复实施同一行为。因此，说话人可以通过对"他"这一生活习性的认定推断其有可能在未来做出同样的举动。Halliday（1994：354）就将时态逻辑中的"经常性"（usuality）概念也归入情态的范围。

二　其他角度的情态语义划分

（一）客观情态与主观情态

客观情态与主观情态与其说是两种情态类型，不如说是情态的两种性质或者说情态的两种不同角度的解读。Lyons（2000：329—331）在论述话语的主观性时涉及"客观情态"（objective modality）和"主观情态"（subjective modality）的说法，但这并不是他情态分类的另一种标准和结果，实际上 Lyons 把情态分为真值情态、认识情态和道义情态三种类型，除去逻辑学意义上的真值情态，他认为在日常语言的使用中，认识情态和道义情态都有客观的和主观的两种语义解读（"Both kinds of modality may be either bojective or subjective"）。比如下例：

　　（21）He may not come.（他可能不来。）

Lyons 认为有"客观认识""客观道义""主观认识""主观道义"四种理解，分别如下：

　　objective epistemic：Relative to what is known，it is possible that he will not come. 客观认识（根据所知，他可能不来。）

　　objective deontic：It is not permitted that he come. 客观道义（他不被允许来。）

　　subjective epistemic：I-think-it-possible that he will not come. 主观认识（我认为他可能不来。）

　　subjective deontic：I forbid him to come. 主观道义（我不许他来。）

　　总的来看，Lyons 的客观情态或者说情态的客观内容指的是在特定的话语情境之外的认识世界和道义世界中存在着某种事实，这种事实在认识情态中表现为事件发生具有客观上的可能性；在道义情态中表现为事件的发生是某种客观道义的驱使。相对地，主观情态或者说情态的主观内容指的是说话人有关命题的论断是基于自己的信念态度（their own beliefs and attitudes）或者意愿权威（their own will and authority），而不仅仅是对命题的客观报道（report）。如认识情态中说话人的主观猜测，道义情态中说话人自己发出的指令等。

　　虽然 Lyons 区分出客观情态和主观情态，但他同时指出二者的分量是不均衡的，情态的主观用法在日常语言中更经常地出现，而客观内容要少得多，尤其是客观的认识情态。

　　Palmer（2007：33）认为 Lyons 提出的客观认识情态概念只是理论上的，实际上客观认识情态与主观认识情态的区分是不确定的。不过，Palmer（2007：75）也指出，道义情态中的指令并不总是带有主观性，有的可以是说话人之外的义务要求。但尽管如此，Palmer 仍然将这种"客观"的道义源视为说话人认同的，因此情态本质上还是主观的。

　　Nuyts（2005：13—15）[①] 认为大多数学者都是以一种直觉的方式来使用"主观"和"客观"这两个概念，并没有给出二者的确切定义。而Lyons（1977：797）的研究相比来说明确到位，因此 Nuyts 在 Lyons "客观认识情态""主观认识情态"定义的基础上进一步指出，主观情态与客

---

　　① 见 Nuyts "Modality：Overview and linguistic issue" 一文，收录于 William Frawley 的论文集 *The Expression of Modality*（2005）。

观情态的差别①在于说话人作出判断的证据性质不同，主观情态是说话人不确定的、假定的判断，依据是其自身的主观臆测；若对命题的可能性的判定源于某种客观事实，则可视为客观情态。另外，二者的差别还表现在说话人对论断所担负的责任不同，主观情态表示说话人的主观看法，说话人自然对论断负有责任；而客观情态则表示说话人与更大范围的主体，可能也包括听话人，来共同承担对命题所作的判定的责任，实际上也是说话人减轻自己责任的方式。Nuyts 还指出二者在语言上的不同表现，如下例：

（22）I think they have forgotten to take the key.

＝subjective（主观的）我认为他们是忘了拿钥匙。

（23）It is quite probable that they have forgotten to take the key.

＝intersubjective（无主观的）。

（24）Probably they have forgotten to take the key. 他们可能忘了拿钥匙。

＝neutral（中立的）他们忘了拿钥匙是很有可能的。

例（22）用句首的话语标记"I think"传达主观情态；例（23）用无人称主语或形式主语传达无主观情态或者说客观情态；例（24）用句首的一个副词表示一种中立的情态意义。

汉语研究中温锁林（2001：195）对客观情态和主观情态有一个明确区分，他认为说话人在表达命题时流露出的主观感情属于主观情态的范畴，包括强调与委婉、惊异与惬意、偏执与宽容、亲昵与蔑视、提醒与解释等；说话人对命题的态度属于客观情态的范畴，包括真值情态、道义情态、意愿情态等。温锁林将主观情态和客观情态看作情态的两种语义类型，分别为情态系统中的"情"和"态"两部分。他的分类依据及内部成员与国外情态研究中的相关概念、看法差别较大。

（二）根情态与认识情态

根情态（root modality）② 与认识情态的二分观点是 Coats（1983：20—21）在其著作 *The Semantics of the Modal Auxiliaries* 中提出来的。Coats

---

① 此处特指主观认识情态与客观认识情态。

② 谢佳玲（2002）译为"基本情态"。

书中的研究对象是英语中的情态助动词，而不是情态语义。因此，书中并未定义什么是情态，但谈到情态助动词的语义分类时，Coats 采用了 Lyons（1977）认识情态和道义情态的二分系统，但把道义情态改为了根情态，Coats 认为这种改动无论是语义上还是句法形式上都更确切地反映了英语情态助动词的基本特征。从语义上看，Lyons 道义情态中的"许可"与"义务"只是认识情态之外——非认识情态（non-epistemic modality）[①] 的核心意义，表达这种意义的情态助动词如"must/may"还可以传递很多其他意义；从形式上看，英语的认识情态助动词与非认识情态助动词在句法表现上截然不同，界限明晰。如非认识情态句中的有生主语、主事动词等。因此，Coats 认为将情态分为认识情态和非认识情态，即根情态更为合适，根情态的涵盖范围比道义情态更广。

对于 Palmer（1979）增加一类动力情态的观点，Coats 认为既不利于展现根情态内部形式和意义的统一，对具有强—弱（strong-weak）渐变（gradience）特征的根意义的划分也存在任意性。

Coats 对认识情态之外非说话人的评估与猜测的根情态的界定有其合理之处，我们也承认根情态内部具有共同点，就如道义情态和动力情态都是对命题成真的判定，与认识情态表达说话人对命题为真的判定不同。但这个共同点是否就意味着道义情态和动力情态本质相同而无须继续区分了呢？我们的答案是否定的。道义情态和动力情态中推动命题成真的条件存在根本差异，前者是命题外部说话人或其他道义来源的要求指令，而后者是句子主语自身的能力、意愿、习性等内部特征。如果忽视这种差别，恐怕会影响整个情态语义系统内部的均衡性和明晰性。

（三）言者情态与施事情态

前文谈到过 Lyons（1977）认识情态和道义情态的二分系统对后来的情态研究影响深远，其中认识情态的认同度较高，而道义情态的内涵及范围则多为学者们讨论修正。与根情态概念的产生相似，言者情态（speaker-oriented modality）与施事情态（agent-oriented modality）[②] 也是对 Lyons 道义情态重新分析修正的结果。这两个术语出自 Bybee（1985；1995），他认为 Lyons 归纳出来的道义情态类型不尽理想，既不能区别句

[①]　Coats 的"非认识情态"就是"根情态"。

[②]　该名称为李战子（2007）为 Palmer《语气·情态》一书所作的导读中的叫法，也有学者译为"主事取向情态"与"说话者取向情态"。

法表现不同的下位范畴，如以屈折形式表达的命令祈使与以助动词等其他词汇半词汇形式表达的义务许可，也将该类情态词所传达的其他有关能力、意愿等的意义排除在外。因此，他们重新将情态划分为以下三种类型：

施事情态：表示与施事完成动作有关的所有条件，包括义务、愿望、能力、许可以及根可能。

认识情态：表示说话人对命题真值的保证。（延续传统的定义，笔者按。）

言者情态：表示说话人试图使听话人作出行动的言语行为。包括命令、祈使、允许。

Bybee 将传统的道义情态分为与施事有关的施事情态和充当言语行为（speech act）的言者情态，除了二者语义范围上存在差异以外，在许多语言中的表现形式也有明显不同。施事情态以动词、助动词以及非黏着（non-bound）的助词来表达，言者情态则经常通过动词的屈折变化来表达。

虽然一些语言现象能够支持 Bybee 等的分类观点，但 Palmer 却对此提出两点质疑。一是 Bybee 的施事情态中包括的意义类型相互间差别较大，不宜归为一类。如意愿和能力属于施事内在的条件，而义务和许可则是施事以外的条件。二是许可和义务经常由说话人发出和指派，应属于言者情态而不是施事情态①。我们认为 Palmer 的看法是有道理的，仅从施事情态和言者情态所包含的语义小类来看，两者都涉及施事得到允许做某事以及施事被赋予某种义务做某事。Bybee 将它们分别归为施事情态中的义务和许可以及言者情态中的命令和允许，实际上这是同一问题从不同角度进行观察的结果。从施事角度看，施事行动的条件是其自身的义务和得到的许可；从言者角度看，言者发出允许的指令，对施事应尽的义务进行指派。因此，我们也认为施事情态和言者情态的区分有理论上的价值，但实际操作中却存在不够严密的地方。

（四）言语行为情态与话语情态

第二章第二节中讨论的情态概念是对情态语义次范畴的不同认识，而本小节的主题——言语行为情态与话语情态都不是对情态进行下位划分而得出的语义类型，只是情态范畴在不同领域的表现，或者说是从一个新的

---

① 此处所引 Palmer 的评述参考了李战子（2007：21）。

角度对情态所作的观照。传统的情态研究将情态看作一个语义范畴,研究它的语义内涵、形式表现及二者的对应关系。随着研究视角的更新、研究领域的扩展以及语料论据的丰富,情态研究不再局限于语义、句法领域,而是逐步与语用、语篇研究等结合起来,使得情态的含义和功能越来越宽广。

Sweetser(1990;2002)从语用学的角度提出了言语行为情态(speech act modality)的概念,这个概念源于她在研究言语行为动词的功能和意义时的发现。Sweetser 通过考察指出英语的"*suggest*、*promise*、*expect*"等词不仅具有"建议、承诺"等言语行为功能,而且还可以表达主观认识方面的意义。如:

(25)a I *insist* that you go to London./on your going to London.(我坚持要求你去伦敦。)

b I *insist* that you did go to London(though you may deny it).(我坚持认为你去了伦敦。)

(26)a I *suggest* that you leave the room now.(我建议你现在离开房间。)

b I *suggest* that you left the room to avoid being seen.(我的建议是你离开房间以免被人看见。)

(27)a I *expect* him to be there(ambiguous).(我期待他在那儿。)

b I *expect* that he's there.[①](我猜想他在那儿。)

Sweetser 认为例(25)至例(27)中的 a 句都是说话人在现实条件下表达的某种强制动力(force-dynamic)性言语行为,而且这种坚持或建议的言语行为实际上即将发生。而 b 句同样的交互性言语行为却以认识情态的结构形式表示出来,说话人所建议或坚持的命题的性质变为被相信为真或被期望将来成真。由此可以初步认定,情态意义与言语行为功能在语言形式上存在一定的联系。那么反过来考虑,情态的表现形式——情态词能不能表示言语行为呢?Sweetser 发现在某些语境条件下,情态动词的意义并非纯粹的根意义或认识意义,而是更倾向于表达某种

---

① 例句引自 Sweetser(2002:69)。

行事行为。如：

　　（28）Reagan will/must be a nice guy, even if we criticize his poli-
cies.① （Reagan 会/一定是个好家伙，即使我们批评他的政策。）

　　Sweetser 认为例（28）中的情态词"*will/must*"不是表示 Reagan 将
来会是个好人，也不宜理解为一般意义上的说话人对 Reagan 良好品德的
断定，因为从后接的让步小句来看，说话人已然确定 Reagan 的人品，无
须再进行推测。Sweetser 认为这句话合适的理解应该是"我们得承认
Reagan 是个好人，尽管我们批评他的政策（不好）"，情态词"*will/
must*"传达的是"我们得/必须承认"这样的"会话层次"上的意义。这
种意义与根情态和认识情态意义不同，属于言语行为情态意义。
　　Sweetser 对某些语言事实的观察和研究是个有益的尝试，使我们认识
到情态词还具有语用功能方面的意义。但对于她提出的"言语行为情态"
这个概念的性质，是一个独立的情态语义小类，还是情态词在言语行为领
域的用法，抑或是情态语义本身的延伸意义，还值得进一步的探讨。上一
小节讨论的"言者情态"或"说话者取向情态"，即表示说话人驱使听话
人完成动作的允许、命令，实际上就是一种"言语行为"。Nuyts（2005：
15）也谈到情态的施为功能涉及对某种事件状态的评估，也就是说情态
本身就在实施一种"评估"的言语行为。而语用学研究中"断言"（as-
sertives）、"指令"（directives）、"承诺"（commissives）等言语行为类别
（Searle，1979）与情态语义中所包含的意义类型也多有相合之处，由此
看来，情态表达说话人的各种观点和态度，就不可避免具有一些言语行为
上的功能。
　　随着情态研究的深入，对其核心部分的认识基本统一，但语言学家们
不断地用新视角、新理论、新方法来发掘情态更多的本质内涵和形式、功
能。如 Coats（1988）从语义—语用相关联的角度考察了自然语言会话领
域中的情态表达及情态意义。Maynard（1993）则进一步提出了话语情态
（discourse modality）的概念，认为语言非命题成分的情态特征是交际性、

---

① 转引自彭利贞（2007：53）。

主观性和语篇性①。就话语情态这个概念本身来看，它也不是一种情态语义类型，而是对情态在话语功能方面特点的考察，不能与认识情态等相并列。不过，这些都体现了情态研究多元化的发展趋势。

第三节　情态语义特征

一　情态语义的量级特征

（一）可能性程度的差别

情态语义内涵包括两个重要方面，一是说话人的态度，二是命题的可能性特征。说话人的态度不是情态范畴的独有特征，是语言主观性的一种表现。因此，从某种意义上说，命题的可能性才是情态范畴的必要特征，不涉及可能性的情态是不存在的。依据命题的不同可能性，并参照说话人对命题状况的不同态度，可以划分出情态的各种语义类型。如认识情态与命题的真实性状况有关，一方面，命题的真实性存在可能性的大小；另一方面，说话人对命题真实性的判断有确定性程度的差别。道义情态、动力情态都与命题实现的可能性有关，道义情态命题中动作事件发生的可能性大小取决于命题外部的权威要求或说话人指令；动力情态命题中动作事件发生的可能性大小与命题内部句子主语的能愿、惯常等特征有关。

Halliday（1985）认为句子有肯定和否定两种极性（polarity），这两极之间的中间状态就是情态，表示言语使用者对命题 P 认识的不确定性，其中包含"可能 P→多半 P→肯定 P"几个不同的等级。他在后来的研究中（1994：362）列出情态操作词所包括的三类量值等级：

高值：must、ought to、need、has to、is to

中值：will、would、shall、should

低值：may、might、can、could

Halliday 所列的量值等级是英语情态助动词表达的认识情态领域"可能的/很可能/确定的"不同强度的语义选择。另外，他还讨论了提议中的意态，它同样存在两个极性，也具中间或然性，表现在命题中是责任程度的"允许/料想/要求"，表现在给予中是意愿程度的"愿意/渴望/决

① 转引自徐晶凝（2008：18）。

意"（Halliday，1994：89）①。

Taylor（2002：408）认为可能性（likelihood）可以用来区分不同的情态语义，英语中的情态词在语义上表现出可能性的大小，或者说情态强度（strength）的一系列差别。如盖然（probable/might）、可能（possible/can）、必然（necessary/must）等。

汉语的情态研究者在具体问题的情态分析中，也常从情态的可能性特征出发。如郭昭军（2003）认为能愿动词"要"可以表达道义情态中的义务意义，根据强弱程度的不同，"要"可以表示弱义务的"必要"和强义务的"要求"，前者如"滑冰要穿冰鞋"，后者如"你要正经在这儿学习"。郭文虽然没有明确指出可能性，但我们认为"强义务"和"弱义务"本质上是道义情态语义中不同可能性程度的体现。"强义务"与道义源的强制要求或命令相连，使得命题事件的发生具有较大的可能性；而"弱义务"基本是客观环境或条件，主观性弱，命题事件发生的可能性相对较小。

徐晶凝（2008：83—88）把情态的可能性程度称作情态的梯度（degree），其中认识情态梯度表示"说话人在多大程度上承诺命题为真"，道义情态梯度表示"在多大程度上强制某行为被听话人执行"。徐文认为现代汉语中标记情态梯度的是情态助动词和核心情态副词，其例如下：

（29）a 他现在可能在家。　　　　（低——可能性）

　　　b 他现在应该在家。　　　　（中——应然性）

　　　c 他现在一定在家。　　　　（高——必然性）

（30）a 你可以去。　　　　　　　（低强制度——许可）

　　　b 你应该去。　　　　　　　（中强制度——义务）

　　　c 你必须去。　　　　　　　（高强制度——命令）

徐文所述道义情态中强制度的高低，从命题角度看，与命题实现的可能性大小相对应。

情态的相关研究中没有提及动力情态与可能性的关系，动力意义被归入情态主要是句法一致性的考虑，与其他情态意义共用一套形式标记。动力意

---

① 转引自魏本力（2005：56）。

义不能直接表达说话人的观点态度，而是说明句子主语的相关特征。因此动力情态属于情态范畴的非典型成员，但尽管如此，动力意义仍然反映一定的可能性特征。动力情态包括行为主体的能力、意愿以及惯常习性三种意义类型，能力有大小，意愿有强弱，惯常行为有发生频率的高低，这些程度不同的主体特征对命题事件发生的可能性的大小也会产生一定的影响。因此，从客观的概念意义上来看，动力情态内部也有可能性程度的差别。

（二）各情态小类的量级

可能性与说话人的态度是情态语义的两个核心要素，二者缺一不可，相互结合，说话人对命题为真或成真的可能性的判定构成情态语义系统。上一小节论证了可能性是贯穿各情态小类的共性特征，本小节以现代汉语为例，证明各情态语义类型内部存在量级差异，并且在语言形式上有相应的体现。

认识情态表示说话人对命题为真的可能性的推断。命题的真值在现实世界中是可以确定的，因为客观上"必然"存在或真或假的情况。但在说话人的主观认识世界中，命题是否为真具有不确定性。根据说话人相关知识经验及所掌握的证据的多少，说话人对自己所作出的推断自信心的强弱不同。证据经验充足，把握大；反之，则把握小。命题的真实性状况在说话人的主观世界中存在不同程度的可能性。

根据上述认识情态语义可能性程度的简单分析，我们可以将其初步分为"断定""揣测""旁证"三种语义小类（第三章有详细论述，故此不赘述），三种类型说话人对判断的保证程度渐次降低，也可以说命题为真的可能性逐步减小。等级序列如下：

断定>揣测>旁证

例词：一定/肯定>大概/可能>据说

郭昭军（2003：54）曾经对认识类情态词所表示的可能性程度作过一个等级分析，借引如下：

也许<可能<大概<很/非常/十分/极可能<会₂

郭文通过四种句法格式，以小组对比的方式，检验了不同认识情态词所表示的不同的可能性程度，最后得出上述的等级序列。比如"也许"

和"大概",二者在四种格式中的适应能力不同:

(31) a 我也许去,也许不去。
　　　b 我也许去,也可能不去。
　　　c 我也许去,但不一定去。
　　　d 我也许去,不过也不一定。

(32) a* 我大概去,也大概不去。
　　　b? 我大概去,也可能不去。
　　　c 我大概去,但不一定去。
　　　d 我大概去,不过也不一定。

　　郭文利用句法手段鉴别情态词的可能性程度特征,还是比较有效的。但我们怀疑是否所有的认识情态词都可以用这个标准检验出情态强度的差别,以及相近情态词句法表现的一致性能达到什么样的程度,等等。一系列具体问题仍需要更深入的分析研究。

　　道义情态表示说话人对命题中事件发生的可能性所进行的判定,命题的实现取决于说话人的指令或其他道义要求,如社会观念、道德准则、法律义务等。虽然道义要求有所不同,但它们都有强制性程度的高低,高强制度的道义要求促使指令对象发出行动的可能性大,低强制度的道义要求促使指令对象发出行动的可能性小。比如:

	转换一	转换二	强制度	可能性
(33) a 你必须去。	→* 也可以不去。	→* 不去也没关系。	──→高	极大
b 你应该去。	→* 也可以不去。	→? 不去也没关系。	──→中	大
c 你最好去。	→? 也可以不去。	→不去也没关系。	──→次低	较大
d 你可以去。	→也可以不去。	→不去也没关系。	──→低	中

　　我们仿照前文提到的郭昭军检验认识情态词语义强度的方法,设定两次转换,根据道义情态词对转换格式的不同适应性来判定其道义强制度的大小①。通过转换一,可以确定"必须"对行动"去"的强制约束力最大,而"可以"最小。前者是一种权威命令,对指令对象具有绝对的影

---

① 前文提到过这种方法并非绝对有效,但可以区分出大概的界限。

响力，迫使其采取行动，达到要求。后者则是一种宽松的许可，指令对象执行动作与否不受限制，事件发生的可能性居中。转换二表明"应该"这种道义要求的强制度比"最好"要高，"应该"句命题实现的可能性比"最好"句要大。"应该"表示指令对象需要承担某种义务，一般来说也要尽到这种义务。"最好"是说话人的一种建议，对指令对象施行某行为具有积极的影响，但也存在不被采纳的可能。

通过上述论证，可以排出主要道义情态词情态强度（道义强制度）的等级序列：

必须 > 应该 > 最好 > 可以

相应的道义情态语义小类：命令 > 义务 > 建议 > 许可

动力情态也是表达说话人对命题成真的可能性的判定，但促成命题中事件发生的条件不是命题之外的道义要求，而是命题之内句子主语的能力、意愿及惯常行为特征。行为主体的这些特征内部也有程度之分，如能力有大小，意愿有强弱，惯常行为有发生频率的高低。句子主语内在条件的充分程度对命题的实现产生大小不同的推动力，能力大、意愿强、惯常行为发生频率高，主语实施或完成行动的可能性就大，反之则可能性小。动力情态包括能力、意愿、惯常三种意义类型（第三章详述），下面分别讨论各小类情态强度的量级表现。

客观世界中人的能力有高低大小之别，同样做某事，能力高的人完成得快，完成得好；能力低的人完成得慢或完成得质量较差。同样一件事，能力强的人去做，完成的可能性大；能力弱的人去做，完成的可能性相对较小。动力情态涉及句子主语的能力，包括先天及后天的固有本领，可以用助动词"会、能、可以"及可能补语的格式"V 得 C"等来表示。但这些表达手段并不能体现能力的高低差异，如"他会/能/可以开车""他开得了车"都是说明他有驾驶能力，但驾驶水平高低不得而知。不同的词语形式在表示主体能力方面作用相当，区别在于发出动作的外部制约因素有所不同。"会"只是单纯表示能力，而"能/可以/V 得了"还说明除内在条件之外还有外在条件的许可。这从一个侧面说明，这些情态词语在表达能力方面有典型性程度的差异（下一小节详述）。汉语中表示能力较高的词语是动词"擅长""善于"，理论上讲，较高的能力比一般能力更

容易推动事件的完成。因此，能力情态语义内部的强度差异是：特长>
能力。

例词：擅长/善于>会/能/可以/V 得了

意愿与句子主语的主观意志有关，包括意图计划、心愿态度等心理状
态。句子主语有某种意愿意味着他在未来将要做出某种行动，而意愿的主
动性及强烈程度的不同对未来事件的发生具有一定的影响。从命题之外的
角度看，句子主语做某事的主动性越强，愿望越强烈，做成此事的可能性
也就越大。

鲁晓琨（2004：191—271）作了一系列汉语意愿助动词的对比研究，
她发现"愿意"和"想"的语义区别在于"想"表示的意愿具有"主动
自发性"，而"愿意"表示的意愿具有"回应选择性"，也就是被动地同
意做某事。主动的心理状态自然比被动的心理状态更能促成行动的发生，
因此"想"的情态强度高于"愿意"。以此为界，我们先考察被动的意
愿。当面对请求需要作出选择时，主体的感情反应可能是无奈的，也可能
是积极的，积极的感情态度自然更易于促成事件行为。因此表示积极意愿
的"乐于"情态强度上要高于"愿意"，即乐于>愿意。

与"愿意"语义接近的还有"肯"，鲁晓琨（2004：210）提到，使
用"愿意"时，主体的行动可能与意愿一致，也可能不一致；但使用
"肯"时，主体的行动一定和意愿一致。例如：

（34）她愿意去外国工作，但她不能去外国工作。
（35）？她肯去外国工作，但她不能去外国工作。

由此可以说明"肯"句比"愿意"句事件发生的可能性要大，即肯>
愿意。

再看"肯"与"乐于"，二者的情态强度都比"愿意"高，但"肯"
只能是被动地回应，而"乐于"还可以说明主体本来就有的意愿，如
"他热爱集体、乐于助人"，并没有外部的请求使其作出被动的选择。因
此，"乐于"比"肯"情态强度高，即乐于>肯。

我们整理一下被动意愿情态强度的等级序列，即乐于>肯>愿意。

　　主动意愿方面，句子主语具有做某事的主观意志，并且在实际行动上有所计划。从主观想法到行动计划，做成某事的可能性越来越大。郭昭军（2003：45—47）、鲁晓琨（2004：210）都对"想"和"要"的语义区别作过研究，结论基本一致，即"想"还停留在想法阶段，并不一定做某事，而"要"已经打算付诸行动，做某事的可能性极大。因此，"要"比"想"的情态强度要高，即要＞想。

　　汉语中还有一些与意愿有关的副词，如"力图、执意、硬"等，它们表示句子主语的强烈主观意志，主体采取行动的可能性更大。因此，这类词的情态强度要高于"要"，即力图/执意/硬＞要。

　　整理出的主动意愿情态强度的等级序列是：力图/执意/硬＞要＞想

　　将主动及被动意愿情态词合并在一起，可以列出导引情态强度的等级序列如下：

　　　　力图/执意/硬＞要＞想＞乐于＞肯＞愿意

　　相应的道义情态语义小类：决意＞意图＞愿望＞同意。

　　句子主语的生活习惯、规律，个人喜好等对命题事件发生的可能性也会有一定的影响。一旦形成规律的生活行为，其将来再次发生的可能性就比较高。反之，偶发的行为事件，其再次发生的可能性就比较低。依据发生频率的高低，惯常意义内部情态强度的差别为：常规＞偶发。

　　　　例词：总是/通常＞一般＞偶尔/很少

二　情态范畴的原型性特征

（一）情态语义次范畴不同的典型性

　　认知语言学认为，自然范畴之间并不是像传统范畴理论中所说的那样具有清晰的界限，各自拥有彼此独立的区别特征。相邻的范畴之间可能共有某些成员，这些成员是这两个范畴的边缘成员。某一范畴内部的成员地位并不平等，它们形成一个从典型到非典型的非离散性的连续统。典型成员或者说原型性更高的成员具有更多与同类其他成员共有的属性，而非典型成员或原型性较低的成员与同类其他成员的共有属性较少。这就是认知语言学的原型范畴观（Rosch，1978；Lakoff，1987；Taylor，2002；张敏，

1998；吴为善，2010）。

原型范畴观较传统的属性范畴观更符合人们对原型认知的心理基础，能够客观地展现自然范畴之间的联系与区别，尤其能更好地解释在自然语言中表现出来的概念范畴。因此，原型范畴观自产生之后备受推崇，似乎成为又一条普遍规律。我们基本上接受这一观点，但对其关于范畴属性的认识，我们认为还可以作一点修正完善。该观点对于构成某一范畴的众多属性的性质地位未作深入考虑和阐明，只是从数量上将其作为判别范畴成员原型性的参考标准。拥有本范畴更多属性的成员原型性高，拥有较少本范畴的属性却拥有其他范畴某些属性的成员原型性低。但我们认为范畴内部的属性也有核心与边缘、根本与一般的差别，该范畴的典型成员首先应该拥有本范畴的根本属性，其次应再考虑拥有一般属性数量的多少等。由此看来，语言研究中应当将原型范畴观与属性范畴观结合起来综合考虑，并选择各自合理之处，进行语言现象的考察。

情态作为一个语义上的自然类，其内部成员包括认识情态、道义情态和动力情态（以情态三分法为基准）。按照认知语言学的原型范畴观，情态范畴也不是内部均质的，其成员存在典型性程度的差别，我们从情态范畴的语义属性和句法、语用属性入手来说明三种情态语义次范畴之间的原型性高低。

本书第二章第一节讨论了情态的语义内涵有两个判定条件，一是命题的可能性特征，二是说话人的观点或态度。其中命题的可能性特征更为核心，更具有区别于其他语言范畴的个性特点，是情态范畴的充分必要属性；而说话人的观点或态度还可以是其他主观性范畴的语义属性，是情态范畴的必要属性。

从句法上看，情态的表达手段非常丰富，每一种语法形式都有各自的句法功能。将所有的句法表现都列为情态范畴的句法属性显然不合适，但无论何种情态成分都有一个共同的语法功能，就是可以在命题之上对命题进行限定，因此情态成分也被称为"高一级的谓语"（吕叔湘，1979；范开泰，1988）。

从语用上看，情态语义是说话人观点和态度的反映，核心的情态是直接与之相关的，因此主观性最强，由语法主语变为言者主语。

根据以上论述，我们观察一下三种情态类型拥有情态范畴的属性特征的情况（见表2-1），并据此列出它们的原型性等级。

表 2-1　　　　　　　　　　情态范畴各成员属性特征一览表

属性特征 情态类型	语义属性		句法属性	语用属性
	命题的可能性特征	说话人观点或态度	高层谓语	言者主语
认识情态	+	+	+	+
道义情态	+	+/-	+/-	+/-
动力情态	+	-	-	-

说明：表中的"+"表示具有某属性，"-"表示不具有某属性。在"说话人观点或态度"属性中，"+"指对说话人观点态度的直接反映，"-"指间接反映。

据此，情态语义次范畴的原型性等级表现为：

认识情态>道义情态>动力情态
核心（典型）　　　　外围（非典型）

（二）多义情态词不同义项的地位差别

跨语言的情态研究表明，许多语言中的情态表达是成系统的，各种情态语义类型形式上共用一套句法手段（Nuyts，2005；Munro，2005：192）。情态的语义及形式系统内部成员都有典型性的不同，如 Munro 就认为英语中的核心情态是情态助动词及其所表达的情态，因为它们的使用不受语境（如否定、疑问、强调等）的影响，并且能够表达所有类型的情态意义。Munro 所谈的实际上就涉及情态词的多义（polysemy）现象，这在世界语言的情态表达中具有普遍性（Lyons，1977：550）。同一种句法范畴可能表达多种情态语义，研究得比较多的是情态动词的多义性，如英语的"must"既可以表示强制性的道义情态义，也可以表示断定性的认识情态义。情态的其他表达手段也往往有多种语义解读，如汉语的可能补语格式"V 得 C"，既可以表示能力型的动力情态（如"吃得完"），也可以表示揣测型的认识情态（如"好不了"）。本小节仍以情态助动词的多义表现为例，说明同一情态形式的不同情态含义之间的关系，其他情态表达手段情况类似。

对于英语中情态动词的多个情态义项，Ehrman（1966）、Perkins（1983）、Papafragou（2000）等学者认为这些义项中有一个核心意义（core meaning），这个核心义不受语境的影响总是存在，而其他意义都是语境赋予的，这是所谓单义（monosemy）观。但更多的学者如 Leech（1969；1971）and Palmer（1974；1979）持多义（polysemy）

观，认为情态范畴拥有多种语义，这些不同的意义之间是不连续的、离散的（discrete）。Coats（1983：9—13）认为这两种绝对的观点对于解决自然语言中情态语义的不确定性（indeterminacy）并不得力，她经过研究发现从根意义到认识意义是一个从客观到主观的连续统（continuum），大多数情态意义的不确定性可以从渐变的角度进行描写。她还为情态语义设计了一个渐变模型（a gradience model），情态语义的不同理解实际上存在连续性的关联。Coats 的看法已经比较接近原型范畴观的基本理念，比如她举出的英语"can"的例子，"许可"和"能力"是它的两个基本意义，而"可能"则是这两个意义交叉重叠出的边缘意义。

我们认为 Coats 的观点比较合理。根据范畴的原型性特征，情态词的多个义项之间地位并不平等，有典型、非典型的差别。彭利贞（2007：158）在分析多义情态动词的不同义项时，从其使用频率的高低出发，也认为不同义项的典型性程度不同。比如说"得"的典型义项是表道义情态义，"一定"的典型义项是表认识情态义，而"'得（děi）'要获得认识情态的解读，需要特别的句法环境支持；'一定'作道义情态解读时，也比表达认识情态时存在更多的限制条件"。

三 情态语义的内部衍生与发展

上一小节谈到，情态的三种语义类型，即认识情态、道义情态、动力情态，它们在共时平面表达的情态意义典型性不同。从历时上看，它们之间还存在发展演变的先后关系。学者们在研究情态助动词的语法化时发现，助动词多从动词、名词等包含词汇意义的词类发展而来，最初表示根情态意义（能力、道义等），然后再发展出认识情态意义。如 Ehrman（1966）、Shepherd（1981）的考察发现英语的情态助动词从能力、体力意义，发展出道义情态，最后再发展出认识情态。Bybee 等（1994：195）指出："知识情态类意义晚于且来源于施事指向类意义，这一点是很清楚的。事实上，对英语情态动词而言，从现有的文献看，其知识情态类用法很晚才普遍运用。"

汉语中助动词的研究也比较发达，比如很多学者研究过"能"的语义演变（白晓红，1997；王伟，1998；李明，2001；朱冠明，2002），基本上认同"能"的本义与"能力""胜任"有关，然后引申出受外界条件限制的道义情态，最后虚化为表示可能。其他助动词大都经历了同样的演化过程，如朱冠明（2002）认为"容、应、须"等词的认识情态义的出现时代也晚于其他类情态义。但是，语言演变是个复杂现象，涉及意义变化、功能转移、音节调整等多方面的因素。随着更多语言事实的发掘，有的学者也指出多义情态动词的几个义项之间并不一定遵循从根情态到认识情态的衍生规律，不同的情态语义有不同的来源，有的情况是情态动词最初产生时就只有一个认识情态义项，并没有所从来的根意义。① 这样看来，"动力>道义>认识"情态语义的历时演变可能只是一个理想化的大致的发展方向，具体到特定语言及特定语言中的特定情态动词，实际情况可能更为复杂。

第四节　情态与其他相关范畴的区别

一　情态与语气和口气

综观语言学中的情态研究，几乎各家各派都会谈到情态与语气概念的关系问题。在现代汉语语法研究中，语气也是一个传统论题。随着情态概念的引进，语气与情态的范围界限、联系区别成为学界需要澄清的基本问题。但从相关研究的现状来看（前文第一章第三节中介绍了现代汉语语气研究的相关情况），对语气和情态的认识远未达到一致的程度。到底这两者是不是性质相同的概念，它们之间是包含关系还是并列交叉关系，它们在意义和形式上有哪些关联等这些问题还存在较大分歧。

现代汉语的情态研究主要借鉴西方，因此汉语研究中的情态概念与西方语言学中的情态概念大体相当。而语气这个概念的情况要复杂一些。在西方语言学研究和汉语语法的传统研究中都有语气概念，但性质和所指并不相同。王力（1980：445）早就指出过西方语言的语气与汉语语气有所不同，"西洋语言的语气是由动词的形态变化来表示，汉语的语气是由句

---

① 朱冠明（2002）认为汉语"可能"直接来自疑问语气副词"可"与情态动词"能"的跨层连用，且只具有知识情态义；朱冠明（2005）通过对情态动词"必须"产生和发展的考察，发现"必须"的三种情态语义之间并没有衍生关系，而是分别来自"必"和"须"三种不同语义类型的连用。最后"必须"的知识情态义项反而消失，似乎也不符合情态语义类型发展演变的先后关系。

末的虚词来表示的，……这种虚词表示的是全句的语气"。现代的汉语语气研究既延续了以往传统的语气研究，又受到西方语言学语气研究的影响，再加上新引进的情态研究的作用，不同的学者处在不同的立场，采用不同的语气所指，得出的语气观点难免多有差别。鉴于此，本书讨论情态和语气的关系时，区分西方语言和汉语两种语言研究的不同背景。只有在此前提下，才有可能真正厘清二者的关系。

我们先讨论西方语言研究中情态和语气概念的不同。传统语法中的语气是由动词的词形变化所表现的一种语法范畴，如英语中四种基本的话语类型：陈述（statement）、感叹（exclamation）、命令（command）、提问（question），语义上表达说话人对命题的不同态度，形式上就是与动词屈折变化相连的不同的语气类型，即直陈式（indicative）、祈使式（optative）、疑问式（interrogative），另外还包括虚拟式（subjunctive）、祈愿式（optative）等。情态则主要是从意义上划分出的范畴，与表达说话人对命题的态度，并涉及命题为真或成真的可能性有关的语义类型。情态与语气在语义上都涉及说话人的主观态度，在形式上语气表现为动词的形态变化，情态的表达手段则多种多样。从世界语言的范围内来看，既包括语法手段，又包括词汇手段，甚至包括语调等韵律手段。其中情态的语法手段就有助动词、词缀、小品词以及动词的屈折变化，也就是语气。

Palmer 长期致力于情态与语气的研究，他对两个概念的看法有过变动。他最初认为二者是一个事物的两个方面，"两者的关系好比时间（time）与时态（tense）、或者性别（sex）与词性（gender）、计数（enumeration）与数量（number）之间的对比"，前者属于抽象的语义范畴，后者是表达这些语义概念所用的形式范畴（Palmer，1986）。后来的观点已倾向于将语气归并于情态之中，"二者之间并不总是可能有明确的区分，在某一种语言中可能同时具有二者的特征，也可能只使用一种方法或以一种方法为主"（Palmer，2001）。因此，他给情态的定义是说话人态度和观点的语法表现。

Lyons（2000：331）认为语气是情态语义语法化的结果。目前西方语言学中对语气和情态的认识虽尚有分歧，如有的学者认为语气的概念大于情态（Comrie，1981），有的则主张将语气的内容放在情态的大概念之下（Palmer，2001），但大都认可语气和情态是有基本分界的两个独立的概念，语气是语法范畴，情态是语义范畴。在语义上可以说，语气是用动词词形变化表示的一部分情态，而情态是世界语言中普遍存在的一个语义范畴。不同的语言情态的表现形式不同，有的语言使用动词词形变化，即语气；有的语言可能没有语气这种情态表达手段，但情态语义一定会有，只是采用其他表现形式而已。

从以上论述得知，西方语言学中的语气概念特指与谓语动词词形变化有关的形式范畴，而汉语不是一种形态语言，因此严格来说，汉语中并没有西方语言学中的"语气"（mood）概念，汉语语法研究传统中的"此语气"非西方语言研究中的"彼语气"。我们可以沿用传统研究中的用语，但在使用时应该自觉加以区分。那么，现代汉语中的"语气"是一个什么样的范畴，它与情态概念的关系又如何？

汉语传统研究中对语气有一个大概一致的认定。张斌、胡裕树（1989）区分抽象的句子和具体的句子，在他们看来，用于交际的每个句子都带有特定的语调，表示某种语气。张静（1987：655）在其著作《汉语语法问题》一书中对以往各家的语气研究有一个总结，他认为语气是附属于句子（"不管是单句还是复句"）之上的说话人的感情或态度。根据说话人情感态度的不同，可以将语气分为陈述、疑问、祈使和感叹四类，同时也对应于汉语句子的四大功能类型——陈述句、疑问句、祈使句和感叹句。长期以来，无论是教学语法，还是理论语法，语气基本上与四大句类联系在一起，此概念的内涵和外延还比较清晰。

随着研究的深入，学者们对语气概念的解释、语气意义的细分、语气形成的因素等作了更详尽的考察和论述，其中越来越多地涉及情态语义的内容。如贺阳（1992）直接把 modality 称作"语气"，并将语气定义为"通过语法形式表达的说话人针对命题的主观意识"，只要是"对句中命题的再表述"，都属于"语气"范畴。他所构建的现代汉语书面语的语气系统非常庞杂，包括三大部分，13 个次类，18 个小类。除去句子的语气类型——"功能语气"之外，贺阳的"评判语气"子系统谈到了认知语气（确认与非确认）、模态语气（或然与必然）、履义语气（允许与必要）和能愿语气（能力与意愿），这些意义基本上等同于西方的情态意义。另外，他还分出"情感语气"一类，与句子命题的可能性无关，直接反映说话人的情感状态，如表"诧异语气"的"竟然"，"料定语气"的"果真"等。可以看出，贺阳的"语气系统"非常全面，分类详尽，但"功能语气"是从句子的功能类型出发，"评判语气"是针对句子的命题内容，而"情感语气"又着眼于说话人的情态态度，三者是不同标准分类的结果，却合并在一起，似乎不太妥当。

后来的一些学者在语气研究中明确谈到与情态的意义关系，但都不甚明确。如徐晶凝（2000：136）的语气系统中"揣测语气"类似认识情态，却与"询问语气""提醒注意语气"等归在一起，称作"表意语气"。她同时又指出语气是表陈述、疑问、祈使和感叹的语法范畴，但交际时附加上说话者对说话内容的感情态度时就变成了一种"情态"。语气和情态的关系时而等同，时而交叉，又相互包含，较难把握。在徐晶凝（2008）后来的专门讨论情态的著作《现代汉语话语情态研究》中，情态与语气的纠结问题依然存在。

与贺阳将西方所说的情态语义归入汉语语气范畴的做法相反，崔希亮（2003：332；344）的语气概念是包含在情态范畴之内的。他的情态概念既指 mood，又包含 modality。他把汉语的情态范畴分为语气、时体、能愿三个次范畴，其中语气范畴既包括传统的陈述、疑问、祈使和感叹四种语气，又包括推测等情态语义内容。可见，崔希亮的语气和情态概念仍然是交叉重合的。另外，他还将事件的时间属性（即时、体问题）称为事件情态，视为情态的一部分，这个观点与一般看法有所不同。

总的来说，前人对语气的认识是掺杂了说话人自身的情绪、对语句的认识、对听话人的态度等各种因素在内的大杂烩。我们力图撇清这几方面的问题，尝试将汉语的"语气"和"情态"作一明确区分。我们首先支持并采纳鲁川（2003）关于语气和情态相互独立的观点，然后在齐沪扬（2002）大语气系统的基础上界定出本书的语气和情态概念的含义和范围。

鲁川（2003：323）认为语气是"对人的"，体现言者对听者的交际意图，如告知、祈使、疑问等；而情态是"对事的"，体现言者对命题中事件的主观情绪、态度认识。虽然鲁川对情态下位语义次类的划分和相关意义类型的界定归属还可斟酌，但他对语气和情态性质的区分是非常有见地的。语气和情态虽然都与说话人的主观态度有关，但语气的使用目的在于使交际的对象受到说话人态度的影响，从而作出某种言行上的反应。而说话人使用情态表达时，主要针对语句内容的真实性情况以及实现的可能性情况进行评判，虽然也有对听话人施加影响的额外效果，但都是间接的、附属性的。

齐沪扬（2002）虽然没有明确提及"情态"概念，但他清楚地区分了"说话人使用句子要达到的交际目的"与"说话人对说话内容的态度或情感"两类不同的语义，同时根据二者不同的形式标志分别归为功能语气（以语气词为语法标志）和意志语气（以助动词、语气副词作为形式标志）。这两大语气类型边界清晰，意义形式各异，基本上对应于汉语的语气和情态范畴。①

总结来说，我们认为，现代汉语的语气是说话人为达到交际目的所采用的说话方式，表现为句子的功能类型，包括陈述、疑问、祈使和感叹四种语气；情态是说话人对所说话语内容的各种态度，涉及话语内容的真实性及实现的可能性等，包括认识、道义、动力三种情态类型。我们认为，这样的区分处理一方面使语气与传统的"语气"概念一脉相承，另一方面使情态与西方的"情态"概念相融接轨，二者既彼此区别，又密切关联。

至于"口气"概念，汉语研究中虽有涉及，但多是在语气的研究中提到，或者语气、口气不加区分，相互换用；或者将口气解释为语气形式表达的意义，较为主观随意；或者将口气归入语气的小类（齐春红，2008），但也欠有力论证。也有的学者并未明确提及口气的概念，但在语气的意义中杂有口气的类型，如胡明扬（1981）的"肯定、强调、委婉"等表态语气。孙汝建（1999）的《语气和口气研究》专门探讨了"口气"概念，他的观点是："广义的语气包括语气和口气，狭义的语气只有四种：陈述、疑问、祈使、感叹。口气包括肯定、否定、迟疑、活泼等。"从孙汝建界定的口气的范围来看，"活泼、迟疑"等类型是很难找到具体的形式载体的，而且其内涵也不易把握和确定。什么是"活泼"，什么样的又算"迟疑"？恐怕见仁见智。

实际上笔者的感觉是"口气"可能并不是一个严格意义上的语言学术语，人们使用语言时不仅能够传达信息、反映客观情况，还会流露出各种主观感情，如愉快、悲伤、坚定、勇敢、幽默、谦恭等。从听话人的角度看，这些在说话时传达出的感情态度就是说话人的口气。我们从自然语

---

① "意志语气"概念的涵盖范围略大于情态范畴。前者除了包含认识、道义、动力情态三种语义内容之外，还包括反映说话人对命题的真实性得到确认之后的情感态度的"料悟语气"，如"果然""难怪"表达的语气。

言的使用中去揣摩"口气"的性质和所指，如"口气很强硬、很和缓"、"开玩笑的口气、很权威的口气"，"怀疑的口气、礼貌的口气"，等等。这些"口气"或许与"语气"或"情态"中的某些意义接近，如命令、推测等，但从本质来看，"口气"更倾向于一个说明人的主观情绪的普通范畴，而不适于作为一个有独立的意义和形式表现的语言学范畴。

二　情态与主观性

情态表达说话人的观点和态度，是命题之外的主观性成分。情态本质上是主观的，Lyons（1977：29）认为，情态关注"说话人的观点和态度"，英语情态"本质上都是主观的"。Palmer（1986：16）将情态定义为说话人主观态度和看法的语法化，也认为情态涉及话语的主观性，甚至认为主观性是衡量情态的基本标准。但由于不同情态语义中包含影响命题为真或成真的客观条件和依据，因此，情态还有部分客观性内容（前文探讨过"主观情态"和"客观情态"的区分）。尽管学界对客观情态的存在及语言表现尚有争议，但也并不认为情态就是纯粹主观的，如 Lyons（2000：336—342）。

主观性是语言的一种特性，语言的功能不仅是客观地表达命题，而且还可以表现语言使用者的各种主观特征，如对所说话语及交际对象的评价判断、态度情感，或者话语交际的立场观点，等等。沈家煊（2001）对国外语言学中的主观性理论作了详细介绍和论述，他指出主观性是说话人在话语中表现"自我"的成分，或者说是话语中所留下自我的印记。

沈家煊介绍了 Edward Finegan（1995）的主观性观点，他认为主观性研究主要集中在以下三个方面：

①说话人的视角（perspective）

②说话人的情感（affect）

③说话人的认识（epistemic modality）

"视角"就是说话人对客观情状的观察角度，以及对客观情状加以叙说的方式。"情感"包括说话人的情感、情绪、态度等。这两种主观性范畴含义宽泛，在各语言中的表现也各不相同。语言中主观性无处不在，主观性的表达也没有形式上的限制，语音的变化，语调的不同，语气词、情态动词等词汇手段，语气、语序、各种构式等语法手段都可以表现语言的主观性。

"说话人的认识"主要跟说话人对某事件的看法与评价等因素相关，实际上等同于情态中的认识情态语义。沈家煊谈到说话人的"认识"是主观性体现得最为强烈的地方，也是主观化研究中着眼最多之处。情态概念与主观性概念的关联重合部分也在于此。Finegan 没有谈到除了认识情态以外，道义情态、动力情态是否带有主观性，主要是因为后两种情态类型是倾向于主观的还是客观的，还没有一致的看法。

我们认为，从本质内涵上看，认识情态、道义情态、动力情态都是说话人对命题内容为真或成真的判定，从这一点来说，三者都包含主观性。但三种语义主观性的程度是逐渐减弱的，认识情态主观性最强，最典型；动力情态主观性最弱，因为它主要说明句子主语的内在特征，说话人的主观判定甚至可以忽略。

总之，主观性是语言的一个性质，情态是语言的一种意义。情态是一个主观性范畴，是语言主观性的一个方面。

三　情态与非现实

《现代语言学词典》（第四版）①中认为非现实（irrealis）与现实（realis）的概念"用于认识情态的研究"。该词典所举的例子说明非现实断言与某些情态动词有关，如"X may do Y"；而现实断言则强断定一个命题为真，使用现实动词的形式，如"X did Y"。

Chafe（1995：350）认为现实是已成为事实的客观现实，非现实是通过想象构建出来的主观想法。Mithun（1999：173）的看法与之相似，他也认为现实是已经发生或正在发生的情景，而非现实是思维领域想象出的情景。由此可以看出，非现实具有"主观想法""想象世界"这样的特征，与情态范畴所包含的"说话人态度""可能性"语义特征相合，从而使情态概念与非现实概念相互关联。

情态语义常常与假设信息相联系，表达某种与现实性有距离的事件，也就是说，这类事件实际上可能发生也可能不发生。比如说认识情态对事件的推测判断，道义情态依据某道义源对未来事件进行预测。另外动力情态中的意愿意义也指向未来事件发生的可能性，但能力和惯常意义既可以

---

① David Crystal 编，沈家煊译，商务印书馆 2007 年版。

是现实的，又可以是非现实的。但 Lonys（1977）认为事件无论真或假，只要说话者对它的真实性表达看法，确信或是怀疑，该命题就可认为是非现实的命题。按照 Lonys 的观点，所有情态类型都是非现实的。

跨语言的研究表明，很多语言中的非现实内容都是通过特定的语法形式来标记的。有的是语气，如英语及其他欧洲语言中的虚拟语气；有的是使用情态的表达手段，如表推测、判断、假设的情态助动词或从句等。有的语言甚至拥有一套整齐对立的形态标记来区分现实与非现实情景，如澳大利亚土著语言（Australian，Capell & Hinch，1970；Dixon，1980）及新几内亚语言（New Guinea，Foley，1986；Roberts，1990）等。但推断、命令等情态意义在有的语言中被标记为现实，在有的语言中又被标记为非现实。这也说明，情态与非现实并非绝对对应。

除了情态属于非现实的内容以外，语言中的"将来""怀疑""感叹"等意义也可以表示非现实，这些意义与时态范畴、主观性范畴等相关。非现实在不同的语言中也有不同的形式表现，包括情态词、形态后缀、构式等。从这个角度看，如果承认情态中的动力意义是非现实的，则非现实的范围要大过情态。

有观点认为"非现实性是比主观性更加重要的情态衡量标准"（张楚楚，2012），非情态与情态对应于说话人对现实情境的客观陈述与对非现实情境的主观判断。其实我们认同现实（realis）与非现实（irrealis）是事件的两个基本性质，情态是整个事件命题之上的主观性成分，两者虽有交叉关联，性质却不同。

王晓凌（2007：26—33）谈到现实事件和非现实事件的转化可以与情态发生关系。如要让一个现实事件表达非现实意义，则必须添加非现实情态标记。比如，将来事件对应非现实的语义，但其表达形式却包括时间名词、时间副词、心理动词、语气助词等许多非情态成分，只有一小部分借用"会""要"等情态动词。

第三章　现代汉语的情态类型

第一节　相关研究概述

　　从第一章汉语情态研究的概况部分可以知道，许多学者在相关研究，如汉语助动词、语气副词、语气词等的研究中已经涉及情态的内容，并利用西方情态研究的理论和方法来观照汉语的事实。但从整体上看，主要还是对西方情态研究成果的借鉴和个别语言事实的例证补充，没有在情态的理论研究和系统研究上作出更大的发展。因此，关于汉语情态语义的系统研究，包括汉语的情态类型、汉语的情态表达方式以及汉语的情态意义与形式之间的对应关系等基本问题的研究还需深入进行。本章即尝试解决这样一些问题：现代汉语中的情态语义包括哪些内容？现代汉语的情态语义可以分为哪几种类型？每一种情态类型内部又有哪些具体情况？汉语的情态类型是否与英语等其他语言相一致？等等。在论述本书的观点之前，我们先回顾一下以往的研究对汉语情态类型的认识。

　　Tsang（1981）较早借鉴国外情态理论，结合汉语实际做了一些系统性的研究工作。包括证明汉语存在情态范畴，考察汉语各种情态成分的意义特点，界定情态概念等，另外把情态分为认识情态和道义情态两种类型，把能力、意愿意义排除在外。Tsang 的情态类型的划分受 Lyons 的影响比较大。

　　Tiee（1985）将情态界定为一个表达主观判断与动作完成的关系的语义范畴，涉及可能性与必要性的概念，而且语义的范域（scope）及于整个命题。他对汉语情态语义的划分借鉴和沿用了国外情态类型的成果，分为认知情态、义务情态和动力情态。

　　范开泰（1988）的模态语义研究与后来的情态研究十分接近，他把模态语义分为真值模态义、道义模态义和意愿模态义三种类型，与经典的情态三分的观点大致对应，但在具体含义及个别语义小类的有无上不尽相同。如意愿模态表示主观愿望和条件，但没有把动力情态中的能力意义包括进来。道义模态表示允许和应当，但缺少要求、命令的意义。而真值模态所包含的实然、或然、必然则是模态逻辑分析的结果，与认识情态的推测、断定着眼点不同。

黄郁纯（1999）的研究主题是汉语情态助动词的整体语义框架，因此他不是从情态系统角度划分情态语义类型，而是从助动词表达的情态意义角度将其分为五种类型：认知意义、义务意义、潜力意义、泛指意义和意愿意义。黄郁纯的情态意义类型基本上涵盖了传统的三分情态的意义种类，只是分出的小类的数目不同。如潜力意义和意愿意义可以合并为动力情态意义；泛指意义是主语指向的自然、真理、习性等意义，也疑似动力情态意义。

谢佳玲（2002）依托情态动词的意义和句法表现对汉语情态语义作了系统的划分，她的情态类型除了包括认知情态、义务情态和动力情态，还增加了一类评价情态。谢佳玲的四分情态体系是对汉语情态系统的一种新的思考。[①]

彭利贞（2007）通过对现代汉语情态动词范畴的成员、范围、多义性等的分析研究，得出现代汉语的情态语义系统，包括认识情态、道义情态和动力情态三种语义类型。

徐晶凝（2008）将情态视为一个语用范畴，在话语交际中考察它的特点和用法。徐晶凝没有专门为"话语情态"进行下位分类，在研究中仍然沿用传统的认识情态、道义情态和动力情态的概念，同时也接受评价情态这种语义类型。

本书参照英语情态语义划分的方法和结果，并从现代汉语事实出发，将情态语义分为认识情态、道义情态和动力情态三种类型，以下分别进行分析论证。

第二节　认识情态

一　说话人的推测与断定

Lyons 在《语义学引论》（2000：254）一书中解释了认识情态中"认

识"一词的含义，他认为"认识"（epistemic）来源于"知识"（knowl-edge）一词，认识情态就是说话人根据自己的所知对命题内容进行的判断。

人对外部世界的认识和了解是有限的，宗教中的上帝或先知也许能够通晓一切，但作为个体的普通人凭自己的知识经验无法全面把握整个世界。因此，人在认识世界反映世界的过程中，当需要对自己知识经验之外的事物状况进行反映时，就必然会发生不确定的情形。比如说，说话人陈述一个命题，说明这一命题内容在说话人所掌握的知识经验的范围之内，同时也暗示了说话人对此的确信态度。如果说话人要处理一个自己不能完全确认的命题内容，说话人会调动已有的知识经验及相关证据等对该命题所反映的事实状况进行推测，表明自己的观点。体现说话人判断与推测的语言手段就是认识情态成分。从标记理论的角度来看，前者是无标记的，后者包含情态成分的情况则可以视为有标记的。① 如：

　　（1）他走了。
　　（2）他肯定走了。

例（1）是对客观情况的反映，说话人作出这一陈述时，是以公认的客观事实为基础的，因此句子本身无须特别指明说话人的观点；例（2）"肯定"一词直接体现出说话人对命题"他走了"是否是事实有一个判定，判定的结果是说话人对此有十足的把握，确定程度比较高。从上一小节我们得知，例（1）中说话人对命题没有进行判定的必要和相关行为，因此是非情态句；例（2）中说话人认为在某种情况下（可以认为在某种可能世界中）命题必然是真实的，并通过一定的成分体现出来，因此就可以看作情态表达。更进一步看，说话人的判定是针对句子命题内容的真实性状况的，说话人根据自己的知识、经验或认知能力对此作出判断，比如说看到他拎着包离开了办公室，他的办公室没人接电话，他的车不在了，等等。这种说话人的观点或态度的类型就是认识情态。

---

① 语言中的句子广义上说都是语言使用者观点和态度的体现，而情态研究中认为包含情态成分的句子直接反映了说话人的态度，实际上是将情态成分作为一种语法化了的标记来看待的。

二　命题为真的可能性

认识情态是所有情态类型中认同度最高的一种，因为它完全符合情态语义的两个核心条件的要求。上一小节论证了认识情态所表达的说话人的观点或态度的类型是推测与断定，就情态的另一根本特征——可能性或必然性来看，认识情态表达说话人对命题中事件或情景的真实性抱持不确定的态度。也就是说，在说话人的认识世界中，命题是否为真存在不同程度的可能性。说话人掌握的命题内容的相关知识越多，对命题中事件状态发生的把握越大，认识情态所反映的该命题为真的可能性也就越大。命题为真的可能性的大小使认识情态内部形成一个"不可能—可能—盖然—必然"的连续统，充分体现了情态的可能性特征。比如英语的认识情态表达，众多的文献中大都提到表猜测的"*may*"与表推断的"*must*"：

(3) He may be at home.（猜测）（他可能在家）

(4) He must be at home.（推断）（他一定在家）

"*may*"与"*must*"表达了说话人对命题"he is at home"确信程度的高低，"*may*"的程度低，表示可能，传达了说话人的不确定态度；"*must*"的程度高，表示必然，是说话人作出的最强的可能性判断。

现代汉语的认识情态词反映的"可能—必然"连续统似乎更为完善，文献普遍提及的有助动词"可能""应该"，副词"也许/或许""一定/肯定"等：

(5) a 他可能/也许/或许在家。（猜测）

b 他应该在家。（推论）

c 他肯定/一定在家。（断定）

"可能—应该—肯定"形成一个可能性程度等级，反映出说话人对命题"他在家"为真的由弱渐强的判断力度。同时也说明在说话人的认识世界中，命题为真的可能性大小不同。

国内外情态研究者对认识情态的性质和地位，看法基本一致。如Coates（1983：18）认为在逻辑学家辨认出的各种情态类型中，认识情态是在日常语言中体现得最清晰的，它与说话人对可能性的假设与评定有关，反映了说话人对命题真值所抱持的信心。Nuyts（2005：6）认为认识情态是"相对来说没有争议"的一种情态类型，与说话人的估计有关，反映出小句中事件状态的真实性程度。Palmer（2007：8）划分出的认识情态语义类型，其含义就是说话人对命题真实性的确定程度。多数学者在论述认识情态的内涵时，都提到说话人的估计、判断、推测等，从命题的角度看，即事件状况具有存在的可能性。

可能性是情态的基本要素和核心要素，所有情态类型都必然包含可能性特征，也都可以可能性来定义。认识情态着眼于命题为真的可能性，其内部存在强弱分明的等级差异。其他情态类型也可以分析出可能性语义特征，我们会在下文相关部分作出说明。

三　命题的非事实与情态的非现实

认识情态表达说话人对命题是否为真的判定，也就是说，认识情态句中说话人对句子命题内容的真实性是不确定的，命题所包含的事件或行为没有事实性（factuality）。Palmer（1979）提到，事实断言不表达确定性，因为它未作任何认识情态的判断。最强可能性判断"他肯定走了"，跟一个事实断言"他走了"有着本质的不同，前者是非事实的，后者是事实的。Palmer实际上用的是反证法来说明认识情态中命题的非事实特征：认识情态不是事实断言，而事实断言才有事实性，因此认识情态是非事实的。Palmer的观点可以这样来理解，命题承载的是事件或状况，命题的特征是指命题内容即事件、行为或状况的存在状态、发生与否，也就是事实性特征。情态特征是指命题意义之上添加了情态内容之后所表现出来的主观认识状况，这种主观认识与客观事实相对立。

所有的命题情境都可以指派一个事实状态，或者是事实的，或者是非事实的，或者是反事实的。能得到肯定验证的命题被认为是"事实"，验证为假的是"非事实"，与已发生的事实相反的是"反事实"，当然，"反事实"也为假。比如说，"2008年8月8日，第29届奥运会在北京开幕"，该命题表达的是一个真实事件，因此具有事实性特征。"男人可以生孩子"，该命题的真值在目前条件下为假，因此属于非事实。"要是老王上场，我们队就赢了"，这个复合命题的含义是"老王没上场，我们队没赢"，前一个支命题"老王上场"与事实相反，具有反事实的特性。

认识情态是对一个命题是否为真的猜测或断定，无论命题事件的时制特征如何，它的真值都无法确定，既可能为真，也可能为假。举个例子说，考试开始时小张还没来，老师对其原因进行推测"小张或许生病了"。客观上来讲，小张没来有特定的原因，是个真实存在。"小张生病"这个判断可以去验证，必然或真或假。但在老师作出判断的当时，"小张生病"只是一种可能，不能确定为真，因此只能被看作是非事实的。若对未来发生的情况进行推断，如"小张可能马上来"，"小张马上来"这个命题的真值暂时还无法验证，要留待将来进行。因此，认识情态所包含的命题内容若是将来事件，则命题特征也是非事实的。Tsang（1981：12—13）也认为，事实断言是不包含情态成分的命题，而情态化的句子表达的命题处于非事实的地位。

Chafe（1995）认为现实是已发生和正在发生的客观事实，而非现实却是没有发生或将来发生的事实，它与主观世界相连，是通过想象构建的主观想法。王晓凌（2007）举例说明了"事实"与"现实"的区别。她认为"应该干完活"与"干完活"是两回事，前者是推测，事件并未发生，因此是非现实的，而后者是事实。加与不加认识情态词在事件性质上是对立的，说话者使用认识情态词，就表达了他对于该事件的看法：或是猜想，或是假设，或是确信，或是怀疑，就能够使某一事件变成非现实的事件。

认识情态表达了以现实为参照的主观想法，如汉语中的"可能""也许"等认识情态词表明说话人在现实世界中不能确定命题的真实情况，但在说话人构想的其他可能世界中，也就是非现实世界中，命题中的事件或情况是存在的。命题加上了主观认识内容就转变为非现实的认识情态。实际上，Palmer 在后来的研究中也修正了自己的观点，将不是事实断言的认识情态的特征与现实性（realis）与非现实性（irrealis）这对概念的区分联系起来。[①]

四 认识情态语义次范畴

Lyons 是较早系统研究情态语义的语言学家，他的研究还带有模态逻

---

① 现实性/非现实性概念在语言学中也早有论述，可参考 Comrie（1985）、Chafe（1995）、Mithun（1999）等。

辑的色彩，因此他首先划分出的是反映模态逻辑的核心——可能性与必然性的"真值情态"（alethic modality），即必然真或可能真的命题。以后的学者在 Lyons 研究的基础上，根据自然语言的日常使用特点，将"真值情态"中的可能性与必然性与"认识情态"中说话人的知识与经验统一起来，仍然称作认识情态[①]，表达说话人根据自己所掌握的知识、经验、证据等对句子命题内容是否为真的看法。

Palmer 的情态研究影响较大，他的情态类型的划分比较有代表性，在国内外相关文献中引用率很高。Palmer（2001）的认识情态可分为推测（speculative）、推断（deductive）、假设（assumptive）三种情况，依据是说话人作出判断的证据不同。推测表达不确定性，说话人作出推测时似乎并没有明确的事实方面的依据，只是主观臆测；推断表示以可以得到的证据为基础的推论；假设表示以常识为基础的推论。Palmer 分出的这三种类型在英语中有对应的情态词——"*may*、*must*、*will*"，三者分工明确，我们再来看一下他举的例子，这个例子在很多文献中都可以见到。

（6）a John may be in his office. （约翰可能在他的办公室。）

b John must be in his office. （约翰肯定在他的办公室。）

c John will be in his office. （约翰会在他的办公室。）

例（6）a 句表示说话人对"约翰在办公室"的猜测；b 句说话人断定"约翰在办公室"，因为他看到约翰的车还停在办公室外面；c 句说话人认为"约翰在办公室"的可能性比较大，因为他了解约翰的生活习惯，这个时间约翰一般都去办公室。英语中的这三个情态助动词的证据来源或许有所分别，但其他语言中这三种类型的形式标记并不那么完整。例如在汉语中，说话人用以推论的认识情态词本身不指示证据的来源，而往往是在上下文中才能找到判断的依据。如：

（7）他这两天老黑着脸，可能我哪儿得罪他了。

（8）你可能不太了解情况。

---

① 真值情态因其主要的逻辑性质，很多情态研究者只承认它是模态逻辑的一种情况，而非语言学中的情态类型。

（9）人生就像踢足球，一大帮人跑来跑去，可能整场都踢不进去一个球。（王朔《顽主》）

例（7）—例（9）都是由情态词"可能"表达说话人对事件或行为的可能性情况的判断，但我们不能直接根据"可能"一词了解到说话人作出判断的依据。事实上这三例中判断的依据各有不同，例（7）是从上下文可以得知的"黑着脸"；例（8）是对方的言行等表现；例（9）是足球赛的有关常识。若缺少上下文，认识情态词"可能"所显示的判断依据则"判断""推测""断定"三种情况都有可能，如例（8）。在话语交际过程中，甚至会发生语言表达情态化的现象。如例（8）说话人能够确定"你不了解情况"，但为了使自己的断定更显客观，更容易令听话人接受，说话人选用了情态表达方式——认识情态词"可能"，此时"可能"体现了一种话语功能，并不表示说话人不确定的判断，就无所谓显示何种判断依据了。

由此可以看出，以证据的来源来作认识情态语义分类的标准既不具有适合多种语言的普遍性，也不具有自然语义上的合理性。谢佳玲（2002：78）在谈到 Palmer 认识情态中臆测（speculative）与推论（deductive）的划分结果时，也承认二者"之间的界限并不是如此的泾渭分明"。认识情态词本身并不能与不同的判断依据一一对应，我们只能从其他角度对其进行分类。

说话人对命题的真实性进行判断时，一般都会了解一些相关信息，只是信息量的多少有所差别。一般来说，对命题背景知识掌握得越多，说话人对命题作出判断的把握越大，其判断的可靠性也就越大。彭利贞（2007）把认识情态看成说话人的心理状态，从这一点上来讲，认识情态表现的是说话人对有关情境的事实性的不同把握，对自己所下论断的信心大小。鉴于此，我们可以根据说话人对命题为真的确信程度的不同或者说把握的大小，对认识情态语义进行下位细分。这一小节，我们以现代汉语为例，具体探讨现代汉语的认识情态语义次类。根据上述标准，我们把汉语的认识情态分为断定型、揣测型和旁证型。以下详细说明并佐以例证。

1. 断定型认识情态

断定型认识情态表示说话人对命题内容的真实性非常有把握，或者说话人认为命题为真具有必然性。在现代汉语中，这类语义概念多表现为语气副词或助动词。学者们在相关研究中都会谈到表达此种语义的认识情态词，如张谊生（2000）的断言类评注性副词，史金生（2002）表必然的推断类语气副词，齐沪扬（2002）表必然的可能语气副词，郭昭军（2003）最高可能性程度等级的"会$_2$"，鲁晓琨（2004）表推测的"能"与"会$_2$"等①。已有的研究成果无疑为我们的进一步研究提供了理论和事实的依据，但由于理论背景、研究出发点等的不同，学者们对这类拥有相同语义属性的情态词的认识，包括语义分类、归属等，都不尽相同，有的与我们的观察分析有些出入。如史金生（2002：69）知识类语气副词中包括表示认识情态意义的副词（见图 3-1）。

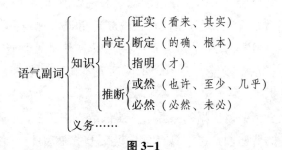

图 3-1

史金生（2002：65）的知识类语气副词主要表示"说话人对自己所讲的命题的成功性和有效性所作的判断，包括肯定和推断两个次类"。根据这个定义和说明，推断类的语气副词与我们的认识情态词表达的语义相近，确定性的推测为"必然"，揣度性的推测为"或然"。史著中认为肯定类语气副词是对命题实然性的确认，那么即不与情态相关。然而"证实"小类中"看来"之类词是表示说话人的不确定性揣测还是对事实的确认还值得商榷。另外，"肯定"类的一个下位范畴以"断定"命名，似乎仍包含推断、推测等对命题真实性的不确定态度。

在齐沪扬（2002：21）现代汉语语气系统的分类中，"可能语气"是以"表示说话人对说话内容的态度或情感"为依据划分出来的"意志语气"的一个类别，其中程度高的表断定的为"必然语气"，形式标志包括语气副词"必定""一定"等。

张谊生（2002：57）表确定性推测的评注性副词主要有"非、准、

定、该、准保、管保、想必、一定、必定、定然"等。

鲁晓琨（2004：260）把助动词表达的"认识情态"分为确定性推测和不确定性推测，前者指说话人认为事件命题为真的可能性是百分之百，即说话人对自己作出的主观推测的确信度为1，包括"能 m、会$_2$、要$_4$、得$_2$、应该$_2$"。她还将"确定性推测"描述为"说话人在发话时点对自己的推测没有任何怀疑，在语言表达上也不留有余地"。系统功能语法认为情态是肯定与否定之间的意义领域，也就是说从"yes"到"no"两极（polarity）之间存在着程度不同的可能性（Halliday，1994：88—96）。一般把肯定设为1，否定设为0，说话人对命题的确定性越高就越靠近1，但不会等于1，因为肯定的命题已具有现实性，而情态句表达的情境可能性认识上的确定性再高，该情态句也没有事实性。鲁晓琨、郭昭军（2002）将可能性的连续统最低极限定为0，表示不可能；最高极限定为1，表示必然。他们认为确信度最高的断定性认识情态表达的可能性为1，即必然，也就等同于具有现实性的肯定命题。实际上，主观化的判定与反映客观事实的肯定命题性质是不同的。

我们以上述及其他既有文献为基础，参考借鉴其合理成果，同时借助于各种工具书[1]，对过去研究中曾提到的相关情态词，主要是语气副词、助动词等进行重新检视，按照本书的定义与分类作适当的选择和归类，最后得出本书的认识情态词[2]。首先我们把表现说话人对命题为真的较高确信程度的断定型认识情态词列举如下：

八成、保管$_1$、保准$_1$、必$_1$、必得 děi$_1$、必定$_1$、必将、必然、不免、迟早

当然、得 děi$_1$、定$_1$、定然、笃定、断$_1$、断断$_1$、断乎、断然$_1$、非$_1$、分明

---

[1]　所参考的工具书包括《现代汉语词典》（第7版）、《现代汉语倒序词典》、《现代汉语八百词》、《当代汉语词典》（李国炎、莫衡编）、《现代汉语规范词典》（李行健主编）、《汉语大词典》（罗竹风主编）、《现代汉语虚词词典》（张斌主编）、《现代汉语语气成分语法词典》（齐沪扬主编）、《现代汉语虚词词典》（侯学超编）、《汉语动词用法词典》（孟琮等编）、《汉语形容词用法词典》（郑怀德、孟庆海编）等。

[2]　此处我们只列举词类范畴意义上的情态词，另外包括可做句子成分的情态固定语。下文涉及构式表达的情态语义时，会收集相关的情态固定语和构式。

敢保$_1$、管保$_1$、会$_1$、决$_1$、决计、决然$_1$、绝①、绝对、可见、肯定、谅

免不得、免不了、明摆着、明明、明显、难免、少不得、少不了、势必

铁定、未免、无疑、显然、想必、要$_1$、一定$_1$、一准、指定、准$_1$、准保$_1$

准定、自然、自是

共计 55 个。

我们从语料库中选出实例作为佐证:

(10) 下了火车,根本就没人接我,<u>八成儿</u>这小子又变卦啦!(陈建功、赵大年《皇城根》)

(11) 多瘦的羊到他手里,过不去一个月,<u>保管</u>让它膘饱肉肥。(浩然《夏青苗求师》)

(12) 改天<u>保准</u>想办法把这事办了。(何碧《玉观音》)

(13) 无论早晚,多次亲临视察,每次视察<u>必</u>带龙小羽随从。(海岩《拿什么拯救你,我的爱人》)

(14) 住在这城里的<u>必</u>遭刀剑,饥荒,瘟疫而死。但出去归降迦勒底人的<u>必得</u>存活。(当代翻译作品《圣经》)

(15) 这场演讲<u>必定</u>能起到一石激起千层浪的效果。 (方方《白雾》)

(16) 如果我当时不是被那两位负责的门卫横加拦阻,我<u>必将</u>第一个目睹那个血腥的杀人现场。(海岩《平淡生活》)

(17) 老先生睡午觉<u>必然</u>有号角般的鼾声。(廉声《月色狰狞》)

(18) 那种一见钟情的爱都是短暂的,短暂的东西都<u>不免</u>虚无,不去追求也罢。(海岩《玉观音》)

(19) 他也知道,罗晶晶会同意结婚的,她迟早会答应他的,<u>迟早</u>。(海岩《拿什么拯救你,我的爱人》)

---

① "断""决""绝"等常用于否定式。

（20）原来我们以为，画家总比民工要高级得多，警察当然只抓民工，其实不然。（卞庆奎《中国北漂艺人生存实录》）

（21）快下大雨了，要不快走，就得挨淋。（《现代汉语词典》第7版）

（22）定有小人捣鬼。（张斌主编《现代汉语虚词词典》）

（23）一个着眼于未来，有希望、求发展的民族，定然不会忘记历史、摒弃优良传统！（《人民日报》1994年5月4日）

（24）永远不接触"主流文化"，便笃定是个"乡下人"。（当代报刊《读书》卷131）

（25）大修行人怎会有此丧生害命的行径？断不是事实，恐怕只是寓言……（CCL网络版语料库《佛法修正心要》）

（26）回到晋阳，是断断没有生路的。（《现代汉语语气成分用法词典》）

（27）亲戚故旧塞满了一个厂，那厂断乎办不好。（《现代汉语语气成分用法词典》）

（28）如果不是深深地被爱情打动过，他是断然写不出这么令人感动的故事的。（《现代汉语语气成分用法词典》）

（29）你这个毛病不改掉，以后非吃大亏。（《现代汉语语气成分用法词典》）

（30）郑炎的销声匿迹出乎所有人意料，分明他在原非被捕事件里轧了不光彩的一脚（古木《倾城之恋》）

（31）要是让小王参赛，敢保能赢。（《现代汉语词典》第7版）

（32）水和肥足了，管保能多打粮食。（《现代汉语词典》第7版）

（33）你忘了，我说过我会保护你！（刘恒《白涡》）

（34）你负隅顽抗，决没有好下场。（《现代汉语语气成分用法词典》）

（35）这样办决计没错儿。（《现代汉语词典》第7版）

（36）东张西望、道听途说，决然得不到什么完全的知识。（《现代汉语词典》第7版）

（37）除此之外，她身上还有一股味道，火烧火燎地焦臭，但绝不是烧柴做饭的味道。（龙一《潜伏》）

（38）公安局定的这个杀人动机<u>绝对</u>有问题！（海岩《拿什么拯救你，我的爱人》）

（39）接连来了几次电话，<u>可见</u>情况十分紧急。（《现代汉语词典》第 7 版）

（40）钱<u>肯定</u>是退不了啦。（海岩《五星饭店》）

（41）他在堪萨斯城闯下了什么样的大祸，<u>谅</u>他自己心里有数了。（当代翻译作品《美国悲剧》）

（42）在这个问题上他们的看法分歧很大，<u>免不得</u>有一场争论。（《现代汉语词典》第 7 版）

（43）大约能干出什么事儿的人，总<u>免不了</u>有这种傻事。（阿城《棋王》）

（44）<u>明摆着</u>是他捣的鬼。（《当代汉语词典》）

（45）他神情慌张，<u>明明</u>就是发生过什么。（《现代汉语语气成分用法词典》）

（46）前方的道路虽仍嘈杂，但看上去<u>明显</u>半城半乡。（海岩《平淡生活》）

（47）他认为，既然自己决心创业，背上个国有企业的头衔去做的生意，<u>难免</u>遭人非议。（《报刊精选》1994 年第 7 期）

（48）看来他俩<u>少不得</u>要争论一场。（《当代汉语词典》）

（49）工作上的事，以后<u>少不了</u>要麻烦你。（《现代汉语词典》第 7 版）

（50）现在把登山和写作相提并论，<u>势必</u>要招致反对。（王小波《我为什么要写作》）

（51）中国女排以 3：0 战胜德国队，<u>铁定</u>小组出线。（新华社 2004 年 8 月新闻报道）

（52）如此教学，<u>未免</u>要误人子弟。（《现代汉语词典》第 7 版）

（53）这个理由<u>无疑</u>是充分的。（王海鸰《新结婚时代》）

（54）从屋里凌乱的程度和满桌的烟灰上判断，这屋子<u>显然</u>还有人住。（海岩《你的生命如此多情》）

（55）李云脚上的一双布鞋还在不断地冒着烟一样的土，<u>想必</u>是刚在厚土里走过。（吕新《圆寂的天》）

（56）现实的世界要<u>比</u>理论的世界和理想的世界，丰富百倍，难

以认知。(海岩《平淡生活》)

（57）我写出来小说，别人一定爱看。(王朔《顽主》)

（58）早告诉你了，你一准跑出去不露面。(何碧《玉观音》)

（59）这种汽车在北京指定不好卖。(《现代汉语语气成分用法词典》)

（60）给你看件东西，你看了准喜欢。　(王朔《你不是一个俗人》)

（61）她一听见头上吱吱的叫，准保爬起来就跑! (老舍《蜕》)

（62）今天下雨，他准定在家。(《当代汉语词典》)

（63）没有了眼镜，走路自然不大方便。(邓贤《大国之魂》)

（64）久别重逢，自是高兴。(《现代汉语词典》第7版)

　　上文介绍了断定型认识情态的语义特点以及传递此类情态语义的语气副词、助动词、动词、形容词等词类形式，但现代汉语中还存在一类命题态度动词①，如"认为、以为、断定、相信、确信、坚信、料定"等，语义上也能传达对事件命题确定性的看法，如：

（65）我认为他是对的。

（66）经过查阅书籍，我们初步断定这三枚牙齿为獾属动物犬齿。(查自CCL网络版语料库)

（67）他似乎料定自己难能有翻身之日。(麦家《暗算》)

（68）她坚信那不是表演，而是方兢本人就有那样的经历。(铁凝《大浴女》)

　　本书将命题态度动词排除在认识情态词范围之外，原因在于，首先，命题态度动词传达的对命题的观点和态度是句子主语发出的，而不是以说话人为观点态度的直接来源。如例（65）和例（66），从句义上看"他是对的""这三枚牙齿为獾属动物犬齿"是说话人作出的断定，但这两句中说话人与句子主语是重合的，实际上"我"的判断是属于第一人称主语

---

① 郭昭军（2004）称为"断言谓词"。

的。在例（67）和例（68）中可以清楚地确定"自己难能有翻身之日"
"那不是表演"都是主语"他"或"她"作出的肯定性判断。其次，从
命题的角度考察，命题态度动词是对一个子命题进行判断，句法上该动词
与其后子命题存在支配关系，从而形成一个新的命题。而认识情态词并没
有这样的功能①，比较动词"断定"与情态词"肯定"，前者是事件命题
中的一部分，而后者是事件命题之外的模态算子。

> （69）a 我断定你在胡说。命题内容→我断定+你在胡说
> 　　　b 你肯定在胡说。　命题内容→你在胡说

　　因此，我们虽然借动词"揣测""断定"来概括认识情态语义内涵的
两种类型，但却不把这类动词视为认识情态词。

　　现代汉语中除了命题态度动词语义上带有认识情态语义特征，还有一
类语气副词，如"真的""确实"等②也与说话人的确定性态度有关。张
谊生（2002：56）把这类词归为"断言"类评注性副词，是"对客观事
实的肯定态度"。谢佳玲（2002：80—84）称这类词表达的意义为认识情
态的"真伪用法"，并论证了其作为认识情态的一个语义小类的地位。从
情态语义的判定标准之一——直接反映说话人对命题的态度或观点来看，
这类词的确符合此项语义特征，史金生（2011）也认为这类词属于断定
类语气副词，是说话人对肯定或否定的加强。张则顺（2012）列出的30
个"确信情态副词"中，有12个都是此类语气副词③。这种观点在学界
有一定的普遍性。但我们有两点理由不把这类词归到认识情态的语义范畴
之中，以下我们借用谢佳玲的例子来说明这个问题。

> （70）a 他离开了。
> 　　　b 他一定离开了。
> 　　　c 他确实离开了。

---

　　① 模态逻辑中认为情态词与其后的命题形成一个"模态命题"，与事件命题性质不同。

　　② 谢佳玲（2002）还列出了其他词，如：真、真的、当真、的确、确、实在、委实、着
实、明明、分明、诚然、是、到底₁、究竟。

　　③ 张则顺列出的这类语气副词包括：明明、其实、确、的确、确实、实在、委实、着实、
真、决、诚然、真的。

认识情态反映了说话人对命题真实性不同的确信程度，关于表达必然性的认识情态与事实陈述的关系，Lyons 有这样一种解说，如果说话人完全确信命题的真实性，他就不需要言明自己有多少确信程度；如果说话人在话语中加入"*must*、*certainly*"等表必然的认识情态词，其实就说明了他并不能保证命题的真实性，虽然他自己对这种真实性抱有很高的确信度。比较例（70）就可以看出来。a 句比 b 句的确信度高，谢佳玲也承认即使是表必然的认识情态仍然是减弱了说话人对命题真实性的确信程度，而 c 句"确实"类语气副词并没有这种作用。相反，说话人使用这类词更加强了自己对命题真实性的确信。a 句说话人完全确信命题为真，c 句同样如此，而 b 句只是"非常"确信命题为真。若将一般陈述表达的确信度设为 1，认识情态表达的是一个从 0 到 1 确信程度不等的连续统，而"确实"类词表达的则是略大于 1 的强调陈述。它们之间的关系如图 3-2 所示。

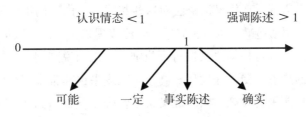

图 3-2 认识情态与强调陈述的区别关系

根据以上的论述，"确实"类词表达的不是说话人对命题的判断，而是对命题的确信与保证。如果更进一步考察说话人作出保证的原因，可以发现，说话人经历过了真实世界中的一个情景，因此他可以认定以这个情景为内容的命题是真实的。说话人选用"确实"类语气副词强调该命题为真，实际上是针对听话人，表达的是向听话人保证并令其相信的话语功能。需要指出的是，这其中涉及命题的性质，"确实"句中的命题具有现实性。而我们前文谈到过，情态句中命题的根本属性是可能性。说话人无论使用哪种类型的认识情态词，都表明命题内容只在说话人假想的可能世界中为真，是非现实的。由此看来，"确实"类语气副词的作用对象——句子命题的逻辑性质与认识情态句截然不同。

综上所述，虽然"确实"类语气副词直接反映了说话人对命题的态度，符合情态的一个语义特征，但说话人所认定的命题在现实世界中已然成立，这就不符合情态的另一个要求——命题的可能性与必然性特征。因此，本书不认为"确实、真的"之类语气副词属于认识情态词。

2. 揣测型认识情态

断定型认识情态说明说话人对命题的确信程度高，相对地，揣测型认识情态中说话人对命题的确信程度较低。揣测型认识情态意义表示说话人对命题内容的真实性并没有把握，或者说话人认为命题为真只具有一定的可能性。

上一小节撇清了断定型认识情态词与表达肯定意义的命题态度动词"认为、断定、坚信"等的关系，同样的理由，命题态度动词中还有表猜测等不确定意义的小类，如"猜/猜测/猜想、预料/预计/预测、估计①/估量、揣测/揣摩、怀疑/疑心"等，我们认为它们也不属于情态的语义范畴，与这一小节介绍的揣测型认识情态词不同。

揣测型认识情态词在语义上具有内部一致性，都表现说话人对命题的真实性状况确信度较低的臆测，但在语法范畴的归属上有所不同。揣测型认识情态词多为语气副词，另外还包括少量助动词、疑问副词以及话语标记性质的插入语等。现代汉语语法对这些相同语义内涵的不同词类的研究都是在各自的语法范畴内进行，先根据句法表现划出不同语法词类的界限，然后在每类词内部再根据语义进行下位细分。比如说副词，长期以来一直是词类研究的热点，受关注度比较高，研究成果也非常丰富。但由于副词本身意义和功能极为复杂，内部成员又个性强于共性，因此，关于副词的性质、范围、分类等，至今仍存在分歧。本小节讨论的揣测型认识情态语义在副词分类研究中都会被提到，但各家的认识、定位及个体成员的归类都存在较大差异。比如，大多数学者倾向于将表达说话人不确定态度的副词归为语气副词，张谊生（2000）又称作评注副词。还有其他叫法，如可能副词（赵元任，1979）、性态副词、估价副词等。有的学者认识到此类副词与情态的关系，将其归为情态副词（太田辰夫，1987），或然情态副词（崔诚恩，2002）等。罗耀华、刘云（2008）认为表或然的揣测类语气副词属于认知情态范畴，是说话人对事物、事件等的不确定性的主观表达。

我们从情态语义出发，不依附于某种词类，就能避免形式上、名称上的分歧所带来的对语义的模糊认识。我们在文献成果的基础上，对表揣测情态意义的副词进行整理筛选，得出本书的揣测型认识情态副词，见下文。这个聚合的大多情态词都用于陈述句中，表达说话人的判断。特殊的是"难道""莫非""难不成"等词一般用在疑问句中，似乎与一般情态

---

① 若句子主语不是"估计"的发出者，则"估计"表情态。

词的句法分布特点截然不同。Palmer（1986）曾从情态的角度出发探讨了宣告句、命令句、询问句的情态地位。他认为询问句在许多语言里，无论在意义或概念方面，还是在表达手段方面都与情态陈述句分属不同的系统，询问与情态无关。这个不难理解，说话人使用情态成分，目的是表达自己的看法，这个看法本身是明确的。而疑问句的本质是向听话人寻求信息，说话人对整个命题存在怀疑和不知，就无法在此基础上进行判定，表达观点。因此，疑问和情态是冲突的。我们认同这一看法，不过我们发现"难道""莫非""难不成"等疑问词表达的意义和功能并非"有疑而问"，佐藤晴彦（1981）曾论证，"难道"原意指对某事难以相信，倾向于对所述之事的否定态度。"莫非"表揣测，介于肯定与否定两可之间，如果说话人持肯定态度，则表示"也许""或者"的意思。如说话人持否定的态度，则表示"不可能""不会是那样"的意思。

　　"难道"等词出现的问句通常被称为反问句或假性疑问句，这种句子是用问句的形式表达非询问的语义，阐述说话人的主观看法。从下面的例子也可以看出，"难道"等词的语义功能并不是发问、寻求答案，而是与命题的可能性密切相关，是说话人不确定态度的表现。也就是说，它们带有情态语义特点。例如：

　　（71）难道就那样巧？（老舍《骆驼祥子》）
　　（72）莫非城门又关了？（老舍《四世同堂》）
　　（73）乔致庸身后有高人，难不成是……是那个陆大可，他现今在北京？（《乔家大院》电视剧本）

　　从疑问域的大小（张伯江，1997）来看，"难道"等词的疑问域为整个命题，而特指疑问句、选择疑问句的疑问域为一个点或一个局部。这也说明，"难道"等与"谁""什么""还是"等真实疑问词不同，它们是疑问情态副词。

　　客观上说，说话人对命题内容进行揣度猜测时，一定有某种依据，或者是自己的知识经验，或者是了解到的相关证据等。但从语言形式上看，表达说话人揣测态度的认识情态词本身并不一定要求指示证据的来源。如"可能"一词只是反映说话人的不确定态度，并不指示说话人作出这一推测的依据。因此，上文论证了我们不把证据的来源作为划分认识情态语义小类的标准。

不过，我们并不否认有些情态词是可以直接指示判断依据的。如：

　　（74）他看（起）来很累。

　　（75）这个方案听来需要修改。

　　（76）感觉他对此并没什么兴趣。

　　例（74）—例（76）表示说话人对"他很累""这个方案需要修改""他对此没兴趣"的判断，依据是自己的感官感知到的，包括观察、听闻、触摸、思考等所得的情况。情态词"看来""听来""感觉"暗示了判断的根据为视觉、听觉和感觉。Palmer 的认识情态语义中就有"知觉（sensation）"小类，相当于"it appears that"。Saeed（1997：131—133）也举了此种类型的例句：

　　（77）She was rich, it seems.① （她看起来很富有。）

　　"it appears that""it seems"都是反映知觉判断的情态表达。

　　这种凭借感官感受所作的揣测型情态表达目的是通过指示判断依据来减轻说话人承担的责任，增加认识判断的客观性、可接受性。

　　至此，我们将揣测型认识情态类型进行整理并附例（见图 3-3）。

| 揣测型认识情态 | 揣测型 I 估量推测类 | 吧、保不定、保不齐、保不住、别₁、别是、不定、不见得、不一定、不致、不至于、充其量、大半、大不了₁、大抵、大概、大约、多半、该₁、盖、敢不是、敢是、搞不好、估计、横是、会₁、或、或许、或则、或者、看来₁、可能、恐、恐怕、没准儿、莫不是、莫非、难保、难不成、难道、难说、能₁、怕₁、怕是、起码、说不定、说不准、未必、想来、兴许、许₁、许是、也许、应当₁、应该₁、约莫、指不定、至多、至少 |
| | 揣测型 II 感知感觉类 | 仿佛、感觉、好似、好像、恍如、恍若、看来₂、看起来、看上去、看似、看样子、貌似、似的、似、似乎、像 |

图 3-3　揣测型认识情态词一览

　　其中估量推测类 59 个，感知感觉类 16 个，共计 75 个。

――――――――――

　　① Palmer、Saeed 将其归入"证据"型认识情态，很多汉语情态研究者也沿用这个观点，如谢佳玲（2002）。这与本文的归类有些出入。

①揣测型 I：估量推测类

（78）女店员从货架上抱下一堆绢纸，突然多了心眼，你不是学校的吧？（苏童《河岸》）

（79）可他毕竟年岁大了，人一老就显得固执和多疑，保不定哪一天，他就不喜欢你了。（李佩甫《羊的门》）

（80）虽说是美国教授讲课，保不齐仍是老生常谈？（《人民日报》1993 年 6 月 19 日）

（81）地理位置太偏，量上不去，价格再低，保不住要赔钱。（陆步轩《屠夫看世界》）

（82）别又生病了。（张斌主编《现代汉语虚词词典》）

（83）电话怎么老拨不通，别是电话机坏了。　（《当代汉语词典》）

（84）公安厅正在通缉一个北方口音的瘸子。不定哪一天，他得死于火并或追捕中的枪战。（王朔《浮出海面》）

（85）男子倒也不见得都那么坏。（《编辑部的故事》电视剧本）

（86）明天的会，我不一定能参加。（《现代汉语规范词典》）

（87）此时拉氏会见手握兵权的法希姆显然是为了作多手准备。这样，就不致因政权更迭而影响美国在阿富汗的战略利益。（新华社 2004 年 8 月新闻报道）

（88）没劲还是没劲，但再没劲也不至于连筷子都拿不动。（王朔《永失我爱》）

（89）这箱苹果充其量不过六十斤。（《现代汉语词典》第 7 版）

（90）他这时候还不来，大半是不来了。（《现代汉语词典》第 7 版）

（91）他想，这镇党委书记又算个几品官呢？追查下来，大不了掉顶乌纱帽。（当代应用文《中国农民调查》）

（92）大抵受外祖父的影响，她很具有"商业头脑"。（《现代汉语语气成分用法词典》）

（93）他恼恨自己，自己这张嘴大概说不出好话来了（蒋子龙《赤橙黄绿青蓝紫》）

（94）我这样的人大约不适合听多愁善感的曲调。

（95）如果斯托贾科维奇缺阵，塞黑队夺取奥运奖牌的打算<u>多半</u>要落空。（新华社 2004 年 7 月新闻报道）

（96）一个人精力最旺盛、思想最活跃、追求最热烈的时期，<u>亦该</u>是四十岁以前。（王蒙《坚硬的稀粥》）

（97）这场病<u>盖</u>生自父亲去世之时。（《现代汉语语气成分用法词典》）

（98）刘大妈："顺子，干什么工作呢？瞅你这黑，<u>敢不是</u>送煤的？"（王朔《刘慧芳》）

（99）这不像是去李庄的道儿，<u>敢是</u>走错了吧？（《现代汉语词典》第 7 版）

（100）梁家辉：那你可要小心一点哦，<u>搞不好</u>一会儿我就会翻到谈话的沙发背后去啊。（电视访谈《鲁豫有约》）

（101）这种人<u>估计</u>不会太好交往。

（102）这么晚了，他<u>横</u>是不来了吧？（《当代汉语词典》）

（103）毕业之后我<u>会</u>到那里应聘去的！（海岩《五星饭店》）

（104）这次<u>或</u>有希望，不妨试试。（《现代汉语语气成分用法词典》）

（105）对于自己，水香<u>或许</u>更合适些。（方方《桃花灿烂》）

（106）<u>或则</u>时间能冲淡一切。（《现代汉语语气成分用法词典》）

（107）你快走，<u>或者</u>还赶得上车。（《现代汉语词典》第 7 版）

（108）我看了看车里的人，"泰森"和"熟人"都在，只有那个操着东北腔的瘦子没有上来，<u>看来</u>是"落选"了。（卞庆奎《中国北漂艺人生存实录》）

（109）<u>可能</u>小姑娘会喜欢这种人。（王朔《刘慧芳》）

（110）收生婆又来到，给祥子一点暗示，<u>恐</u>要难产。（老舍《骆驼祥子》）

（111）她每天夜里下班光打"面的"的钱，<u>恐怕</u>一个月就得好几百块。（海岩《一场风花雪月的事》）

（112）"像刘凯瑞这种人物，什么没吃过？<u>没准儿</u>龙虾象拔蚌早吃腻了……"（王海鸰《新结婚时代》）

（113）<u>莫不是</u>他又责怪你了？（《现代汉语词典》第 7 版）

（114）蒋经国的笑容渐渐凝住：怎么到现在还见不到妈妈？莫非是她老人家生气了？（陈廷一《蒋氏家族全传》）

（115）季文竹不红则已，一旦红了，难保她不会另择高枝。（海岩《深牢大狱》）

（116）内侄大大的诧异起来道："难不成你要跟我们下乡？"（张爱玲《连环套》）

（117）都半夜了还亮着灯，难道他还没睡？（《现代汉语词典》第7版）

（118）难说他不把这事儿说出去。

（119）你说就这阿春，她真能喜欢上谁吗？（《北京人在纽约》电视剧本）

（120）这个瓜怕有几十斤吧。（《现代汉语词典》第7版）

（121）队长说哎哟，那给月月个人用怕是不行了。（海岩《一场风花雪月的事》）

（122）那起码也值十五万。（王朔《无人喝采》）

（123）看优优来时穿戴的样子，说不定家境比她还要寒微。（海岩《平淡生活》）

（124）他早就去新疆了，说不准现在还在那儿。（《现代汉语规范词典》）

（125）他们那种企业，还未必有我这种万金油呢。（海岩《玉观音》）

（126）想来他们是找过何建国家、找过何建国的，否则，……"（王海鸰《新结婚时代》）

（127）你们交个底子给我，兴许我能替你们想想办法。（池莉《太阳出世》）

（128）她许没这个意思。（《现代汉语词典》第7版）

（129）这人许是来找人的。（《当代汉语词典》）

（130）我敏锐地想到这可能是一件信物，一定有一个故事，也许和他的情人有关。（毕淑敏《预约死亡》）

（131）那两个白胡子和花白胡子老汉不会是卖货的，应当是串门走亲戚的。（张承志《北方的河》）

（132）你应该看过她的诗。（钱钟书《围城》）

（133）我们等了<u>约莫</u>有一个小时的光景。（《现代汉语词典》第7版）

（134）朋友妻不可欺，朋友的弟弟也是一样的，顾小西心里<u>指不定</u>怎么想她呢，勾引小男孩儿那是起码。（王海鸰《新结婚时代》）

（135）这不是一个读了许多年书的人想要做的事。实在做了，也<u>至多</u>是一种无奈，而不是一种真正的选择。（方方《定数》）

（136）这种新型货币，……，在全国范围流通<u>至少</u>有五六百年。[阴法鲁、许树安主编《中国古代文化史（三）》]

②揣测型Ⅱ：感知感觉类

（137）后来野兔终于一下子失踪了，<u>仿佛</u>钻入了地底。（叶蔚林《割草的小梅》）

（138）然后他顺势抡起球使劲一压，将球狠狠砸进篮筐。整个过程<u>感觉</u>他要做一个跳高过杆动作，刚好半途中接到一个从天而降的篮球。（新华社2004年2月新闻报道）

（139）轻性抑郁症患者表现为闷闷不乐，回答问题极简单且平淡，<u>好似</u>在极力搜寻自己的记忆，讲话的声音低沉而缓慢。（《报刊精选》1994年第9期）

（140）我不知道她凭什么如此断言。我<u>好像</u>也没对她流露什么。（王朔《空中小姐》）

（141）"没有。"望舒<u>恍</u>如没有听出他的意思，指着锅里剩下的排骨道，"我多买了些，剩下的这些给小燕小宝吃，算我的钱……"（夜惊鸿《不曾放纵的青春》）

（142）温静倔强地看着她，<u>恍若</u>未闻地笑笑，心里却凉到了底。（九夜茴《初恋爱》）

（143）我发现那女人的手掌大而粗糙，<u>看来</u>是做重活的人。（《现代汉语语气成分用法词典》）

（144）<u>看起来</u>得你亲自出马。（《现代汉语规范词典》）

（145）她已年过五十，但<u>看上去</u>也就四十来岁。（《现代汉语词典》第7版）

（146）三战之中，一胜即可，<u>看似</u>要求不高，但从美洲三强手中拿分，实际要求很高，多少有些超出中国队的实力所及。（《人民日报》1995 年 11 月 15 日）

（147）他的眼睛里挂着点儿血丝，眼角布满鱼尾纹，脊背微驼，身坯干瘦，<u>看样子</u>，像是饱经风霜的老人。（张斌主编《现代汉语虚词词典》）

（148）论点二、三<u>貌似</u>理所当然，实则似是而非。（《报刊精选》1994 年第 1 期）

（149）我们班上暗恋高原的女生，绝不止我一个，我发现大家都在暗暗较劲<u>似</u>的更换最漂亮的衣裙。（卞庆奎《中国北漂艺人生存实录》）

（150）见那样子，<u>似</u>有难言之隐。（侯学超主编《现代汉语虚词词典》）

（151）林星从小到大，<u>似乎</u>从未进过正规的医院。（海岩《你的生命如此多情》）

（152）他站在台上的样子，<u>像</u>在平静地思索什么，他平静得几乎无动于衷。（海岩《深牢大狱》）

3. 旁证型认识情态

说话人对命题内容的真实性不置可否，只是根据某种证据暗示对命题真实性的不确定。我们把这种类型的情态意义叫作旁证型认识情态。旁证型用法可能不像断定型或揣测型用法，说话人借由可能性或必然性的逻辑来表明自己对命题的保证程度，而是通过说话人所持有的证据来透露这层讯息。断定型或揣测型用法说话人对自己论断所担负的情态责任大，而旁证型用法说话人承担的情态责任要小得多。

旁证型认识情态虽然并不明确说话人推断命题时的把握大小，但却与断定型或揣测型认识情态有共同的作用，那就是都透露了说话人在说话的当时不能确定所陈述的命题在现实世界中是否成立。这种不确定的看法或态度是认识情态的核心意义，因此我们将旁证型用法作为与确定型或推测型用法并列的第三种认识情态语义类型。

从暗示判断的依据方面来看，旁证型认识情态与揣测型认识情态中的感知感觉类相似，以往承认证据型范畴为认识情态表达的著作都将二者归并为一个小类，如 Palmer、谢佳玲（2002）等，合并的依据就是二者都传递了某种证据。实际上，这两类情况存在明显的差异。一是证据方面，"听说"类的证据是说话人之外的消息、新闻、传言与公认的社会常识等，"看来"类的证据是说话人自身的感官体验，与"可能"类都是说话人依靠自己的知识经验进行的命题判断。不同的只是这种判断依据一类明确，另一类不明确显示出来而已。因此，我们认为，"看来"类的证据性质与"可能"类相同，而与"听说"类不同。

另外，"看来"类与断定型和揣测型认识情态词都表示说话人是主观能动地对命题的真实性进行判断，其中确信程度有所不同；而说话人采用"听说"类的情态表达，反映了说话人不准备对判断内容承担责任，通过被动地阐述外部观点暗示命题是否为真存在不确定性。因此本书综合考虑证据的来源和性质，将二者分别归类。

旁证型认识情态词的收集方式与前相同，列举并附例如下：共 15 个。

　　讹传、风传、据称、据传、据说、据闻、谬传、哄传、盛传、世传、听说、外传、误传、相传、谣传

（153）因为他是个未婚男子，既富有，而且显贵，兼以讹传他已阵亡、妻子身罹惨死，他几乎被人视为享有浪漫史荣耀的新颖人物。（当代翻译作品《战争与和平》）

（154）小城还有一说，风传领袖喜好田螺。（《人民日报》1993年 12 月 1 日）

（155）如果有人按照方士的指导从事修炼，据称可以成仙，肉体飞升。（阴法鲁、许树安《中国古代文化史》）

（156）据传该俱乐部下个赛季将聘请外籍教练。（《现代汉语规范词典》）

（157）据说方先生在欧洲念书，得到过美国学位。（钱钟书《围城》）

（158）陈君常年以来在沈文倬教授指导下研究古礼，据闻用力颇不少。（当代报刊《读书》卷 164）

（159）古时谬传丝是由树叶或竹叶制成的。（当代报刊《读者》合订本总第 24 期）

（160）既然他们二人前去投他，又到处<u>哄传</u>闯王如何仁义，我敢说，李闯王的行事就是好。（姚雪垠《李自成》）

（161）因孙武的名字与孙中山的名字"孙文"正好配对，便<u>盛传</u>孙武乃是孙中山的弟弟。（策马入林——林思云、马悲鸣对话中国近代史①）

（162）<u>世传</u>戴震校《水经注》，全是偷赵一清的，而赵一清、戴震又都是偷全祖望的。（当代报刊《读书》卷 179）

（163）<u>听说</u>荷兰不少土地是填海造出来的，这种艰苦奋斗的精神了不起。（《邓小平文选》第 3 卷）

（164）<u>外传</u>他要弃文经商，是真的吗？（《当代汉语词典》）

（165）有人<u>误传</u>"中国光谷"的中文域名被外地抢注。（新华社 2001 年 1 月新闻报道）

（166）每司都有一位神做司主，<u>相传</u>速报司之神是岳飞，一说是包拯。［阴法鲁、许树安主编《中国古代文化史（三）》］

（167）<u>谣传</u>瑞宣要做市立中学的校长。（老舍《四世同堂》）

第三节　道义情态

一　说话人的要求与指令

道义情态在文献中又被称为义务情态，表达说话人对行为或事件在某一可能世界中能否实现或发生的判定，命题成真的条件为说话人的要求或指令。道义情态通过对句子主语所要承担的某种道义责任的认定，使命题中行为或事件的发生成为可能，或者阻止行为或事件的发生。如：

（168）a 你应该去。

　　　　b 你别去。

　　　　c 你可以去。

---

① 例句出自北京大学 CCL 网络版语料库，文件名为：当代/口语/对话/策马入林——林思云、马悲鸣对话中国近代史.txt。

上例 a 句中道义情态词"应该"表示说话人对句子主语"你",即听话人发出要求,或者是说话人根据某种道义要求对听话人提出建议,在此促动下,"你去"这一行为即有了实现的可能性。b 句中道义情态词"别"表示说话人对听话人否定性的要求,即禁止听话人作出行动——"去"。c 句中"你去"这一行为得以实现的条件在于道义情态词"可以"传达的说话人的许可态度。

认识情态与命题的真值有关,是说话人对命题真实性的观点和态度。道义情态关注的是命题中行为或事件发生的可能性,是说话人对命题成真的观点和态度。说话人使用道义情态的表达,目的在于树立自己发号施令的权威,试图让别人做某事或不做某事。根据说话人的权威大小,或者说话人发出的要求或指令的强制性程度的高低,可以将促成事件的指令大致分为命令、要求、建议、许可等类别,在汉语中分别由"必须/务必、要/应该、最好/何苦、可以/能够"等道义情态词表达。

Palmer 考察了多种语言当中的道义情态,发现这种类型的情态语义上不仅包括说话人对其他人的要求与许可,还可以表达说话人加诸自身的要求与许可,即说话人通过道义情态表示自己的某种保证(commissive)。Searle(1983)也提到道义情态中的承诺(promise)意义,说话人让自己承担做某事的义务。Palmer 还举了下面的例子说明英语中助动词"*shall*"使句子传达了某种保证意义,说话人承诺使句子所描述的事件能够发生。

(169)You shall have it tomorrow.(你明天就会有)

(170)John shall be there by six.(约翰六点会在那里)

谢佳玲(2002)认为 Palmer 的例子只是在非第一人称主语的特殊语境中所产生的"保证效果","*shall*"本身并不表达保证意义,它是表猜测意义的认识情态词。谢佳玲认为情态词的歧义解读现象说明"保证意义似乎只是猜测意义的一种引申意涵"。为了说明自己的观点,她举出了汉语的例子:

(171)我们相信经过说明之后,人民会对我们有信心。

(172)你再不走,我要杀你了!

谢佳玲认为上两例即使参考上下文语境，仍然无法确定"会""要"表达的是预测意义的认识情态，还是保证（威胁）意义的道义情态。我们支持谢佳玲的观点，道义情态中的所谓保证用法，实际上是说话人对命题的发生抱持肯定的态度。从本质上看，与认识情态中说话人对命题真实状况的肯定态度是一致的。所以，谢佳玲才会感觉保证意义似乎从猜测意义而来。将说话人对命题发生的肯定态度理解为说话人对自己提出的要求，实际上是对同一问题从不同角度进行观察的结果。

在很多语言中，除了道义情态词之外，要求或指令的意义还可以通过其他语言形式传达。如英语中的祈使（imperative）语气，汉语中的祈使句类等。例如：

（173）出去！／Go out!

（174）把门打开！／Open the door!

英语中的祈使语气和汉语中的祈使句也表达说话人的命令或要求，在语义上与道义情态一致，但在语法表现上却与道义情态词分属不同的语法形式系统。例（173）和例（174）都未用情态词，而是用语调、动词原形、特殊句子类别型式传达这种意义。不过，世界上许多其他语言的祈使用法是包含在情态的语法系统之内的。连英语的祈使语气，除主要依赖动词的形式变化以外，也有情态助动词的参与。

汉语中的祈使句是根据语气分出的句子类型，语法形式上的表现情况复杂。可以用词类范畴，如句末语气词"吧、啊、吗"；也可以用特殊句式如"把"字句，也可以用构式如"该…就…"；还可以用无标记的形式；当然也可以用情态词，如"你必须去！"由此可见，汉语中表达说话人指令的语言形式有很多种，道义情态词只是其中之一。

二　命题实现的可能性

可能性或必然性是情态的本质属性之一，所有情态语义类型都应该具备可能性或必然性的逻辑要素。认识情态表达的是在说话人的主观世界中，命题的真值存在着不同程度的可能性。说话人确信度高的，命题为真的可能性大，甚至具有必然性；确信度低的，命题为真的可能性小。如"他肯定/可能/好像知道"，句子的认识情态强度不同，命题"他知道"

在说话人假想的可能世界中存在的可能性大小也不同。

道义情态是说话人的要求或社会道义或某种权威使听话人或第三者承担做某事的义务，施行命题中的行为，从而使命题中的事件行为得以发生或实现。根据可能性或必然性的情态语义判定标准，道义情态中道义要求强制性的大小，直接影响命题实现的可能性的大小。如"你**必须/可以**去"，道义情态词命令与允许的不同，"去"这一行动的发出就显示出必然和可能的差别，也就是命题"你去"成真的可能性大小不同。

Lyons 与 Palmer 都曾指出，道义情态必定用来指未来（futurity）的情景，也就是说，道义情态与将来时间密切相关。我们从汉语中情态词"应该"的多义解读中也可以认识到这一点：

（175）a 他应该休息。
　　　　b 他应该休息了。

上例 a 句中的命题是"他休息"，没有时态成分，表示未发生的将来事件。这时"应该"体现的是道义情态语义；b 句中的命题是"他休息了"，动态助词"了"说明动作已完成，事件发生在过去。这时"应该"体现的是认识情态语义，表示说话人对过去某事件是否是事实的判定。虽然 b 句中的"应该"也可以解读为道义情态，但没有时态标记的 a 句无论如何不会有认识情态的理解。实际上，b 句中的"了"除了可看作动词后的"了$_1$"，还可以是句尾的"了$_2$"，表"事态将有变化"（吕叔湘，1999），有将来时间的用法（陈前瑞，2005），这就恰好与道义情态命题的将来可能性相吻合。

道义情态与未来事件的关系也不难理解。因为说话人利用道义情态词发出指令、传达许可、进行承诺的同时，命题中的事件还未受到影响。要达到说话人的目的要求，只能是在允许或指令发出的那个时间点之后，未来情景受到该命令的影响而发生改变，也就是命题中的事件行为将得以发生或施行。

三　道义源与指令对象的扩展

道义情态命题的成立有一定外部条件的促动，这个外部推动力可以称为道义源。前文谈到，情态语义的判定标准之一是直接表达说话人的观点或态度，道义情态所传递的说话人的态度类型是其允许与要求。道义情的道义源就首先表现为说话人的允许与要求。如：

　　（176）你<u>可以</u>走了。
　　（177）大家<u>要</u>努力工作。
　　（178）妈妈<u>得</u>照顾孩子。

　　例（176）"你走"得以实现源于说话人的许可；例（177）"大家努力工作"的道义责任源于说话人的要求；例（178）说话人将"照顾孩子"的义务加诸句子主语"妈妈"之上，实际上也是说话人的意志要求的体现，或者是社会一般观念的体现。
　　道义情态句中，除了说话人的允许与要求之外，其他人事物，如长辈、法律、某种权威、种族习俗、社会规范、道德伦理、特定规则等也可以成为句子主语行动的推动力或限制条件。如：

　　（179）当家的就<u>得</u>有当家的样子。长辈
　　（180）一对夫妇只<u>能</u>生一个孩子。（中国）法律
　　（181）<u>用不着</u>所有的人都去搞研究。权威
　　（182）朝鲜族人<u>可以</u>和汉族人结婚。种族习俗
　　（183）教师<u>必须</u>用普通话作为教学语言。社会规范
　　（184）远方来客<u>理应</u>热情款待。风俗习惯
　　（185）古代未婚男女是<u>不准</u>拉手的。道德伦理
　　（186）十八岁以下的人<u>禁止</u>进入。特定规则

　　通过以上各例可以看出，道义情态句的道义源并不仅限于说话人的指令要求，其范围发生了较大的扩展。需要指出的是，我们考察某一道义情态句，所指定的道义源并不是单一的、绝对的。如例（179）"当家的人有当家的样子"，可以是长辈对子女的教育要求，也可以是普遍的社会认识或一般的家庭观念，道义源并不唯一。又如例（182）"朝鲜族人和汉族人结婚"涉及种族习俗、传统观念，道义源比较明确，但也可以理解为某权威领袖的许可。或者在民族规定比较宽松的情况下，也可以认为是社会伦理等其他方面的道义源。道义情态句的道义源具有多元性，是不是意味着这种情况的情态就跟说话人没有关系了呢？实际上，多种类型的道

义源都可由说话人的要求来统一解释。说话人传递许可、提出某种要求或发出某项指令时，可能仅凭自己的主观意志、个人喜好，也可能依据一定的生活常识、社会规范、道德伦理等。当说话人本身的要求与某种行为规范及准则或某种权威要求等相重合时，说话人不再明确表现自己的观点要求，而是通过展示需要承担的某种外部道义责任，使道义源更为客观有效地促使某行动的发生。因此，道义源的扩展实际上是说话人默认接受了的、与说话人的要求这个主观的道义源合而为一的情况，并不违背情态语义要反映说话人态度的基本要求。

　　道义情态的指令对象可以是听话人，也可以是听说双方之外的其他人、组织等。指令对象被赋予某种道义责任，从而需要作出某种行动。道义要求的强制性程度不同，这种行动达成的可能性大小也就不一样。从句法层面考察，道义情态句中的指令对象一般表现为句子主语。① 如：

（187）你可以坐下说话。

（188）他需要心理治疗。

（189）外来者要入乡随俗。

（190）什么人都不能搞特殊。

（191）再优秀的人也必须经过考试才能录取。

　　若句子没有主语，或句首成分为时间、处所短语，则指令对象或者为听话人，或者需要借助语境才能明确。如：

（192）别哭！

（193）甭来这一套！

（194）犯不着跟他解释！

（195）必须通过考试才能拿到毕业证书。

（196）春节的时候要吃饺子。

（197）周末不该加班。

（198）飞机上不准抽烟。

---

① 有的句子主语不是指令对象本身，可能是与指令对象有关的事物，如：头发该理了。

例（192）—例（194）祈使句指令对象为听话人，后几例若无语境说明，则指令对象可以泛化为某群体，或某群体中的个体成员。如例（195）中指令对象可能是"即将毕业的学生"或其中的某个个体；例（196）中是"具有春节吃饺子风俗的民众"，也可能有具体所指；例（197）中是"周末加班的人"或个别人；例（198）中是"所有飞机上的人"或"正在飞机上抽烟的某个人"等。

无生主语的情况，如"嫩豆腐最好泡在水里养着""高档衣料得用专用洗涤剂清洗"，指令对象也是不明确的。因为无生主语很明显不能发出动作行为，肯定不能做道义责任的承担者，它只是动作行为涉及的对象，动作的发出者也要靠上下文语境来确定。

前文第二章第二节中谈到道义情态的指令对象除了听话人及其他相关的个人、群体、组织之外，还可以是说话人自己。Palmer、Searle 称为道义情态的保证或承诺意义，是说话人对自己所要完成的行为的态度，或者说是自己对自己发出指令或要求，目的是向对方作出保证或承诺。我们认同道义情态的指令对象可以是说话人自身，因为说话人也是一种行为主体，能够发出动作、进行活动。但我们认为"说话人自己对自己发出指令"的说法不甚妥当，就像自己无须对自己的所作所为进行猜测一样，自己也不需要得到自己的指令后才去做某事。这种说法实际上是把道义源局限为说话人一种情况，行为主体为他人时属于说话人对他人发出命令要求；行为主体为说话人时就只能算作自己对自己发出指令了。上文谈到道义源的扩展，实际上说话人作为指令的承受者，施行某动作行为时，明确的道义源是某种规则规定、权威要求等，而非已退隐幕后的说话人。如：

（199）我得赶快去一趟。
（200）我一定按时参加。

例（199）和例（200）表达了说话人作出某承诺的道义情态义，两例都是以说话人为行动的主体，促使其行动的指令的发出者若理解为说话人本人，显然不太合理，而应该是某权威要求，或某紧急情势，或某特殊规定等。可见，道义情态的指令对象扩展到说话人自身时，其相对应的道义源变换为说话人之外的各种道义要求。

四 道义情态语义次范畴

根据上一小节的论述，道义情态的道义源具有多元性和叠合性①，指令对象也存在不明确的情况。因此，若以道义源或指令对象的不同种类作为划分道义情态语义次范畴的标准，则分出的结果也会呈现两可、交叉等模糊状况。所以，我们舍弃与说话人态度有关的道义源和指令对象，转而选取与可能性有关的道义要求作为划分标准。不管是何种道义源发出的道义要求都有强制性程度的不同，高强制度的道义要求促使命题中事件发生的可能性大，低强制度的道义要求促使命题中事件发生的可能性小。根据施诸指令对象的道义责任强度的不同，以及由此带来的命题中行为事件被执行的可能性大小的不同，可以将道义情态分为许可型、劝谏型和指令型三种类型。

1. 许可型道义情态

许可型道义情态表示句子主语或其他指令对象得到来自说话人或其他方面的允许，使做某事成为可能。许可型道义情态词表示道义源对作用对象的要求比较宽松，既允许做某事，也允许不做某事。换句话说，行为主体可以不考虑道义源的指令要求，其行动的制约因素不在于说话人或其他道义源。因此，从强度上看，许可型道义情态不要求指令对象必须执行某行为动作，强制度低。

徐晶凝（2008：83—85）谈到情态梯度（degree）的问题，她认为说话人承诺命题为真的可能性表现为一个从真到假的连续统，如图 3-4 所示。②

真←必然—很可能—可能→假

高← 较高 — 中→低 （情态强度）

图3-4　情态强度的梯级

她把这个连续统称作情态梯度，认识情态和道义情态都存在梯度等级的不同。认识情态梯度表现为"说话人在多大程度上承诺命题为真"，道义情态梯度表现为"说话人在多大程度上强制某行为被听话人执行"。本

---

① 叠合性指说话人指令道义源与其他道义要求等道义源相重合。

② 该图第二行为笔者添加。

书的观点与徐晶凝大致相同，也立足于情态语义的核心特征——可能性与必然性对道义情态进行下位细分。

从情态梯度或情态强度来看，许可型道义情态属于低强制度的类型。行为主体执行动作与否不受限制，事件发生的可能性居中，相对其他类型偏低。

许可型道义情态可以分成两种情况，一是道义指令的发出者允许其对象"可以做某事"，二是"可以不做某事"。第二种情况表现在语言形式上就包含否定的语素。如"无须""用不着"就是"不需要、可以不"的意思。

结合语料，并经词典查证，我们将许可型道义情态词整理分类并附例如下：

其中允许做"可以类"16 个，允许不做"不必"类 6 个，共计 22 个，如图 3-5 所示。

$$
\text{许可型}\atop\text{道义情态}
\begin{cases}
\text{许可型 I}\atop\text{允许做}
\begin{cases}
\text{不妨}_1、\text{成}_1、\text{大可、得以、好了}_1、\text{就是了}_1、\\
\text{可}_1、\text{可以}_1、\text{能}_2、\text{能够}_1、\text{行}_1、\text{许}_2、\text{允许、}\\
\text{无妨}_1、\text{准}_2、\text{准许、}
\end{cases}\\[2em]
\text{许可型 II}\atop\text{允许不做}
\begin{cases}
\text{不必、不须、不用、无须（毋须、无需）、}\\
\text{毋庸（无庸）、用不着}
\end{cases}
\end{cases}
$$

图 3-5　许可型道义情态词一览

用例如下：

（201）有什么意见，<u>不妨</u>当面提出来。（《现代汉语词典》第 7 版）

（202）你给看一会儿铺子<u>成</u>不成？（老舍《二马》）

（203）这个小饭馆<u>大可</u>另挂一块招牌："兔头酒家"。（汪曾祺《安乐居》）

（204）发扬民主，让大家的意见<u>得以</u>充分发表出来。（《现代汉语词典》第 7 版）

（205）我不会让你吃亏的，我一定护住你，你放心<u>好了</u>。（《现代汉语语气成分用法词典》）

（206）我一定办到，你放心就是了。（《现代汉语词典》第 7 版）

（207）这广场也可称之为闹市。（陈建功、赵大年《皇城根》）

（208）今天我还可以带你们进去看演出。

（209）牛马至少还能吃饱，他一家却是吃不饱。（茅盾《秋收》）

（210）明天的晚会家属也能够参加。（《现代汉语词典》第 7 版）

（211）买牙刷事小，今天不买也行！（刘心武《缺货》）

（212）我们虽然相去不过一小时的路程，却各有所属，得听指挥、服从纪律，不能随便走动，经常只是书信来往，到休息日才许探亲。（杨绛《干校六记》）

（213）该资格考试共有十六门，对于通过中国注册会计师考试的学员可以免考四门，每门课只允许一次补考，每年 7 月和 12 月考试两次。（查自 CCL 网络版语料库）

（214）这种病症，我们依照色盲的例子，无妨唤作文盲。（钱钟书《释文盲》）

（215）我国目前只准设立集体业余电台。（《中国儿童百科全书》）

（216）按照规定，大户富室，每人只许留下衣服九件；中等人家，准许留下五件；下等人家，准许留下衣服三件。（李文澄《努尔哈赤》）

（217）他不必躲躲闪闪就可去找那位风姿犹存的寡嫂。（廉声《月色狰狞》）

（218）以上十种功夫，不须全做，但得一门成就，其妄自息，真心即现。（CCL 网络版语料库《佛法修正心要》）

（219）好处在于，我近视不用戴眼镜，这会儿瞧那木板纹纹丝丝清晰有致。（张郎郎《金豆儿》）

（220）他是凭本事吃饭，无须故意买好儿。（老舍《四世同堂》）

计划控制，使这个行业的生产经营者仅仅只需关心生产管理，毋须过问市场变化。（《报刊精选》1994 年第 5 期）

实验室无需教师在场，实验者只要通过自己的努力即可完成实验，达到教学大纲的要求。（查自 CCL 网络版语料库）

（221）毋庸再重复，这就是前面已讲过的故事。（冯德英《苦菜花》）

香港报纸因为无庸翻译，外国驻京记者因为常以目击者自居，他们释放出的信息常足以引起我国最大限度的重视。（《刘心武选集》）

（222）都是熟人，用不着客气。（《现代汉语规范词典》）

此处需要指出的是个别单音节道义情态词，如"行、成"等，它们能够表达许可义，但在句法上的表现是通常做谓语，与多做状语的其他情态词的句法表现有所不同。

表示许可的情态动词，如"允许、准许"，除暗示道义情态源来自说话人或某社会道义规则，如前例（213）和例（216）外，还可以用于仅表示句子主语对某行动的许可。如下例（223）和例（224）"允许、准许"后接宾语对象，表示句子主语"纽约市政府""阿宝"对句子宾语"我们""不够年龄的阿芳"做某事的许可，与说话人的态度无关。

（223）只有除夕的晚上，纽约市政府才允许我们放鞭炮。（《北京人在纽约》电视剧本）

（224）有人说阿宝送她一条过滤嘴烟，才准许不够年龄的阿芳办结婚登记。（李国文《危楼记事》）

同样情况，还有"容许、默许、同意、建议、放任、任凭"等许可义一般动词，我们从语料库中查找出相应例句如下：

（225）她不容许我含糊其词。（王朔《过把瘾就死》）

（226）他同意好好念书，毕业以后不搞摇滚，进公司去挣大钱。（王小波《我怎样做青年的思想工作》）

（227）唐伟建议她在宾馆里多休息几天再走。（王浙滨《生为女人》）

（228）他知道放任这种思绪来控制自己会有什么样儿的结果，（海岩《便衣警察》）

（229）当了媳妇，也不能任凭别人耍着玩。（浩然《新媳妇》）

（230）非但如此，美国及德国政府还默许克罗地亚对塞族发动

"闪电战"。(《人民日报》1995 年 8 月 16 日)

有的学者将这类词也归入许可型道义情态词范畴，算作该范畴的非典型成员（谢佳玲，2002）。本书认为这类动词带宾语时，其前后主语和宾语中指令对象的施受关系十分明显，许可义动词表示句子主语允许句子宾语中的行为主体作出某种行动。整个句子是对这种许可事件的一种客观描述，说话人的观点要求并不介入其中。虽然道义情态中道义源也可以是句子主语的许可，但是一来这种情况比较少，二来仅限于第一人称。如"我可以带你去"。一般情况下，道义情态句的主语为指令对象，道义源指向说话人或说话人认定的某义务。而只含有许可义的一般动词句许可义的来源是句子主语，而不是说话人，不符合情态的语义特征。试比较：

　　（231）a 你可以去。（道义情态）
　　　　　　b 我同意你去。（非情态）
　　　　　　c 他同意你去。（非情态）

我们每一种情态语义小类都要分辨近义的一般动词与情态词的不同，并将其排除在情态词的范围之外，主要是为了说明情态与非情态的差异，从而明确情态词的涵盖范围。

2. 劝谏型道义情态

劝谏型道义情态表示说话人或其他道义源对句子主语提出要求，促使其采取某种行动。从情态的强度来看，劝谏型道义情态属于说话人将自己的要求与指令上升到需要承担的义务的高度，指令对象被赋予这一义务以后，一般都要作出某种行动以尽到自己的义务。因此，劝谏型道义情态句中命题实现的可能性也就比较大了。

郭昭军（2003：31—33）从句法功能角度比较了表义务意义的必要动词，他把必要动词分为两类，一类是"应该"等"必要 A 类"动词，另一类是"要、得、须得"等"必要 B 类"动词。郭文考察所得的这两类必要动词的不同语法特点，首先就是其程度特征的不同，表现在 A 类词可以受程度副词修饰，而 B 类词不能。我们引用郭例如下：

　　（232）a 平日最应尊敬的不是妈妈与先生么？

　　b＊平日<u>最得/须得/必得</u>尊敬的不是妈妈与先生么？
（233）a 推想起来，这是<u>很应该</u>跟着发生的问题。
　　b＊推想起来，这是<u>很得/须得/必得</u>跟着发生的问题。

　　郭文对两类必要动词的语法描写十分细致，对它们的差异却没有作出解释。郭的必要 A 类动词就是本书的劝谏型道义情态词，我们认为这类词可以受程度副词修饰，原因在于这类词的情态强度还不是最高。我们都知道，所谓"义务"，可以是法律上规定的责任，也可能只是道德上需尽的责任。说某人"有义务做某事"，但此人不做此事的可能性也是存在的。因此，当说话人感觉只是向某人言明其需尽的义务，还不足以使其百分百执行时，便借助高量级的程度副词，加大该义务的权威性，提高情态的强度。而郭的必要 B 类动词，也就是下文将要讨论到的命令型道义情态词，本身的情态强度已是最高，就无须程度副词的加强了。

　　劝谏型道义情态中说话人与道义源的关系有三种情况，第一种情况是说话人主动将自己的观点要求与某义务责任相契合，一方面提高了自己命令要求的权威性，另一方面促使行为主体尽可能执行某行为动作。如"你应该生小孩"，该句表示说话人认为听话人具有"生小孩"的义务，情态词"应该"同时说明说话人的观点要求与一般"适龄青年生儿育女"的传统观念相符合。说话人借助一般的情理义务使自己的要求更为合理、客观，听话人完成此要求义务的必要性也就更大。第二种情况是说话人自认权威性较高，自己的要求堪比法律、道德义务，听话人或其他指令对象有必要达到自己的要求。如"你要生小孩"，情态词"要"表现出说话人认为自己有长辈或亲友等的权威，听话人需要按照自己的权威要求做某事。第三种情况是说话人自认权威不足，想降低对听话人的影响；或者说话人采用一种委婉的方式，使自己的要求更具接受性，如"你最好生小孩"，情态词"最好"说明说话人并不打算利用权威迫使听话人接受自己的要求并付诸行动，而是通过一种建议性的和缓的要求，试图打动听话人，使其采取行动。

　　上述三种情况虽然道义源的权威性略有差别，但指令对象在某种义务的要求下施行某动作行为的可能性相近，都比较大，与许可型道义情态命题事件的发生可成可否截然不同，因此可以归为一类。但必须承认，前两种情况和第三种情况，说话人发号施令的方式明显不同。第一种和第二种情况属于说话人借助普遍义务责任提出直截了当的要求，第三种情况属于说话人委婉曲折的要求。据此，我们把劝谏型道义情态词分为"义务"和"建议"两种，具体如图 3-6 所示。

劝谏型 道义情态	劝谏型 Ⅰ 义务类	必₂、必得 děi₂、必须₁、当、得 děi₂、非₂ 非得 děi₁、该₂、该当、理当、理应、须₁、须要₁ 需要、要₂、应、应当₂、应该₂、总得 děi
	劝谏型 Ⅱ 建议类	不妨₂、不如、不宜、大不了₂、顶好、犯不上、犯不着 还是、好了₂、何必、何不、何妨、何苦、何须、尽快 尽量、尽先、尽早、就是了₂、莫、千万、切、切切 使不得、算了、无妨₂、毋₁、毋宁、要不、要不得、最好

图 3-6　劝谏型道义情态词一览

其中义务类情态词 19 个，建议类情态词 31 个，共计 50 个。

我们从语料库中摘取相关例句以供参考：

①劝谏型 Ⅰ：义务类

（234）历稽载籍，良史<u>必</u>有三长：才，学，识。（查自 CCL 网络版语料库）

（235）我们从这些研究中悟出，学习者<u>必得</u>先有一些初始的语言，才能认汉字。（查自 CCL 网络版语料库）

（236）学习<u>必须</u>刻苦钻研。（《现代汉语词典》第 7 版）

（237）男儿<u>当</u>自强。

（238）老爷虽说明天<u>得</u>送这靠垫去，可是没定规早上或晚上呢。（凌叔华《绣枕》）

（239）要想做出成绩，<u>非</u>下苦功不可①。（《现代汉语词典》第 7 版）

（240）要想学好一种语言，<u>非得</u>下苦功夫。　　（《当代汉语词典》）

（241）要做一个糖醋排骨，本<u>该</u>磨磨砍骨刀，却不知怎的拿起

---

① "非"的这个义项也可以看作"非……不可"情态构式的用法，但口语中"不可"有时可以省略，所以在此也列出"非"的这种用法。

最大的那把切菜刀霍霍霍地磨起来。(莫怀戚《陪都旧事》)

(242) 孟石为什么<u>应当</u>死? 他自己为什么<u>该当</u>死? (老舍《四世同堂》)

(243) 官员、教练大权在握,<u>理当</u>承担更多的社会责任。(新华社 2004 年 8 月新闻报道)

(244) 调查专员又有些私事,<u>理应</u>先办,复延迟三日。(老舍《"火"车》)

(245) 事前<u>须</u>做好准备。(《现代汉语词典》第 7 版)

(246) 教育儿童<u>须要</u>耐心。(《现代汉语词典》第 7 版)

(247) 有人想起他还是个右派,<u>需要</u>把他拉出来示众一番。(张贤亮《灵与肉》)

(248) 去买马,<u>要</u>带足上路的干粮。(谢友鄞《马嘶·秋诉》)

(249) 到底<u>应</u>搬家不? 到底<u>应</u>和父亲闹一回不? (老舍《二马》)

(250) 你<u>应当</u>好好的歇三天! (老舍《骆驼祥子》)

(251) 你<u>应该</u>自由地做出决定。

(252) 家里有病人,咱俩总<u>得</u>有一个留在家。(《当代汉语词典》)

②劝谏型Ⅱ:建议类

(253) <u>不妨</u>学个老江湖,少生事! (沈从文《常德的船》)

(254) 海藻终于说话了:"小贝,我在想,其实,有时候,大家都放对方一条生路比较好。长痛不如短痛。<u>不如</u>我们分手吧!"(六六《蜗居》)

(255) 解决思想问题要耐心细致,<u>不宜</u>操之过急。(《现代汉语词典》第 7 版)

(256) "怕啥子嘛,<u>大不了</u>把你的教练车摆到路边就行了。"朋友不停地劝着喝酒。(人民网语料)

(257) 明天中午总税务司赫德要来吃饭,吃西餐;厨子应春带来,席摆在哪里方便,要预备点啥,<u>顶好</u>趁早交代下去。(高阳《红顶商人胡雪岩》)

（258）姨太太有姨太太的难处，大嫂是名门闺秀，<u>犯不上</u>和她生这份气。（林希《"小的儿"》）

（259）不过，汪先生<u>犯不着</u>和他计较。（钱钟书《围城》）

（260）你<u>还是</u>改个名字罢。（钱钟书《围城》）

（261）你们批评我<u>好了</u>，不关他们的事。（《现代汉语语气成分用法词典》）

（262）事情已经有希望，<u>何必</u>再一歇松弄坏了呢！（老舍《二马》）

（263）他也进城，你<u>何不</u>搭他的车一同去呢？（《现代汉语词典》第 7 版）

（264）你已经做了一次帮凶，<u>何妨</u>再做一次，我要是你我就答应，这是聪明和识时务的选择。（王朔《人莫予毒》）

（265）既不沾亲，又不欠情，你<u>何苦</u>替她背着黑锅呢？（老舍《四世同堂》）

（266）王阿毛尽够做老师了，<u>何须</u>远学莫斯科呢？（胡适《名教》）

（267）对特别严重的案件，主要领导要亲自过问，组织有关部门协调配合，<u>尽快</u>查处。（《报刊精选》1994 年第 3 期）

（268）田忌有位门客，看到他们的赛马分上、中、下三等，实力相当，就对田忌说："你<u>尽量</u>多下赌注，我能让你得胜。"（《中国儿童百科全书》）

（269）"阿 Q，你以后有什么东西的时候，你<u>尽先</u>送来给我们看……"（鲁迅《阿 Q 正传》）

（270）用完请<u>尽早</u>送回。（《现代汉语词典》第 7 版）

（271）"他现在肯定在祠堂里，你去那儿找他<u>就是了</u>。"（麦家《暗算》）

（272）我不懂这里的规矩，请<u>莫</u>见怪。（《现代汉语词典》第 7 版）

（273）您到茶馆酒肆去，<u>可千万</u>留点神，别乱说话！（老舍《龙须沟》）

（274）临近毕业，<u>切</u>不可放松学习。（张斌主编《现代汉语虚词词典》）

（275）在拟订合同的时候，切切要注意文本的用词。（《现代汉语语气成分用法词典》）

（276）两岁的孩子没有人照顾可使不得。（《当代汉语词典》）

（277）今天干不完，就干到这里算了。（《现代汉语词典》第7版）

（278）你闲着也是闲着，倒无妨去看看。（《现代汉语语气成分用法词典》）

（279）虚度六三，受职招败，毋恼毋怒，莫矜莫慢。（李松林《晚年蒋经国》）

（280）与其多而滥，毋宁少而精。（张斌主编《现代汉语虚词词典》）

（281）平儿她爹说："女娃娃凉着不好，要不你就坐这个。"（云晓光《龙骨》）

（282）重男轻女的思想要不得。（《当代汉语词典》）

（283）所以我劝你上鸡鸣寺去，最好选一个微雨天或月夜。（朱自清《南京》）

　　此处列举的建议类道义情态词中有一些表示反问的副词"何必/何须"等，我们在第三章第二节中提到过"难道""莫非"等疑问副词表达认识情态的情况，"何必/何须"具有相似的功能。它们并不表示真正的疑问，而是以一种委婉曲折的方式表达说话人肯定的建议或忠告，属于本书义务型道义情态中的建议类情态词。《现代汉语词典》（第7版）对该类词的解释也可以作为支持我们如此归类的一个佐证，现摘录如下：

【何必】：用反问的语气表示不必。

【何不】：用反问的语气表示应该或可以。

【何苦】：何必自寻苦恼。

【何须】：用反问的语气表示不须要。

3. 指令型道义情态

　　指令型道义情态是道义情态中强制度最高的类型。说话人的要求或其他道义责任对于听话人或句子主语等指令对象来说具有绝对的影响力，指令对象必须采取某种行动，以达到说话人的要求或完成某种强制性义务。因此，指令型道义情态句中命题实现的可能性无限大。

　　指令型道义情态中强制性要求或义务可以从肯定和否定两个方面来考察，肯定性的要求即说话人从正面发出的命令，否定性的要求即说话人对指令对象行动的禁止。根据指令、道义肯否性质的不同，可以把指令型道义情态分为命令类和禁止类两种情况。

　　我们利用相关文献的研究成果，依托大量实际语料，并经各种工具书查证，筛选出现代汉语指令型道义情态词，如图 3-7 所示。

$$
\text{指令型}\atop\text{道义情态}
\left\{
\begin{array}{l}
\text{指令型 I}\atop\text{命令类}
\left\{
\begin{array}{l}
\text{必得 děi}_3\text{、必须}_2\text{、非得 děi}_2\text{、务} \\
\text{务必、务须、须}_2\text{、须要}_2
\end{array}
\right. \\
\text{指令型 II}\atop\text{禁止类}
\left\{
\begin{array}{l}
\text{甭、别}_2\text{、不成}_1\text{、不得 dé、不可}_1\text{、不能} \\
\text{不容、不行}_1\text{、不许、不要}_2\text{、不准、毋}_2\text{、勿}
\end{array}
\right.
\end{array}
\right.
$$

图 3-7　指令型道义情态词一览

其中命令类情态词 8 个，禁止类情态词 13 个，共计 21 个。

①指令型 I：命令类

　　（284）变了，天下变了！<u>必得</u>去，<u>必得</u>去唱！（老舍《龙须沟》）

　　（285）你们<u>必须</u>三点钟之前回来。

　　（286）小说，如果想引人哭，<u>非得</u>先把自己引哭了。（张爱玲《论写作》）

　　（287）那么，十二号<u>务</u>请光临！（老舍《残雾》）

　　（288）就在这时，接到了紧急通知：<u>务必</u>于 7 月 13 日下午两点前离开苏黎世！（孙晶岩《政海秘使程思远》）

　　（289）此时成吉思汗暴跳如雷，传下将令，<u>务须</u>将郭靖活捉。（金庸《射雕英雄传》）

　　（290）我国西南及长江中游各地也栽培魔芋，淀粉有毒，<u>须</u>经石灰水漂煮后，才可食用。（《中国儿童百科全书》）

　　（291）北约<u>须要</u>澄清与俄罗斯建立合作关系的意图。（《人民日报》1994 年 12 月 4 日）

②指令型 II：禁止类

（292）可是，先生既说不是你的错儿，你也甭再别扭啦！（老舍《骆驼祥子》）

（293）行啦妈！别说啦！（王海鸰《新结婚时代》）

（294）单纯联系产量计算报酬来落实经济责任是不成的。（何振一《工业企业经济核算制理论与方法》）

（295）（公共场所）不得大声喧哗。（《现代汉语词典》第7版）

（296）你大力叔叔的事万不可对别人说呀！（老舍《茶馆》）

（397）徐金戈的口气缓和了些："兄弟，咱是个爷们儿，是爷们儿就该有点儿血性，膝盖不能打软。"（都梁《狼烟北平》）

（298）任务繁重，不容拖延。（《现代汉语词典》第7版）

（299）开玩笑可以，欺负人可不行。（《现代汉语词典》第7版）

（300）可妈的话你得记着，不许玩儿疯了。（阿城《棋王》）

（301）穿到连衣服都做不起，就不要进大学。（谢冰莹《穷与爱的悲剧》）

（302）以后不准①这样了。（赵琪《告别花都》）

（303）毋妄言。（《现代汉语词典》第7版）

（304）报名已满，请勿再回帖。（新华社2004年5月新闻报道）

命令和禁止是两种截然对立的语义和言语行为功能类型，从以上列举的情态词可以看出，语言形式上，命令类是肯定的，而禁止类多含有否定语素"不"等。再进一步观察，命令类和禁止类情态词形式上是不对称的，也就是说，禁止类词并不是直接在命令类词之上添加否定语素"不"而得到的。如命令类词"必须"对应的禁止类词不是"不须"，而是"不可""不能"；"务必"对应的禁止类词不是"不必"，而是"不要"等。

4. 承诺型道义情态

除了许可、劝谏和指令三种语义类型之外，道义情态还可以表达"承诺"意义。"承诺"（commissive）最先被 Searle（1983）定义为"我们自己应诺做某事"（where we commit ourselves to do things），Palmer（2007：72—73）在考察了多种语言之后，认为大部分语言没有专门表达

---

① 这儿需要注意的是单音节的道义情态词，如"准/许"等，它们表达指令义时一般是否定用法，即不允许句子主语做出某行为。

承诺意义的语法形式，如英语中就是用助动词"*shall*"来表达的，而"*shall*"多表达认识情态，只有与第二、第三人称主语连用才指示承诺义。Palmer 举了下面的例子：

(305) You shall do as you are told。

(306) John shall have the book tomorrow。

这两例表示说话人保证事件将会发生——听话人要按照要求做事，约翰明天会拿到书。不过，Palmer 的这两个典型的承诺义例句若翻译成汉语，似乎更易理解为表义务的道义情态和表预测的认识情态。

(305)'你要按你所要求的去做。

(306)'约翰明天肯定会拿到那本书。

谢佳玲（2002：89—90）对英语中"*shall/will*"的情态表达作了分析，她也认为这两个词表示预测义、承诺义的区别并不明显。如果说话人意图对自己的预测承担责任，或加强听话人的信任程度，句子传达的意义就可以理解为一种保证。因此，承诺义无须分列一类，应该算是预测义的引申意涵。

具体到现代汉语的情况，谢佳玲持同样的观点。她认为"会""要""可以"等现代汉语中的助动词主要还是表示预测意义的认识情态或要求、许可的典型道义情态，保证、承诺意义是在适当语境、语调和句尾助词的配合下衍生出的意义，所以这些助动词本身并不表保证，"汉语没有在语义本质上专用来表达保证意义的情态助动词"①。谢文的结论很大程度上出于助动词的多义表现，她认为助动词不同的语义解读有赖于不同的语境，而非其自身固有的语义特征。

道义情态中究竟有没有承诺的语义类型？从理论上看，说话人可以对自己提出要求，即道义源可以和指令对象合而为一，都指向说话人。如"我一定早起"，"一定"所反映的说话人的保证对"我早起"的发生具有积极的促动作用。从语言实际上看，现代汉语中的情态词可以表达彼此

---

① 详见谢佳玲（2002：92）。

独立的不同的情态语义，它们的不同义项并不一定都随着语境的变化而消失。说话人通过对自己提出要求，从而达到向听话人进行承诺的言语行为功能。如：

　　　　（307）a 我一定给你买。
　　　　　　　　b 我会给你买。
　　　　　　　　c 我可以给你买。

　　例（307）b 句"会"和 c 句"可以"如谢文所说有歧义的理解，b句"会"可以是预测义衍生出的承诺义；c 句表示说话人答应听话人做某事。另外，"可以"理解为说话人对自己的允许也完全可以；但 a 句的情况就有本质不同。"一定"的承诺义是可以脱离语境而独立存在的，在 a句中就不适宜理解为"一定"的典型认识情态义，因为人一般不会对自己的行为想法进行推测。当然，这儿有一个限制条件，就是主语必须为第一人称（与英语的情况相反）。但这种语境中的长期高频使用就使"一定"的承诺义固定下来，成为其一个情态义项。可以思考我们日常语言中承诺做某事的表达，可以是对别人的承诺，也可以是对自己的承诺，都可以用"一定"来表达，如："一定准时参加""我一定努力超过他"等。
　　语料库中也不乏实例：

　　　　（308）我答应父亲，明天或者后天，我一定去看看弟弟。（朱文《我爱美元》）
　　　　（309）我一定格外用心地教他，不负故人。（汪曾祺《徙》）
　　　　（310）虽说这种事不太好办，但我们一定大力协助你。（毕淑敏《预约死亡》）
　　　　（311）对于人生，对于宇宙，对于科学，我一定问出个一、二、三来。（查自 CCL 网络版语料库）

　　"一定"是现代汉语中的一个多义的情态词，经过论证，我们认为它也可以表达承诺类的道义情态。
　　受文献的启发，我们先找出现代汉语中表承诺义的词语，包括"保证、担保、承诺、允诺、答应、应允、发誓、包/保、包管/保管、包准/保准、准保、打包票"等，然后根据情态的判定标准，是否直接表示说话人的态度以及命题的可能性特征，排除"保证""承诺"类一般动词，最后筛选出现代汉语中专职的承诺或者说保证类情态词，包括"包、包管、保管、保准、准保"等十个。试比较：

（312）a 我<u>保证</u>不在家里抽烟！（普通承诺义）

　　　b 他保证不在家里抽烟。（普通陈述，无情态义）

（313）这种产品一年<u>包</u>退。

　　　＝我<u>保证</u>一年（若有质量问题）让你退货。（承诺情态义）

例（312）中动词"保证"所传达的承诺义来自句子主语，如果主语非第一人称，如 b 句，则只是普通陈述，不含情态义。而例（313）中"包"在任何语境中都可以直接表达说话人的承诺，句子为言者主语，属于承诺义情态词。其他同类承诺义情态词，我们从北京大学 CCL 网络语料库中搜寻出相关例证如下：

（314）四双鞋子，<u>包管</u>在你动身以前做好！要多做，你去买料子来！（吴强《红日》）

（315）来这里消假，<u>保管</u>你乐不思蜀。（钟兆云《逍遥万里蜜月游》）

（316）老耿你放心，今天<u>保准</u>不给你吃红高粱！（张石山《镢柄韩宝山》）

（317）你放心，后天我<u>必定</u>来接你。（《现代汉语词典》第 7 版）

（318）太子申："恶仗不怕，儿臣<u>定</u>让孙膑兵败大梁（《孙子兵法与三十六计》）

（319）你放心吧，<u>敢保</u>出不了差错。（《现代汉语词典》第 7 版）

（320）有个爆破组长，手臂负伤，鲜红的血浸透了白色的绑带，见军长到，他说："下命令吧！三包炸药，我<u>管保</u>把对面那座楼炸飞！"（《报刊精选》1994 年第 5 期）

（321）有我老孟保举，<u>准保</u>你升官发财。（杨沫《青春之歌》）

至此，本书搜集整理出道义情态的第四种语义类型——承诺型道义情态词为以下 10 个：

包、包管、保管$_2$、保准$_2$、必定$_2$
定$_2$、敢保、管保$_2$、一定$_2$、准保$_2$

第四节　动力情态

一　行为主体的能力与意愿

动力情态与道义情态有一个相似之处，就是都表达说话人对行为或事件在某一可能世界中能否实现或发生的判定。不同的是关于命题成真的条件，道义情态涉及说话人的允许与要求或其他外部道义责任，而动力情态则与句子主语的内部特征有关，包括该行为主体的能力、意愿以及惯常习性。

西方情态研究多关注认识与道义两种情态类型，它们既明确显示说话人的观点态度，又与情态的可能性与必然性的逻辑要素密切相连。如认识情态中的［揣测型］与［断定型］可以分别理解为认识的可能和认识的必然；道义情态中的［许可型］与［指令型］也可以理解为道义上的可能和道义上的必然。而动力情态传达的是句子主语的潜力特征等内在属性，并不直接反映说话人的观点与态度。另外，能力、意愿、惯常等动力意义与可能性或必然性概念的关系也不如认识情态、道义情态中那么对称。句子主语具备某种内部素质，是行为发生的潜在动力，可以理解为动力可能，但动力的必然就不太容易确定。汉语中意愿性较强的“要”或许可以定义为动力必然，因为这一意愿推动命题事件发生的可能性比较大。但其他意义类型如能力、惯常就很难作程度的区分。第二章第一节相关小节中谈到动力意义的情态地位曾受到较多质疑，但经学者们的反复论证，鉴于认识、道义、动力情态在英语及其他较多语言中句法上的一致表现，以及它们在历时上的衍生关系，多数文献已认可将动力意义归入情态范畴。本书即采用此种观点，结合汉语的具体形式特征，分析动力情态在现代汉语中的语义内容。

动力情态的语义本质是句子主语的内在属性成为命题发生的推动力，

使命题中行为事件的发生成为可能。因此，剖析句子主语的内部特征是工作的重点。首先，我们观察一下句子主语的能力状况。"能力"在《现代汉语词典》中的解释为"能胜任某项任务的主观条件"，也就是说行为主体实施动作行为所具备的内在条件或特征。能力的意义可以有很多分别，比如说有体力和智力的不同，有与生俱来的能力和后天拥有的技艺的不同，有一般的生理能力和特殊的对比能力的不同，等等。像汉语中的助动词"会""能""可以"等，很多学者对它们表达能力的区别作了细致分析。如"他会游泳"中的"会"表示已经内化的固定不变的能力，"他能喝十瓶啤酒"中的"能"表示"通常认为不易做到的事而有力量做到"（郭昭军，2003）等。

Palmer（2007）提到傈僳语（Lisu）中有两种能力的区分，一是"知道怎么做"（knowing how）的能力，二是身体本身的能力（physical ability），这两种能力分别使用不同的形式标记。另外，一些欧洲语言中还区分"智力"（mental ability）与"体力"（physical ability）。Palmer列举了法语的例子作说明，法语中的心智能力用动词"*know*"来表示，而一般身体能力用助动词来表示。

Palmer考察的不同语言系统中能力意义的类别及句法功能都各不相同，但许多语言表现出一个共同的倾向，就是能力意义常常与许可意义，甚至认识意义共用一套形式系统，这也是情态研究者们将能力意义归入情态范畴的重要原因。比如英语用"*can*"来表示能力情态，而"*can*"的否定形式也可表示道义情态。另外，一些欧洲语言中许可义与能力义的形式也是同一的。[①] 现代汉语中也是相似的情形，表能力的"会""能""可以"等还可以表达认识情态、道义情态等。如：

（322）明天会下雨。　　（认识情态）
（323）这种考试能查资料。（道义情态）
（324）他明天能回来。　　（认识情态）
（325）大家可以休息一下。（道义情态）

能力为行为主体本身具有的潜力特征，除了这种一般意义上的理解之

① 参见Palmer（2007：77）。

外，谢佳玲（2002）指出能力还可以是"语境中的某个条件（condition）允许句子的主语具备这样的能力、体力或潜力，也就是具备这种可能性"。比如"我可以一整夜不睡"，这句话既可以理解为"我"具有熬通宵的先天耐受力，也可以理解为受到某种条件或客观情况的影响，"我"临时拥有这种能力。谢文列出的环境条件包括"喝了一杯咖啡""有球赛节目可以看""傍晚睡了两个小时"等。谢文的分析非常细致，也颇有道理。能力的生成一般是主体自身习得的，具有内向性，但现实语料中确实有些情况与外界环境有关。这种现象谢文没有作解释，我们认为这与情态词的多义性有关，也是情态形式系统内部复杂交错的表现。情态词的多个义项之间有原型性程度的差异，典型义项或者说核心义项对其他义项有一定的影响。

　　动力情态句中促使事件发生的除了主语施事的能力以外，还有主语的意愿状况。意愿的意义范围也比较大，包括愿望（wishing）、要求（wanting）、意志（volitive）、意图（intention）等。Palmer 谈到通卡瓦语（Tonkawa）[①] 和迈杜语（Maidu）[②] 中表示意图与表示其他意愿意义的情态词就不一样，但英语中只有"*will*"一个助动词表示意愿意义。有的语言意愿义与过去时态标记同一，有的语言如德语，意愿义与证据义的形式相同（Palmer，2007：78）。在现代汉语中，意愿意义的不同小类形式上的差别很不明显，几乎可以忽略。如"孩子要和妈妈在一起"中的助动词"要"理解为"孩子"的要求、意志、意图都可以，甚至也可以算一种强烈的愿望，虽然愿望义多由助动词"想"来承担。不过有的学者致力于意愿义助动词细微语义差别的研究，也取得了一定的成果。如郭昭军（2003：40—48）论证了"想"和"要"的情态语义的根本区别在于前者表示意愿，后者表示意图。"想"主要表示主语具有某种愿望，侧重其心理状态；"要"主要表示主语打算实施某种动作行为，侧重其计划与行动。郭文根据"想"和"要"句法上的不同表现，包括与程度副词、否定词的搭配，独用的情况，并结合二者语义重心、焦点标记、蕴含关系等的考察，证明了"想"和"要"不同的情态功能和特征。我们基本认同郭文的观点，"想"和"要"所表达的句子主语的意愿有程度上的差

---

　　① 是美国俄克拉荷马州、德克萨斯州、新墨西哥州等地区印第安部落通卡瓦人使用的语言，几近灭绝。

　　② 是美国加利福亚尼州东北部的一种濒危小语种。

异，前者还停留在愿望、想法的阶段，后者则已到达计划施行的地步。换句话说，"要"句命题中事件发生的可能性要大于"想"句，"想"和"要"在意愿情态强度的连续统中地位是不同的。

二　行为主体的惯常习性

语言中存在着惯常意义，但语言学家对惯常（habitual）的界定一直存在分歧。惯常意义曾被描述为过去时、现在时、完整体、反复体等，随着英语以外的诸多语言事实的发掘，惯常又被认为是一种态度（Bache，1982；1985），一种态（mood）（Comrie，1985：40），表达说话人对可能世界的预测，这实际上已经属于情态的性质。不过，T. Givon（1994）认为，惯常是一个"骑墙的情态"（hybrid modality），一部分属于现实范畴，而另一部分属于非现实范畴。[1] Lee（1999）也认为惯常不是体的问题，因为非情态的"体"范畴表达的是事件在说话人或听话人所在的现实世界中已经发生、正在发生或将要发生，而情态范畴则没有这样的功能。

对于惯常意义的语法归属问题，本书不打算作过多纠结，我们仍然从语义的角度考察惯常的性质和功能。王晓凌（2007：69）认为惯常是由一系列发生条件有一定规律的同质（homogeneous）事件构成的语义范畴。这个定义比以往将惯常视为体范畴的定义更接近我们的研究思路。[2] 我们同意惯常意义与规律性事件有关，但与王晓凌从事件的角度所进行的观察不同，我们从句子主语的自身特征出发，将惯常视为其内在的性格、习惯等。经验告诉我们，不同的人有不同的性格品质、习惯喜好，也就有不同的惯常行为。如：

（326）爸爸常常早起跑步。
（327）妹妹爱脸红。

例（326）和例（327）传达了"爸爸"和"妹妹"不同的经常性行为和惯常表现——"早起跑步""脸红"，也就是一些学者所说的规律性

---

① 此处相关内容参考了王晓凌（2007）。
② 如戴维克里斯特著，沈家煊译的《现代语言学词典》中对惯常的定义就是：一种活动被视为持续一段时间的情状。

事件。这些发生频率比较高的规律性活动是行为主体的内在特征的一部分，是行为主体惯常习性的表现。

动力情态是句子主语所控制的，主语的相关特征对命题成真的可能性具有相当大的影响。上一小节谈到的主语的能力或意愿都是事件发生的前提和条件，只有具备一定的能力或者对做某事表现出一定的兴趣或欲望，才有可能实施命题中的动作行为。比照能力型或意愿型动力情态的语义特征，我们认为惯常也属于动力情态的一种语义类型。理由一是惯常习性与能力或意愿都指向句子主语，是主语本身各方面素质的体现，性质上同类；二是从命题成真的可能性角度考察，句子主语的行为习惯也可以推动事件的发生或实现。拿例（327）来说，"妹妹爱脸红"，正是由于妹妹具有害羞的性格特点（这一点由情态词"爱"表达），才使"脸红"这一现象的再次发生成为可能。这样看来，惯常与能力或意愿在促成命题方面具有一致性。因此，我们倾向于将惯常意义归入动力情态范畴。

对惯常情态性质的质疑无外乎两点，一是情态范畴表达说话人的主观判断，命题的真实性状况并不确定，命题中事件的发生存在诸多可能，也就是说，情态具有非现实特征。而惯常意义首先是在已发生事实的基础上总结出来的规律，带有现实性色彩。如例（326）"爸爸常常早起跑步"，在过去的某个时期内，爸爸早起跑步的事件重复发生，因此说话人以"常常"来认定爸爸的惯常行为。看起来，惯常的现实性与情态的非现实性是矛盾的。但我们认为，虽然惯常义的来源是过去发生的规律性事件，但惯常义也可以指向将来事件，说话人可以根据句子主语的行动规律，推断出在未来类似事件发生的可能。从这个意义上说，惯常是非现实的，也表达情态意义。

情态是普遍存在于世界语言中的一个语义范畴，在各语言中或多或少都能找到语法上的标记。而惯常意义在许多语言中主要表现为词汇形式，甚至是无标记形式，尤其是在汉语当中。正如柯理思（2009）所说："汉语与世界许多其他语言一样，表达惯常性行为不一定采取显性的标注方式，往往使用无标记的句子。"这也是惯常意义被排除在情态范畴之外的另一个原因。不过，我们研究的出发点是将情态视为语义范畴而非语法范畴，情态范畴有多种多样的表达手段，我们不仅努力寻找语法化程度高的语法形式标记，以求形式与意义的关联与对应，也关注语法化程度相对较低的表现形式，包括词汇手段等。如前所述，惯常的语义特征与情态相符，不能因为其语法形式不突出、形式标志不丰富而否认其情态语义性质及情态语义范畴的身份。将惯常意义纳入动力情态，有利于展现汉语情态语义系统的完整面貌。

三　命题实现的推动力

Palmer（2007）根据说话人与命题的关系首先将情态区分为命题情态（proposition modality）和事件情态（event modality）两类，前者涉及说话人对命题真假的判断，主要是认识情态；后者则与说话人对将来事件能否发生的态度有关，即包括道义情态和动力情态，表示事件在外部或内部条件的推动下，具有潜在的发生的可能。Palmer 将道义情态和动力情态合为一类是有道理的，因为二者的共同点在于都是说话人对命题成真的判定。不同的是，道义情态句命题实现的推动力来自说话人的允许与要求或其他外部力量，动力情态句命题实现的推动力源自句子主语本身，包括主语的能力、意愿状况以及惯常习性等内部特征。

一个句子中的动作或事件得以发生，需要多种因素。从句子主语的角度看，动作的发出者或事件的施行者必须具备一定的身体素质，这是命题实现的前提或者说是客观条件。比如说"他能/会走路"这个句子，"他走路"这个事件在将来能否发生，首先取决于"他"是否具备走路的生理条件。当然，走路是人的先天能力之一，也许不必提供特殊条件就能发生。但如果这个句子的语境是"他上星期扭伤了脚"或"他还不到一岁"，那么"他走路"这个事件的发生就只是存在可能性而已了。

主语的先天本领或后天技能是事件发生的客观条件，主语的意图愿望则属于促成事件发生的主观因素。鲁晓琨（2004：254）把由助动词"想""要""愿意""肯"构成的意愿语义系统分为主动意愿和回应意愿。主动意愿是人主动自发产生的，回应意愿是人们面对请求、询问时所进行的回应选择。这两类意愿的区别正好对应"想/要"与"愿意/肯"的分工。具备了某种主观条件，事件的发生就有了不同程度的可能性。比如"想"表示意愿仅停留在幻想阶段，虽有行动的可能性，但是否执行并不明确；而"要"则显示了行动的决心，命题实现的可能性大。

再来考察一下主语的惯常习性。由于主体的气质性格、生活习惯等方面的特点，主体在某一时期的活动往往呈现出规律性的特征。表现在语言中，说话人对主体的这种惯常行为进行观察和认定，并对相关的未来事件发生的可能性作出判断。从情态的角度看，一方面惯常意义与说话人的认识有关，另一方面主语的惯常习性对命题中事件的发生和状态的出现具有一定的推动作用。这再次证明惯常意义与情态的密切联系，因此柯理思（2007）也认为"惯常范畴是情态范畴的一个次范畴"。

四　动力情态语义次范畴

根据动力情态中句子主语所具备的内在特征的不同及其对命题中事件发生的可能性的影响，我们将动力情态分为能力型、意愿型和惯常型三种语义类型。

1. 能力型动力情态

能力型动力情态与句子主语本身具有的，固定不变的能力、技术、用途等有关，主语的能力状况对命题的实现起到一定的推动作用。对于能力的主体和内涵，有三种不同的情况和认识。第一种情况是能力的主体为有生物，主要是人，也可以是其他动物。这种情况比较容易理解，人作为一个能动的个体，在自然界中生存、发展，适应世界，改造世界，必须具备一系列基本素质，包括生理、体力、智力、技术等各方面的能力。无论是先天具有还是后天习得，都属于主体本身稳固不变的内部特征。比如说"那个小孩还不会走路""杂技演员能在钢丝上跳舞""蛇可以吞掉比自身大得多的动物"等句子中的助动词"会""能""可以"表示主语具备"走路""在钢丝上跳舞""吞食较大动物"的能力，主语"那个小孩""杂技演员""蛇"都是能够自主发出相应动作的有生物体。

第二种情况就是所谓的"具有某种用途"，如"这种保鲜袋可以直接装吃的东西""鸵鸟的羽毛、绒毛可制造高级的衣饰、戏装、羽绒服等"，"可以""可"表示主语"这种保鲜袋""鸵鸟的羽毛、绒毛"具有直接装食品和制造各类衣物的作用。大多讨论能力类助动词的研究都提到这种情况，如各种语法词典（吕叔湘《现代汉语八百词》，1980）、虚词词典，关于助动词的文献（傅雨贤、周小兵，1991；许和平，1993；王伟，2000；鲁晓琨，2004；宋永圭，2004 等）。彭利贞（2007）认为，从物力的角度来说，用途也是事物的一种"能力"。鲁晓琨（2004）则解释说，东西是被人使用的，所以从人的角度看，东西具有某种"用途"。但若从东西自身来说，"用途"或事物的"作用"就是它们自身的"能力"。我们基本上同意彭、鲁的说法，将"用途"义视为"能力"义的一种延伸意义。

第三种情况是学者们提到的"有条件做某事"①，或者"NP 具备某种外在条件，使之能够实现 VP"（鲁晓琨，2004），这种"条件"指的是客观情况。在此引述相关用例如下：

吕叔湘用例，多人引用：

（328）因为缺教员，暂时还不<u>能</u>开课。

傅雨贤、周小兵用例：

（329）这个望远镜还<u>能</u>换点钱。
（330）我不来，片子就不<u>能</u>拍了。

鲁晓琨用例：

（331）人与车都相当的漂亮，所以在要价儿的时候也还<u>能</u>保持住相当的尊严。
（332）我今天晚上没行动，<u>可以</u>和她消磨一晚上。

彭利贞用例：

（333）王一生说他<u>可以</u>找到睡觉的地方。
（334）王一生，你<u>可以</u>参加比赛了。

语言事实中的确存在与前两种能力不同，但又密切相关的意义。学者们注意到了这种现象，并把它单独列出来，这是值得肯定的。但是仔细观察上述引例，我们发现被学者们列在一处的用例的性质并不完全一致，论证结果与语料的实际情况存在偏差。比如说各学者前一个用例可以理解为句子主语具备做某事的条件，但这个条件不是自身固有的体能、智能与技能，而是在某种客观情况下，主语临时被赋予的某种能力。如鲁例的车夫在"人与车都相当的漂亮"的情况下，就拥有"保持尊严"的能力；彭

---

① 讨论过第二种情况的学者也大都提到了这种情况，故不重复列举。

例中的王一生"可以找到睡觉的地方"，也是他在当时当地所拥有的能力，使他有此能力的条件可能是"他有熟人""他有住旅馆的钱"等。

各学者后一个用例与前一个用例有的是使用的同一助动词，传达的意义也极为相似，都与主语之外的某个因素有关。但我们认为二者的本质并不相同。后一用例表达的是环境中的某人事物条件"允许"主语执行某动作，这个条件相当于一个"义务来源"，属于道义情态范畴。如鲁例"今天晚上没行动"这种客观情况允许我"和她消磨一个晚上"；彭例中的王一生"参加比赛"，更直接地来源于环境中的某个权威的许可。而前一用例中的条件只是促成主语拥有做某事的能力，这个条件并不具备允许的权威，不是道义来源。

Palmer（2007）在讨论动力情态语义次范畴时也谈到主语能力之外并对主语能力产生影响的"情况"（circumstances），但他明确指出这种"情况"不是道义情态中的"允许"（做某事的）情况。Palmer 以实例分析说明了这种区别：

(335) He can go now. (Deontic：I give permission)
　　　他现在可以走。(道义情态：我允许他走)
(336) He can run a mile in five minutes. (Dynamic：he has the a-bility)
　　　他 5 分钟能跑一英里。(动力情态：他有这个能力)
(337) He can escape. (Dynamic：the door's not locked)
　　　他可以逃跑。(动力情态：门没锁)

Palmer（1990）曾称动力情态中的这种非主语自身能力的"情况"为"中立情态"（neutral modality），但在后来的研究中作了改动，不再将其视为一种独立的情态类型，只是在动力情态中保留了这种中立意义的情况和解释。

从汉语的语言事实出发，我们认为 Palmer 的分析是比较合适的。汉语中也存在类似于英语中动力情态的"中立"用法，如："在洛杉矶，你能听到很多不同的语言。"（转引自 Tiee，1985）此句中"能"表示的不是外部条件的许可，因为"你听到很多不同的语言"并不是被动发生的，不受允许或禁止的牵制。相反，由于具备了"在洛杉矶"这个外部条件，"你听到很多不同的语言"的能力才转化为一种现实的可能。因此，我们将这种情况下的"外部条件"意义也归入能力型动力情态，而将上文几位学者提到的后一个用例的"情况许可"的意义与之区别开来，归入许可型道义情态。

除了人的能力与物的用途，主语的"勇气"也可以对事件的发生产生影响。如英语的"dare"、汉语的"敢"（他敢吃生肉）。汉语助动词研究传统上把"敢"视为能愿动词中的"愿望类"，表意志、勇气等。近年的情态研究也倾向于将"敢"划归在"意愿"类的动力情态中。通过语料的分析与衡量，我们认为"敢"类词传达的勇气意义更接近于能力意义，而不是意愿意义。因为勇气是一种意志品质，与能力一样都是人所拥有的内在素质，可以看作"心理上"的能力。而意愿是人对外部事物的一种希冀和欲望，是"想做某事"，勇气是"（不畏惧，从而）能做某事"。Palmer（2007）提到英语和傈僳语中都有专门形式表达"able cour-agewise"，是动力情态的一种类型。可以看出，Palmer 也认为勇气与能力相关。因此，我们将勇气意义归入能力型动力情态中。

通过以上论证，在考察大量实际语料的基础上，同时经各种工具书查证，我们筛选出现代汉语能力型动力情态词如下（见图3-8）。

能力型
动力情态 ┤ 能力型Ⅰ
人力用途类 ┤ 不成₂①、不堪、不可₂、不愧、不配、不善、不行₂
不宜、不值、不足、长于、成₂、够、会₂、堪
见不得₁、可₂、可以₂、能₃、能够₂、配、擅长
善于、适宜、行₂、宜于、值得、足够、足以

能力型Ⅱ
胆识勇气类 　不敢、胆敢、敢、敢于、害怕、怕₁、怕₂、勇于

图 3-8　能力型动力情态词一览

其中人力用途类 29 个，胆识勇气类 7 个，共 36 个。

①能力型Ⅰ：人力用途类

（338）小昭喜叫："张公子，你来指挥。"张无忌道："我不成。还是你指挥得好。待我去冲杀一阵，杀他几个带兵的军官。"（金庸《倚天屠龙记》）

———————

① "不成""不堪""不可""不配""不行""不敢"等为相应的单音词"成""堪""可""配""行"的否定形式，因收录于词典中，故也在此列出。

（339）他感到自己毫无匠心，<u>不堪</u>造就。（当代翻译作品《人性的枷锁》）

（340）葡萄、大枣等诸杂果酢及糖糟等酢，……<u>不可</u>入药……（张小暖《女人养颜经》）

（341）郑成功<u>不愧</u>为一位民族英雄。（《现代汉语词典》第7版）

（342）我做得不好，<u>不配</u>当先进工作者。（《现代汉语词典》第7版）

（343）（他）<u>不善</u>管理。（《现代汉语词典》第7版）

（344）在管理方面，我<u>不行</u>。（《现代汉语规范词典》）

（345）这块地<u>不宜</u>种植水稻。（《现代汉语词典》第7版）

（346）这种书<u>不值</u>一读。（《现代汉语规范词典》）

（347）革命军"是为人民解除痛苦而来，但全恃本校军队，力量太小，若无人民援助，仍<u>不足</u>负重大责任"。（《人民日报》1994年12月23日）

（348）他<u>长于</u>音乐。（《现代汉语词典》第7版）

（349）他可真<u>成</u>，什么都难不住他。（《现代汉语词典》第7版）

（350）不过，那坏了的嗓子也<u>够</u>震人的了。（陈建功、赵大年《皇城根》）

（351）你<u>会</u>吐大烟圈儿吗？（王朔《动物凶猛》）

（352）毛泽东称荣毅仁："他既爱国又有本领，<u>堪</u>当重任。"（《报刊精选》1994年第7期）

（353）这种材料<u>见不得</u>水。（《现代汉语规范词典》）

（354）菩提树树干富有乳浆，可提取硬性橡胶；花<u>可</u>入药，有发汗解热之功。（《中国儿童百科全书》）

（355）两千块钱<u>可以</u>办不少事哩。（方方《白雾》）

（356）是的，到城里以后，他还<u>能</u>头朝下，倒着立半天。（老舍《骆驼祥子》）

（357）一个出类拔萃的女人<u>能够</u>激发出连男人自己都不敢相信的智慧和爱情。（池莉《你以为你是谁》）

（358）只有这样的人，才<u>配</u>称为先进工作者。（《现代汉语词典》第7版）

（359）妇女们<u>擅长</u>剪纸和刺绣，用各种绮丽的纹饰来美化生活。（《中国儿童百科全书》）

（360）他当过干部，<u>善于</u>做群众工作。（《现代汉语语气成分用法词典》）

（361）大叔和大哥最<u>适宜</u>做媒人。（老舍《离婚》）

（362）我<u>行</u>啊，如果我和你一起到外地进货，我至少可以当你的帮手啊！（窦应泰《李嘉诚家族传》）

（363）因为皮肤暗，她脸上<u>宜于</u>那样浓妆。（钱钟书《猫》）

（364）他确实太<u>值得</u>爱了！（刘心武《多桅的帆船》）

（365）虽然现在我的画还不是太值钱，但也<u>足够</u>维持我在画家村的生活开销了。（卞庆奎《中国北漂艺人生存实录》）

（366）姐姐的一个眼色，<u>足以</u>使他六神无主，坐卧不安，或者是疲于奔命，汗水淋漓。（张平《姐姐》）

②能力型Ⅱ：胆识勇气类

（367）因为经济上的困境，他们夫妇一直<u>不敢</u>要孩子。（《宋氏家族全传》）

（368）我将它比作红狼——那一种狼的异种，攻击性极强，有时居然<u>胆敢</u>围猎狮子，不将狮子咬死吃掉誓不罢休。（梁晓声《感觉日本》）

（369）什么危险的地方，他都<u>敢</u>去。（《现代汉语语气成分用法词典》）

（370）我一辈子也没有这样理直气壮地<u>敢于</u>指出别人的错误，这一瞬间却体验到了说真话的快乐。（张贤亮《习惯死亡》）

（371）<u>害怕</u>走夜路。（《现代汉语词典》第7版）

（372）我干吗要到万人大会上去说？我<u>怕</u>见生人。（王朔《一点正经没有》）

（373）他敬佩青年人不怕幻灭，<u>勇于</u>改造一切，丢掉传统，去建立一个新的理想。（许纪霖《朱自清与现代中国的民粹主义》）

2. 意愿型动力情态

意愿型动力情态表示句子主语抱有某种主观愿望，使得命题的实现成为可能。与道义情态表达说话人的指令要求不同，动力情态表达句子主语的意愿要求，与说话人的观点态度无关。但意愿型动力情态符合情态语义的可能性条件，与能力型动力情态都将句子主语的内在属性作用于一个尚未实现的事件之上，使其具有不同程度的实现的可能性。能力型动力情态着眼于句子主语自身的素质、内化的能力；意愿型动力情态着眼于句子主语的主观愿望与意图、勇气。

在汉语语法研究的传统中，关于个别助动词的语义及相关助动词的比较研究较多涉及本书的意愿型动力情态词，比如张维耿（1982）对"想"和"要"的区别；郭昭军（2003）对"要"和"想"的分析比较；鲁晓琨（2004）对"想"和"要"、"想"和"愿意"、"愿意"和"肯"的语义比较研究等。以往的研究对相近"能愿动词"的语义差别的考察十分详尽，一些结论也较有说服力。比如学者们大都认为"想"和"要"在表达主语意愿时前者只停留在心愿的阶段，而后者则有极大的行动的可能性，是表示决心行动的意愿。

参考文献的研究成果，从情态的角度出发，本书根据意愿型动力情态所传达的主语内在意愿的高低及影响命题中事件成真的可能性的大小，把意愿型动力情态词分为"愿望类"和"决意类"两种情况，"愿望类"包括"想、愿意、肯"等，它们表示主语抱有某种愿望，但这种愿望使得事件存在发生的可能性；"决意类"包括"要、决意、力图"等，它们表示主语不但有做事的愿望，而且已经做好行动的准备，因此句中事件发生的可能性非常大。

依据工具书、相关文献及丰富的语料，我们整理出现代汉语意愿型动力情态词并举例如下（见图3-9）。

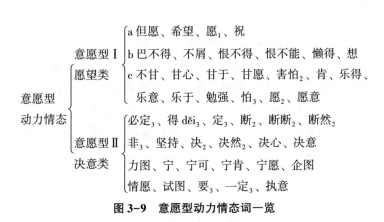

意愿型
动力情态

意愿型 I
愿望类
　a 但愿、希望、愿$_1$、祝
　b 巴不得、不屑、恨不得、恨不能、懒得、想
　c 不甘、甘心、甘于、甘愿、害怕$_2$、肯、乐得、
　　乐意、乐于、勉强、怕$_3$、愿$_2$、愿意

意愿型 II
决意类
　必定$_3$、得 děi$_3$、定$_3$、断$_2$、断断、断然$_2$
　非$_3$、坚持、决$_2$、决然$_2$、决心、决意
　力图、宁、宁可、宁肯、宁愿、企图
　情愿、试图、要$_3$、一定$_3$、执意

图3-9　意愿型动力情态词一览

其中愿望类23个，决意类23个，共46个。

①意愿型Ⅰ：愿望类

愿望类情态词内部仍然存在细微的语义差别。a 小类用于非主谓句，直接表达说话人的愿望；b 小类表示句子主语主动自发性的意愿；c 小类表示句子主语被动选择性的意愿。观察以下语料库中的实例：

a 小类：

(374) 但愿我能忘掉所有人！（海岩《玉观音》）

(375) 希望老吕的美好预言能够像他预言灾祸一样准确。（龙一《潜伏》）

(376) 愿天下有情人终成眷属！

(377) 祝你梦想成真！（海岩《五星饭店》）

b 小类：

(378) 她巴不得酒席可以快点开完，底下人们可以吃中饭，她肚子里实在饿得慌。（林徽因《九十九度中》）

(379) 至于不事虚文，精通实学的社会科学与自然科学等专家，尽管也洋洋洒洒发表着大文章，断不屑以无用文人自居——虽然还够不上武人的资格。（钱钟书《论文人》）

(380) 看她煞有介事地在那里表演装相，也不脸红，郭大柱真恨不得当场揭穿她的丑剧。（邓刚《阵痛》）

(381) 他恨不能生出三头六臂 72 变，去把学校和孩子们的事情做得更好。（《报刊精选》1994 年第 9 期）

(382) 王贤良远不如过去殷勤，辣辣有事也懒得与心情浮躁的小叔子商量，常到老朱头那儿走走，能办的事老朱头也就替辣辣办了。（池莉《你是一条河》）

(383) 我真想上去揍他一拳，也让他的鼻子挂起来。（余华《十八岁出门远行》）

c 小类：

(384) 譬如一家之主，并不是赚钱养家的父亲，倒是那些乳臭

未干、安坐着吃饭的孩子；这一点，当然做孩子时不会悟到，而父亲们也决<u>不甘</u>承认的。（钱钟书《吃饭》）

（385）譬如中年女人，姿色减退，化装不好，自然减少交际，<u>甘心</u>做正经家庭主妇，并且觉得少年女子的打扮妖形怪状，看不入眼。（钱钟书《谈教训》）

（386）他<u>不甘于</u>躺在棺材里，抱着一团委屈与牺牲，他得为自己弄点油水。（老舍《老年的浪漫》）

（387）和大多数人相反，他几乎没有说话交流的渴望，<u>甘愿</u>守候着沉默这个外壳。（杜禅《犹大开花》）

（388）过去送礼被人家推出去，就<u>害怕</u>送礼。（刘震云《一地鸡毛》）

（389）你<u>肯</u>来看我，就是给我最大的鼓励了。（琼瑶《水云间》）

（390）主席让他等一会儿再发言，他也<u>乐得</u>先听听别人的意见。（《现代汉语词典》第7版）

（391）微软公司发言人表示，盖茨非常<u>乐意</u>接受女王授予的此项荣誉勋位。（新华社2004年1月新闻报道）

（392）他吃东西绝不忌口，各种风味各种菜肴他都<u>乐于</u>品尝。（刘心武《七舅舅》）

（393）在李致的再三要求下，巴金<u>勉强</u>同意了。（新华社2004年11月新闻报道）

（394）道光帝最<u>怕</u>花钱，于是对林则徐的信任就减少了。（查自CCL网络版语料库）

（395）杨廷鹤似乎<u>不愿</u>谈论自己的事，问道："你刚刚说，你弟弟没和你在一起？"（江奇涛《人间正道是沧桑》）

（396）我对她说了一切，她<u>愿意</u>跟我。（老舍《歪毛儿》）

现代汉语中表示愿望希冀的还有"希望、盼望"之类一般动词①，这类动词虽然含有"愿望"的语义特征，但其语义重心在于愿望的形成与

---

① 这类动词还有盼、期盼、期望、渴望、巴望、指望、奢望、期待、期许、祈望、企望、企盼、祈盼、梦想、幻想、妄想等。

描述，还涉及不到或者说没有促成愿望实现的可能性。另外，在句法表现上，"希望"类词常带"有"等非动作动词及小句宾语，与愿望型情态词后接动作动词，具有促成事件发生的能动性也有所不同。因此，我们不把这类动词看作愿望类动力情态词。

②意愿型Ⅱ：决意类

同上文讨论的一般动词与愿望类情态词的划界类似，决意类情态词也有与相近的一般动词相区别的必要。表示有某种意愿并决意行动的一般动词包括"打算、决定"等①，其语义着重于未来行动的策划，如"打算、盘算、计划、准备、决定"。对于行动是否实施，可能性有多大，则无法判定。另外，还有一些副词如"偏、硬、故意"等，虽然也指示句子主语的意志特征，但其语义着重于说明主语行动时所表现出来的一种外在的行为方式和主观故意，而且行动已经发生，与情态词表示未来事件的可能性性质不同。因此，我们将这两类词排除在决意类情态词之外。

决意类情态词在语料库中的实例列举如下：

（397）这位作家写道，她在大陆得到一些朋友的帮助，"对他们，我必定投桃报李，不是送他们红包，就是买些礼物，或帮忙他们做一些他们很想做而做不成的事，作为酬报"。（赵长天《我们还有朋友吗?》）

（398）咱们决不能落后，得把工作赶上去。（《现代汉语词典》第 7 版）

（399）俺回去定向郑贵妃表姐禀告，必将问罪。（李文澄《努尔哈赤》）

（400）不，她断不做拜金的女人。（《现代汉语语气成分用法词典》）

（401）我要给他钱，可他断断不收。（《现代汉语语气成分用法词典》）

（402）她断然不肯承认自己的虚荣。（《现代汉语语气成分用法词典》）

（403）领导很感兴趣，非请她写几个字看看。（《现代汉语语气

---

① 这类动词还有"盘算、计划、准备、决定"等。

成分用法词典》)

(404) 吃完饭，吴晓不像以前那么赖了，抢着付账，林星不让，<u>坚持</u> AA 制。(海岩《你的生命如此多情》)

(405) 这事儿定了，我<u>决</u>不反悔。(侯学超编《现代汉语虚词词典》)

(406) 他为了不连累妻子儿女，<u>决然</u>与结婚 15 年的老伴"离婚"。(李松林《晚年蒋经国》)

(407) 得了癌症以后，我<u>决心</u>做一个快活的人。(毕淑敏《预约死亡》)

(408) 加上苏军<u>决意</u>把大城市交给国民党，共产党唯一的出路就剩下了农村和中小城市。(张正隆《雪白血红》)

(409) 她<u>力图</u>委婉地解释：我生病了你们都知道，医生说这种病要有一个安静的休息环境……(海岩《你的生命如此多情》)

(410) <u>宁死</u>要去那儿与他见上一面。(张斌主编《现代汉语虚词词典》)

(411) <u>宁可</u>多花上一点儿钱，也得买上卧铺票。(张斌主编《现代汉语虚词词典》)

(412) 她<u>宁肯</u>将自己的生命全部燃烧，化成灰烬，只为留下那瞬间的灿烂。(王浙滨《生为女人》)

(413) 但他却<u>宁愿</u>当一名中学教员，在教学中默默奉献自己的力量。(曾卓《诗人的两翼》)

(414) 他用目光扫视着大家，<u>企图</u>鼓励什么人作短暂发言。(梁晓声《京华闻见录》)

(415) 为了集体的利益，她<u>情愿</u>放弃个人的利益。(《现代汉语语气成分用法词典》)

(416) 他<u>试图</u>向她解释一下，并不都像她说的那样。(刘心武《一窗灯火》)

(417) 我已经得到第一步的胜利了，我<u>要</u>加紧以后的工作，扩大我工作的范围。(谢冰莹《望断天涯儿不归》)

(418) 我<u>一定要</u>报考这个学校。(《现代汉语语气成分用法词典》)

(419) 第二天，瘦老头真的上门来赔壶了，秦老头<u>执意</u>不收。

（叶大春《三瘾录》）

3. 惯常型动力情态

惯常意义在世界语言中的表现各有不同，根据柯理思（2007）的研究，欧洲某些语言标注惯常性行为的语言形式兼表某种时或体的意义，其中大多为词汇手段，如英语的"*used to +infinitive*"或者"*would*"或者一般过去时；法语的一般未完成体的过去式等。另外，在有的语言中，惯常性行为也可以借用表达情态的形式来标注。柯理思引用 Commrie 的评述来解释情态形式表达惯常意义的原因：说话人之所以认为句子主语具有某惯常性动作或状态，是来自他对主语在某时期活动状况的一种认识，"是基于说话人观察的一种判断"。因此，她把惯常归入情态范畴。

汉语语法中关于惯常意义及其形式标记的研究不太多，这可能与汉语表示惯常意义常常不用任何标记有关。观察下面的例子：

（420）我骑自行车上班。
（421）他用"力士"牌的香水。
（422）室友睡觉打呼噜。

以上各例都是规律性事件或固化的生活习性，但从句法上看，却没有一个一致的特别添加的惯常标签。王晓凌（2007）还提到过一些表达惯常意义的词汇标记，如"每……都……""一（量）一（量）"／"一（量）半（量）""每当……（会）"等，现摘录王文用例如下：

（423）每天都起早。
（424）这种钙片成人一天一片，儿童一天半片。
（425）每当太阳照到他的窗帘上，他就会准时醒过来。

王晓凌的例句确能找出某些规律性意义，但"规律"是不是就等同于"惯常"，乃至惯常情态了呢？我们的回答是否定的。现实世界中存在着各种各样的自然规律、社会规律、科学规律等，语言需要对这些规律进行客观反映，如"夏天过去是秋天"（王文用例）、"茉莉开白花"、"一加一等于二"等，形式上是普通的陈述句，内容是客观规律，这种语言现象我们不认为是情态表达。即便承认普通的陈述句也是经过说话人认定的，但这类语言表达并不涉及可能性或必然性。与动力情态中规律性特征与命题的关系不同，这类陈述句中的客观规律并不需要去推动命题事件的发生。另外，像例（424）"一天一片"实际上并不是"规律"，而是对某种规定或行为方式的说明，在句法上充当谓语（主谓短语中的谓语），与情态的性质不同。

对于汉语表达惯常意义的特点，柯理思曾这样总结："其标注不是强制性的，而且没有统一的、专用的标记（专化程度低）。"除了无标记形式及一些构式，如"我一喝酒就脸红"中的"一……就……"等之外，汉语表达惯常的形式手段多为副词性成分，如频率副词"常常、往往"等。根据事件发生的频率高低，可以细分为"常规"类，如"往往、总是、总、老、通常、常常、常、一再、时不时、一般"，以及"偶发"类，如"偶尔、很少、不常、不大"等。

柯理思（2007）曾研究过能出现在能愿动词的句法位置、表示惯常意义的形式"会、要、爱"，她举出的例句如下：

（426）我一闻到辣的，就［○/要/会/爱］打喷嚏。
（427）我小时候每天早上［○/要/会/爱］喝两碗小米粥。
（428）这一带一到夏天就［○/要/会/爱］发洪水。

柯理思论证了以上例子中"要、会"的惯常用法，以及与其表判断推测的认识情态用法的不同。她还引用了相关文献论据作为佐证，如Iljic（罗毅，1985）的观点——"会"表达潜在的属性和自然的规则，如"树上的果子熟了自然会掉下来"；刘小梅（1997）的观点——"会"有表示习惯、习性的用法，如"他每天都会半夜起床去散步""冰淇淋遇热会融化"；《中日大辞典》（日本爱知大学编）关于"要"的"以某种行为为习惯"的义项，如"每天到了十点钟就要睡"；《现代汉语虚词例释》（北大中文系编）中关于"要"表示"通常出现的情况"的用法的解释；等等。①

本书认为"要""会"是多义情态词，它们有典型的表达认识情态的

---

① 详见柯理思（2007：103—110）。

义项。虽然在某种语境条件下可以衍生出"自然规则""个人习惯""地方特性"等惯常意义,但这种惯常意义往往是受限的。观察上述文献中的用例,可以发现"要、会"常须与表时间或频率的词语共现,如"一……就……""每天"等。所以,惯常义是否由"要、会"单独传达,还值得重新思考。

至于表示惯常行为的"爱",本书同意柯文的观点,"爱"表示"经常 VP、容易 VP",有时"和意愿无关,只用作'常、频'的意思"①。"爱"限于描写人或物的性格、脾气、体质、内在属性等,与动力情态其他类型主语的特征状况相符。如"他爱发脾气""那个男人爱打老婆"等。因此,我们将"爱"等词单列为惯常情态词的一个小类——性情类。

至此,现代汉语惯常型动力情态词收集整理如下(见图 3-10)。

$$
\text{惯常型}\\\text{动力情态}\begin{cases}\text{惯常型 I}\\\text{常规类}\begin{cases}\text{常、常常、从来、惯于、见不得}_2\text{、经常、老}\\\text{老是、历来、每每、生来、时不时、时常、时时}\\\text{素来、通常、往往、向来、一般、一直、总、总是}\end{cases}\\\text{惯常型 II}\\\text{偶发类}\begin{cases}\text{不常、不大、很少、间或}\\\text{偶尔、一度、有时}\end{cases}\\\text{惯常型 III}\\\text{性情类}\begin{cases}\text{爱、好、怕}_4\text{、嗜好}\\\text{讨厌、喜欢}\end{cases}\end{cases}
$$

图 3-10　惯常型动力情态词一览

其中常规类 22 个,偶发类 7 个,性情类 6 个,共 35 个。

语料库中的用例摘录如下:

①惯常型 I:常规类

(429) 妹妹从小就爱美,<u>常</u>偷母亲的口红、项链,每次被母亲发现,都用竹板狠狠地打她那双手。(王浙滨《生为女人》)

(430) 我<u>常常</u>无缘无故地发脾气,甚至连他的名字也不许别人提。(李斌奎《天山深处的"大兵"》)

(431) 这些年他虽然拥有公司的一切权力,却<u>从来</u>没有在个人

---

① 太田辰夫的论述,转引自柯理思。

发财致富方面动过什么脑筋，他的清廉是上下公认的。（海岩《你的生命如此多情》）

（432）选民们惯于利用欧洲问题的投票机会表达对本国执政党的不满。（新华社 2004 年 7 月新闻报道）

（433）我就见不得这种见便宜就想占的人。（《当代汉语词典》）

（434）他是个现代派画家，他以名家自居做出种种的名人派头，经常给女孩子们苦头吃。（池莉《让梦穿越你的心》）

（435）你以后要喝，别老去深红酒吧喝了，行不行？（海岩《五星饭店》）

（436）一到冬天，孩子就老是感冒。

（437）汉民族历来勤劳俭朴，富于进取精神，创造了举世瞩目的古代文明。（《中国儿童百科全书》）

（438）他们常在一起，每每一谈就是半天。（《现代汉语词典》第 7 版）

（439）这位诞生在汉高祖刘邦故里江苏沛县的医学专家，生来就敢为天下先，乐当领头雁。（《报刊精选》1994 年第 3 期）

（440）那位实是毛毛的生父，仍时不时来打扰。（李国文《危楼记事》）

（441）比目鱼喜欢单独潜伏于泥沙海底生活，时常夜间出来觅食。（《中国儿童百科全书》）

（442）二十年来，我时时想起这件事。（《现代汉语词典》第 7 版）

（443）这机构素来是蒋喜欢的一只黑手，也是我们地下工作者的死敌。（麦家《暗算》）

（444）最新指示通常要安排到深夜才播放，至今我也没能悟出这样安排的道理。（李国文《危楼记事》）

（445）他们当官的怕得罪人，往往一个女儿许三家。（楚良《抢劫即将发生》）

（446）不管刘川如何口口声声说他奶奶对他向来严格，从不溺爱，但还是能一眼看出他其实娇生惯养，吃喝拉撒都是让保姆从小伺候着，一直到大！（海岩《深牢大狱》）

（447）乌什塔拉是个只有三五户人家的小镇，晚上跑路的车一

般都在这里过夜。(张贤亮《肖尔布拉克》)

(448) 他干活<u>一直</u>很卖力。(《现代汉语词典》第7版)

(449) 我过去<u>总</u>说你生活能力低,性格也太软弱,很少说你的优点,你生气了吗?(海岩《便衣警察》)

(450) 我开始学会了钓鱼,<u>总是</u>上半天学钓半天鱼。(沈从文《我上许多课仍然不放下那一本大书》)

②惯常型Ⅱ:偶发类

(451)"有——破衣烂衫找来卖"的吆唤声音<u>不常</u>在学校附近出现了。(汪曾祺《落魄》)

(452) 眼下田地都承包到户,会<u>不大</u>开了,所以今天的机会他们哪肯放过?(李杭育《沙灶遗风》)

(453) 医生<u>很少</u>来过问。(叶灵凤《一篇小说题材》)

(454) 他常常给《申报·自由谈》《中华日报》等报刊写稿,<u>间或</u>做些编辑工作。(杨柳枝、伍厉矛《廖沫沙的风雨人生》)

(455) <u>偶尔</u>他也给侄子们买糖吃。(池莉《你是一条河》)

(456) 后来刘川<u>一度</u>想退出卧底任务,东照市公安局也是请他出面做的工作。(海岩《拿什么拯救你,我的爱人》)

(457) 他<u>有时</u>也去他父亲那里看看。(方方《桃花灿烂》)

③惯常型Ⅲ:性情类

(458) 让他荒芜着怪可惜,既然你们那么<u>爱</u>吃花生,就辟来做花生园罢。(许地山《落花生》)

(459) 有人就<u>好</u>跑单帮,这不是好现象!(刘兆林《雪国热闹镇》)

(460) 平时,他也是<u>怕</u>麻烦组织,<u>怕</u>麻烦别人,生活上能从简的尽量从简。(《人民日报》1994年5月29日)

(461) 他<u>嗜好</u>玩扑克牌,常常忘掉进餐;厨师便将肉、蛋等菜夹入面包片中,供他边吃边玩。(《中国儿童百科全书》)

(462) 他不会接受任何人以一百块钞票去买一份报纸。因为他

讨厌找钱给别人。(CCL 网络版语料库当代应用文《哈佛经理谈判能力与技巧》)

(463) 这个只有小学文化程度的俏姑娘，爱打扮，说话喜欢带脏字，因此被许多人误解了。(蒋子龙《赤橙黄绿青蓝紫》)

第四章　成分情态与构式情态

第一节　语言中表达情态的手段

一　以情态助动词为主的研究

情态是世界语言中普遍存在的一个语义范畴，但不同语言表达情态的方式各有不同。西方情态研究长期以来以英语单一语种为研究对象，英语中表达情态的主要形式载体是情态助动词，因此情态助动词的研究成果最为丰富，对其他语言情态表达手段的研究也有较大影响。情态助动词这类语法范畴内部成员数量有限，具有大致相同的句法特征，是个封闭的功能类。情态语义类型的确定及划分也在很大程度上受情态助动词系统内部句法一致性的影响。

汉语的情态研究基本上是借鉴西方语言学情态研究的理论和方法，研究对象也主要集中在助动词之上，这方面也已经有了很多的研究成果，包括个别助动词的语义分析、近义助动词的辨别、多义助动词的情态解读等。还有句法表现方面的研究，包括情态助动词和情态副词的区分等。[①]

随着情态研究对象的扩展以及情态形式表达研究的深入，学者们发现"模态动词所表达的模态意义的形式落实，在各种语言和单一语言中，都表现出极大的不稳定性和分歧"（陆丙甫，2008）。其实每种语言中的情态表现方式都是很复杂的，而且相近的形式在不同语言中发挥的作用也不一样。如语气及语气词缀，在有的语言中可以独立表达情态意义，但在有的语言中必须和其他情态词缀合用才能表达完整的情态语义（Munro，1976；Haan，2006）。

除了情态助动词，以往研究中对情态表达手段的考察不外乎以下几

[①]　可参考本书第一章第二节第四小节"情态的形式表达研究"及第一章第三节第二小节"具体汉语事实的情态分析"。

种：韵律手段，如语调；语法手段，如语气、词类、形态语缀等；词汇手段，如实义情态副词、情态形容词、插入语等。Haan（2006）"Typological Approaches to Modality"一文从类型学的角度，对世界各语言表达情态的方式进行了分析归类，可视作情态表达手段的一个整理总结。本书第一章第二节第四小节已作了列举，此不赘述。

二　表达情态意义的结构实体

以往情态表达形式的研究主要立足于词类及形态等显性的句法手段，较少涉及一个结构实体所传达的情态意义，如英语中的"*Be quiet!*"、汉语中的"勇敢一点!"。很明显，这种祈使结构表达的是说话人对听话人的命令要求，从而使相关的行动"保持安静""表现得勇敢"得以发生。这属于情态意义中道义情态的语义，但这种命令类或建议类道义情态语义不是由单个的形容词"quiet""勇敢"体现出来的，而是整个语法结构在特定的话语交际中传达出来的。若将"*quiet*""勇敢"换成其他形容词"*good*、*silent*""文明、大方"，"*Be good*""*Be silent*"结构所表达的命令类道义情态义以及"文明一点""大方一点"结构所表达的建议类道义情态义保持不变。因此，我们可以抽象出表达道义情态的结构型式：英语中的"*Be+adj*"和汉语中的"形容词+一点"，它们所包含的情态义是整个结构概括凝固下来的意义，独立于其中的词汇意义，并对进入该结构的词汇意义产生影响。

Seiko Fujii（2004）在研究构式类型（construction types）和构式图式（constructional schemes）中涉及日语表达情态的条件句构式。他指出日语条件句中有一系列构式类型可以表达道义情态，属道义情态构式（deontic modal constructions）。如下例：

（1）*hayaku ikanai to sensei ni mo mihanasarete-simau yo.*

early go. NEG TO（COND-linker）teacher by also give. up. PAS-SIVE-ASP PART

（Lit. "If you do not go soon, you will be given up on by your teacher."）

"If you do not go soon, your teacher will give up on you."

（2）*hayaku ikanai to taihen. da yo.*

early go. NEG TO troublesome PART

"If you do not go soon, it will be troublesome."

(3) hayaku ikanai to ikenai yo.

early go. NEG TO bad PART

(Lit. "If you don't go soon, it will be bad.")

"You *must* go soon"

(4) *hayaku ikanai to*

early go. NEG TO

"You *must* go soon"

    例（1）—例（4）是一组拥有相同情态语义——强制命令（oblige）的条件句构式，例（1）是一般的双小句条件构式（full bi-clausal conditional construction，FBC），两个小句由连词"*to*"连接，后一小句的句末是语气助词"*yo*"。这种"S1+*to*+ S2+*yo*"（否定小句+连接词*to*+后果小句+命令语气词*yo*）构式暗含强制的行事语力（illocutionary force of "obligation"），表示说话人发出了一个言语行为，力图使听话人产生行动"*Go soon*"。

    Seiko Fujii 认为例（3）和例（2）的情况都属于综合评价条件句构式（integrated evaluative conditional construction，IEC），例（3）直接用"否定小句+连接词*to*+否定义词+命令语气词*yo*"结构表示强制性的道义情态，而这种语义在英语中的典型表达是借助于助动词"*must/shuold*"。日语中这种构式类型虽然由连词"*to*"连接前后两个小句，但后一小句，也就是主句仅有肯定或否定性评价谓语中心词，常见的有"*ikenai*（bad）""*Ii*（good）""*dame*（bad）"等来充当。由于"主句"为一个词，因此这类构式曾被简单处理成习语性的格式，但 Seiko Fujii 指出其具有半能产（semi-productive）的特性，充其量也只能算带有半习语性（semi-idiomatic）。因此，仍然是一种条件句构式。

    例（2）的情况与例（3）非常接近，也是由连词"*to*"连接前后两个小句，但由于主句中的否定性评价谓语若全部列出，形式过长，因此就"综合"为一个整体的构式，表达说话人对听话人"必须做某事"的要求或建议。

    例（4）是连接小句进一步减缩的情况，只有条件句的前件（antecedent），被称作省略条件句构式（reduced-form conditional construction，

RDC)，但保留连词"*to*"，并使用完句语调，与例（1）、例（2）、例（3）具有相同的情态功能。

Seiko Fujii 的研究虽然目的在于建立日语条件句的一般构式类型和构式图式，以构式研究为主，但研究中的实例说明日语中的构式可以表达道义情态语义。

Goldberg（1995）认为，影响语言意义的因素不仅有词汇项，而且有更大的语言单位，即语法构式（grammatical constructions）。情态意义是语言意义的一种，以往我们对词汇等个体成分表达的情态研究较多，今后应将更多的注意力集中在表达情态语义的构式上。

第二节　成分情态与构式情态概念的提出

一　语法研究的构式观

主流的结构主义语法、生成语法的研究以语素、词、短语、句子等各级语言单位作为基本出发点，认为短语、句子的意义可以由语法单位的组合规则自然推导出来，对词汇语义和句法规则的描写可以概括所有语法现象。语法结构是可以分解的，成分之间的组合有一定的可控制的规律，结构的表义规律与成分的意义及成分之间的关系意义有关。这种观念指导下的形式语法研究多关注最一般、最核心的语法结构，抽象出语言中具有生成性的一系列语法规则，掌握了这些规则，人们就可借此推演出语言结构的意义。

但语言中除了由静态的结构规则支配的语法结构之外，还存在大量动态的日常用语结构，这些"边缘性"结构习语性强、整合度高，一般不可分解，其结构意义不能由内部组成成分的词汇意义或关系意义推导得出。如英语的"*let alone*"，这个习语结构的组成成分"*let*""*alone*"的词汇意义分别是"让（某人做某事）""单独的，独自的"，但有时整个结构的意义并不是这两个成分词汇意义的相加，即"让某人独处"，而是表述与它前面的成分相对的意义（如"*He is not even a colonel, let alone a general*"），语法上相当于一个连接词（严辰松，2006）。再看一个汉语的例子，"（X）整个一（个）Y"是汉语中一个常用的口语格式，它的语义功能是说话人对 X 的判定或评价，认为 X 完全具备 Y 的特点，如"我们家马锐……整个一个马大哈"。说话人使用这种格式带有其强烈的主观

夸张色彩，格式内部的数量结构"一（个）"表量的词汇意义已经淡化
（刘长征，2007）。总之，"（X）整个一（个）Y"格式义与成分的数量
义、Y 的本义等已相去较远。

语言中存在着性质不同的结构型式，就不能用形式语法"一刀切"的
办法来处理相关的语法现象。对于那些占据"语法外围区域"（periphery of
grammars）的复杂结构，也需要作出完全的描写说明（Fillmore & Kay，
1987：6）。这些结构是构成人们语言知识库（inventory）不可或缺的部分，
一些语法学家对习语性结构或边缘结构的研究促成了构式语法的提出。比
如 Fillmore、Kay 和 O'Conner（1988）详细研究了英语惯用语"*let alone*"
的句法和语用特性；Goldberg（1995）则探讨了英语几种特定结构的表达功
能，诸如"动补结构"（resultative construction）等。这些格式具有特定的
形式和语义值，其形式和意义都不能从结构的构成部分推导出来。

构式语法的基本思想和观点与结构语法和生成语法不同，它产生的理
论背景是生成语义学和认知语言学，格语法、格式塔语法、框架语义学的
研究取向和模式直接影响了构式语法概念、原则的形成。构式语法将结构
的整体意义提升到一定的高度，认为构式的整体义不是其组成成分意义的
简单相加，是词汇语义与认知功能的整合。一个句子不是一堆句子成分的
堆砌，而是一个"格式塔"（gestalt），整体大于部分之和。构式义独立于成
分义之外，同时制约和影响着成分义及句子的理解。构式语法还关注基于
人类认知经验的不同事件类型，及其反映在语言当中的句型结构。比如构
式语法较为成熟的研究成果中的双及物构式、"致使—移动"构式、动结构
式、Way 构式等（Goldberg，1995）。普林斯顿大学的 Mirjam Fried 和赫尔辛
基大学的 Jan-Ola stman 在其合编的 *Construction Grammar in a Cross-language
Perspective* 一书中对构式语法的主要特征作了说明，摘引如下。

1. 整体性。构式语法旨在对一种语言中的所有构式作出解释。每个
构式都有自己具体的语义和语用特征。构式语法明确拒绝从最简单的句子
到复杂的句子，再到习语的研究方法，主张从语言的边缘部分开始，因为
这些边缘结构大部分都是日常交际中使用的。

2. 经济性。构式语法把一种语言中各种各样的构式都看成是平等的，
不需要建立不同的语法成分，然后再去描写和分析这些成分之间的关系。
根据能产性（productivity）把一种语言中的构式划分为本质不同的范畴是
没有意义的。能产规则与习语之间的关系应当看成从相对能产性到相对固

化的一个斜坡（cline）。

3. 一致性。近年来儿童语言习得研究证明，构式语法模型和人们的认知过程一致。①

二 情态研究中"成分"和"构式"的理论区分

作为一种新兴的语法理论，构式语法有其历史的进步性，在一定程度上弥补了主流语法理论的不足或不尽合理之处。从语法结构的整体性出发，重新思考形式和意义的关系，对一些语言现象及人类语言的一些语法共性作出了成功的解释②。构式是构式语法的一个核心概念和技术性术语，它基于人类经验的各种认知框架，是一个抽象概括的结构实体，是语言中的规约性模式。构式独立于具体的词汇，在具体词语缺席的情况下也有其自身的语义和语用功能。比如汉语研究中常提到的"王冕死了父亲"，其含义与"王冕的父亲死了"是不一样的，虽然两种结构所用的词汇成分完全相同。"王冕死了父亲"除了字面意义"王冕的父亲死了"之外，还有"N1 V 了 N2"这种构式的"丧失/损失义"及由此带来的说话人惋惜的主观态度和情感。这种构式填入其他词语，如"姐姐丢了钱包""妈妈（切菜）伤了手指""羊圈跑了三只羊"等，其中损失、惋惜的构式义不变。

构式语法新的研究角度和观念给我们带来了启发，情态研究也可以借鉴"构式"的概念对语言中情态语义的表达形式作出统一的观照和梳理。前文提到，目前情态表达手段的研究重心虽然已经不再只放在助动词一种词类之上，但关注较多的依然是形态、语缀等显性的成分标记。无论是词类还是形态，都是一个单独的个体，情态语义由这一个体成分独立表达。与个体成分相对的，是复合的结构型式，即构式。那么构式是否也如个体成分一样具有情态功能，表达不同类型的情态语义呢？目前情态研究中关于构式表达情态义的关注度还不够高，但理论上说，作为语言的一种形式要素，构式自然也可以用来表达语言的意义之一——情态意义。本书即尝试从构式语法的角度考察现代汉语情态语义的表达特点，首先需要界定本书的"构式"及与其相对立的"成分"两个概念的性质和范围。

---

① 转引自牛保义《〈构式语法的跨语言研究〉述评》，《当代语言学》2006 年第 4 期。

② 详见邓云华、石毓智《论构式语法理论的进步与局限》，《语言教学与研究》2007 年第 5 期。

　　"成分"（component）几近于一个常识性的概念，字面上的理解就是"组成部分"的意思。作为一个普通范畴，"成分"是指"构成事物的各种不同的物质或因素"（《现代汉语词典》第 7 版）；作为一个语言学术语，"成分"是使用频率极高的一个基本范畴，也具有"组成部分"的性质。语言的各要素——语音、词汇、语法内部都有不同层级的"成分"，各级语言单位都是由不同性质的语言"成分"组成的。比如词根或词缀就是合成词的构成成分，短语或句子内部也都有直接成分与间接成分等。再举个例子，"我想他已经知道这件事了"，这个句子的构成要素"我想""他""已经""知道""这件事""了"都是句子成分，其中"我想"的功能是插入说话人的态度，属于句子的语用成分，其他是非语用成分（根据张斌，1982）。其中句法成分包括主语、谓语、状语、宾语等。从语义的角度看，"他""知道""这件事"分别是施事、动作状态、受事等语义成分。"已经"是动作的限定成分。从词义性质看，"他""已经""知道""这件事"都具有实在的词汇意义，可称作词汇成分，"了"表示确认语气，没有实在意义，属于语法成分。不管它们的具体身份如何变化，这些词语单位的作用都是充当各种性质的成分，从而构成不同层级的语法结构。

　　David Crystal 主编的《现代语言学词典》（第四版，沈家煊译）中对"成分"的解释有三：一是语法组成部分；二是特指语义学中分析词项含义的语义特征，如"女孩"一词的语义成分包括"人类""女性""儿童"等；三是单项成分，指音系学中不用二分对立的单一语音特征。如"圆唇""前"等。以结构主义、生成语法等为代表的观念曾被称为"成分模式"（componential model），这些语法理论的指导思想就是句法成分及其组合关系构成特定的语法结构，结构形式及语义功能可以从成分的生成（generating）、推导（deriving）过程中得到解释。①

　　"成分"概念的外延有宽窄之分，从广义上说，只要具备组成更高一级语言单位作用的"部分"都是"成分"，如构成句子的两个直接成分是主语和谓语，而主语和谓语自身又可以由更小的"成分"构成。但本书的"成分"概念取狭义的理解，指以个体形式表现特定语义的单一的语法实体。

　　本书的"构式"也需要作出澄清，虽借自构式语法中的核心概念，但所指范围大小不同。当今流行的"构式"定义出自 Goldberg（1995：4）。

---

① 参见刘丹青（2005）。

　　C 是一个构式当且仅当 C 是形式—意义的配对<F$_i$，S$_i$>，且 C 的
形式 F$_i$ 或意义 S$_i$ 的某些方面不能从 C 的构成成分或其他先前已有的
构式中得到完全预测。

　　这一定义的引用率非常高，明确了构式与其构成成分的区别及关系，
构式义自身的独立性与整体性。根据这一定义得出的构式的范围非常宽
泛，Goldberg 承认，构式作为形式和意义的匹配体，从语素、词、短语到
句子，以及介乎词和短语之间的短语词，都是构式的具体体现。Goldberg
（2003）更详细列举了构式的几种类型：

1. 语素：anti-，-ing
2. 词：anaconda，and
3. 复合词：daredevil，shoo-in
4. 惯用语：Going great guns.
5. 语法结构：He gave her a Coke.

2007 年 3 月在中国学者举办的"构式语法专题研讨会"上，学者们
探讨了西方"构式"的定义。其中严辰松结合汉语实例将 Goldberg 的
"构式"深化为实体构式（substantive constructions）和图式构式
（schematic constructions）两类，前者包括语素、词、复合词及全固定的短
语或句式，后者指半固定习语以下的语法结构。[①] 不过，也有越来越多的
学者在不同场合质疑构式这种宽泛的定义，如陆俭明（2006）、[②] 刘丹青
（2005；2009）、[③] 石毓智（2007）等。正如石毓智所说，构式概念的扩展
"掩盖了本质上极不相同的两类语言现象，也不利于语言的探讨"。他还
论证了词和两个词构成的语法结构之间的差异，证明这种把构式等同于语
言单位的定义存在一定的问题。

　　实际上在普通语言学的标准定义中，构式必须是由两个或者两个以上
元素构成的结构体，构式语法理论的奠基者之一、认知语言学的代表人物
Langacker（1987：409）也是这样理解的，只是后来的学者在研究中扩展

---

① 参见汪兴富、刘国辉《构式语法专题研讨会综述》（2007）。

② 陆俭明在为《构式：论元结构的构式语法研究》（2007）中文版所作的序中谈到了 Gold-
berg 构式宽泛定义带来的矛盾。

③ 刘丹青在论文（2005）及学术报告（2009）中都曾指出构式与普通的句法结构应该区
别对待。

了这一概念的范围。本书采用"构式"的经典定义,将其范围限定在两个以上元素构成的结构体之内,与只包含一个元素的"成分"概念相对立。除此之外,作为构式的结构体还要进一步限定。我们同意刘丹青(2005;2009)的观点,不但语素、词等"实体构式"不算作构式,而且普通的自由的句法结构也排除在构式的范畴之外。刘丹青认为,与词汇成员"词项"相比,构式可以看作"句汇"的成员,包含由某些虚词或实词充当的常项以及多由实词充当的变项。[①] 构式指那些形义关系不透明的句法结构,结构义不能从形式上体现出来,不是成分意义的简单复合,与有一定推导性和透明度的普通句法结构有所不同。

综上所述,本书"成分""构式"的概念与传统语言单位的概念可对照如表4-1所示。

表4-1   "成分"与"构式"概念所指对照

语言单位	语言形式	举例[②]	成分	构式
语素	词根	必定、应该	+	-
	词缀	想来、赢定、去得/不成、别是	-	+
	词	也许、必须、想、大不了、说不准	+	-
短语	自由短语	可能下雨、愿意去、应该休息	-	-
	熟语习语	按理说、不失为、八九不离十	+	-
	固定结构或新兴口语格式	能X就X、X不到哪儿去 不……才怪、VV看、谁X谁Y	-	+
句子[③]	一般句型	陈述句(主谓句)	-	-[④]
	特殊句式	把字句、连字句、兼语式	-	+

---

① 摘自2009年4月7日刘丹青在南京师范大学国际文化教育学院所作的学术报告——《构式的透明度和句法学地位:流行构式个案二则》。

② 因为我们"成分""构式"的概念是为研究情态表达服务的,故多举与情态相关的用例。

③ 此处指单句。复句不可能是一个成分,有的复句格式可以表达情态语义,可能是一个情态构式。

④ "自由短语"和"一般句型"在本书狭义的概念范围中既不属于"成分",也不属于"构式"。主要是因为这两种语法形式并没有与情态表达直接相关的功能,不是本书的重点研究对象。但这并不意味着它们的性质无所归属,只是没有必要从构式的角度去划分。

三　情态的两大形式类型——成分情态与构式情态

情态与说话人的态度及命题的可能性有关，是语言的一种意义。因此，以往的研究都是从语义的角度剖析情态的内涵，对情态范畴进行语义上的分类。本书第三章即讨论了现代汉语情态的语义类型，将情态分为认识、道义和动力三种语义，分别表达说话人的判断、说话人的要求及说话人对行为主体相关特征的认定。作为一个语义范畴，情态的意义分类是情态研究的基础，我们必须先搞清楚情态的意义范围，明确语言中普遍存在的这部分意义，才能进一步研究情态在语言系统中的地位和作用。

语言是形式、意义相互作用的复杂体系，语法研究一向提倡形式和意义的相互验证，也就是说，分析语言现象从意义入手要找寻形式上的特点，从形式入手要分析相应的语法意义。胡明扬（1992）认为，从形式到意义的研究方法似乎更容易，也更可靠一些，因为"语法形式总是要比语法意义具体一些，更容易捉摸一些"。对于具体语言现象的分析，形式的确定与描写可能如胡先生所说较为基础和可靠，虽然对于情态这样的语义范畴表示何种意义需要首先明确，但接下来情态意义表现形式的研究也同样重要。情态研究的发展也表明，情态表达手段的句法特点积极影响着情态语义的系统构成和表义规律。情态不是单纯的语义问题，情态的意义与形式有复杂的对应关系。

比如说助动词是汉语表达情态的一种语法形式，它可以对应多种情态语义。如"会"既可以表示道义情态，又可以表示认识情态。"会"表达不同的情态语义时在句法表现上也有所不同，比较：

（5）过季的商品会便宜很多。
（6）老鼠生来会打洞。
（7）逢年过节，他都会买上礼物去看老师。

从表层形式看，例（5）情态词"会"后的谓语中心词是形容词，例（6）和例（7）"会"的后面是动词。从语义上看，例（5）中的"会"表示说话人根据生活经验作出的判断，传达的是认识情态语义；例（6）中的"会"说明主语"老鼠"的能力，传达的是动力情态语义。例（5）和例（6）情态形式和意义的对应可以这样理解：认识情态是说话人对命题真值的判断，命题的内容可以是事物的性质状态，因此可由形容词表示。① 而动力情态表达的是主体在行为动作方面的能力以及做某事的意愿意图，在语言形式上就体现为动词。例（7）中的"会"似乎表认识情态，可以解释成说话人认为"他"有做某事（买上礼物去看老师）的可能。然而根据例（5）和例（6），例（7）中的谓语中心词是动词，形式上与动力情态的例（6）一致，而且意义上表示句子主语的惯常行为特点，也同例（6）一样与主语的相关特征有关。因此，我们将例（7）中"会"的用法归为动力情态中的惯常意义小类，是有形式上的依据的。

　　从上面的例子可以看出形式上的标志可以作为情态语义类型的区分标准之一，研究不同的情态语义应该在情态的形式上找到相应的表现。

　　前文介绍过情态在世界语言中的表现多种多样，其中既有语法化程度高的语法形式标记，如形态语缀、动词屈折变化、助动词、句末小词（或语气词）等，也有语法化程度相对较低的表现形式，如词汇手段等。鉴于形式与意义的关联与对应，我们认为情态的形式表现不同，也会带来意义上不同程度的差别。如"你走！/你走吧！"句末情态词的有无影响情态语义的表达。前一句是零形式的情态表达，主要依赖语调，是命令型的道义情态；后一句语气词"吧"体现出说话人的同意态度，是许可型的道义情态。再如："他可能来。/他有来的可能。"两句都包含认识情态语义，前一句由助动词"可能"表达；后一句由句法格式"有……的可能"体现。语法形式不同，情态语义也有细微差别。前一句说话人作出判断的主观色彩较浓，后一句则倾向于情态的一种客观化表达。因为"有……的可能"格式中"有"表示"存在"，也就是说，说话人认为客观上存在他来的可能性，这样就降低了判断的主观臆测性，从而增加了该判断的可靠性和说服力。

　　由此可见，情态的形式特点对情态语义的表达有重要影响。加之语言中的情态表达成分其本身也是情态形式与情态意义的结合体。因此，本书

---

　　① 当然我们并不否认认识情态句中命题的内容也可以是说话人对某种行动实施可能性的判断，这样的话认识情态词之后的谓语中心词也可以是动词，如："逼急了他，他会跟你拼命。"但这种现象有限制条件，即要作为假设复句中的结果小句，与不受语境影响的单句认识情态句句法表现不同。另外，单句认识情态句谓语中心词为动词时一般是非主谓句，如"（天气预报说，）晚上会下雪"，句子主语是言者主语；而谓语中心词为动词的单句动力情态句"老鼠生来会打洞"，其主语就是句子主语。

从构式语法的角度观察和分析情态表达系统，得出有关情态的形式分类（模仿刘丹青"成分语法"与"构式语法"的区分）：

　　成分情态：由特定的、独立的语法成分表达的情态。
　　构式情态：由凝固的、语义不可分解的结构实体（区别于自由
　　　　　　　的句法结构）表达的情态。

　　蕴含情态义的词语形式其独立表达情态语义的情况不同。单独承载情态意义的客体单位叫作情态成分，由两个或两个以上元素构成某一固定格式来表达情态意义的叫作情态构式。需要指出的是，成分情态与构式情态是情态的形式类型，与情态的意义类型——认识、道义、动力情态是不同层面的分类结果，二者并不矛盾。另外，本书"成分情态"与"构式情态"的划分实际上是为"情态成分"与"情态构式"两个概念服务的。情态的表现形式复杂多样，但并不是一盘散沙，内部有规律可循。我们对情态的表达手段进行考察，分出"情态成分"与"情态构式"两种语法形式，以下几小节分别论述二者在表达情态方面的差异，从而证明这种分类的价值和有效性。

第三节　成分情态的显性特征及多义性特征

一　成分情态的显性特征

　　由单个语言成分表达的成分情态具有突出的显性特征，既体现在形式方面，也体现在表义方面。从形式上看，成分情态的形式载体，也就是情态成分，往往由词、固定用语等基本的语言单位来充当。一成分一词语，情态成分与具体词语相对应。从语义上看，某一词语可以直接表达某种情态语义。

　　在汉语中，词类充当情态成分的情况比较普遍，尤其是助动词，前文对国内外助动词的情态研究介绍得比较多，汉语中其他词类，如语气副词、语气词、助词等，都可以传达某种情态语义。如语气副词是汉语情态成分中使用比例最大的一种语法词类，表示断定、揣测、许可、建议、意愿等几乎所有的情态语义类型，语气副词都能传达。语气副词"肯定""一定"等，本身即可传达说话人对某命题事件的断定性态度，表示认识

情态语义。

　　用在句末的语气词"吧""嘛"及"我给你送过去好了"中的"好了"等都可以直接表示建议类道义情态语义;"有事你招呼我一声<u>就是了</u>"中的"就是了"表许可或建议类的道义情态;"姐姐对这事不怎么关心<u>似的</u>"中的助词"似的"表达的是感觉类的揣测型认识情态;等等。

　　另外,通过词汇意义表达情态的副词、形容词、名词等,它们有独立的形式,也属于情态成分。如名词"可能""可能性",形容词"*possible*"等。Haan(2006:37)列举了英语中包含情态义的副词"*probably,possibly,necessarily、maybe*",但同时指出英语中的情态副词不止这四个。引例如下:

　　(8) John is *probably* at home.

　　(9) John is *supposedly* at home.

　　(10) Maybe John is at home.

　　　　(约翰可能在家)

　　Haan(2006:38)还介绍了俄语中表达情态的形容词 *dolžen* 和副词 *nado*,并举例如下:

　　(11) ja　　*dolžen* idti　v　vokasl

　　　　　I-NOMmust-MASC go-INF to station-ACC

　　　　　"I must go to the station"

　　(12) mne　*nado*　idti　v　vokasl

　　　　　I-DATmust　go-INF to station-ACC

　　　　　"I must go to the station"

　　　　　(我必须去车站)

　　语言中的熟语等固定用语也是作为整体的单一成分来表达情态的,属于本书所谓的"情态成分"。如英语中的附加语(tags)"*I think*",汉语中的插入语"据说""看来",成语"显而易见""可想而知"等。欧洲语言中还有情态小词(modal particles)、情态格(modal cases)[①]等情态

────────────

① 可参见 Haan(2006:39—41)。

表达形式。这些语言成分都以单个的物质实体为载体，形式明确，不需特别辨认。与之相对的情态构式，其形式则需要抽象概括，进行确认。

在形态语言中，词缀（或语缀）充当情态成分的情况比较多见。Palmer（2007）在研究多国语言的情态专著《语气·情态》中介绍了多种语言中表达情态语义的词缀，如泰米尔语（Tamil）表示推测（speculative）型认识情态的动词后缀"–laam"，表示断定型（deductive）认识情态的后缀"–um"；恩亚穆巴语（Ngiyambaa）中表判断的"–aga"和"–i"；因巴布拉语（Imbabura）中表证据型认识情态的后缀"–ma/–mi"及"–chu"等（Palmer，2007：27）。

现代汉语中也有一些词缀或类词缀，如"~定"（赢定、输定、死定、管定），"~是"（别是、敢是、能是、算是、想是），"~不~"（搞不好、弄不好、难不成、说不定）① 等，这些词缀或类词缀与形态语言中本身即带有情态语义的词缀不同，它们源于某包含情态语义的结构组合在语用中的高频使用，经共时语法化后，有的结构体已词化被收入词典，如"敢是""说不定"；有的仍是表达情态语义的短语组合，如"赢定""弄不好"；有的则凝固性更强，被一部分词典收入，② 如"说不准""难不成"等。但从形式上说，这些词缀或类词缀本身并不带有情态语义，只是一个结构式中的常项部分，在使用时必须添加变项部分，才能整体上表达情态语义。可以观察以下相关用例：

(13) 老实说，你们确实侵权了，到哪个法庭你也不会胜诉，这官司我们是赢定了！（王朔《懵然无知》）

= 肯定……→断定型认识情态

(14) 你的事我管定了，谁叫我碰上了呢。（王朔《刘慧芳》）

= 一定要……→决意类动力情态

(15) 你们听听，我这能是在谈恋爱吗？　（石言《漆黑的羽毛》）

= 可能；会是……→揣测型认识情态

---

① 注意此处中缀性质的"~不~"与可能补语的标志助词"~得/不~"不同。虽然两者都包含情态义，但前者是构词成分，后者构成一个能产性的语法格式。因此，本文将前者处理为情态成分，后者处理为情态构式。

② 意思是暂时不是所有的词典都收录为词，但已经基本上成词了。

（16）葵姬哭得甚为厉害，公子料想她定是不忍离别双亲，今又疑惑是与丈夫永诀才伤心致此。（CCL 语料库当代翻译作品《源氏物语》）

　　　＝肯定是……→断定型认识情态

（17）扣在执法站的大货车上拉的是鱼，虽然现在天气还冷，但也立春了，明天太阳出来一晒，弄不好就臭。（王海鸽《新结婚时代》）

　　　＝很有可能（坏事）……→揣测型认识情态

　　传统的构式语法的观点认为，构式是由几个部分组成的语言表达式，它是大于一个词的语言单位（Fried，2005）。汉语中的这些词缀及类词缀在还有一定能产性的情况下，其所在的结构式我们仍视为情态构式，已经词化的成员我们看作情态成分。

　　成分情态表义直接、明确，从外在形式即可获知其蕴含的情态语义。如情态成分——认识情态副词"可能"本身就暗示说话人所进行的推测判断；插入语"按理说"直接表明说话人以情理为依据进行的判断，是旁证类认识情态成分。成分情态明确的表义特征与构式情态截然不同，情态构式表达的语义就不能直接从字面上得出。如构式"X 不到哪儿去"，如果按照其内部构成成分的意义进行复合，则是有关处所的说明，但实际上该构式的整体义是对某性质的负面判断：他写的东西好不到哪儿去＝他写的东西不会好。

　　情态成分形式单一，无可分解，意义表现直接明确，基本上等同于词库中的词项，属于词典收录的对象。

二　情态成分表义功能的典型性

　　情态是个原型范畴，不仅情态的各语义类型之间有典型性程度的差别，而且情态词的不同情态义项也有核心与非核心之分（参见本书第二章第三节第二小节）。从表达形式的角度看，同一种情态语义也可以由多种情态成分来表达，就汉语来说，认识情态语义可以由动词、助动词、副词、插入语、熟语等多种情态成分来表达，例如：

（18）他估计不来了。　　　动词

（19）他应该不来了。　　　助动词

（20）他<u>肯定</u>不来了。　　副词

（21）他<u>明显</u>不来了。　　形容词

（22）他不来了<u>吧</u>?　　　语气词

（23）他不来是<u>必然</u>的。　名词

（24）<u>据说</u>他不来了。　　插入语

（25）<u>显而易见</u>他不来了。熟语

　　汉语的情态语义与情态表达形式之间是多对多的关系，但这并不意味着情态的形义配合杂乱无章，而是有规律可循。主要表现就是不同情态成分表达情态次范畴语义的能力是有高低之分的。就具体的情态成分而言，如"能、要"等助动词，其核心情态语义与句子主语的能力、意愿等个体特征密切相关，因此虽然也能表达认识情态语义，但这方面的能力就不如"肯定、可能"等典型认识情态词。"要、能"表示认识情态都需要一定的句法环境，如"要"多用于比较句，说话人在对比的基础上作出估计与评判（吕叔湘，1980/1999：593；彭利贞，2007：140）；"能"则多用于反问句中（郭昭军，2003：8），通过怀疑的反问语气表达对命题否定性的推测。"肯定"等典型认识情态成分一般没有句法条件的限制，只要能出现的地方都是表达认识情态语义。比较以下两组例句：

（26）进口的<u>要</u>好一些。

　　　进口的<u>肯定</u>好一些。

（27）这种人的手脚<u>能</u>干净吗?

　　　这种人的手脚<u>肯定</u>干净吗?

　　但反过来，"肯定"出现的一般句法环境，"要、能"等非典型认识情态成分不一定适用，或者有其他情态语义解读。如：

（28）他<u>肯定</u>来。　唯一认识情态

　　　他<u>能</u>来。　　道义情态、动力或认识情态

　　　他<u>要</u>来。　　唯一动力情态

　　以上例证说明情态成分的多义性是个普遍现象，但其多个情态语义的分

布不是均衡的，有的是核心语义，有的是边缘语义。从情态语义的角度看，它的表现形式也有典型性的高低。学者们还利用数据统计的方法证明不同情态成分表达的情态语义在使用频率上和典型性程度上的差别。如鲁晓琨（2004：151）、郭昭军（2003：16）对"能"所表达的不同情态意义进行的频率统计，郭昭军（2003：26/29）"要"的使用频率统计等。虽然统计所得的精确数字不尽相同，但呈现出大概一致的结果，就是"能"和"要"表达的认识情态义比率较低，属于认识情态语义原型性较低的形式手段。

第四节　构式情态的隐含性特征及凝固性特征

一　构式情态的鉴定标准

构式情态是由情态构式所表达的情态，要了解构式情态的表达特点及功能，需从情态构式入手，因为情态构式在表达各种情态语义时与情态成分有一些不同之处。①

第四章第二节第二小节谈到了构式的概念及界定，本书的构式范围与国外流行的宽泛构式不同，再加上表达情态的构式又有语义上的限制因素，因此，有必要先对情态构式与非构式以及非情态构式作一区分，然后在此基础上进一步考察情态构式表达情态的一系列特点。

我们从以下几个方面来鉴别情态构式的身份。

1. 标志性

刘丹青（2009）曾经指出构式须包含由某些虚词或实词充当的常项以及多由实词充当的变项，也就是说，在形式上，构式都有一定的标记性元素，以形成一个固定框架。这个固定框架有自身独特的语义内涵，无论什么样的词语进入这个框架当中，该框架的整体结构义不变。这个框架就是构式。可以说，标记性成分是一个构式的物质载体，没有此形式就谈不上构式及其所谓的整体结构意义。在西方构式语法中，能产性构式（如主谓构式）与标记性构式（marked constructions）都是被承认的，但本书认为主谓、偏正、述宾、述补等基本结构类型找不出固定的形式标志，因此只将带有特殊标记的结构型式作为情态构式的成员。

---

①　但无论是情态成分还是情态构式，它们都可以表达认识、道义、动力三种情态语义类型。不同的只是它们由于形式表现的不同而带来的表达方式和功能特点的不同。

情态构式的形式要素可以是情态成分，如例（29）；也可以是普通词语，如例（30）：

　　（29）**能……就……**：我们能早去就早去。（道义情态）
　　（30）**X 不到哪儿去**：他写的东西好不到哪儿去。（认识情态）

2. 整体性

构式有独立的意义，越是典型的构式，构式义的整体性越强，其成分义对结构义的作用和影响越不明显。情态构式属于原型性比较高的构式，构式义往往难以分解，不能由成分意义简单相加而得出。如"爱……不……"（爱去不去/爱吃不吃），该构式表示说话人"听凭、任凭"某人做某事或不做某事，属于一种"充分、过度"的"许可"，包含道义情态语义。但这一构式义与其内部成分"爱"的意义并没有直接联系，"爱"表示积极的意愿、喜好，"不"表示否定，构式义是对这两种成分义重新进行分析和整合的结果。

非情态构式的情况比较复杂，有意义稍嫌松散的普通构式，也有意义高度凝结抽象的典型构式。前者如"有的……有的……""边……边……"，后者如"要多 X 有多 X""东……西……"等。可参看例句：

　　（31）有的人欢喜，有的人忧愁。
　　（32）他边洗衣服，边听音乐。
　　（33）那个地方要多热有多热，我才不去呢！（《汉语口语常用格式例释》）
　　（34）他一讲话总是东一句西一句，半天说不到点子上。

例（31）构式"有的……有的……"表示几种情况同时存在，有列举的意思。其中构成成分"有的"指人或事物的一部分，构式义与成分义虽不尽相同，但联系密切。例（32）中的构式"边……边……"，表示行为主体同时进行的两个动作，比较容易被认为是两个成分"边"的叠用。① 例

---

① 《现代汉语词典》中副词"边"的最后一个义项即是叠用为构式"边……边……"，表动作的同时进行。实际上，我们认为这个意义是构式整体带来的，而不是副词"边"单独具有的。"边"的其他义项均与此构式义无关，因此"边……边……"也算是一个整合度比较高的构式，只是已被习用不察了。

（33）"要多 X 有多 X"构式是"能想到什么程度就是什么程度"的一个简缩形式，成分助动词"要"与副词"多"的本义基本保留，构式义强调"非常 X"，含有夸张的成分。例（34）中的构式是"东……西……"表示泛指，比喻行动没有目的或重点，随意性比较强。这一构式义与其中成分"东、西"的表示方位的本义已相去甚远。这些构式意义与说话人的判断或命题的可能性特征无关，只是对现实性事件状态的反映，是非情态构式。

3. 主观性

情态表达说话人的观点和态度，是语言主观性的一个方面。但反过来，表现语言主观性的不一定都是情态。比如汉语中有很多构式都带有说话人的主观感情色彩，但与情态无关。如"NP 也就一 X""什么……不……的"等，例句如下：

（35）他也就一土老帽。（刘丹青用例）

（36）什么科长不科长的，揍！（老舍《四世同堂》）

"NP 也就一 X"表示说话人对句子主语"他"的一种贬抑性的评价；"什么……不……的"表示说话人不以为然的轻视态度。这两个构式的主观色彩都很浓，虽与说话人直接相关，但不是对命题可能性的判断，如例（35）不是说话人对他是不是土老帽的猜测，例（36）也不是对谁是科长的判定，只是表达说话人的某种主观感情，因此都不是情态构式。

情态构式不仅带有主观性，而且也关涉命题为真或成真的可能性。如"不……才怪"：

（37）这里的人大家都熟悉，父亲……去了省城，人生地不熟，不出事才怪呢。（麦家《暗算》）

"不……才怪"传达出说话人针对某事非常确定的态度，说话人认为命题"出事"发生的可能性非常大。可见，"不……才怪"同时具备说话人的态度与命题的可能性这两个情态判定的条件，是一个情态构式。

4. 非现实性

情态句中的命题存在着为真或成真的可能性，这意味着命题具有非现实性。因此，若一个构式反映的是已发生或正在发生的现实事件，则不属于情态构式。如"左……右……"构式：

（38）妈妈左哄右骗，才让儿子上床睡觉。

（39）他家里不知道出什么事了，左一个电话，右一个电话，催他回去。

"左……右……"构式表示同类行为的多次重复，是对已然事件的描述。该构式带有一定的主观大量——说话人认为重复行为的次数多，是说话人主观态度的反映。但说话人所评判的对象是现实性的事件，而不是非现实的具有发生的可能性的事件，因此该构式是现实性的非情态构式。

再看一组由复句格式紧缩而来的构式"因……而……""要 X 早 X 了"：

（40）他们因旅游而结识。

（41）都这么晚了，要来早来了，别等了。

"因……而……"表示由于某种原因引起的某种情况或结果，结果已然出现；"要 X 早 X 了"通过对 X 在过去发生的可能性的假设，判定其在现实情况下不可能发生，在例（41）中即表达说话人认为某人"不可能来"。此构式中命题"X"是非现实的、不能确定其具有发生可能性的事件，因此，"要 X 早 X 了"属于认识情态构式，而例（40）中的"因……而……"则是现实性的非情态构式。

二　构式情态的凝固性与规约性

第四章第四节第一小节已经谈到情态构式具有难以分解的整体语义，不能由其组成成分的词汇义及成分间的语法结构义所推知，构式义是抽离出来的独立于成分义之外的整合意义。构式往往表达一个复合事象，因此其语义包容量比较大，凝固性也比较高。我们以实例来说明：

（42）这里就数我年纪大，我不去谁去？（《汉语口语常用格式

例释》)

（43）我们谁也比不了你，你<u>不</u>先进<u>谁</u>先进？（《汉语口语常用格式例释》）

上两例表示说话人认为只有某人够做某事的资格，从而可以判定是某人将要承担某事。如例（42）意为"我的年纪大，所以肯定我去"，例（43）意为"你比我们都好，肯定是你当先进"。构式"N 不 V 谁 V"是一个反问形式，其整体构式义不能从常项"不""谁"推知，是经过认知语用推理得出的，具有较高的凝固性。该构式表示说话人对命题事件发生的相关可能性具有较大的把握，属于断定型认识情态语义。

情态构式的整体义在长期的使用中凝固而来，因此也具有习语化或规约化的特征。如上文提到的"爱……不……"（爱去不去/爱吃不吃）构式，其听凭某人做某事的不满或不关心态度已经内化其中，是一种规约性的口语表达。

三 情态构式的多义解读

构式语法认为构式是一个形式和语义的配对（a pairing of form and meaning），并以此来解释英语简单句的题元结构（Goldberg，2007）。比如说：

双宾（Double object）构式，*Pat faxed Bill the letter.*（帕特传真给了比尔那封信）

意义：X 使得 Y 接受 Z；形式：主—谓—宾—宾（S. V. Obj. Obj）

不及物（Intransitive）构式，*the fly buzzed into the room.*（苍蝇嗡嗡地飞进房间。）

意义：X 移向 Y；形式：主—谓—边格（S. V. Obl.）①

两种论元构式形式与意义是一一对应的，构式不同，构式义就不同，Goldberg（2007：3）还将其总结为"语法形式无同一"原则。我们赞同这一观点，但问题是语法形式同一的话，语法意义是否就固定同一呢？对于构式的多义性，Goldberg 构式语法模式的解释是能进入某一构式的动词语义类别的不同所带来的相异又相关的语义。仍以双宾构式为例，该构式

---

① 转引自董艳萍、梁君英（2002）。

的典型语义是"施事有意地将受事成功地传递给接收者"，有三类动词可以进入此构式，第一类是"给予"义动词，如"*give*、*pass*"等；第二类是"瞬间抛扔"类动词，如"*throw*、*toss*"等；第三类是"带方向性、具有连续使动"含义的动词，如"*bring*、*take*"等。① 不同语义类的动词给构式的中心语义带来不同的延伸意义，从而造成该构式具体实现时的细微语义差别，但构式的典型意义在任何时候都是不会退去的。也可以说，Goldberg 的构式语法研究的主要是形到义的单向匹配关系。

本书情态构式的多义性与 Goldberg 的理解不同，我们承认构式中词汇意义的差别对句子意义有一定的影响，但这不足以造成构式整体义的变化，而我们认为的"多义"是产生了不同于某构式原有意义的新的构式义。根据构式语法对构式的定义，从语素到句子的各级语法单位都是构式，而语素、词等语法成分的多义性是普遍共识，因此我们对构式"多义性"的理解和认定也是可行的。

就汉语的情态构式而言，大多是"一形一义"的情况。不过有些情态构式在不同的语境中可以得到两种或两种以上不同的情态语义解读。如"可……可……"构式，既可以表示"值得做某事"的动力情态，如例（44）和例（45），又可以表示"被认定为……都可以"的道义情态，如例（46）和例（47）。

（44）幺富江的献身精神，可敬可佩。（《报刊精选》1994 年第 10 期）

（45）添了这么个大胖小子，实在是可喜可贺呀。

（46）你老公这种错可大可小，关键在于你能否接受。

（47）对过去的错误，处理可宽可严的，可以从宽；对今后发生的问题，要严些。（《邓小平文选》第 2 卷）

表示动力情态"值得"义的"可……可……"构式在长期高频使用的条件下，形成了一些固定词语，如"可圈可点""可歌可泣"等。

再如"非……不可"构式，可以有三种情态语义解读。如下：

---

① 此处参考了田朝霞（2007）。

（48）他是个人才，我就<u>非</u>用<u>不可</u>。（《报刊精选》1994 年第 12 期）

（49）弟弟不听，<u>非</u>打开看看<u>不可</u>。

（50）修了路政策一变就全完蛋了，钱<u>非</u>白扔在山里头<u>不可</u>。（《报刊精选》1994 年第 12 期）

（51）照这样下去，我这点手艺<u>非</u>绝了根儿<u>不可</u>。（老舍《四世同堂》）

（52）农民不堪重负，这个问题<u>非</u>解决<u>不可</u>了。（陈桂棣、春桃《中国农民调查》）

（53）语言这东西，不是随便可以学好的，<u>非</u>下苦功<u>不可</u>。

例（48）和例（49）表示句子主语的做某事的强烈意志，"一定要用""一定要打开"，属于意愿型动力情态；例（50）和例（51）表示说话人对事件发展的判断，"钱一定会白扔""我的手艺一定会绝根儿"，属于断定型认识情态；例（52）和例（53）表示说话人或某种情势、情理要求采取某种行动。如例（52）是"农民不堪重负"的形势迫使"一定要解决这个问题"，例（53）是说话人认为或一般情理上应该"下苦功"。这两例属于要求义务型道义情态。"非……不可"构式的多义解读与句子主语的性质及不同人称有关，当主语为有生名词时，可以充当命题行为的施事者，并具备做某事的强烈意志，从而使命题行为的发生成为可能。这种情况一般表达意愿型动力情态语义。如果主语为非有生名词，句子的言者主语就可以表达对句子主语的各种主观判定及针对句子主语的道义要求等，前者往往表现为认识情态，后者则多为道义情态表达。

四　情态构式的句法特点

情态是对命题可能性状况的判定和说明，在句法形式上，典型的情态成分往往能够处于一个命题之上，充当"高一级的谓语"。如助动词的句法功能就是限制谓语核心，做句子的状语成分，[①] 使其后的谓语部分成为非现实的有发生可能性的事件或状态。如：

---

① 关于汉语助动词的句法性质有多家观点，如谓语（朱德熙，1982；马庆株，1992）、状语（黎锦熙，1924/1992；王力，1943；张静，1987）；高一级谓语/前谓语（吕叔湘，1979）；提升动词（曹逢甫，1996）。本书认同状语说。

（54）他<u>可能</u>明天来。=<u>可能</u>他明天来。

（55）他<u>看起来</u>很不高兴。=<u>看起来</u>他很不高兴。

　　情态构式不仅意义上是高度凝结的，而且形式上常常跨越了整个谓语部分，也可以说，构式所挟持的结构单位多充当句子的谓语，表达说话人对命题抱持某种观点和态度的整体语义。如：

（56）<u>该</u>吃饭<u>了</u>。　　（道义情态构式）

→（56）'现在<u>应该</u>吃饭。　　（道义情态成分）

（57）妹妹<u>哪儿</u>热闹就往<u>哪儿</u>跑。　　（动力情态构式）

→（57）'妹妹<u>爱去</u>热闹的地方。　　（动力情态成分）

　　例（56）中构式"该……了"所在的结构单位就是整个非主谓句本身，该构式可以转换为例（56）'情态成分与谓语中心的组合，二者是同义表达，但构式意义更为凝练，囊括了命题内容，且形式上跨越了整个谓语。例（57）的语义句法功能与例（56）类似，构式"哪儿……哪儿……"充当句子的谓语，并可作例（57）'的转换，表达惯常型动力情态语义。

　　构式语义凝结，多表达复合事象，因此在形式上可以表现为言简意赅的口语格式，如：

（58）"小媳妇"敢在"婆婆"头上动土，日后的"小鞋"就<u>有得穿了</u>。（《人民日报》1993 年 7 月 20 日）

（59）他考虑了一会儿回答我："你<u>还是</u>先不去<u>的好</u>。没有组织介绍，又有一个吃奶的婴儿，路上很难走的。"（杨沫《我一生中的三个爱人》）

　　例（58）包含一个口语格式"有得 X 了"，表达说话人在语境条件下对"X"所代表的动作极大量的一个判断。就句意来说，说话人认为"小媳妇"敢招惹"婆婆"，那么肯定将来会遭到婆婆很多的刁难。从情态的角度看，"有得 X 了"属于断定型的认识情态构式。例（59）"还是……的好"格式则表达了说话人的建议，属于劝谏型道义情态构式。

情态构式还可以是紧缩复句的格式，紧缩复句是复合命题的凝缩，意义上虽基于两个命题，但形式上在一个单句之内，属于构式的范畴。如例（60）"非……才……"紧缩复句格式，表示"一定要做某事"的意思，属于指令型道义情态构式。

（60）现在农村唱大台子戏，非京剧才能镇住场。（《报刊精选》1994 年第 4 期）

有时有些由紧缩复句演变来的格式在句子中充当主语或定语，如：

（61）那个穷学生为自己辩解说："这是艺术懂不懂，画得像谁不会，但那是画匠，似像非像才是艺术呀!"（卞庆奎《中国北漂艺人生存实录》）

（62）只会做几句似通不通的文句的蓝东阳，向来没见过这么有气派的妇人。（老舍《四世同堂》）

例（61）和例（62）中的"似……非……""似……不……"构式虽然包含情态语义，但其主语或定语身份不是对句子主要命题所进行的可能性判定，句子的主要语义功能是陈述事实"……是艺术""蓝东阳没见过这么有气派的妇人"，而不是推测判断或命令许可。因此，这时构式的情态功能不能得到发挥。换句话说，情态构式充当句子主语或其他修饰性成分时，整个句子并不一定表达情态。

有一类表证据义的情态构式，如"据……说""在……看来"等，可以在句中充当插入语，如：

（63）据目睹者说，爆炸时空中升起一个比太阳还要亮的火球。（《中国儿童百科全书》）

（64）作为国内最具权威的"皇家电视台"，能进入央视，在很多人看来无疑象征着一种风光和荣耀。（卞庆奎《中国北漂艺人生存实录》）

第五节　构式情态与成分情态的关系

一　是构式表达的情态还是成分表达的情态

以往的情态研究多关注成分表达的情态，如助动词、副词、语气词等表达各种情态语义的区别与联系，研究成果也非常多。我们在研究中引进构式的概念后，发现以往有些研究中关于情态语义的来源存在一些误识。我们以常用的多义助动词"要"为例：

（65）他要回家。

（66）天要下雨，娘要改嫁。

（67）天要下雨了。

"要"的典型情态义是表示句子主语的意志意愿，如例（65）表示"他"有"回家"的主观愿望，并且使得"回家"这个行动实施的可能性比较高。例（66）中的"要"也表意愿，是将其主语"天"拟人化的结果。例（67）中"要"的用法在许多文献中都被认为是表示推测断定的认识情态义，如郭昭军（2003：21）认为"说话人主观推测句子所表示的事件或状态在将来的某个时间发生或实现"；鲁晓琨认为（2004：176—177）"说话人根据征象推测某种情况趋近出现"；彭利贞认为（2007：140）"主要表达对事件在将来时间实现的必然性的推断"。但观察例（66）和例（67），例（66）的前一小句与例（67）的差别之处在于"了"的有无，无"了"的例（66）与例（65）都表意愿义，而句末有"了"的例（67），句子表示推测的认识义，这就不禁让我们怀疑，例（67）句的"推测认识义"到底是情态成分"要"单独传达的，还是由"要……了"构式带来的？

我们再看两个例句：

（68）这种天要下雨。

（69）这位李凌要比你头脑开放。

例（68）的语义与例（67）基本相同，也是表达说话人对"下雨"

事件的推测，但例（68）的主语是有定的，因此句子还蕴含另一种言外之意，即与其他天气相比，"这种天气"很可能"下雨"。在这种比较的语境当中，情态成分"要"才表达推测、断定的认识情态语义。例（69）是类似的情形，说话人很明显在对"李凌"与"你"作比较，并断定"李凌比你头脑开放"，这种认识情态义是由情态成分"要"表示出来的。

至此，我们可以得出结论：情态成分"要"能够表达认识情态，但有比较语境的条件限制；当涉及所谓将来事件的判断时，认识情态语义并不是由"要"独立承担，而是由情态构式"要……了"所负载的。

陆俭明、马真曾多次指出不能将句式的语法意义误归到句中某个虚词头上，也不能将复句所表示的语法关系归到复句中的某个具有连接作用的副词身上。在情态表达形式的研究中，也应该注意情态意义的落实究竟是成分还是构式，情态成分与情态构式在形式及意义上有何关联，二者的情态表达功能存在什么样的差别，等等，以下两小节主要讨论这些问题。

二　情态构式的成分构成

情态构式形式上有明确的标记性成分，这些成分有机组合、相互依存，都不能脱离构式整体而存在。反过来说，构式义虽不是其构成成分义的简单相加，但与成分义也有着历时或共时的联系。因此，对情态构式的成分构成情况进行分析，有利于清楚地把握情态构式的语义内涵、语义生成机制及表达功能。

情态构式的构成成分往往是各种词类，可以是直接组合，如"X一点儿"（"大方一点儿！"）构式，常项义已发生虚化引申，整体表达建议类的道义情态语义；"X不到哪儿去"形式上是一个单句，整体的构式义是对某人事物"不X"的断定。构成情态构式的词类成分更多的是间接组合，如固定格式（"似……非……"）、紧缩复句情态构式（"非……才……"）等。

情态构式整体上都表达情态语义，但其个体要素不一定是包含情态义的情态成分。如"不……才怪"认识情态构式，其构成成分是否定词"不"与偏正短语"才怪"，它们本身并不带有情态语义，只是组合在一起发生逻辑关系以后就生成了情态语义。

也有较多情态构式中包含情态成分，成分所包含的情态义对构式的整体情态义有一定的影响。如"能X就X"（"你们能开口就开口"）构式，其中的"能"是包含动力意义的情态成分，而整个构式表达"尽量X"的道义情态义。再如"爱X不X的"（"我问了他好几次，他却爱说不说的，没有个爽快劲儿。"）构式中的"爱"是意愿情态成分，与整个构式的情态语义类型一致，但构式义却是否定的"不爱、不愿意"做某事。由这两例可以看出，情态构式与其内的情态成分可能表义一致，也可能不一致，下面两小节进行分别论述。

三　构式与其内成分表义一致

有的情态构式内部包含情态成分，而且构式情态义与其中成分情态义基本一致，如：

（70）该休息就休息。
（70）'应该休息。
（71）连老师都不知道，更不用说学生了。
（71）'不用说学生也不知道。

例（70）中情态构式"该……就……"包含情态成分"该"，例（70）的构式义与例（70）'中由情态成分"应该"表达的情态义基本一致，都是"应该做某事"。例（71）使用情态构式"……，更不用说……了"，与例（71）'中使用情态成分"不用说"，两句表达的主要意思也基本相同，都是推断"学生不知道"。由此可见，情态构式中的情态成分对构式义的生成具有重要的提示作用，但构式的整体义有更大的包容性和凝固性。如例（70）'情态成分"应该"只是对简单命题道义可能性的判断；而例（70）中的构式则承接了两个命题，一个是情理要求"应该休息"，另一个是相应的行动"休息"，构式义自然也是基于复合命题的整体意义。从这个意义上来讲，严格地说，例（70）中的构式义与例（70）'的成分义并不完全一致。例（71）与例（71）'的情况也是如此。例（71）中使用构式比例（71）'更明确了作出判断的依据——"连……都"蕴含一个"了解某事或知道某问题"的可能性等级序列，"学生"处于这个序列的较低级，"老师"处于较高级。在"老师"不知道的前提下可以推知"学生"也不知道。因此，包含情态成分的情态构式比单纯的情态成分能提供更多的背景信息、判断依据、道义源等相关语义内容。

四　构式与其内成分表义不一

也有构式情态义与其中成分情态义不一致的情况，观察下面两例：

(72) 你们想回就回。

(73) 我的驴，你的屁股，爱骑不骑，怎么能诬赖人家红胡子。

例（72）中"想 X 就 X"构式在主语为第二人称的情况下，表达许可义的道义情态——说话人允许听话人回去。该构式构成成分之一的情态成分词"想"并没有表示许可的道义情态义。例（73）中"爱 X 不 X"表许可型道义情态，对命题发生的外部要求是"随便选择做或不做都可以"。"爱 X 不 X"构式中包括一个情态成分"爱"，但"爱"的情态义是句子主语的惯常喜好，与说话人的许可无关。虽然表面上看，情态构式与其内情态成分表义不一，但若将构式义分解开来，我们发现成分义是事件发生或情理发展因果链上的重要结点。如例（72）中"想 X 就 X"构式蕴含这样一个语义链：

意志意愿（提出有关"回去"的假设）→条件充分（你们具有"回去"的意愿）→满足要求，许可意愿（想……就……）

例（73）中"爱 X 不 X"构式义的生成途径为：

积极意愿（爱/想骑）—消极意愿（不想/不愿骑）→何种选择皆可（"爱……不……"）

由此可见，构式义虽独立于成分义，却不能脱离成分义凭空产生。按照语用法的语法化的观点，构式多由普通短语结构演化而来，结构的句法性质和语义内容由其构成成分的相关特征推导而来。当在特定语境中经过语用推理、重新分析产生新的语用法之后，新用法的高频使用使得结构内部各成分的功能出现变化，从而逐渐孕育并发展出新的构式义。虽然 Goldberg 等人的构式语法强调构式的整体语义，但 Kay & Fillmore（1999）

的构式语法模式更重视从部分到整体的研究。后者认为构式的语义是由若干个事件框架组成的，不同的事件框架由共享的语义角色联结，通过动词语义的分解及框架间的相互作用获得整体的构式语义。流行的构式语法理论研究较多、得到成功运用的方面主要是以动词及其论元结构为核心的特殊句型句式，本书关注较多的是以逻辑事理关系为基础的情态构式，但构式义的生成机制是异曲同工的。

除了构式中显性的标记性成分，也就是形式中的常项部分之外，构式中可嵌入的变项部分也会受到整体构式义的影响，可进入构式的词语在意义上是构式的一个实例（instance），被赋予该构式共有的语义功能。从另一个角度讲，构式义对进入该构式的变项词语有一种选择和压制（coercion）。词汇义与构式义关系一致时，句子语义合格；若两种意义冲突，要么该词语不能进入构式，要么词汇义被"改造"，获得进入构式的条件（李勇忠，2004；2005）。比如"要……有……"（要才有才，要貌有貌）其构式义说明主语充分具备某能力条件，所涉及的能力都是为人所期待与向往拥有的，因此构式义对不符合此意志要求的人的其他内在固有特征，如毛病、脾气（特指不好的脾气）等，都限制进入该构式。如：

　　*这个人要毛病有毛病，要脾气有脾气。

例（73）"爱……不……"抽象的构式义是说话人对某人做某事的不加管束、不屑关心的态度，满足该构式义要求的表示某人发出某动作的动词必须是可控的自主动词，说话人许可实施此动作行为。而非自主动词不是某人想做、能做的动作，无法控制，自然也不需要得到做此事的许可。如：

　　*你爱病不病，爱忘不忘。①

朱林清（1987：73；192—196）曾经指出："格式犹如一个'框架'，

---

① 当表示说话人对"生病/不生病""忘事/不忘事"的客观事实的不屑关心的态度时，这种说法也可成立。

由两部分构成：一部分可变，另一部分不变；不变部分集中反映格式的结构特点和语法意义，可变部分虽可变化，但要受到不变部分的影响和制约。"我们认为是有道理的。

第六节　同义情态成分与情态构式的功能差别

一　构式与成分的同现情况

关于人类语言中的情态同现，文献中已有涉及。如 Lyons（1977）曾区分情态合谐（modality harmonic）与情态不合谐（modality non - harmonic）的情况，前者是类别相同、程度相同的情态的组合，后者则由于意义上的冲突，如 "*certainly*" 和 "*may*" 则不能组合，因为说话人对自己所作的推测不能既确定又不确定。汉语研究者对现代汉语情态动词的同现现象给予了较多的关注，并得出一条认同度比较高、解释力也比较强的同现规则，即 "认识情态>道义情态>动力情态"（Guo，1994；宋永圭，2004；彭利贞，2007；徐晶凝，2008）。这一规则主要适用于不同语义类型情态之间的连用，至于同一类型情态的连用，研究结论多是 "语义融合、强化" "语义加合"（harmonic combination）的功能。如徐晶凝（2008：301）认为连用的认识情态副词各自保留自己的意义，位置靠前的揣测类情态副词将与其连用的位置靠后的其他认识情态副词置于自己的辖域中，可以在一定程度上弱化自己的推断承诺。如：

（74）只见薛乾尚微笑点头说："大概势必要离开了。"
（75）恐怕未必一下子就能挣上几千几万吧?①

我们认为徐文所说的情况实际上是前一情态成分对包含后一情态成分在内的命题的二次判断。

汉语情态成分的连用现象已进行了较多的分析和考察，但关于情态的另一种表达手段——情态构式与其他情态成分或构式的共现情况，也值得讨论。

---

① 这两例为徐晶凝用例。

我们认为，既然情态构式是情态语义的特殊的表现形式，那么"双重情态"（即情态的组合）及情态语义的所谓"合谐""不合谐"等组合限制也应该在情态构式的语义表达中有所体现。我们经过考察发现，情态构式也存在与其他情态成分的同现现象，但表现出的规律却与情态成分的同现有所不同。

首先，在使用构式这种表达手段的情态句中，一般只能出现一个构式，不能有两个以上构式同现。这是因为构式在形式上可以辖制整个命题，一个单句结构已经饱和。另外从意义上说，源于抽象凝结的构式义自身的包容量比较大，两个以上相互独立的构式义的组合往往造成意义的杂糅；从认知上说，人的认知机制可以对若干认知框架进行一次性整合，而不能同时进行二次整合。例如：

　　* （76）还是吃中国菜的好，吃吃中国菜看。

例（76）"还是……的好""VV 看"两个构式都是表建议类的道义情态语义，同一个建议"吃中国菜"通过一种方式来表达即可。另外，两个构式还存在其他语义差别。"还是……的好"预设已经过与某事物的对比，"VV 看"则蕴含强烈的尝试义，两个语义有别的构式放在一起势必造成矛盾。

其次，情态构式可以与同类情态成分同现，包括连续连用和断续连用两种情况。[①] 如：

　　（77）这玩意儿**肯定**好不到哪儿去。
　　（78）有什么困难你**尽量**克服一下，能不找人帮忙就不找人帮忙。
　　（79）这可是个大好时机呀，该出手时就出手**吧**哥们儿，晚了恐怕就被别人抢去了。（卞庆奎《中国北漂艺人生存实录》）

例（77）中连续连用的情态成分与情态构式是"肯定"和"X 不到哪儿去"，二者都表断定型认识情态，连用之后出现双重判定语义。情态

---

① "连续连用""断续连用"参见齐沪扬（1995；2003）。

构式"X不到哪儿去"成为情态成分"肯定"的断定对象，而情态构式"X不到哪儿去"又对命题内容X进行否定性的推断。例（78）中表建议类道义情态的情态成分"尽量"与情态构式"能X就X"断续连用，从两个方面表达建议——"你依靠自己做某事"。例（79）中情态构式"该X就X"与情态成分"吧"连续连用，说话人通过指明义务及委婉表达方式来显示自己建议的合理性，从而达到使听话人遵从自己的建议实施行动的目的。

情态成分以个体词语为载体，句法上可依附于句子谓核之上，因此可与情态构式连用。如例（77）中情态成分"肯定"充当句子状语，位于构式所辖制的谓核结构之前。例（79）中情态成分语气词"吧"附于句末，再次强调说话人的建议，并传达说话人委婉的规劝。例（78）中断续连用的情况，情态成分"尽量"与情态构式"能X不X"分别出现在前后小句中，句法上更无所限制，语义上前后照应，功能上叠加强化。

情态构式与情态成分连用时，还有一个特别的地方，就是情态成分可以出现在情态构式内部，形成一种包孕连用的现象。如：

（80）那些都是小老百姓，<u>能</u>不计较<u>就</u>**尽量**少跟他们计较点。（六六《蜗居》）

（81）白庙镇党委书记韩春生走过来说："<u>该</u>按的<u>就</u>**要**按，保证没你的事！"（陈桂棣、春桃《中国农民调查》）

例（80）中构式"能X就X"表达"尽量采取某种行为方式"的建议类的道义情态，该构式的后半部分中情态成分"尽量"一词的出现使整句情态意义的表达更为显化。情态成分"尽量"包孕在同义的情态构式"能X就X"之中，体现了情态的合谐强化。例（81）情况类似，不赘述。

总之，情态构式与情态成分的连用除了上文的连续连用和断续连用之外，还有一种包孕连用的情况，可视作情态构式连用的一个鲜明特点。

二　不同情态表达方式语用功能的不同

不同形式的同义表达是世界语言的普遍现象。我们已经知道情态语义有多种多样的表达方式，不同的表达手段可以表示同一类情态语义。从本书成分与构式的区分角度看，不同的情态成分和情态构式可以表达相同的情态语义。如"非出人命不可"与"肯定（会）出人命"，两种表达都包含断定的认识情态语义，表示说话人认为"出人命"事件发生的必然性，同一种语义分别由情态构式"非……不可"及情态成分"肯定（会）"来表达。功能语法有一个基本观点，就是一种形式有一种意义，一种意义有一种形式，或者称为"语法形式无同义"原则（Bolinger，1968；Goldberg，2007；张伯江，2005）。在 Goldberg（2007：65）的构式语法理论中，此原则派生为"两个构式在句法上不同，那么它们在语义上或语用上也必定不同"。Goldberg 还谈到"表达能力最大化"原则，意思是为了达到不同的交际目的，允许同义构式的数量最大化。根据这两个原则，我们可以推知，情态构式与情态成分作为情态的不同表现形式，即便表达的语义基本相同，它们在认知、功能方面也会存在差异。

前文第四章第三节第一小节谈到情态成分表义的显性特征，情态成分作为一个单一的物质实体，其形式与所表达的说话人各种态度的情态语义直接相对应。情态构式从结构表征上看类似于格式塔完型（Gestalt），人们在使用时需要对其进行整体认知。语言使用者在对情态表现形式的选用中起主导作用的首先是主观视点的不同。

语言是交际的工具和产物。语言不仅仅客观地表达命题，还可以表达说话人的情感、想法和态度。另外，语言使用者在交际过程中还会根据交际对象及交际环境的不同调整自己的说话方式，以求达到最佳的交际效果。在情态表达手段中，助动词等情态成分可以看作无标记形式，而各种情态构式可以看作有标记形式。根据新格赖斯原则中的方式原则（姜望琪，2003：179），无标记形式具有通常的信息量会话含义，有标记形式则隐含相关的会话含义，信息量更为丰富。说话人不会无端选用有标记的表达式，听话人也会据此推理、探寻话语的深层隐含义。如"要 X 早 X 了"情态构式通过对某动作事件的推测——"如果 X 的话早就 X 了"，表示对 X 所代表的动作事件否定性的断定——"不会 X"。如：

（82）（小心传染！）要传早传了，哎呀，放心吧。

（82）'（小心传染！）不会传染，哎呀，放心吧。

（83）别等了，要来早来了！

（83）'别等了，（他）不会来了！

　　例（82）和例（83）中的"要 X 早 X 了"情态构式，是复句格式"要是……就……"的紧缩形式。通过一个复合命题的凝缩整合，曲折地表达对某动作事件的肯定性推断。在听话人通过语用推理推知此义之外，还能解码说话人的主观态度倾向，即说话人对自己的论断充满信心，并且认为听话人的存疑态度并无必要。例（82）'和例（83）'使用"会"情态成分直接体现，仅体现说话人的断定态度，听话人对同一事件的态度及说话人对听话人态度的反映并不能从中领略。可见，情态构式与情态成分虽表达的情态语义基本相同，也都带有说话人的主观性特征，但情态构式相对来说隐含义更丰富，对交际环境中交际对象等各因素的影响更复杂。

　　语言交际的最终目的是交际的成功，语用学中研究了许多交际原则，如合作原则等，需要参与者共同遵守，从而保证会话交际的正常进行并最终达到成功。交际的参与者首先会自觉遵循一条根本的原则，就是交际双方努力使自己的观点表达得清晰无误，使对方理解并受到自己观点、看法的影响。交际参与者选用何种语言表达方式，最终目的即在于此。如"坚强一点"与"你要坚强"，前者用构式"X 一点"，后者使用助动词"要"，都能传达说话人的态度要求，令听话人作出"坚强"的表现。但"X 一点"含有祈使语气，处于命令与建议之间，说话人的态度比较委婉。情态成分"要"则体现出说话人相对强烈的意志要求，说话人的态度比较坚决。在现实的交际语境中，这两种表达各有价值，根据语境要求正确选用不同的表达方式才能达到最佳的交际效果。

三　情态的客观与主观表达

　　第二章第二节第二小节提到主观情态与客观情态是情态的两种不同角度的解读。若说话人作出的判断基于自己的知识信念或意愿权威，并主动担负论断的责任，则可视作情态的主观用法；若说话人对命题可能性的判定源于某种客观事态，并有意避免承担该论断的责任，则为情态的客观用法。虽然客观情态与主观情态的区分在自然语言使用中并不容易，但二者的差异也是客观存在的。认知语法学家 R. W. Langacker（1990）曾经指出，人们"识解"（to construe）某一个物体或情景时，可以选择不同的视角，有些视角的"识解"比较主观，有些视角的"识解"比较客观。就情态表达而言，客观与主观效果的不同是同义的情态成分与情态构式重要的差异所在。比较以下各例：

（84）他<u>可能</u>来。　情态成分——可能

（85）他<u>有可能</u>来。　情态构式——有可能 V

（86）他<u>有</u>来<u>的可能</u>。情态构式——有 V 的可能

例（84）情态成分"可能"在某些语境中可以表客观情态，也可以表主观情态。但相对来说多反映说话人的直觉推断，属于比较"主观"的识解；例（85）和例（86）使用有关可能的一系列构式①表示说话人从事件发生的客观可能性的角度所进行的推断，构式中"有"表示存在义，该构式义为"客观上存在他来的可能"。某种动作行为客观上总有发生的可能性，因此说话人使用这种表达方式能够减轻自身对该推断所承担的责任，同时使该论断不显得那么主观，从而增加其可信度。相对于例（84），例（85）和例（86）属于情态的较为客观化的表达。从否定的形式也可以看出主客观的差别，"可能（vp）"用"不"来否定，是主观的、连续的；"有可能（vp）"和"有（vp）的可能"用"没"来否定，是客观的、离散的。

第七节　现代汉语中的情态成分与情态构式

情态语义的表现形式千差万别，即使就个别语言而言，也拥有多样的情态表达手段。本书从构式语法的角度出发将现代汉语的情态表达手段分为情态成分与情态构式两大类型，使得广泛分布的、零散的句法、词汇等情态成分以及各情态构式等情态表达手段有一个系统的较为清晰的归属，也有利于情态研究的深入开展。

现代汉语的情态成分从句法性质上看主要是各种词类，如最典型的助动词，另有语气副词、语气词等。除此之外还有各种熟语，包括成语、惯用语等，这些固定用语本身对应某种情态语义，在认知和使用上具有习语性质。如口语习用语"八九不离十"，可以指示一定语境中说话人对某事件的确定性预测，表达断定型认识情态语义。插入语则是从功能角度划分出的句子的语用成分，多表达说话人对情况的估计和推测、提请对方注意、表示自己的意见和态度、表示信息来源、表示总括等附加意义。插入

---

① 这两个构式可视作"可能"构式的变体。

语具有一定的情态功能，也是汉语表达情态的重要手段之一。

本书的一个重要目的就是对现代汉语的情态表达手段进行梳理呈现，这是一项复杂工程，限于水平和时间，本书只是抛砖引玉，完成一部分。语言在不断发展，研究还需不断深入，情态系统才能渐趋完善。本书第三章对现代汉语各情态语义次范畴的形式落实作了例证列举，第三章所列的情态成分主要是助动词、副词、语气词等句法词类，但还有一部分熟语类、插入语类等固定或半固定形式的情态成分并未在第三章列出，因其形式上的固定性特征，这部分情态成分的整理和例证放在本章本小节与现代汉语的情态构式一并进行。参照第三章收集各类情态成分的做法，在相关文献及多种工具书的基础上，本小节先尝试将现代汉语中表达各类情态语义的情态构式收集整理出来，然后再将剩余的熟语类情态成分分类列出，结合第三章情态成分词，尝试完整构建现代汉语的情态形式表达系统，以期为汉语的情态研究工作提供参考。

本章搜集情态构式及熟语类情态成分查阅的工具书有：《现代汉语常用格式例释》（武柏索等编著，商务印书馆 1988 年版）、《现代汉语格式初探》（朱林清等编著，天津人民出版社 1987 年版）、《汉语口语常用格式例释》（张建新编著，北京语言大学出版社 2008 年版）、《现代汉语常用句式》（黄章恺编著，北京教育出版社 1987 年版）、《汉语常用格式 330 例》（陈如、朱晓亚编著，华语教学出版社 2010 年版）、《新华成语词典》（商务印书馆 2002 年版）、《现代汉语成语词典》（吴光奇编著，上海辞书出版社 2009 年版）、《汉语惯用语词典》（黄斌宏主编，商务印书馆国际有限公司 2009 年版）等。

一　认识情态构式

（一）断定型认识情态构式

断定型认识情态构式表达说话人对命题事件发生的可能性有极大的把握，相当于认识情态成分"肯定、一定"的语义。经过对大量语料的分析，我们认定 18 个构式为断定型认识情态构式，它们分别是：

　　1. 不……才怪　　2. 非……不可$_1$　　3. ……，就更不用说（……）了

4. 要……了　　5. 怎么说/怎么着也……　　6. 不 X 则 Y①

7. 要 X 早 X 了　8. 有得 X 了　9.（没）有 X 就（没）有 Y

10. 这下可 X 了　11. X 不到哪儿去　12. N 不 X 谁 X

13. N 才不 V 呢　14. N 有你（们）V 的　15. X 不了

16. X 了去了　17. X 的还在后头　18. X 定

各构式例句如下：

（87）这样的性格特征和工作方式，不把他累趴下才怪哩！（《报刊精选》1994 年第 7 期）

（88）拿这种似通非通的肤浅的知识去应用，非出乱子不可。（查自 CCL 网络版语料库）

（89）在总务部长这一阶段就已经费了这么多心思，其他职员就更不用说了，他们可能一天到晚得看社长的脸色报告。（CCL 网络版语料库《哈佛管理培训系列全集》）

（90）天要下雨了。

（91）我听说这儿的老师都受过幼师培训，孩子放在这儿，怎么着也比放在家里受的教育正规。（《报刊精选》1994 年第 4 期）

（92）烟台虽然搭上了"头班车"，但不进则退，稍一不慎就会掉队落伍。（《报刊精选》1994 年第 4 期）

（93）阿朱落入他们手中，要死便早已死了。（金庸《天龙八部》）

（94）一名鼓手告诉记者，他们还要去各镇拜年，今天可有得闹了。（新华社 2001 年 2 月新闻报道）

（95）一方面，有什么内容，就有什么形式，不同的内容需要不同的形式。（《中国儿童百科全书》）

戏剧文学的另一个特点，是要求有强烈的戏剧性。"没有冲突，就没有戏剧"。（《中国儿童百科全书》）

（96）医生马上来，这下可有救了。　（《汉语口语常用格式例释》）

---

① 紧缩复句格式因其形式上的紧缩特点我们在构式这一小节列出，不放在第八章复句构式里面。但紧缩复句表达复合命题的语义特点是与一般情态复句相同的。构式中的变项，我们用"X、Y"表示各词类，V 表示动词，N 表示名词，A 表示形容词。

（97）如果干部思想作风乌烟瘴气，那么民风恐怕也<u>好</u>不到哪儿<u>去</u>。（《人民日报》1996 年 11 月 12 日）

（98）男子 110 米栏，刘翔<u>不</u>赢谁赢？（《汉语口语常用格式例释》）

　　　你这么能干，你<u>不</u>当选谁当选？

（99）这些鸡毛蒜皮的小事，他<u>才</u>不管呢。（《汉语口语常用格式例释》）

（100）放心，喜酒<u>有</u>你们喝<u>的</u>。（《汉语口语常用格式例释》）

（101）命令是何部长亲笔签了字的，<u>假不了</u>。（杨佩瑾《霹雳》）

　　　这么糟糕的天气，山是<u>爬不了了</u>。

（102）给你的书打打土，是可做可不做的，但是把你的书整理好，那麻烦<u>可大了去了</u>！（查自 CCL 网络版语料库）

（103）这还只不过是开了个头，更厉害的<u>还在后头呢</u>！（当代翻译作品《罪与罚》）

（104）这场球赛咱们<u>赢定了</u>！

　　　这顿打你是<u>挨定了</u>。

（二）揣测型认识情态构式

揣测型认识情态构式相当于认识情态成分"可能、也许"的语义。我们认定 10 个构式为断定型认识情态构式，它们分别是：

1. 该……了₁　2. 若……若……　3. 似……不/非……
4. 似……似……　5. 有可能……　6. 有……的可能
7. X 来　8. V 起来　9. V 上去　10. X 是

各构式例句如下：

（105）快点儿走，否则<u>该</u>迟到<u>了</u>。（查自 CCL 网络版语料库）

（106）在大型购物中心、百货商店中，顾客可听到音质纯美、音量适中的古典音乐，它<u>若</u>断<u>若</u>续，<u>若</u>有<u>若</u>无，使人有怡然之乐，并衬托出商店格调之高雅。（《人民日报》1996 年 10 月 10 日）

（107）她们的角裙又窄又长……<u>似</u>见<u>不</u>见，很容易使人产生一种如入仙境的感觉。（徐怀中《卖酒女》）

每行歌于城市乞索。持大拍板，长三尺余，常醉踏歌，老少皆随看之。……<u>似</u>狂<u>非</u>狂。（卿希泰《中国道教》）

（108）有些灯光，<u>似</u>明<u>似</u>暗，若断若续。

（109）最初的宇宙，<u>有可能</u>是从一个无穷小的"奇点"开始扩展的。（查自 CCL 网络版语料库）

（110）他的病随时都<u>有</u>恶化<u>的可能</u>。

（111）你看上去很成熟，可声音<u>听来</u>像孩子。（张晓梅《修炼魅力女人》）

<u>算来</u>，里边两个可疑男子已经租住了将近一个月了，他们都担心再不动手，战机便稍纵即逝。（胡玥、李宪辉《女记者与大毒枭刘招华面对面》）

（112）说客的理由很堂皇，<u>听起来</u>也完全是为董卓着想，所以董卓便听信了他的建议。（鲁召辉《股市宝典》）

她递给了我一样东西，<u>摸起来</u>像是件衬衣。（斯蒂芬妮·梅尔《暮光之城 1·暮色》）

（113）在人登机口前，我还是给马克打了个电话，他<u>听上去</u>正在忙碌。（卫慧《上海宝贝》）

（114）上海倒楼案辩护律师称倒楼<u>或</u>是打雷所致。（网络语料 http：//news. cnnb. com. cn/system/2010/02/04/006414364. shtml）

十来艘大船，<u>想是</u>巨鲸帮、海沙派一干人的座船。（金庸《倚天屠龙记》）

别看他年纪不大，倒是不慌不忙，<u>像是</u>蛮有经验。（海岩《一场风花雪月的事》）

（三）旁证型认识情态构式

旁证型认识情态构式通过说话人之外的证据来源，推测相关命题发生的可能性。有四类格式[①]符合标准，列举并例证如下：

---

① 某一构式的常项部分若有可以替换的多个词语，但构式义并不发生改变时，我们算作同一构式。

1. 按／按照／依／照……来说　2. 按／照／用……的话说

3. 据……说　4. 依／照／在……看来

（115）按他们自己的话来说，袍哥是正义的勇士，负有推翻清朝的使命。（查自 CCL 网络版语料库）

苗女士七年前去世，依今日标准来说，六十未到，并不算高寿。（亦舒《红尘》）

按照惯例来说，作者顾城同书中的主人公顾城是不能画等号的。（《报刊精选》1994 年第 5 期）

我看你摸脖子后面，照行为语言来说，那是疲倦和不耐烦的下意识动作，所以我得走了。（《读者》合订本）

（116）按我们以前的话说，他的双手是血淋淋的。（方方《一波三折》）

虽然 POPS 一时红透半边天，可是总体核算下来，在经济上却是投入大于产出，用杨大林的话说，贴了 10 来万。（曹鹏《中央乐团的困境》）

照我姥爷的话说，这叫做"只管低头拉车，不管抬头看路"。（查自 CCL 网络版语料库）

（117）据知情人说，这是希姆喝了阴阳水造成的。（李文澄《努尔哈赤》）

（118）依儒家看来，一个人不可能无为，因为每个人都有些他应该做的事。（冯友兰《中国哲学简史》）

照别人看来，爸爸的世界真是太小了，小得可怜。（郑苏伊《我的九旬老父臧克家》）

在欧美人看来，汉语方言之间的差别比英语、德语之间的差别还要大。（《中国儿童百科全书》）

二　道义情态构式

（一）许可型道义情态构式

许可型道义情态构式本身表示命题中的行为主体得到来自说话人或其他方面的允许，从而使做某事成为可能。此类构式共整理出 11 个，列举并例证如下：

1. 随……去吧　2. ……随他的便　3. 爱 X 不 X
4. 爱 X（就）X　5. 不 V 就不 V（吧）　　6. 可 X 可 Y_1
7. 你（们）V 你（们）的　8. 想 V 就 V_1　9. V 到哪儿算哪儿
10. X 就 X（吧）　　11. X 得/不着$_{zháo}$

（119）老伴宋维荣见他大门不出，二门不迈，也就没吱声，随他捣弄树疙瘩去吧。（《人民日报》1994 年 7 月 16 日）

（120）回来不回来都随他的便吧！（老舍《茶馆》）

（121）把低档商品充作高档精品卖，欺负消费者不识货，此为其一；爱买不买，要买就这个价，愣宰，此为其二。（《报刊精选》1994 年第 9 期）

（122）对于天下人来说，国际足联是什么性质的组织、亏损还是盈利、谁当主席、谁精明谁肉头，这些没人关心，爱谁谁。（新华社 2002 年 5 月新闻报道）

你爱找谁找谁，你的事与我无关。（《汉语口语常用格式例释》）

（123）不叫他就不叫他，少个人也没什么关系。（《汉语口语常用格式例释》）

（124）对过去的错误，处理可宽可严的，可以从宽；对今后发生的问题，要严些。（《邓小平文选》第 2 卷）

（125）你们吃你们的，我的事不急。（《汉语口语常用格式例释》）

（126）有个队员晚上偷着出门，被邢富国发现，立即罚他在田径场走了 50 圈，然后邢教练说："现在你想去哪就去哪儿。"（《报刊精选》1994 年第 12 期）

（127）今天是我问，你答，海阔天空聊到哪儿算哪儿。（豆豆《遥远的救世主》）

（128）小旅店就小旅店吧，赶紧休息，明天还要早起。（《汉语口语常用格式例释》）

（129）是，跟你是说不着，跟你师傅巫山老母可说得着！（郭德纲相声集）

我们大家是熟人，打个招呼就是了，还<u>用得着</u>多说么。(查自
CCL 网络版语料库)

(二) 劝谏型道义情态构式

劝谏型道义情态构式中，说话人直接表达自己的态度和观点，并对命
题中的相关事件提出行动建议，从而使之具有发生的可能性。此类构式共
搜集到 17 个，列举并例证如下：

1. 不要……了　 2. 该……了$_2$　 3. 还是……的好/为好
4. ……不就行/得/完/好了吗？　 5. 好好+V
6. 不 V 白不 V　 7. 该 V (就) V　 8. 该 V$_1$的 V$_1$，该 V$_2$的 V$_2$
9. 看着 V 吧　 10. 能 V 就 V；能不 V 就不 V……
11. 有什么好/可 V 的　 12. X 不得$_{de}$　 13. VV 看
14. X 什么 Y 什么　 15. (要) V 就 V……
16. X 一点儿　 17. V 一 V (VV)

(130) <u>不要</u>哭<u>了</u>。

(131) 天气凉了，<u>该</u>穿大衣<u>了</u>。

(132) 因此，打电话<u>还是</u>直截了当、痛痛快快<u>的好</u>，犯不上在
开头几句应答上啰唆不休。(《人民日报》1993 年 6 月 19 日)

(133) 她就那脾气，你多说点儿好听的话<u>不就完了吗</u>？(《汉语
口语常用格式例释》)

(134) 大家再<u>好好</u>想想。(《当代汉语词典》)

(135) 那又不是他李小芳的，<u>不要白不要</u>！收下罢，说不定以
后还会有用处的。(李文澄《努尔哈赤》)

(136) 孩子六岁了，<u>该</u>上学<u>就</u>上学，不能因为你们忙而耽误了。
(《汉语口语常用格式例释》)

不就是一次考试吗？你们别紧张，<u>该</u>学习学习，<u>该</u>休息休息，平
时怎么样就怎么样。(《汉语口语常用格式例释》)

(137) 你不要把钱都捐掉了，自己<u>该</u>吃<u>的</u>吃点，<u>该</u>花的花点。
(《人民日报》1998 年 3 月 7 日)

(138) 你是负责人，你<u>看着</u>办吧，只要大家满意就行。(《汉语

口语常用格式例释》)

（139）不管这导演是大导演还是小导演，<u>能</u>利用<u>就</u>利用一把。（卞庆奎《中国北漂艺人生存实录》)

因为怕出意外，各种活动现在<u>能</u>不搞<u>就</u>不搞了。（《汉语口语常用格式例释》)

（140）这种杂志<u>有</u>什么好<u>看</u>的，还不如买份报纸看看呢。（《汉语口语常用格式例释》)

（141）罗盘忙说："乌龙，<u>干不得</u>。"　[彭荆风《绿月亮（5)》]

肉的检疫工作，是消费者食肉安全的一个重要保障，必须慎重对待，一点也<u>马虎不得</u>。（《报刊精选》1994 年第 4 期)

（142）老洪笑着说："你<u>穿穿看</u>，行不行?"（刘知侠《铁道游击队》)

（143）海藻说："又不是外人，准备什么? <u>有</u>什么<u>吃</u>什么。"（六六《蜗居》)

（144）<u>要</u>买<u>就</u>买最好的，贵一点儿也没关系。（《汉语口语常用格式例释》)

（145）安<u>静点</u>! 告诉我们发生了什么事? 帕森尼小姐!（《读者》合订本)

（146）你想一想再告诉我。

(三) 指令型道义情态构式

指令型道义情态构式表示对命题事件中的行为主体发出强制性的命令或禁止，使得命题事件的发生具有无限大的可能性。此类构式共搜集到 16 个，列举并例证如下：

1. 别……的　2. 非……不可₂　3. 非……才……
4. 管……呢　5. 少……（了）　6. 说什么也得……
7. 不 V 不行/不成　8. 还 V 呢　9. 叫你 V 你就 V
10. 哪有 N 那么/这么 V 的　11. 谁 X 谁 Y
12. N 不 V 谁 V　13. V（个）什么劲儿
14. V 什么 V/N；V 什么（呀）；（那）还 V 什么

15. V₁什么 V₂什么　16. V 也得 V，不 V 也得 V

（147）你说话<u>别</u>老子老子<u>的</u>，多难听啊。（《汉语口语常用格式例释》）

（148）我们这个党和军队<u>非</u>讲纪律<u>不可</u>，纪律松弛是不行的。（《报刊精选》1994 年第 1 期）

（149）这件事<u>非</u>你去办<u>才行</u>。

（150）他只要给我们开工资，<u>管</u>他银行真假<u>呢</u>。（《报刊精选》1994 年第 10 期）

（151）算了，<u>少</u>在我面前装蒜<u>了</u>，钱我有的是，拿去吧，行了吧？（周星驰《喜剧之王》剧本）

（152）咱们难得见一面，<u>说什么也得</u>好好聊聊儿。（《汉语口语常用格式例释》）

（153）邓小平同志指出："发展科学技术，<u>不</u>抓教育<u>不行</u>。"〔《邓小平文选》（1975—1982），人民出版社 1983 年版〕

企业要上台阶，全乡要达到"八五"期间突破 10 亿元大关的目标，<u>不</u>靠高科技<u>不成</u>，<u>不</u>开发"拳头"产品<u>不成</u>。（《经济日报》1992 年 5 月 18 日）

（154）什么呀，还笑呢，真讨厌……

（155）<u>叫你去就去</u>，别磨磨蹭蹭的。（《汉语口语常用格式例释》）

（156）你看看，<u>哪有</u>你这么干活儿<u>的</u>？到处都是水。（《汉语口语常用格式例释》）

（157）<u>谁</u>污染，<u>谁</u>治理。（中国政府白皮书《中国海洋事业的发展》）

（158）"国家需要煤，煤矿需要人才，你<u>不</u>去<u>谁</u>去呢？"（《报刊精选》1994 年第 6 期）

（159）大家都走了，<u>还</u>喝个<u>什么</u>劲儿？（《汉语口语常用格式例释》）

（160）<u>吵什么</u>，没看见我在睡觉？（《汉语口语常用格式例释》）

我现在觉都睡不够，<u>还</u>逛<u>什么</u>街啊？（《汉语口语常用格式

例释》)

母亲喝道："绫子，喊什么喊？你还不够丢人现眼的？"（赵凝《猫眼》)

没诚意那还合作什么。（《汉语口语常用格式例释》)

（161）缺什么买什么。

（162）你是我大哥，这个忙你帮也得帮，不帮也得帮。（《汉语口语常用格式例释》)

三　动力情态构式

（一）能力型动力情态构式

能力型动力情态构式表示所在的命题中，句子主语本身的能力状况对事件的发生具有推动作用，使其具备一定的可能性。此类构式共整理出 9 个，列举并例证如下：

1. 有能力/潜力/潜能/勇气……　　2. 有……的能力/潜力/潜能/勇气

3. （不）是……的料　4. 可 X 可 Y_2　5. V 不得$_{dé}$

6. V 得/不 来$_1$　7. V 不/得 了　8. V 得/不 上　9. V 得/不 C

（163）经常笑容可掬的医生本身就很健康，所以有能力使患者恢复健康。（《哈佛管理培训系列全集》)

北京—天津城市轴心最有潜力成为我国在东亚产业—城市圈带上富有活力的国际大都市区。（《报刊精选》1994 年第 5 期）

所有工人都有潜能给您公司的成功做贡献。（当代翻译作品《未来时速》)

我们有勇气去迎接新的生活，因为那是一片繁花似锦之地，必将带给我们崭新的快乐生活。（闻卓《给老爸老妈的 100 个长寿秘诀》)

（164）由于当代科学技术突飞猛进的发展，人类已具有空前规模地改变环境的能力。（《中国儿童百科全书》)

近年来心理学的研究表明，婴幼儿具有很大的认知发展或学习的

潜力。(方富熹、方格《儿童的心理世界——论儿童的心理发展与教育》)

人人有做圣人的潜能。(冯友兰《中国哲学简史》)

我在死亡的边缘上,又有了求生的勇气。(《报刊精选》1994 年第 12 期)

(165) 金庸称自己"文人性格"太重,不是当政治家的料。(《杨澜访谈录Ⅱ》)

(166) 土族聚居区可耕可牧,出产五谷,有酿酒习惯。(《中国儿童百科全书》)

(167) 回到宿舍,一下就累得摊在床上,动弹不得(《报刊精选》1994 年第 1 期)

(168) 普通话我说得来。(《现代汉语规范词典》)

上海话我说不来。(《现代汉语规范词典》)

"不行,"我听见她说,"她看上去一副蠢相,玩不来这类游戏。"(当代翻译作品《简·爱》)

(169) 崴了脚,他走不了路。

筐里装不了这么多西瓜。(《现代汉语规范词典》)

放心,他一个人也办得了这事。

(170) 这两家还够不上乡镇企业的标准,人只有几个,瓶子也只有几筐,最多算家作坊。(《报刊精选》1994 年第 5 期)

大清律例下,她原本配不上用大红色的首饰,凡是侧室,首饰主绿。(梁凤仪《豪门惊梦》)

(171) 没戴眼镜,我看不见黑板上的字。

那个老外说的话我都听得懂。

(二) 意愿型动力情态构式

意愿型动力情态构式表示所在的命题中,句子主语本身的意志、愿望对事件的发生或命题的实现具有积极影响,使其具备一定的可能性。此类构式共整理出 8 个,列举并例证如下:

1. 非……不可₃ 2. 有信心/决心/耐心……

3. 有……的信心/决心/耐心 4. 才不 V 呢

5. 非 X 不 Y　　6. 想 V 不想 V 的

7. 要 V 不 V（的）　　8. 想 V 就 V₂

（172）孩子<u>非</u>玩滑板车<u>不可</u>。

（173）我们<u>有信心</u>变压力为动力，在这场竞争中立于不败之地。（华民《WTO 与中国》）

健力宝<u>有决心</u>继续坚持下去，不断充实自己、扩大市场。（《报刊精选》1994 年第 7 期）

美国总统布什<u>有耐心</u>解决伊拉克问题，并希望伊主动解除武装。（新华社 2002 年 12 月新闻报道）

（174）杜丽赛后坦言，"我在决赛中很自信，我<u>有夺冠的信心</u>，我的运气今天也不错。"（新华社 2004 年 8 月新闻报道）

董文华<u>有尝试的决心</u>。（《报刊精选》1994 年第 10 期）

楚楚偏偏<u>有</u>一根一根来弯曲<u>的耐心</u>，直到卷得杂乱无章，天昏地暗，被姐姐嬉笑作"卷毛青鬃"。（赵冬《楚楚：文坛一道美丽的风景》）

（175）让他走好了，我<u>才不</u>留他<u>呢</u>。（《汉语口语常用格式例释》）

（176）像京城"八大楼"那样的老字号自不必说，吃肉末儿烧饼和豌豆黄<u>非</u>"仿膳"<u>的不吃</u>，吃炒疙瘩必定是虎坊桥"穆家寨"的。（都梁《狼烟北平》）

（177）你瞧他<u>想干不想干的</u>，哪儿是在上班啊。（《汉语口语常用格式例释》）

（178）许三多咬着草叶，<u>要睡不睡</u>，听着成才的胡扯微笑。（兰晓龙《士兵突击》）

（179）自我感觉极为良好的弘历，<u>想干什么就干什么</u>，为所欲为。（倪方六《中国人盗墓史》）

（三）惯常型动力情态构式

惯常型动力情态构式表示句子主语具有某惯常性行为和喜好，对事件的发生或命题的实现具有积极影响，使其具备一定的可能性。此类构式共整理出 5 个，列举并例证如下：

1.……哪儿……，……哪儿……　2. 什么 X，Y 什么
3. V 惯了……　4. V 得/不 惯　5. V 得/不 来₂

（180）我还住过好多地儿，像海淀黄庄、通州、大兴黄村，都住过，反正哪儿便宜往哪儿搬。（《鲁豫有约·采访郭德纲》）

厂长手上仅有一只大哥大，走到哪儿，哪儿就是厂长室。（《报刊精选》1994 年第 8 期）

他曾口袋里装着速写本，走到哪儿画到哪儿（《人民日报》1993 年 10 月 18 日）

（181）李全笑笑，说："什么好吃，吃什么，请你做陪客！"（吴强《红日》）

（182）于大璋，别雇车！我坐惯了电车。（老舍《春华秋实》）

（183）贺善政憨厚地笑着说："实在对不起，我吃不惯西餐。"（《人民日报》1994 年 5 月 16 日）

（184）紧接着又表功："恐怕两位外国客人吃不来中菜，特为跟文大人借了个做大菜的厨子，都预备好了。"（高阳《红顶商人胡雪岩》）

四　表达情态语义的熟语等其他词汇手段

熟语是"语言中相沿习用的固定结构"①。熟语不同于一般词汇，它的特殊性表现在语形上是短语或句子的长度，结构上固定，不随意改变，语义上历史沿用，意蕴丰富。现代汉语的熟语系统包括成语、谚语、惯用语和歇后语，表达情态语义的熟语主要是成语，因为成语在使用中可以充当各种句子成分，充当句子"高一级的谓语"，对其辖域中的命题进行各种判定。而谚语、歇后语等主要为句子形式，有完整的形式和意义，一般不具备表达情态的功能和语义。② 插入语类情态表达手段也在此列出，虽然插入语是功能类别，并非熟语，但其形式和意义上的固定性特点与熟语接近，方便起见，在熟语之后列出。

---

① 邵敬敏主编：《现代汉语通论》（第二版），上海教育出版社 2007 年版。
② 也有少数惯用语如"八九不离十"等反映情态语义，句法功能上会有所改变。

通过对语料及工具书的考察及参考，本小节对各类情态熟语进行分别列举并例证。

（一）认识情态熟语

1. 断定型认识情态熟语

断定型认识情态熟语共搜集到 14 种，① 大都用作句子的谓语或状语，说明主语部分的事件或句子主谓部分所包含的命题具有发生的较大可能性，说话人对此的判定态度比较确信。如例（185）中惯用语"八九不离十"② 用在状语位置上，表示对于句子主谓部分包含的命题"这事能解决"是否为真，说话人抱持肯定的态度。而例（186）中成语"板上钉钉"作为谓语的一部分，表达说话人对句子主语部分"周杰伦空出档期上春晚"这一命题事件的发生非常有把握的确定态度。该类型成员及用例如下：

八九不离十；板上钉钉；不容置疑/无可置疑/毋庸置疑；不言而喻；不用说/不消说；大势所趋；毫无疑问；箭在弦上；可想而知；十拿九稳；十有八九/十之八九；势在必行；显而易见；指日可待

（185）由陈毅出面向钟主任说一声，这事八九不离十的能解决。（汤雄《陈毅与小妹》）

（186）周杰伦空出档期上春晚已是板上钉钉。

（187）虽然近年来欧美强队也加强了灵活多变的技战术，但不可否认的是在身高和力量上，她们还是不容置疑地占有绝对优势。（新华社 2004 年 4 月新闻报道）

珠江三角洲，无可置疑地应是一个密不可分互相补充的"经济共同体"。（《报刊精选》1994 年第 11 期）

虽说斯宾赛家族从未到达权力的顶峰，但在通往权势的走廊中，却毋庸置疑地占有不可动摇的一席之地。（陈越《戴安娜》）

（188）在现代社会中这样的人有很多，"快节奏"对现代人的危害是不言而喻的，尤其对白领女性危害更大。（沈倩《生活健康

---

① 几条用字不同的成语算为一种。

② 也有工具书将其收录为成语。

密码》)

(189) 这就使人很佩服第一个提出"精神文明"这种说法的人，那人<u>不用说</u>水平在极高处。(赵琪《告别花都》)

瑶表妹所见到的那位摆小摊子的，<u>不消说</u>便是我的一位婶娘!(刘心武《七舅舅》)

(190) 不管怎样，纺织服装的贸易自由化毕竟是<u>大势所趋</u>。(新华社 2004 年 12 月新闻报道)

(191) 因为他说的一口美妙的普通话，就口音来说，<u>毫无疑问</u>是中国人。(王小波《绿毛水怪》)

(192) 在他们眼中，教育改革是<u>箭在弦上</u>，势在必发。(《报刊精选》1994 年第 4 期)

(193) 审讯室里几个人正在突审毛杰，安心一进去，<u>可想而知</u>会发生什么，那就是毛杰看见了安心。(海岩《玉观音》)

(194) 李鸿滨笑着说："照这样计算，一亩地产薯 5000 公斤是<u>十拿九稳</u>了!"(《人民日报》1996 年 11 月 29 日)

(195) 据接近中国足协的一位消息灵通人士透露，迪西科的退出让王海鸣失去了唯一的竞争对手。因此，中国女足的帅印<u>十有八九</u>将属于王海鸣。(新华社 2004 年 12 月新闻报道)

一口气便把杯中的咖啡饮尽的人，<u>十之八九</u>是属于神经质型、焦虑型。(CCL 网络版语料库《哈佛经理谈判能力与技巧》)

(196) 旧式的科举取士的弊病更加突出了，它既不能适应新型学校的教育，也不能选拔出新形势所需要的人才来，因此改革旧的科举考试制度也就<u>势在必行</u>了。(阴法鲁、许树安《中国古代文化史》)

(197) 那么，<u>显而易见</u>受损害的是真正的名优产品。(《人民日报》1994 年 1 月 11 日)

(198) 倘若能够建立符合中国裂缝性泥页岩油气藏特点的勘探开发配套技术和理论，找到丰富的经济可采储量<u>指日可待</u>。(查自 CCL 网络版语料库)

2. 揣测型认识情态熟语

揣测型认识情态熟语共搜集到 4 个，多用作句子的插入语或谓语，说明说话人对句子命题事件发生状况的猜测判断，但同时也表示其对命题内

容的真实性并没有把握，认为命题为真只具有一定的可能性。如例
（199）中插入语"我看"，表示说话人认为上文语境中的一对夫妻"可能
没有离婚"，例（201）中成语"凶多吉少"，表示说话人对"突围"的
倾向性态度——"可能不能突围"。这一类型的熟语有时可能是句外成
分，如例（200）"无风不起浪"，其本身可以看作一个语义自足的小句，
但说话人使用这一熟语是对上下文语境中的命题事件进行猜测判断，表达
自己的可能性态度，即"身居人事厅副厅长要职的束开泰"可能"参与
了'倒烟'"。该类型成员及用例如下：

　　　我看；无风不起浪；凶多吉少；在所难免

　　（199）我看不像离了，比那真两口子还好。（王朔《无人
喝采》）
　　（200）参加革命几十年、受党培养教育多年、身居省人事厅副
厅长要职的束开泰，难道真的会参与"倒烟"吗？"无风不起浪"，
既然有举报，就必须慎重对待。（《报刊精选》1994 年第 8 期）
　　（201）我知道突围是凶多吉少，倘突围不出去，我只有杀身成
仁了。（《报刊精选》1994 年第 8 期）
　　（202）北宋人记载当时的事未必能够就是全面的、准确的，传
讹之处在所难免，而南宋人因为已经过了一段时间，一些资料或口传
倒许充分了些，其所载未必较北宋就不为准确、全面。（查自 CCL 网
络版语料库）

3. 旁证型认识情态熟语
　　旁证型认识情态熟语共搜集到 9 种，① 大都用作句子的插入语，也可
充当句子状语，如例（208）"理所当然"。这类情态熟语表示说话人对命
题真实性所作的判断是来源于某种情理、常识等证据，而这种证据对命题
成立与否有着积极的影响。该类型成员及用例如下：

　　　按常理/按道理/按理；按理说；按说/照说；常言道；据我所知；

---

① 几条用字不同的成语算为一种。

理所当然；一般来说；俗话说；众所周知

（203）<u>按常理</u>，国家元首所在之地便是首都。（新华社 2004 年 8 月新闻报道）

<u>按道理</u>，灵堂是应该设在大伯大妈家里。（笛安《西决》）

<u>按理</u>，我们应该先去看看您的。（《现代汉语词典》第 7 版）

（204）<u>按理说</u>，你和张艺谋的事，我和你妈妈不应该干涉。（肖华《往事悠悠》）

（205）五一节都过了，<u>按说</u>不该这么冷了。（《现代汉语词典》第 7 版）

<u>照说</u>，这些条件是很有吸引力的。（《人民日报》1994 年 2 月 28 日）

（206）<u>常言道</u>："当断不断，反受其乱；当断即断，事业发展。"

（207）<u>据我所知</u>，曹辛之除了写诗、设计封面，也是一个有独特见解的文学评论家。（赵丽宏《曲公失壶》）

（208）西王母成了道教的大神之后，应该有一个丈夫，于是编造了一位东王公成为她的配偶。东王公<u>理所当然</u>成为男仙的头领，地位也一步一步升高，改称为玉皇大帝。（《中国儿童百科全书》）

（209）<u>一般来说</u>，歌舞片、戏曲片、音乐片大都采用前期录音的方法。（《中国儿童百科全书》）

（210）<u>俗话说</u>，一步错，步步错。

（211）<u>众所周知</u>，日本与我国一衣带水，同属亚洲，文化风俗、气候人情相差无几。（刘成社《一言难尽出国潮》）

（二）道义情态熟语

1. 许可型道义情态熟语

许可型道义情态熟语本身即可以表达说话人对相关主体做某事的许可态度，可以做某事，也可以不做某事。该类型熟语共搜集到 3 例，见下：

可有可无；悉听尊便；无可无不可

（212）目前，在我国城乡大多数卫生检疫站里，把检疫当成副

业，能收上钱的地方，抓得紧一些，收不上钱的地方，检疫就<u>可有可无</u>。（《报刊精选》1994 年第 6 期）

（213）去与不去，<u>悉听尊便</u>。（《现代汉语词典》第 7 版）

（214）对于母亲之死，默尔索就站在母子关系的局外，漠然置之。女友要跟他结婚，他也超然于恋人关系的局外，<u>无可无不可</u>。（朱雯主编《当代世界文学名著鉴赏词典》）

2. 劝谏型道义情态熟语

劝谏型道义情态熟语可以直接反映说话人对相关主体做某事的建议，从而对命题事件发生的可能性产生影响。该类型熟语共搜集到 3 例，见下：

何乐而不为；事不宜迟；适可而止

（215）鸿渐省得我掏腰包，我<u>何乐而不为</u>？（钱钟书《围城》）

（216）"阿巧姐去的地方，我知道，在法华镇，一座尼姑庵里，<u>事不宜迟</u>，现在就要去寻她。"（高阳《红顶商人胡雪岩》）

（217）对于有益食品可以"一切都吃，<u>适可而止</u>"。（沈倩《生活健康密码》）

3. 指令型道义情态熟语

指令型道义情态熟语直接反映说话人对相关主体做某事的命令和要求，包括要求做某事，如例（218）和例（219）中"要发展科学技术""大军马上向山海关进发"，及禁止做某事，如例（220）中"下次不能再这样"。指令型道义情态熟语使命题事件发生的可能性增至无限大。该类型熟语共搜集到 3 例，见下：

不可或缺；刻不容缓；下不为例

（218）在一个幅员广袤的一统国家中，国家事务包括政治、经济、军事、文化、教育、外交等各个方面，而科学技术是国计民生所<u>不可或缺</u>的。[阴法鲁、许树安《中国古代文化史（三）》]

（219）只见努尔哈赤把脸色一变，镇定地说："大军向山海关进

发，<u>刻不容缓</u>！"（李文澄《努尔哈赤》）

（220）郭燕：对不起，我不是故意的。

大卫：……<u>下不为例</u>。（《北京人在纽约》电视剧本）

4. 承诺型道义情态熟语

承诺型道义情态熟语表示说话人"应诺做某事"，在此保证之下，句中命题事件的发生具有较大的可能性。该类型熟语我们找到以下 2 例：

包……身上；打包票

（221）他们却连连称，"挤一挤就有了嘛。<u>包</u>我们<u>身上</u>，什么都不用你费心。全搞好，你看过满意再付钱"。（《报刊精选》1994 年第 4 期）

"……这事<u>包</u>在侄儿<u>身上</u>了！"（李文澄《努尔哈赤》）

（222）我敢<u>打包票</u>二团不会出任何问题。（柳建伟《突出重围》）

（三）动力情态熟语

1. 能力型动力情态熟语

能力型动力情态熟语表示句子主语具有某种能力或擅长做某事，从而对命题的实现起到一定的推动作用。该类型熟语可以用典型的能力型道义情态成分"能"或"擅长"来解释替换，虽然实际用例中有的用于现实语境，但其本身是可以反映相关主体的能力状况的。如惯用语"不费吹灰之力"和"小菜一碟"及成语"轻而易举"等，下面从语料库中搜索到的用例都是用于已发生的现实事件，但若将其更改为非现实语境，这些熟语表示句子主语能力的作用不变。如例（223）可以变为"中国工商银行能不费吹灰之力融资 219 亿美元"，例（230）可以变为"侯赛因能小菜一碟地举起 410 公斤"，例（228）可以变为"巴尔迪尼能轻而易举地挤垮对手"，它们都表示句子主语能够很轻易地做成某事。

"驾轻就熟""游刃有余"等成语等同于"擅长"，如例（225）意为"他擅长古体诗、近体诗"，例（232）意为"他擅长处理、把握影像"。

该类型熟语共搜集到 10 例，见下：

不费吹灰之力；得心应手；驾轻就熟；力不从心；轻车熟路；轻而易举；无能为力；小菜一碟；易如反掌；游刃有余

（223）中国工商银行在海外上市不费吹灰之力就融资 219 亿美元！（查自 CCL 网络版语料库）

（224）其他适合青年口味的现代歌曲，他创作起来也是得心应手的。（《报刊精选》1994 年第 8 期）

（225）他的诗形式多样，风格各异，古体诗、近体诗都驾轻就熟，得心应手。（《中国儿童百科全书》）

（226）怪不得胖子说需要蓝色小药丸儿，果然有点力不从心。下次要记着随身带。（六六《蜗居》）

（227）戴笠深感棘手，尽管他和军统对于暗杀轻车熟路，在布置、策划、行动各方面有积累已久的丰富经验。但这次不同，出国在国境以外组织暗杀，仍没有把握。（陈廷一《蒋氏家族全传》）

（228）巴尔迪尼轻而易举地挤垮了对手，数钱，数得目光都呆滞了。他成了欧洲最大的香水制造商和最富有的老板。（朱雯主编《当代世界文学名著鉴赏词典》）

（229）眼看着徽因一天天地衰竭，他心如刀绞，却无能为力。（张清平《林徽因》）

（230）侯赛因保持的 105 公斤以上级总成绩世界纪录是 472.5 公斤，他在世锦赛上的总成绩是 457.5 公斤，可见 20 日所举出的 410 公斤对他是"小菜一碟"。（新华社 2003 年 12 月新闻报道）

（231）这种次声波，人耳是听不到的，而对水母来说却是易如反掌。（查自 CCL 网络版语料库）

（232）他的影片散发出影像本身的魅力，他对影像的把握游刃有余，有一种和他的年龄不相称的成熟。（丁亚平《中国当代电影史》）

2. 意愿型动力情态熟语

意愿型动力情态熟语表示句子主语对于做某事具有不同程度的意志或愿望，这种意志、愿望对命题事件的发生起到一定的推动作用。如"尽力而为""力所能及""全力以赴"等成语反映句子主体尽自己的最大能力做某事，这种积极主动的主观意愿可以积极地促动命题事件的发生，增加其发生的可能性。

另有"勉为其难""心甘情愿"等反映句子主体或被动、或主动的意愿，有时可能并未在当前句中出现，但在上下文语境中都可以解读到是做何事的意愿。如例（235）中成语"勉为其难"在句中只是说到凌峰认为别人会碍于朋友情面而勉为其难、不得不做，至于做什么，在下文的叙述中才得知，是"支持他或跟他一样在台北市孙中山纪念馆外静坐"。

成语特殊的语义和句法功能特点使其表达情态语义时与情态成分有所不同，其情态语义的辖域可能扩展至上下文，而非仅在一个单句命题之中。虽然句法上如此，但成语本身脱离上下文，仍能直接表示情态语义。因此，成语仍属于情态语义表达范畴。

意愿型动力情态熟语共搜集到 10 个，列举并例证如下：

> 尽力而为；力所能及；勉为其难；迫不及待；全力以赴
> 心甘情愿；心向往之；一厢情愿；一意孤行；自告奋勇

（233）驻贫困地区的部队，要尽力而为地做好扶贫工作，为国家的发展和人民的富裕作出积极的贡献。（《人民日报》1994 年 3 月 15 日）

（234）这位领导干部，虽然说话时也是满嘴政治口号，但对处境困难的人却很有些同情心，并力所能及地为他们做点好事。（邓友梅《兰英——巴黎城内的山东大嫂》）

（235）凌峰没有"惊动"大家，他甚至没有给朋友们打电话，他担心别人与他意见不一却碍于朋友情面而勉为其难。（《报刊精选》1994 年第 8 期）

（236）他们发现有些东西对他们有好处，就迫不及待，要别人也有这些东西。（查自 CCL 网络版语料库）

（237）近日，湖北鄂州市和广东潮安县在发现疑似禽流感疫情后，各级政府和有关部门全力以赴投入防治禽流感工作中。（新华社 2004 年 2 月新闻报道）

（238）郭再源坦言自己从慈济的事业里感受到了无比的快乐，心甘情愿地去做善事，在帮助他人的过程中得到内心的欢喜。（新华社 2004 年 3 月新闻报道）

（239）我在 11 月甫抵瑞典后，即应邀访问了瑞典文学院，因为该机构每年要在 10 月 8 日公布一位（偶尔两位并列）诺贝尔文学奖得主，所以引得世界上不少作家（当然不是全部）心向往之。（刘心武《听沃尔科特受奖演说》）

（240）痴情的人总是一厢情愿为所爱的人做任何事。

（241）苻坚一意孤行，于公元 383 年率领步骑兵 87 万，水陆齐发，向东晋大举进攻。（《中国儿童百科全书》）

（242）吃完饭后，太太总是自告奋勇去洗碗洗锅，我则负责擦桌子，等做完后再一起打扫卫生。（新华社 2004 年 4 月新闻报道）

3. 惯常型动力情态熟语

惯常型动力情态熟语表示句子主体固化的惯常性的生活习性，句中命题事件具有规律性出现的特点。如例（243）中每月第一天都有党员活动，例（246）中取过发票之后的动作都是"朝皮包里塞"等，这些规律性活动或习惯性动作都可以直接从成语"雷打不动"或惯用语"习惯成自然"中反映出来。

该类型熟语共搜集到 5 个，列举并例证如下：

雷打不动；熟视无睹；司空见惯；习惯成自然；习以为常

（243）每月第一天，党员活动日，雷打不动；早晨的支委会，雷打不动；上午上党课，下午一工党员大会，晚上的组织生活会都雷打不动。（《报刊精选》1994 年第 1 期）

（244）公共水房水龙头的水在哗哗地流，人们熟视无睹。（查自 CCL 网络版语料库）

（245）过去黑河人对黑牌照的汽车极为陌生，如今满街奔跑，已司空见惯。（《报刊精选》1994 年第 1 期）

（246）我取过发票，习惯成自然地朝皮包里一塞，欲转身打道离开。（《人民日报》2000 年 1 月 7 日）

（247）为了政治目的，多花点钱，他们早习以为常了。（陈廷一《宋氏家族全传》）

第五章 "大不了"的情态语义及其来源

"大不了"是现代汉语中很常用的一个口语形式，作为可能补语结构时，表示"不会大、不可能大"的意思，也是表达说话人对命题涉及对象具备"大"的性质的一个否定性推测，在情态上属于认识情态语义。"大不了"在词汇化为语气副词和形容词之后，主观性加强，在表示否定性推测的认识情态语义的基础上，还传达出说话人认为并不值得顾虑、不在乎的语气。这种把事件可能出现的严重后果往小里说的主观情态另外促成了劝谏型道义情态语义的生成。关于"大不了"的研究较少，现有的文献大多是从语法化的角度对"大不了"几种用法意义及其联系进行的考察，较少深入探讨"大不了"的语用功能及情态特点。[①] 本章尝试从情态的角度对"大不了"的语义内容进行分析，考察其作为一个情态成分的语用功能及主观性等特征。另外，进一步探究其语义来源，探寻其情态语义的发展轨迹。

第一节 "大不了"的主要用法

《现代汉语词典》（第7版）对"大不了"的释义比较简单，仅列出其"形容词"和"副词"两种词性，并对其意义进行基本解释。形容词意为"了不得"，副词意为"至多也不过"。《现代汉语语气成分用法词典》中的释义更为详尽，同时强调其表达说话人对事件状态的估测以及不在乎的语气，另外还列出了"大不了"用作短语的语法特点。笔者从北大语料库网络版及人民网共搜集到"大不了"的有效用例530条，[②] 根据"大不了"的不同语法性质，结合语料及工具书的分析，我们将"大

[①] 见麻玉林（2010）、孙茂恒（2011）。

[②] 语料中"大不了$_1$"81例，"大不了$_2$"158例，"大不了$_3$"29例，"大不了$_4$"262例。

不了"的主要用法列为以下四种，分别记为"大不了₁""大不了₂""大不了₃"和"大不了₄"。

"大不了₁"为述补短语，意为"不大、不会大"，是对句子主语具备"大"的性质的否定或否定推断。句法上具有独立的述谓性，可以充当谓语或谓语中心语，还可以用在比较结构中带数量宾语。如：

（1）这样做生意自然大不了。（《报刊精选》1994 年第 1 期）
（2）毕竟，何伯权和杨杰强们比他们也大不了十岁。（1996 年《人民日报》1996 年 5 月 22 日）

"大不了₁"还可以做定语的一部分，此时"大不了"多用于比较结构，且后面带数量宾语，或者后面带表示不定数量的"多少"。如：

（3）孩子们和这些比自己大不了几岁的战士们无拘无束地包饺子、拉家常。（《人民日报》1994 年 3 月 5 日）
（4）非洲有一种比麦粒大不了多少的鸟，浑身长着细密的绒毛，翅翼透明。（《人民日报》1994 年 6 月 4 日）

"大不了₂"和"大不了₃"都是语气副词，在已有的文献及工具书中是被合二为一的，释义为"至多也不过"。但我们通过对语料的分析研究，认为"大不了"做语气副词时表达的语义并不完全一致，其中有细微差别。如例（5）是对现实事件的结果作最坏的打算，预测最严重的后果是"对方下逐客令"。而例（6）的语义是在事件已然发生的情况下，为降低负面影响提出的劝慰性建议"可以再还给他"。虽然两例都有把事情往小里说的意味，但一是估测后果，一是提出建议（以弥补后果），二者在表达的情态语义上是不同的。因此，我们将前者记为"大不了₂"，后者记为"大不了₃"，二者的区别下一小节详细讨论。

（5）提问题可能带来最坏的后果，但大不了是激发对方下逐客令。（查自 CCL 网络版语料库）
（6）我对女友说，实在过意不去的话，大不了将来再还给他就

是了。(人民网语料)

"大不了₄"为形容词的用法,意为"严重的""不得了的",如例
(7)和例(8)。"大不了₄"在语料中用例数量多于"大不了"的其他用
法,但实际上"大不了₄"的使用环境比较单纯,多为否定或反问语境,
形式上修饰对象多为"事、病、麻烦、问题"等倾向不如意的事件,有
时这些事件也可省略。

　　(7)高夫人又笑着说:"你放心养病,没有什么大不了的事。"
(姚雪垠《李自成》)
　　(8)陆小凤道:"他偷了那么多钱,多花一点又有什么大不了?"
(古龙《陆小凤传奇》)

第二节　"大不了"的情态语义类型

　　情态语义由认识情态、道义情态和动力情态构成的三分体系影响深远,
本小节仍然从这一基本观点出发考察"大不了"的情态语义特点。"大不
了"反映说话人的主观判断,是典型的情态成分。但"大不了"四种用法
在情态语义表达上仍然存在一定的差异,本小节试对这些差异之处及由此
带来的"大不了"句的主观性程度及语用功能上的不同进行考察分析,从
而对"大不了"的不同用法之间的区别和联系有一个清晰的认识。

一　"大不了₁"和"大不了₂"表达认识情态语义

　　同第一节所述,述补短语"大不了₁"表示说话人通过对语境信息的
掌握,认为论述对象"不大""不会大",对其具备"大"的性质进行否
定推断,是一种断定型的认识情态语义。这种类型的认识情态表示说话人
对命题内容的真实性非常有把握,或者说话人对命题为真具有较高的确信
程度。学者们在相关研究中都曾谈到表达此种语义的认识情态词,如张谊
生(2000)表确定性推测的评注性副词"想必、准、必定",史金生
(2002)表必然的推断类语气副词"必得、必定",齐沪扬(2002)表必
然的可能语气副词"一定、必定",郭昭军(2003)最高可能性程度等级

的"会₂",鲁晓琨（2004）表推测的"能"与"会₂"等。① "大不了₁"中"大"为实义形容词，"形+不了"为推测型认识情态构式。柯理思（2000）也在相关研究中认为"【形容词+不了】格式是典型的认识情态形式"。

"大不了"的语义可以解释为"不会大"，"会"是表断定的情态词。学者们一致认定的断定义情态词"一定、必定"等也可以添加入"大不了₁"的句子中，如例（9）b、例（10）b。这说明"大不了₁"可以与同义的直接反映说话人确定性判断态度的情态词语共现，"大不了₁"本身也表达此类情态语义。

    （9）a. 她非常年轻，比我大不了几岁。（母国政《我结识的第一位编辑》）

    b. 她非常年轻，（必定/一定）比我大不了几岁。

（10）a. 它的大小比玩具飞机大不了多少——这样的飞机如何飞行？（《读者》合订本）

    b. 它的大小（想必/准）比玩具飞机大不了多少——这样的飞机如何飞行？

在句法功能方面，"大不了₁"可以充当句子的主要谓语，是句子命题的一部分，其情态义是由情态构式"形+不了"传达出来的。而"大不了₂"本身是一个语气副词，在句中属于"高一级的谓语"，主要对其后管辖的命题进行主观评判，是一个认识情态成分。

在语义内容方面，"大不了₁"是明确的断定，而"大不了₂"则属于不确定的猜测。如例（11），说话人对镇党委书记所能承担的后果进行揣测，由于现实情况无法确定，因此作出最坏的打算"掉顶乌纱帽"，即被免职丢官。例（12）中"他"对开怀畅饮的后果也是不愿、不屑估测，最严重的情况就是"直的进来，横的出去"，而这种醉倒的可能后果却是"他"不在乎的。

    （11）他想，这镇党委书记又算个几品官呢？追查下来，大不了

---

① 学者们对断定型认识情态词的语义归类、术语称谓等存在一定的差别。

掉顶乌纱帽。(陈桂棣、春桃《中国农民调查》)

（12）他一面纵情谈笑，一面频频同我碰杯，开玩笑说："喝！喝！<u>大不了</u>直的进来，横的出去！"（《报刊精选》1994 年第 1 期）

从以上的分析来看，"大不了$_2$"虽然也反映了说话人对命题内容的推测判断，属于认识情态，但与"大不了$_1$"的高度确定性不同，"大不了$_2$"是对现实情况不确定的估计。如例（11）和例（12）中都不能如"大不了$_1$"句中添加断定义情态词，"肯定<u>大不了</u>掉顶乌纱帽""必定<u>大不了</u>直的进来，横的出去"两句并不能成立。由此可见，"大不了$_2$"的语用目的并不在于表达判断，而是由不能确定或不愿估计，从而索性给出最坏的可能，语用上传达说话人认为并不值得顾虑、不在乎的语气。"大不了$_2$"表达说话人对事件结果最严重程度的推断和估测，但一般而言，这种严重后果出现的可能性并不大。因此，我们认为"大不了$_2$"表达的是揣测型认识情态语义，说话人认为命题为真只具有一定的可能性。[①]

二 "大不了$_3$"的道义情态解读

（一）"大不了$_3$"表达劝谏型的道义情态语义

以往的研究认为作为语气副词的"大不了"语义上反映说话人对现实事件的后果作出最坏的打算和估测，同时表示并不以为然的态度，这确是"大不了$_2$"的基本语义内容。但通过进一步的考察，从情态的角度来看，"大不了"还可以表达与"大不了$_2$"不同的其他语义。如在对语料的观察中，我们发现有以下"大不了"的用例：

（13）推销就推销吧，<u>大不了</u>捂住耳朵不听，捂紧钱包不买。（人民网语料）

（14）就算我们这些队员出现了什么异常情况，到时候<u>大不了</u>换人或者少人就是了。（人民网语料）

（15）哪天联通、电信真的支撑不了，也没关系，<u>大不了</u>再来次重组。（人民网语料）

---

① 从交际的层面看，说话人使用"大不了$_2$"主要不是为了展示自己对命题内容有无把握的判断，而是表达不在乎的语气。

第五章第二节第一小节中"大不了$_2$"表达说话人由于无法确定事件发展的最终结果，因此主观上给出最严重程度的推断和估测，"大不了$_2$"之后的揣测内容是说话人的观点和态度的反映。而上述几例"大不了"之后虽然也是说话人的观点，但却已经不是命题事件可能产生的严重后果，而是说话人对已知为真或将来为真的命题事件的一种建议性的态度。如例（13）中"推销"一事已然存在，这类事件一般来说是为人所反感的，属于"-如意"事件。说话人的态度也是如此，但不止如此，说话人还提出针对这类"-如意"事件的建议——"捂住耳朵不听，捂紧钱包不买"。由此看来，"大不了"在该句中表达的是说话人在事件已然发生的情况下，为了降低负面影响，提出的劝慰性建议，同时有把负面影响往小里说的意味。例（14）中假设将来发生某事件——"我们队员出现异常情况"，这也属于"-如意"事件。说话人对此不利状况提出相应对策——"换人或者少人"，从而减轻其不利影响。例（15）的情况同例（14），"大不了"引出补偿性建议，同时表示说话人对将来不利事件后果严重性的主观小化，其上文语境中的"没关系"更是直接表明了这一态度。

通过以上分析，我们认为有必要将表达建议的"大不了"与表达揣测义的"大不了$_2$"区分出来，列为"大不了$_3$"。"大不了$_2$"表达揣测型认识情态语义，而"大不了$_3$"表达的语义则符合劝谏型道义情态的语义特征。二者都是语气副词，在表达手段上都属于情态成分。

道义情态表达说话人对命题事件或某行为能否发生或实现的判定，命题成真的条件为说话人的指令或要求，也包括普遍规则及一般社会道义。其中劝谏型道义情态表示说话人对句子主语提出要求或建议，促使其采取某种行动，实现句子的命题内容。如"你应该生一个孩子"句中劝谏型道义情态词"应该"就表示说话人的观点要求及一般的传统观念"适龄青年生儿育女"，这一要求可以促使听话人采取行动，从而使句子命题的实现具备一定的可能性。"大不了$_3$"句表达说话人劝谏性的建议，如例（15）中在"（将来）联通、电信真的支撑不了"的情况下，说话人建议"再来次重组"。实际上说话人的这个建议也是句子主语"联通、电信"可能采取的行动。"大不了$_3$"在句中的语义功能和情态类型与"应该"相似，属于劝谏型道义情态。

（二）"大不了$_2$"与"大不了$_3$"的句法功能区别

上文的分析结论还可以从"大不了$_2$"和"大不了$_3$"不同的句法表

现上得到形式方面的验证。二者的句法功能差别有以下几点：

一是"大不了"之后的成分。"大不了$_2$"和"大不了$_3$"都是语气副词，在句中占据状语的位置。表推测的"大不了$_2$"所修饰限定的核心命题成分不但包括动词性结构，还包括名词性结构，以及句子成分齐全的小句，如以下几例。

（16）站长说："你和他们性质不一样。你去顶，大不了关个十天八天，这个我有数。（方方《一波三折》）

（17）如果动粗，大不了一条命。（人民网语料）

（18）可可又问："那你要被抓起来怎么办？"我说："也没有什么，大不了明年夏天我看不到你穿紫裙子了。"（《青年文摘》2003年人物版）

"大不了$_2$"的这种形式特点是与其语义内容相适应的，"大不了$_2$"表达的认识情态语义是对事件结果的揣测，而事件结果可以是行为，如例（16）中的"关个十天八天"，由动词性结构充当；事件结果也可以是行为中的凸显对象，如例（17）中的"一条命"，其实事件结果是"丢掉一条命"，由名词性结构充当；事件结果也可以是某种情状，如例（18）中"明年夏天我看不到你穿紫裙子了"就是说话人假想的一种未来的生活情形，由完整的小句来描写说明。

"大不了$_3$"表达建议，需要句子主语采取行动，因此其后的成分都是包含自主的动作动词的行动或事件，不能是名词性结果事件。如例（13）中的"捂、买"，例（19）中的"走"等。而"大不了$_2$"之后限定的就只可能是非自主动词，如例（20）中的变化动词"变成"。因为"大不了$_2$"只是对结果状态的猜测说明。这也是我们判别"大不了$_2$"与"大不了$_3$"的重要依据。

（19）我们先前还想就着大路，大不了$_3$多走几步，一定找得到山下的大街。（朱邦复《东尼！东尼！》）

（20）酒显然是变质了，大不了$_2$变成醋吧！我不信会有害，了不起弄假成真，拉拉肚子。（朱邦复《巴西狂欢节》）

二是"大不了"句法位置的灵活程度。"大不了$_2$"只能在命题之前状语位置上，而"大不了$_3$"相对灵活，可以在命题之前，也可以在命题中其他限定条件之后。见例（21）。

（21）a. 既然她想离，那就离吧。我的想法是，<u>大不了</u>过段时间，等大家都冷静下来了，再复婚就是了。（人民网语料）

b. 既然她想离，那就离吧。我的想法是，过段时间，等大家都冷静下来了，<u>大不了</u>再复婚就是了。

"大不了$_2$"预测命题结果，应该在结果事件之前；而"大不了$_3$"表达说话人的建议，言者主语的句子中，位置就可以灵活许多。

三是"大不了"的人称选择不同。"大不了$_2$"表示说话人的预测，命题多为第一人称自述。而"大不了$_3$"表示劝谏，命题主语多为劝谏的对象——第二人称。如例（22）"大不了$_2$"句可添加第一人称词"我""我们"；例（23）"大不了$_3$"句命题中明确使用了第二人称。

（22）怎么把他敷衍得舒舒服服，就交给你办了；（<u>我们</u>）<u>大不了</u>多花几两银子，不要紧。（高阳《红顶商人胡雪岩》）

（23）<u>你</u>就陪他去吧，<u>大不了</u>，<u>你</u>把骨灰盒抱回来就是了。（人民网语料）

四是其他形式标志的共用。"大不了$_2$"句中可以有同义的情态词共现，如例（5）中的"可能"。但由于"大不了$_2$"句总是提出最严重后果，故可以共现的揣测义的情态词在语料中并不多见。"大不了$_3$"句中可以共现的同义情态词比较多，使用的频率也比较高。其中"就是了"就是常见的一个。"就是了"是句末语气词，可以单独表达劝谏型道义情态语义，如"既然老板交代了，办好<u>就是了</u>"。句末道义情态成分"就是了"与"大不了$_3$"前后断续连用，如例（23）和例（25），从而加强劝谏型道义情态语义的表达。"大不了$_3$"句中也可以出现其他道义情态词，如例（24）和例（25）中的"（不）可""还是"。

（24）其实幽默不起来也无伤大雅，<u>大不了</u>平淡些或改行干点力

所能及的，但切<u>不可</u>把插科打诨、油嘴滑舌当幽默。（《人民日报》
1996 年 11 月 17 日）

（25）如果口袋里银子不多的话，<u>还是</u>不要选择容量太大的产品，<u>大不了</u>经常更新歌曲<u>就是了</u>。（人民网语料）

在语言系统中，语义成分与它的表现形式之间存在一定的对应关系。情态语义的细微差别同样也会在语形表现上得到反映。本小节探讨的"大不了₂"和"大不了₃"的形式区别即是与二者不同的情态语义密切相关的，也再次证明二者区分开来的必要性。

三　"大不了₄"作为非情态否定性评价构式的构成部分

"大不了₄"在句法上多充当定语，工具书中解释为"严重的""不得了的"，因此被定性为一个形容词。实际上，从它的使用环境来看，"大不了₄"多用于否定构式"S+没什么大不了的""S+不是什么大不了的+N"或反问构式"S+有什么大不了（的）？"中，表示说话人对 S——句子主语所代表的事件或状况的严重程度、紧要程度作出否定性的评价。如例（26）说话人的观点是"公厕最好不收费"，另外提出一个虚拟事件"花上两三角钱上厕所"并对此表态——"没什么大不了"，即不是大事，不值得重视。至此，说话人的观点和态度才算完整明了。此例中说话人并未判定命题是否为真以及是否成真，命题内容只是可能世界中存在的一种状况，说话人通过采用"没什么大不了"这一情态构式表达了对这种可能状况并不重视的主观态度。至于例（27），"我不吃肉，已多年了"是一个已知为真的命题，对这一命题内容一般的看法是缺乏营养、不健康，对身体来说是严重的问题。而说话人的观点是"不是什么大不了的事"，即不以为然，对此抱持否定性的评价态度。

（26）公厕最好不收费，但花上两三角钱上厕所也没什么<u>大不了</u>的。（《市场报》1994 年）

（27）我不吃肉，已多年了。不是什么<u>大不了</u>的事，就是觉得那样更舒服。（当代翻译作品《廊桥遗梦》）

从以上的分析可知，"大不了₄"所在的否定性构式"没什么+X"

"不是什么+X+的 N""有什么+X？"表达了说话人的评价态度，是一组评价义构式。评价义构式虽然表达说话人的主观态度，但是对现实性命题内容的评价，并非未然性的主观推测，与命题的可能性和必然性无关，因此不属于情态语义的范畴。"大不了$_4$"是该评价义构式构成部分变项 X 的一种形式。进入这种构式的变项 X 都具有严重程度或紧要程度高的语义特征，"大不了$_4$"即意为"大得不能承受、无法解决""严重的、不得了的"，才可以进入这种构式。"大不了$_4$"这一意的来源与"大不了$_2$""大不了$_3$"常用于推测最严重的极端后果有关，几种用法之间的衍生关系下文探讨。

综上所述，作为形容词的"大不了$_4$"主要用于否定或反问语境，是非情态评价构式"没什么+X""不是什么+X+的 N""有什么+X？"的构成部分，在否定性评价构式义的基础上，表达说话人对已知为真的命题内容"不严重、不要紧"的主观判断。

至此，"大不了"的情态语义类型可列表归纳，如表5-1所示。

表5-1 　　　　　　　　　"大不了"的情态语义类型

	语法性质	例句	语义内容	情态语义类型	情态形式类型
大不了$_1$	述补短语	这样做生意自然大不了。	说话人对命题内容真实性状况的确定性推测	断定型认识情态	情态构式
大不了$_2$	语气副词	大不了卷铺盖回家。	对事件结果最严重程度的推断和估测。	揣测型认识情态	情态成分
大不了$_3$	语气副词	打碎了瓷器大不了赔一个就是了。	在已发生某种不如意事件的情况下，对稳定情势所作的补偿性建议。	劝谏型道义情态	情态成分
大不了$_4$	形容词（用于否定或反问构式中）	这不是什么大不了的病。	说话人对言谈对象严重程度或紧要程度的否定评价。	非情态	非情态构式的构成部分

第三节 "大不了"的语用功能及主观性特征

一 "大不了"的语用功能

"大不了"表达的情态语义比较复杂，内部存在细微差别。然而在实际使用中，通过对语境的考察，我们发现"大不了"的语用功能及主观性特征却表现出一定的一致性，都表达说话人对语境中的人、事、物的"大的；严重的"性质、现实情状及预料后果的严重程度进行的否定性的判定和评述，以及由此表现出"不以为然""无须担心"的轻视态度。以下分别讨论。

（一）对已然事件的消极影响进行主观小化

"大不了$_4$"和"大不了$_3$"都用于某事件已然发生的语境中，已然事实一般是消极的、不如意的事件。如例（28）中的"看医生"是生病以后的行为，而生病一般人认为是不如意的。例（29）"戴琳上不了场"说话人也承认对比赛有一定的影响。消极事件已成事实，为了降低负面影响，说话人通过"大不了$_4$"表达自己的否定立场——消极事件"看医生"并不值得担心；或者采用"大不了$_3$"提出补救性建议"这个礼拜让成亮好好练一练"，同时表达劝慰性态度。"大不了$_4$"和"大不了$_3$"虽然在情态性质上有所不同，一是表达非情态否定性评价，一是表达劝谏性情态语义，但二者的话语目的都是有意把事情往小里说，减轻事件的消极影响，另外表达说话人不在乎的态度。上下文语境中也能找到其他表示"小视、看轻"义的词语作为印证，如例（28）中的"只不过……罢了"等。因此，"大不了"可以被视为说话人对已然事件的不利影响进行主观小化的标志。

（28）看医生没有什么<u>大不了</u>，只不过打一支针<u>罢了</u>。（岑凯伦《合家欢》）

（29）戴琳上不了场，对于我们确实有一定的影响，<u>大不了</u>，这个礼拜让成亮好好练一练，说不定还能成为一个奇兵呢。（人民网语料）

（二）对未然事件后果的严重程度进行主观大化

"大不了$_2$"句中事件发展的将来结果尚未确定，在句子主语即将采取某种行动之前，说话人对此行动可能造成的后果进行预测，并给出最严重程度的推断和估测。如例（30）中"出钱"行为还未发生，说话人便预测最极端的情况——"这几年白干了"，也就是说出掉这几年挣到的所有的钱。一般来说，人们对把自己的钱拿出来还是比较谨慎的，认为是大事，而说话人反常的言行其实是对"出钱"行为的主观小化，表达不以为然的态度，这在语境中也有"我倒不在乎"相印证。从另一个角度讲，说话人对事件的后果进行预测时，先考虑到最坏的状况，如果最坏的结果都可以接受，那么其他结果就不值得烦恼了。而实际上，真实发生的后果很多情况下并不是最严重的。例（30）中"出钱"的后果一般达不到"这几年白干"的程度。因此，"大不了₂"对未然事件后果的严重程度是有主观大化的倾向的。

（30）农民企业家说："出多少钱我倒不在乎，<u>大不了</u>就是这几年白干了。"（王朔《千万别把我当人》）

（三）对未然事件状况的客观化推测

"大不了₁"用于未然语境中，对语境中某性质状况的出现进行否定性的推测。"大不了₁"句说话人多考虑客观条件或其他语境依据，根据语境因素或经验作出"不会大、不可能大"的否定预测，如例（31）对是否加上喇叭，加上之后的声音是否大进行预测，由于语境中存在客观因素"灵敏度低、输出不大"，说话人基于此判定喇叭的声音不可能大。这种否定性的认识情态语义由于推测依据的客观性而带上一定的客观化色彩，属于主观情态的客观化表达。因此，说话人揣测行为的主观色彩较"大不了₂"弱一些。①

（31）泡沫边的喇叭灵敏度太低，本来输出就没多大，加上这样的喇叭声音<u>大不了</u>。

二 "大不了"的主观性强弱

本小节探讨"大不了"表达情态语义时主观性强弱的差别。理论上说，自然语言中的情态都是主观的，情态范畴内部成员存在典型性的差

---

① 但"大不了₁"在某些情境中的使用带有说话人主观夸大的色彩，如"社员户一口猪也不准许养了，队上那几栏猪又瘦得比猫<u>大不了</u>多少"。猪再瘦也应该比猫大，此处对比说明有说话人主观大化的目的。

异，如主语取向的动力情态即非典型成员，其主观性就相对较弱①。另外，不同的情态类型内部也有客观化和主观化表达的不同，如同是认识情态表达，"肯定 X"比"X 定"主观性更强，原因是后者是在依据更多客观条件的基础上作出的，相对于前者属于客观化的表达②。

"大不了₄"所在的否定或反问构式"没什么+X"等本身即表示现实的评价意义，带有说话人强烈的主观色彩。"大不了₄"用在构式中，其整体的构式义表达说话人的否定评价及轻视态度，主观性最强。

第五章第三节第一小节谈到"大不了₁"句说话人作出判定是有语境依据的，可能是某些客观因素，也可能掌握了一定的证据。因此，"大不了₁"表达认识情态语义时倾向于一种客观化的表达。比如例（1）"生意大不了"，也可以说"生意不会大"。"不会大"是说话人的主观断定，可能有客观依据，也可能仅是自己的主观经验；但若选用"大不了"进行表达，则说话人多半已经掌握了某些客观证据。因此"大不了"较"不会大"主观性弱一些。

"大不了₂"和"大不了₃"的主观性强弱比较难区分，如果从情态类型上来看，认识情态句为言者主语，道义情态句为句子主语，表认识情态的"大不了₂"应该比表道义情态的"大不了₃"主观性更强。实际上，我们认为"大不了₃"的劝谏性提议有时也可以理解为"大不了₂"所推测的最严重后果，这也是多数文献中将二者合而为一的重要原因。比如说"手机丢了，大不了再买一个"，比较容易解读为提出建议的"大不了₃"，但从另一个角度看，手机丢了的后果可以是无法跟人联系、工作生活不方便，也可以是损失金钱再买一个。这样理解的话，也就成了"大不了₂"的推测后果义。实际语言的使用中，"大不了₂"和"大不了₃"的揣测和建议的情态语义和功能常常是融合在一起的。鉴于此，从语言的实际使用出发，我们不再为二者作出主观性强弱的绝对区分。

最后，我们尝试给出"大不了"的主观性强弱等级如下：

"大不了₄"＞"大不了₂"／"大不了₃"＞"大不了₁"
强　　　　　　　　　　　　　　　　弱

---

① 参见彭利贞（2007：59—62）。
② 参见范伟（2011）。

第四节　"大不了"的语义探源

关于"大不了"的语义来源或者说语法化轨迹，已经有学者作过研究。大家一致同意的是，"大不了"是从结构松散的句法组合经历长时间的语言演变逐渐凝固成一个词项的词汇化的结果。但其中的语法化动因及途径，"大不了"不同用法的语法化程度，不同的研究者还存在不同的看法，也有研究不够合理和全面之处，本小节尝试考察不同用法的"大不了"，不同的语义演变特点及语法化程度，并着重考察其语法化过程中情态语义的产生情况。

一　"大不了₁"的语义来源

"大不了₁"作为述补短语，意为"不可能大"，属于"形容词+不了"结构，也是可能补语的一种特殊形式。可能补语一般被认为是述补结构的可能式，是述补结构中间添加"得"或"不"的形式，也可以称作能性述补结构。

关于述补结构的语义发展与演变历程有较多研究成果可供借鉴。一般认为①，述补结构由先秦两汉时期的"他动词+他动词"的动词并列结构演化而来，经过后一动词的自动词化，以及使动式的衰落、"隔开式"述补结构的产生（如"打汝前两齿折"）、"动+形"式复合词的产生（如"长大""缩小"等不带宾语的复合词）等因素的共同作用，至六朝时期产生动结式。同时，这一时期也已出现动结式的否定形式"V不C"（如"楼高望不见"《玉台新咏》）。另外，从带"得"的述补结构产生的角度看，很多学者认为"V得C"述补结构来源于"得"从"获得义"到"达成义"的虚化，自宋以后，"V得C"更倾向于表示动作实现的可能性，而表结果实现的"V得C"则向"VC"归并。"V不C"也是在宋代以后基本用来表示不可能，而最初并不是可能补语结构的否定式，而是结果补语"VC"的否定式，表示结果没有达成或实现。

具体就"V不了"的语义发展来看，上文中述补结构的最初来源——动词并列结构，在古代汉语语料中并未找到"V不了"的这种用

---

① 此处参考了蒋绍愚、曹广顺主编的《近代汉语语法史研究综述》（2005）。

法。至六朝时出现了表结果实现的"V不了"及"VO不了",如:

(32) 则若此之人,情伪行露,亦终不得而教之,教之亦不得尽言吐实,<u>言不了</u>,则为之无益也。(东晋,《抱朴子》)

(33) 裴使君曰:"诚如来论。吾数与平叔共说老、庄及易,常觉其辞妙于理,不能折之。又时人吸习,皆归服之焉,<u>益令不了</u>。相见得清言,然后灼灼耳。"(南朝,《三国志裴注》)

"V不了"中"了"为实义的"终结、完结"的用法在明清语料中较多见,至现代汉语中仍有保留,列出几例如下:

(34) 当时本司院有王三叔在时,一时照顾二百钱瓜子,转的来,我父母<u>吃不了</u>。(明,《玉堂春落难逢夫》)

(35) 为何自家引这一段故事,将大比小?<u>说不了</u>江州城外白龙庙中,梁山泊好汉小聚义,劫了法场,救得宋江、戴宗。(明,《水浒传》)

(36) 华忠道:"<u>用不了</u>这些,我留二十两就够使的了。"(清,《儿女英雄传》)

(37) 薛姨妈叹道:"他是没笼头的马,天天<u>忙不了</u>,那里肯在家一日?"(清,《红楼梦》)

李宗江(1994)的相关研究认为,"V得了(不了)"的语义变化在于"了"的虚化,已经虚化了的"V得了(不了)"如"离不了、忘不了"是从实义的"V得了(不了)"如"吃得了、吃不了"发展演变来的。当V为及物动词,"了"指向V的受事,表示"了"结果实现的可能性;当该格式中V的位置为不及物动词或形容词占据,"了"指向不及物动词或形容词本身,表示动作实现或状态成真的可能性。

"V不了"表动作实现的可能性的用法在宋代语料中即可以找到,与上文提到的"V不C"是在宋代以后基本用来表示不可能的观点相一致。如:

(38) 第一句荐得,堪与祖佛为师。第二句荐得,堪与人天为

师。第三句荐得，<u>自救不了</u>。（北宋，《禅林僧宝传》）

（39）是无尽底地头，尧舜也<u>做不了</u>。（南宋，《朱子语类》）

例（38）和例（39）中"自救不了""做不了"表示对动作行为发生的可能性判断，意为"不能（无法）自救""没有能力不可能做"。

述补结构中述语为形容词，即"A 不 C"在唐代时已产生①。而"A 不了"在相近的历史时期也已出现，如：

（40）师云："玉不处雪，那辩坚贞？"因说百丈打侍者因缘。有人拈问："百丈打侍者，为上座打，为侍者打？"师云："<u>理正不了</u>，累及家丁。"（五代南唐，《祖堂集》）

（41）今时学人触目有滞，盖为依他数量作解，被他数量该括得定，分寸不能移易。所以见不逾色，听不越声。鼻香舌味身触意法亦然。假饶并当得门头净洁，自己未得通明，<u>还同不了</u>。（五代南唐，《祖堂集》）

（42）相思有如少债的，每日相催逼。常挑着一担愁，<u>准不了三分利</u>，这本钱见他时才算得。（元，徐再思《双调·清江引·相思》）

（43）自然不尚奢华。醉李白名千载。富陶朱能几家。<u>贫不了诗酒生涯</u>。（元，张可久《水仙子·山斋小集》）

从以上的语料中可以看出，"A 不了"在产生时即是表达 A 的性质状态出现的可能性的，其中"了"已经虚化。"A 不了"中的形容词在宋元等清代以前的语料中找到的用例不多，除了例（40）—例（43）四例，还有四例"少不了"，其他"穷不了""久不了""快活不了""分明不了"各一例。而"大不了"一例也没有找到，这说明"A 不了"表可能缓慢发展的时间比较长。至清代，语料中"A 不了"开始大量出现，除了更多的形容词可以进入这个结构，如"好不了""远不了""完不了""短不了""平安不了""安静不了"外，"大不了"找到 43 例，以形容词"大不了"为多，也有副词用法。如：

---

① 见蒋绍愚、曹广顺（2005：342—344）。

（44）跌碎了个把盆子，什么<u>大不了</u>的事，你们也要这样的笑法！（清小说，《九尾龟》）

（45）管他天神天将，前来殛我，<u>大不了</u>一死。（清小说，《八仙得道》）

（46）原不过请你申斥他两句，警戒他下次小心点，<u>大不了</u>罚他几角洋钱就了不得了。（清小说，《二十年目睹之怪现状》）

例（44）是用作形容词的"大不了$_4$"，例（45）和例（46）分别是表极性估测的"大不了$_2$"和表劝谏建议的"大不了$_3$"。这样看来，清代"大不了"的形容词和副词用法已经与现代汉语相差无几了。然而，述补短语的"大不了$_1$"清代并未发现用例，直到民国时期才开始出现。如例（47）：

（47）咱们要先吃饭呢，那不爱看的一走，越走人越少，再出事也就<u>大不了</u>啦。（民国小说，《雍正剑侠图》）

另外，清末开始，"V不了"结构进一步虚化，后面可以带上数量成分。受此影响，"A不了+数量成分""大不了+数量成分"格式也开始出现，并逐渐发展出比较意义。

（48）从此以后，<u>用不了</u>十天，我们就能相会一次。（民国小说，《古今情海》）

（49）稻田去，也<u>远不了</u>多少路。（民国小说，《留东外史》）

（50）只见那女郎后面，接着又上来了一个年龄虽略大些，有二十开外了，风度却比初上来的<u>差不了</u>许多。（民国小说，《留东外史续》）

（51）桂系军阀的浩大声势是打倒了，只剩下叶琪、夏威两个军，实力比北伐出师时<u>大不了</u>多少。（翎勋《蒋党内幕》）①

例（48）是"V不了"后添加的数量补语补充说明动词"用"所需

---

① 此例转引自谢晓明、刘渝西（2013）。

要的时间长度。例（49）形容词述补格式"远不了"也可以后加数量成分表示对"远"的程度的估测。到例（50）中形容词述补格式已经带上比较意义，例（51）中也有明确的比较项，"大不了多少"凸显比较点和比较内容。

鉴于语料中的表现，有的学者认为"大不了"的形容词用法产生在前，副词稍后，表示比较和判断的述补短语出现最晚，演化路径分为两条，一条是：形容词"大"+不了→形容词"大不了"→副词"大不了"；另一条是：形容词"大"+不了→述补短语"大不了"（谢晓明、刘渝西，2013）。

我们也认同作为短语的"大不了"与词化为形容词和副词的"大不了"演变路径不同，述补短语的"大不了$_1$"应该是在汉语史上动结式发生演变的类化和促动下产生的，同时伴随"了"的语义的虚化。述补结构的演变中述语部分以动词为主，进入该结构的形容词从得到的语料上看，发展进程要缓慢得多，并不是常用的形容词都有这种用法。这其中或许有表达需要的原因，也可能有其他原因需要进一步的研究。

柯理思（2000）曾给出过表认识情态意义的"A不了"格式的语法化轨迹，认为该语法化的第一步是"V不了"中的"了"虚化为傀儡补语；第二步是"V不了"中的动词位置由动态形容词占据，施事对事件的可控特征消失，"A不了"开始偏于认识情态义解读；第三步动态形容词变为静态形容词，即形容词表示恒久的性质时，认识情态义就成为该格式的唯一义项，表认识情态意义的"A不了"格式也就产生了。

在柯理思上述观点的启发下，我们观察了"A不了"历时语料中"A"的性质，但进入该格式的形容词并没有遵循先动态形容词后静态形容词这样规律的时间先后顺序，柯理思本人在面对较早清代就出现的静态形容词"远不了"的用例时，也没有继续解释。由此看来，理论上的推测即使表面上合理，但没有充足的语料支持，或许还有没挖掘出来的深层原因。

二 从"大不了$_2$"到"大不了$_3$"

（一）"大不了"与"大不过"

麻玉林（2010）认为"大不了"最早出现在五代变文中，见例（52）：

（52）静能闻说，作色动容，怒使人曰：<u>大不了事</u>！又取雄黄及二尺白练绢，书道符吹向空中，化为一大将军，身穿金甲……

麻文将例（52）中的"大不了"认定为一个句法单位，其结构关系是：{大［不（了事）］}。孙茂恒（2011）对此例的分析是："大不了事"是在"V不了+宾语"（如"送不了命""遂不了愿""干不了事"）的类化作用下仿造的一种动宾关系结构：［（大不了）事］，并将此例中的"大不了事"释义为"（这）事是小事一桩，不是什么大事"。

我们认为例（52）中的"大不了事"应该作另外的解释。蒋礼鸿先生的《敦煌文献语言词典》中有关于"了事"这个词的解释，意为"能干、精明、能办事"，举的例子就是上面的例（52）。另外，项楚的《敦煌变文选注》中的"大不"作"太不"。这样理解起来，"大不了事"应该就是"太不能办事"的意思。

谢晓明、刘渝西（2013）也认为例（52）中的"大不了事"是"太不明白事理、很不懂事"的意思。另外，他们也注意到同时期的语料中也有"好不晓事""好不了事""太不晓事"等其他同义形式。对于例（52）中"大不了"的认定，我们同意谢晓明、刘渝西的看法，并不认为是"大不了"的最初来源。

第五章第四节第一小节对"大不了"古代语料的考察中，虽然有着从动词性述补结构到形容词性述补结构的演变，但"形+不了"及"大不了"在清代以前用例非常少，这使我们思考有没有与"大不了"形义相近的结构，它的发展演变是否有规律可循？是否可供研究"大不了"参照？我们选取同为形容词性述补结构可能式的"大不过"，语义上与"大不了"相近，都有不比某事物现象或状态后果更大、更严重的意思。我们对"大不过"用法的发展演变进行考察，以期对"大不了"语法化的考察结果有所补益。

"大不过"在现代汉语里面仅是一个形容词述补结构的临时性组合，并没有像形容词、副词"大不了"那样成词的用法。如例（53）和例（54）：

（53）这个年头儿呀，妈，亲妈也<u>大不过</u>真理去！（老舍《方珍珠》）

(54) 如果一切运动是相对的, 地球旋转假说和天空回转假说的差别就纯粹是辞句上的差别; 大不过像 "约翰是詹姆士的父亲" 和 "詹姆士是约翰的儿子" 之间的差别。(当代翻译作品《西方哲学史》)

形容词述补结构的临时性组合在现代汉语中很常用, 性质形容词大多都可以进入这个组合, 如例 (55) 和例 (56)。述补结构 "大不了₁" 也是这种临时性组合。

(55) 黎家说, 普陀的佛灵, 却灵不过五指山的观音。(《市场报》1994 年)

(56) 第三次适逢盛夏, 四十摄氏度气温也高不过大家心急如焚。(《人民日报》2000 年 5 月 13 日)

"大不过" 的用法经历了历史的发展演变。自先秦至宋元, "大不过" 是形容词 "大" 与谓词性结构 "不过" 的组合。如例 (57) 中意为母亲的权威之 "大" 不能超过天地, 是一种主谓说明性的关系。

(57) 今母贤不过尧、舜, 母大不过天地, 是以名利母也。(西汉,《战国策》)

明代以后的语料中, "大不过" 的用法已经非常齐全, 包括主谓关系的临时性组合, 如例 (58); 用于比较结构的例 (59) 和例 (60), 前例后接数量成分, 后例后接比较项宾语; 例 (61) 表示可能性猜测, 意思和用法都极接近 "大不了₁"; 例 (62) 则已经词汇化为副词, 同 "大不了₂", 对自己的现实命运作出最坏的打算, 提出最严重的后果, 给出最坏的可能。

(58) 要他供下一纸状, 不许他做人, 不许他变化, 止许他做鱼, 长不过一尺, 大不过三寸, 如违即时处斩。(明小说,《三宝太监西洋记》)

(59) 飞娘道: "文爷比侄女, 大不过十年。(清小说,《野叟

曝言》）

（60）大鹏金翅鸟又大又凶，只一个海刀虽说大，<u>大不过</u>他，虽说狠，狠不过他。（明小说，《三宝太监西洋记》）

（61）那开店的看见二钱银子买一束草，觉得利息<u>大不过</u>，好不欢喜。［清小说，《续济公传（下）》］

（62）自古道，除死无大病，讨饭再不穷。<u>大不过</u>督邮去启奏万岁，将我斩首罢了，其余大约再没有厉害来吓我了。（民国小说，《汉代宫廷艳史》）

从语料中可见，"大不过"与"大不了"意思和用法接近，前者在历史上使用的频率还要更高一些。由于有"大不过"同义表达的存在，可能在一定程度上会影响"大不了"的发展演化速度。至清末民国以后，"大不过"与"大不了"都开始大量出现，而"大不过"的用例更多，发展更完善。"大不过"的意义和用法对"大不了"的出现频率也有一定的感染作用。但至现代汉语中，"大不过"与"大不了"的竞争结果是"大不过"的词汇化用法都由"大不了"替代，"大不过"只保留了最初的临时性组合时的比较用法，是"X 不过"结构的一种表现。这种词汇归并过程和现象也体现了语法化的"择一"原则（Hopper，1988），"大不过"与"大不了"的副词用法在历史上曾同时并存，但经过竞争和淘汰，"大不过"的副词形式消失，对副词"大不了"的选择大量增加，进而使其成为唯一使用形式。

（二）从"大不了$_2$"到"大不了$_3$"

"大不了$_2$"与"大不了$_3$"都是副词，在一般的研究中都被视为一类，与短语的"大不了$_1$"及形容词的"大不了$_4$"相区别。本章从情态的角度将二者区分开来，"大不了$_2$"（大不了一条命）表预测，后接动词性或名词性结构，多用于第一人称自述或第三人称他述；"大不了$_3$"（大不了重来）表建议，后接动词性结构，多表现为第二人称劝谏。"大不了$_2$"表达认识情态语义，"大不了$_3$"表达道义情态语义。

"大不了$_2$"与"大不了$_3$"虽然在语法性质上都是副词，但二者情态语义上的差别还是带来语法特点上的些微差异，文中第五章第二节第二小节已有探讨。本小节关心的是二者是否有发展演变上的先后关系。这一点在其他有关"大不了"的研究中都没有涉及。从历史语料看，"大不了"

的副词用法在清代以后才大量出现，我们统计了一下北京大学网络版语料库中清代、民国两个时期的语料，共找到 74 个"大不了"的用例。与本章开头所列的"大不了"在现代汉语中的用例相对比，四种用法所占比例可见表 5-2。

表 5-2　　　　　　　　　　"大不了"不同时期语料用例对比

	大不了$_1$		大不了$_2$		大不了$_3$		大不了$_4$		用例总数
清代、民国语料	用例数	占比	用例数	占比	用例数	占比	用例数	占比	74
	1	1%	10	14%	2	3%	61	82%	
现当代语料	81	15%	158	30%	29	5%	262	49%	530

从表 5-2 可以看出，作为副词的"大不了$_2$"与"大不了$_3$"总的使用比例有了较大的提高。清代、民国时期总占比为 17%，现当代语料中总占比达到了 35%，提高了一倍。这说明"大不了"的虚化是一直在进行的，其副词用法使用频率的加大体现了其虚化程度的进一步加深。

另外，认识情态的"大不了$_1$"使用比例也有大幅提高，虽然"大不了$_1$"并非语法化后的虚词，而是临时组合的可能补语结构，但其推测判定的主观意义的增加也是语法化程度加深的一种表现。前文提到"A 不了"表主观判断的可能补语结构五代以后即已出现，但"大不了$_1$"的历史语料却鲜有发现，至现当代却大量使用，其历史发展的过程并不明显。这种语法化过程中的"空白""不用"（disuse）现象，研究者们也注意到，但尚未作出圆满的解释。可能是文献资料的缺乏，也可能是新用法只用于某个有限的地域，要为整个言语社会普遍接受则需要几百年的时间。①

就"大不了$_2$"与"大不了$_3$"本身的使用情况来看，无论是近代还是现代，表给出最坏预测的"大不了$_2$"都比表劝导建议的"大不了$_3$"用例要多很多。从历时的角度看，情态语义的衍生与发展有着从根情态（包括能力情态和道义情态）到认识情态的演变方向，但实际情况可能更复杂（见本书第二章第三节第三小节）。"大不了$_2$"与"大不了$_3$"在历时的发展中并不存在先后关系，因为二者同为副词用法，没有语法化过程

———————
① 见刘坚《汉语的语法化问题》（1993）。

中的由实变虚、用法并存、归并择一等环节。因此，从共时的角度来考察二者的使用特点可能更为有益。Traugott（1982）曾给出一个语法化程度由低到高的语法功能的等级①：

概念功能>语篇功能>人际功能

对照这一等级，"大不了₃"表示对听话人的劝导建议，具有明显的人际功能，而"大不了₂"对事态发展结果的预测则只是从自我出发，表达自我的观点和态度。由此看来，"大不了₃"比"大不了₂"的语法化程度更深。因为按照单向原则，语法化总是由实变虚，由虚变得更虚。"大不了₂"的使用频率高于"大不了₃"说明"大不了"仍在语法化的进程当中，"大不了₃"虽走得更远，但与"大不了₂"仍并存共用，而且也存在可以同时理解为两种用法的中间情况，如下面几例：

（63）成驹笑道："他果然要以力服人，我且和他斗斗看，<u>大不了</u>我们再退到三危山去。（民国小说，《上古秘史》）
（64）对我有利的我就干，对我不利的我就不干，你不高兴也没关系，<u>大不了</u>和你断绝贸易往来，那我也照样可以发展经济。（华民《WTO与中国》）

例（63）"大不了"后可以理解为"我和他斗斗"之后所预测的最坏的结果——我输给他，所以"再退到三危山去"。如果没有上文的未然语境，"退到三危山"也可以看作对"我们"即将采取的行动建议，至少已经具备了此种理解的可能性。

例（64）"和你断绝贸易往来"既可以理解为"你不高兴"之后的最坏结果，也可以理解为因为"对我不利的我不干"，而因此采取的可能行动。前者表结果是"大不了₂"的揣测型认识情态语义，而后者则是"大不了₃"的建议型道义情态语义。

在语料中也有"大不了₂"与"大不了₃"两种用法共用的情况，如例（65）：

---

① 转引自沈家煊《"语法化"研究综观》（1994）。

（65）其实幽默不起来也无伤大雅，<u>大不了</u>平淡些或改行干点力所能及的，但切不可把插科打诨、油嘴滑舌当幽默。（《人民日报》1996年11月17日）

"大不了"后是由"或"连接的一个并列关系的短语，"平淡些"可以理解为预测的生活状态，"改行干点力所能及的"可以理解为在此之上的建议行为。可见，例（65）中的"大不了"兼有认识情态和道义情态两种语义内涵。从并列短语两个成分的前后关系来看，表预测的认识情态在先，而建议行为的道义情态在后，不能颠倒次序，这也在一定程度上说明道义情态"大不了$_3$"应该是认识情态"大不了$_2$"进一步发展的结果，预测可能发生的事件或状态之后可以再给出相应的建议行动，而不能先建议行动再预测未来，这也符合一般的认知规律和语言的距离相似原则。

（三）"大不了$_4$"否定、反问语境的高频使用

关于形容词"大不了$_4$"的来源，周敏莉（2012）认为"大不了"由跨层非短语结构经过重新分析成为形容词"大不了"，即在最早出现的历史用例"大不了事"中①，"大"和"不了"都修饰其后的中心词"事"，内层组合是"不了事"，"不能解决的事"。外层组合是"大不了事"，"大的不能解决的事"。这种解释在语义上可以说得通，可以进一步引申为"大得不得了的某事物"，"大不了$_4$"也就可以修饰其他名词如"姿色""好处""利益""交情"等，这在清代以后的语料中也可以见到。谢晓明、刘渝西（2013）认为，周文这一观点难以解释为何清代以前那么长时间没有出现这样的用法，而清代一出现就词汇化了。因此，谢文的观点是形容词"大不了"是在"了"的语义虚化和"不了"结构的类化作用下而产生的。

我们认同谢文历史关联的看法，形容词"大不了$_4$"应该仍是在汉语史中可能补语发展演变的大背景下产生的。周文的观点没有清代以前用例的证明，用例的"空白"或许还有语料缺失的原因，但"大不了$_4$"与"大不了"的其他用法以及语言历史发展中的其他相近结构没有联系是不太可能的。

接下来的问题是，形容词"大不了$_4$"是如何受到相近结构的影响而

---

① 即前文提到过的出现在五代变文中的"大不了"例（52）。

发生词汇化，如何演化出"了不得"的含义，谢文中没有说明。我们对现有语料重新进行考察梳理，从"V不C""V不了"结构在六朝以后就可以表示动作实现的不可能，到这个句法槽中逐渐出现形容词，"A不了"也开始表示某性质状态的不可能出现，总的来说，"X不了"可能补语结构的发展演变轨迹比较清晰，在历史语料中有充分的体现。比如在明代的语料中，"V不了"表"V不完、不停、不尽"，"了"用作本义的例子很多，如"收拾不了""哭个不了""说不了""数不了"等，同时表示对动词的不会发生进行判断的已经开始语法化的"V不了"也在发展中，如"死不了""绝不了""要不了"等。明代"A不了"的用例仍然不多，但到了清代，除了表"V不完"和"不会V"的"V不了"，表"不会A"的"A不了"开始大量出现，如下面几例：

（66）a. 香五转身形与众英雄说道："你们看看女贼，这样的势派，人是一定少不了的。"［清小说，《三侠剑（上）》］

　　b. 我道："碰了荒年，也少不了这班人。"［清小说，《二十年目睹之怪现状（上）》］

　　c. 我姊姊在旁道："伯父起来罢，这地下冷呢。"子英道："冷死了，少不了你们抵命！"［清小说，《二十年目睹之怪现状（上）》］

（67）a. 案子阖县皆知，一听说破案啦，谁不争先来看，看热闹的少男少妇都短不了。［清小说，《三侠剑（上）》］

　　b. 阎齐说："你拿东西来呀！"姑娘说："短不了他的物件。"［清小说，《小五义（下）》］

　　c. 众班头齐声说道："你先喝酒吧，杆子的招数不忙，短不了求你指教。"［清小说，《三侠剑（下）》］

（68）a. 列位，牙床子是赖肉，能见血，因为有金钟罩铁布衫，牙是坏不了的，并破不了金钟罩。［清小说，《三侠剑（上）》］

　　b. 我不说名姓，也坏不了爹爹的名气。［清小说，《小五义（上）》］

（69）我倒不怕这个，就算真是骗子，骗了我二十多两银子倒不算什么，也穷不了我。［清小说，《三侠剑（中）》］

上面几例中 a 句都是短语性质的"A 不了",表示说话人对某情状"不会 A"的预测,述补短语的"大不了₁"即是来源于此。c 句"A 不了"后为动词性语句,表示认定某种行动"不会 A",即"有可能发生"。但这种用法并不是所有的形容词都适用,与形容词的不同语义特征有关。如例(66)和例(67)可以说某种行动"不会少",即很可能会出现,但例(68)和例(69)中某行为"不会坏""不会穷"就不能成立。副词"大不了₂""大不了₃"的用法也会受此影响。

我们再看例(66)—例(68)中的 b 句及例(69),"A 不了"后为名词性词语,意思是不会使这个名词性事物具备 A 的性质。如例(69)"穷不了我"意为"不会使我变穷",例(68)b 句"坏不了爹爹的名气"意为"不会使爹爹的名气变坏"。也可以说,"A 不了"后接名词性成分时,本身带上了使动的用法。

上文所述的意思是,可能性述补结构的历史发展促动了"大不了"的各种用法的产生和发展。但至此,形容词"大不了₄"的"了不得"意仍不能直接从其中得出。语料中的"大不了₄",后面直接修饰名词的情况只有"大不了事",其他都有助词"的"连接。如果按例(66)—例(68)中的 b 句类推,"大不了事"可以理解为"事情不会变大、变严重",但"大不了事"在语料中出现时不是单独成句,而是作为一个名词短语,充当"没有什么大不了事"中的宾语成分,这种解释就比较难成立。

鉴于语料中"大不了₄"几乎都是出现在否定格式"没什么大不了的+名词"或反问格式"(有)什么大不了的+名词"中,那么是不是这种语境导致了"大不了事"语义的畸变了呢?

从语料上看,"大不了"在清代一出现便大量使用,其中比例最大的就是形容词"大不了₄",占到80%以上。即便在现代汉语中,"大不了₄"的使用比例也接近50%。但形容词"大不了"的使用环境比较单纯,基本上都是在特定的否定或反问格式中,这种使用特点从"大不了₄"在清代以后产生之初到现代汉语中广泛使用之时都没有改变。可见以下用例:

(70)戴大理道:"这个倒不好退的。好在那里是乌合之众,没有什么大不了的事情。"〔清小说,《官场现形记(上)》〕

(71)陈海秋不等他说完,便接下去说道:"五百块钱,什么大

不了的事，也值得急到这个样儿。"［清小说，《九尾龟（三）》］

（72）只有张绍曾一个人，似乎没有什么大不了的能力，因此算来算去，只有他可以先牺牲，便先向他疏通，请他暂时退后。（民国小说，《民国演义》）

（73）其实，死机又算是什么大不了的事情，用电脑的人谁没碰到过死机呢？（《人民日报》2000年11月23日）

（74）戴新镜有不适的感觉是正常的，没什么大不了的，只要坚持戴下去就好。（《报刊精选》1994年第11期）

（75）你的内心深处并不是反对共产党、反对社会主义，戴顶帽子，又有什么大不了的呢？（刘军《张伯驹和陈毅的交往》）

　　清代、民国的语料中"大不了₄"修饰的名词还有"利益""罪""问题""东西""好处""交情"等，这些名词都是可以用"大"来形容的。经过在否定和反问语境中的高频使用，形成了"对某事物或现象严重程度的否定预测和评价"的主观构式义。疑问词"什么"、疑问构式"有什么……?"、否定构式"没有什么……"都有否定、不认同的意思，"大不了"语法化后也具有"不会大""不会很严重"的否定性的认识情态义。意思接近的"大不了"进入"有什么……?""没有什么……"疑问、否定构式中，整体构式义不变，但在否定的基础上加强了不在乎的语气，而"大不了"本身的否定义受到整体构式义的压制，又因其构成成分自身的语义特点，极易转向"大得不得了"的肯定理解，而这种极性义的生成从可能补语的历史发展中较难找到痕迹。

第六章 "X定"的情态表达特点

第一节 "X定"的定性

一 研究对象的确定

"定"在《现代汉语词典》中有八个义项，除去表示姓的名词之外，"定"有动词和副词两类用法，动词用法如：坐定（稳定义）、表针定住不动了（固定义）、开会时间定在明天上午（决定义）、定一桌酒席（约定义）。副词词性的"定"多用于书面语，表示"必定、一定"的意思，如"定能取得胜利"。

从"定"的词性和用法来看，"定"可以单独成词，也可以作为词根语素参与构词。"定"自由使用时多为表实义的动词，副词词性为书面语用法，口语中常替换为"一定"。"定"作为词根语素时构词能力比较强，可以构造各种结构关系的复合词，如表 6-1 所示。

表 6-1　　　　　　　　构词语素"定"的性质和用法

例词	构词法	"定"的语素义	"定"的语法性质
安定	联合式	稳定	动词性
定居	述宾式	固定	动词性
内定/制定	偏正式	决定；确定	动词性
预定/法定	偏正式/主谓式	约定；规定	动词性
必定/保不定	联合式/述补式	必定、一定	副词性

根据上文的分析，本章的研究对象"X定"可以有以下几种情况（参见表6-2）。

表 6-2　　　　　　　　　　**"X 定"的语法类别**

	X 定	语法性质	语义特征
①	安定/预定	复合词	[−情态]
②	必定/肯定	复合词	[+情态]
③	选定（了一组家具）	句法组合	[−情态]
④	（这场比赛）赢定（了）	准句法组合	[+情态]

从表 6-2 可以看出，有两种"X 定"包含情态语义，本书即将这两种情况作为研究对象，为了方便，我们称第②种情况成词的"X 定"为"X 定"$_1$，第④种情况非词的"X 定"为"X 定"$_2$。

二　成词的"X 定"$_1$

"X 定"$_1$以表示"必定"义的"定"为核心语素，语义上传达"肯定""可能"等代表说话人主观推断的内容。"定"的语法性质处于自由语素（free morpheme）与黏着语素（bound morpheme）之间，虽不能独立成词①、自由运用，但可以与其他语素组合成词，而且是词义的主要指示成分。"定"作为构词成分，位置较为固定，多占据后位②。符合条件的"X 定"$_1$数量相对封闭，我们在《倒序现代汉语词典》③ 中查到如下几例：

> 保不定、必定、不定、笃定、断定、肯定、说不定、铁定、一定、指不定、指定

"X 定"$_1$都表示说话人对命题是否为真的判定，也就是说，"X 定"$_1$都是认识情态成分，表达认识情态语义。通过对"X 定"$_1$在语料库中的实际用例的考察，我们发现"X 定"$_1$是个原型范畴，其内部成员作为认识情态成分的典型性有所不同。

---

①　此处特指在口语环境下。书面语中表必然的"定"可以单用，如"定将取得胜利"。

②　也可占据前位，但用例较少，我们只查到"定然"一例。

③　商务印书馆 1987 年版。

认知语言学的原型理论（Lakoff，1987；Taylor，2003；张敏，1998；吴为善，2010）认为，一个范畴的内部成员的划定并非根据非此即彼的特征，拥有越多共有属性的成员是原型性更高的成员；与同类其他成员共有的属性较少，而与相邻范畴共有一些属性的成员是原型性较低的成员。原型成员与相邻类别的成员共有的属性较少，或者说一个范畴的原型成员最大限度地区别于其他范畴的原型成员。

根据原型范畴观的基本思想，我们对"X定"$_1$这一情态的形式范畴进行语义特征、句法分布等各方面的分析，确定该范畴内部成员的共有属性及个别属性，从而对"X定"$_1$表达情态的典型性差异有一个较全面的认识。

首先，从语义上看，"X定"$_1$都可以直接反映说话人对命题可能性的观点态度，这一特征是该范畴的所有成员共有，其他范畴的成员所无的定义性特征（袁毓林，1995）。说话人观点的作用对象是命题，说话人对命题中事件或行为发生的可能性作出确定性程度不同的判断。如：他明天肯定来。情态成分"肯定"表达说话人对命题"他明天来"的断定性态度。有的"X定"$_1$虽然语义上也是表示说话人不能确定某事是否发生，但形式上所管辖的命题却是一个疑问形式，包括特指问、正反问等，如：

（1）当然，收集资料是全面地尽可能地多收——不定哪天就用上了。（查自 CCL 网络版语料库）

（2）朋友妻不可欺，朋友的弟弟也是一样的，顾小西心里指不定怎么想她呢，勾引小男孩儿那是起码。（王海鸰《新结婚时代》）

（3）要是我生在汉光武帝那个时候，倒可以和他并驾齐驱，还说不定谁胜谁负呢。（《中华上下五千年》）

例（1）情态部分说话人认为"（资料）可能有一天会用上"；例（2）指说话人（小说中的人物是简佳）揣测顾小西"可能把她想得特别坏"；例（3）说话人认为自己"可能胜过汉光武帝"。就语义而言，上几例都是情态表达。但是这几例的命题却不是典型的直言命题，而是以疑问形式出现，虽然并不是真性疑问，但形式上却是不典型的。如果换用典型的直言命题形式，则句子难以成立。如：

（1）′　*不定有一天用上。
（2）′　*指不定顾小西把她想得特别坏。
（3）′　*说不定我胜过汉光武帝。①

但若在命题中添加其他情态成分，则可以成立。如：

（1）″　不定有一天<u>会</u>用上。
（2）″　指不定顾小西<u>会</u>把她想得特别坏。
（3）″　说不定我<u>能</u>胜过汉光武帝。

由此看来，"X 定"₁中有的成员表达情态是无标记的，有的成员如"不定""指不定""说不定"表达情态是有标记的，句中的命题为非直言命题，或者需要在命题中添加其他情态成分标记。这类情态成分表达的情态语义主要靠语用推理得出，另外还具有附加的语用意义，如例（2）表明作坏的预想等。因此，"不定"类比"肯定"类作为情态成分的典型性程度低。

再来看一下"X 定"₁的句法表现。"X 定"₁作为表达认识义的情态成分，其语义辖域及于整个命题事件，因此形式上命题之外，即句首位置应该是"X 定"₁的典型位置。但语言成分的形式落实不完全是语义制约的结果，由于形义的不对称及句法的独立性，在表层结构中，认识情态成分常常位于主语之后动词之前的状语位置。这种现象属于曹逢甫（1996）提到的主题提升现象②的一种，在语料库的实际用例中，"X 定"₁位于句中比位于句首更常见，观察以下用例：

（4）生与死，<u>肯定</u>是两个不同的概念，除去不懂事的孩子和失语的老人，恐怕这是世界上最不容易搞错的一件事情。（陈桂棣、春桃《中国农民调查》）

---

① 这几例补充时体等其他完句因素也可成句，如：不定有一天就用上了，指不定顾小西就把她想坏了，说不定我比汉光武帝还厉害。这种与情态标记功能上的互补是一个有趣的现象，值得深入研究。但与本文不直接相关，故暂不作探讨。
② 曹逢甫（1996：177—180）认为汉语中有一类动词是"主题提升动词"，可以将深层结构中子句的主语提升至句首，充当句子的主题。

（5）最成功的艺人不一定是实力最好的人，但<u>一定</u>是运气最好的人！（卞庆奎《中国北漂艺人生存实录》）

（6）一切都是设计好了的，你无法反驳也不能反驳，即使你反驳得很有道理也是错的，他<u>铁定</u>对，你<u>铁定</u>错！（查自 CCL 网络版语料库）

（7）大喊大叫<u>指定</u>没有好下场。

（8）像这样的苗情，只要培育好，治好虫，一担皮棉<u>笃定</u>收。（《人民日报》1995 年 8 月 18 日）

（9）这个宗教，叫人行恶的，害人整人的，也即邪教，他的寿命<u>断定</u>不长。

（10）<u>保不定</u>你想独吞这笔金子，杀害哥哥，把黑的说成白的来哄我。（《读者》合订本）

（11）是啊，大家都不容易，<u>说不定</u>我在同情她的时候，她也正在同情着我呢。（卞庆奎《中国北漂艺人生存实录》）

例（4）—例（9）"X定"$_1$属于句中类情态成分，位于"被提升的主语"之后。若提至句首，则大多不合法。例（10）和例（11）"X定"$_1$可以位于句首，若变换至句中，也可以接受，如：

（10）'你<u>保不定</u>想独吞这笔金子……①
（11）'……我在同情她的时候，她<u>说不定</u>也正在同情着我呢。

从以上的例子可以看出，"X定"$_1$位于句中时句子的语用结构表现为"X定"$_1$之前的句子主题成为已知的旧信息，"X定"$_1$之后的成分，也就是"X定"$_1$直接管辖的语义域才是说话人要传达的新信息。实际上，"X定"$_1$位于句首时增加了篇章功能，所以单从表达情态语义的角度来看，"X定"$_1$位于句中应该算是它的一个典型分布，状位"X定"$_1$的语法化程度较首位"X定"$_1$更高。

---

① 若句子主语为非单音节的人称代词或其他普通名词性成分，则"保不定"更易于出现在句中。如"他们保不定想独吞这笔金子""那些人保不定早溜了"。这也说明要断定某语言单位的语法性质，须考虑多方面的因素。

"X 定"₁情态成分多位于句中充当状语，在词类归属上属于副词①。"X 定"₁的典型成员只拥有副词一种词性，非典型成员还拥有动词或形容词词性②。如：

（12）现在又下雨不能收割，还得减产，赔本是<u>笃定</u>了。（《报刊精选》1994 年第 5 期）

（13）败局已经<u>铁定</u>。（《现代汉语词典》第 7 版）

（14）这个牌子恐怕要比它现有的厂房设备还值钱是可以<u>断定</u>的。（《人民日报》1994 年 2 月 22 日）

（15）不过官司胜负不好说，诉讼时间十年八年也<u>说不定</u>。（《报刊精选》1994 年第 8 期）

（16）死活都<u>保不定</u>，随他们去吧，只要不闹出事来就好。（邓友梅《别了，濑户内海!》）

动词或形容词表达较为具象的动作状态，描述的是某事件或状态发生或出现的较大可能性，如例（12）—例（16）中的"赔本""败局""牌子更值钱""诉讼时间的长短""死活的状态"。例（12）中的"笃定"是形容词，例（13）—例（16）中情态成分用作动词时，有谓词性主语或判定事件作为其叙述对象，也是其必有论元（obligatory argument），两者构成一个语义上相互依存的结构单元。而副词是对动作状态的限定描摹，不足以单独架构一个事件。"X 定"₁用作副词时，是谓语中心的可有论元（optional argument），与其后谓语中心的语义上的联系不十分紧密，指示的是句子之外说话人的观点态度。副词是"X 定"₁的典型词类属性，动词或形容词词性是"X 定"₁某些成员的特有属性。换句话说，拥有动词或形容词词性的"X 定"₁情态成分是该范畴的非典型成员。

至此，我们对"X 定"₁情态成分范畴内部成员的原型性差别作一个总结，如表 6-3 所示。

---

① 有的还在副词化的过程当中，如铁定、断定、笃定等。

② 此处所说"X 定"₁作为动词时仍含有认识情态语义，因此"各国代表普遍肯定了周恩来对亚非会议所作出的杰出贡献""布雷默说，这 6000 万美元已被指定用于加强伊拉克边境管制"两例中非情态的"肯定""指定"的动词用法不属于本文的讨论范围。

表6-3   "X定"₁情态成分内部成员的原型性

"X定"₁成员		定义性特征		一般特征	特有特征
		说话人观点	句子状位	肯定式命题	情态动词词性
①	必定	+	+	+	—
	肯定	+	+	+	—
	一定	+	+	+	—
②	不定	+	+/—	—	—
	保不定	+	+/-	—	-
	说不定	+	+/-	—	—
	指不定	+	+/-	—	—
③	笃定	+	—/+	+	+
	断定	+	—/+	+	+
	铁定	+	—/+	+	+
	指定	+	—/+	+	+

说明:"−"在前表示词类"X定"的典型用法是不出现在状语的位置的。"+"在后表示该类词开始运用于副词状语,处在副词化的进程当中。

从表6-3可以看出,①组成员具有本范畴的定义性特征,与该范畴其他成员拥有较多的共有属性,而不具有其他范畴的属性特征,是"X定"₁范畴的典型成员。③组成员除了拥有本范畴的共有特征外,还拥有其他范畴(动词句法范畴)的特征,是"X定"₁范畴的非典型成员。②组成员拥有本范畴的典型特征,不拥有其他范畴的典型特征,较③组成员原型性高。但②组成员拥有本范畴的共有属性少于①组成员,因此与①组成员相比原型性要低一些。

三 词化倾向的"X定"₂

"X定"₂中X是一个独立的动词,按照"定"的性质和意义、用法,"X定"可以是一个动补关系的短语组合,如"商量定"(改窗户的事情我们已和厂家商量定了)、"选定"(查了一下皇历,选定了开工日期),也可以是动补式的复合词,如"审定、评定、拟定、指定、约定"① 等,"X定"表示动作之后结果的确定。董秀芳(2004:120)曾提到"V定"

————————————————

① 动补式复合词"X定"中的X也可以看作黏着性的动语素,口语中有时用同义的双音动词来替换,如"拟定"中的"拟",可以自由使用"拟了个计划",也可以换成"草拟了个计划"。

是一种构成动词的能产性的词法模式，也就是说，她是认为"V 定"是词的。董秀芳（2004：118）的理由包括：动补复合词的产生是动补结构中两个动词的论元结构进行整合的结果；另外句法上可以带宾语，因此是复合词而不是动补短语。

"X 定"₂在语义上与"V 定"有所不同，"X 定"₂中"X"虽然也是动词，但"定"不是动词"固定""确定"义，而是副词"肯定""一定"义。从情态的角度看，"V 定"是对现实事件中动作及结果的描写说明，不涉及说话人主观世界中的猜测判断。而"X 定"₂则直接反映说话人对动作行为 X 的判定，包含情态语义特征。如"赢定"表示说话人认为"（某比赛方）一定会赢"，属于认识情态语义；"管定"表示说话人"一定要管（某事）"，属于动力情态语义等。如此看来，"X 定"₂语义上的整合度还不如"V 定"高，但从形式上看，"X 定"₂的音节特点、句法功能等表现都更接近于词的性质，下面我们就具体讨论一下。

"X 定"₂形式上的一个明显特点就是包含情态义的"定"与前面动词性成分的组合一般须满足双音节的韵律条件，也就是说 X 多为单音节的，较少与双音的动词性成分组合。同义的表达选用单音形式而舍弃双音形式，如：

> （17）这个会开定了。
> （17）' ＊这个会召开定了。
> （18）我今天走定了。
> （18）' ＊我今天离开定了。
> （19）博客中国看来是垮定了。
> （19）' ＊博客中国看来是垮台定了。
> （20）果农们今年赔定了。
> （20）' ＊果农们今年赔本定了。

许多学者都曾指出，韵律因素在汉语的词法和句法中起着重要的作用（潘文国，1990；冯胜利，1997；吴为善，2006），汉语的基本语言单位（主要是词）在发展过程中体现了双音化（disyllabification）的倾向。冯胜利（1997：105）认为双音节构成一个音步，而音步是韵律上自由运用的最小单位。汉语中最基本、最一般的音步是两个音节，双音节标准音步在句中独立性较强，与其他成分组合也比较自由。"X 定"$_2$作为一个音步，在语法上即对应于独立运用的最小语法单位——词。

当动作有支配对象，形式为动宾组合或离合词形式时，常将宾语提前或将离合词中的宾语性成分提至动词前，而"X 定"$_2$仍然作为一个直接组合，中间不能被插入动词的论元成分。如：

（21）洪磊的牢坐定了。

（21）' ＊洪磊坐牢定了。

（22）秋菊再也没吱声，反正这板子是挨定了。

（22）' ＊秋菊再也没吱声，反正是挨这板子定了。

（23）她的品级确实不够资格翻阅这书册，……不过不管怎么说，这册子她是查定了。

（23）' ＊她的品级确实不够资格翻阅这书册，……不过不管怎么说，她是查这册子定了。

汉语语法教科书中常使用"插入法"来辨别词和短语①，根据上述例证，"X 定"$_2$中间不能插入宾语成分，不能算作短语。当然有一些动补结构也不能将动作的受事置于动补之间，如"吃完饭"，不能说成"吃饭完"。但"吃完"类黏合式动补短语可以在中间插入"得"，如"吃得完"完全可以说，这也是所谓"可能补语"的形成途径。但"X 定"$_2$不能做此处理，"洪磊的牢坐得定""这板子挨得定"都是不能说的。这种情况也表明"X 定"$_2$更倾向于一个内部结构紧密的复合词。

由于"X 定"$_2$语义上组合的透明性及词法上的凝固性，无论是归为复合词还是归为动补短语，"X 定"$_2$都只能算其中的非典型成员。董秀芳（2004）从词库与词法的关系角度对词和短语两难区分的传统问题作了重新分析，她认为词库是具有特异性的词汇单位的总体，词库中的项目都是意义不可预测的成分，需要以清单方式一个个存储。以往对词的判定就是以词库做标准的。但人的词汇知识除了词库中的具体的词，还包括可以接受或可能创造新词的结构规则，也就是词法。董著列出了许多能产性较高的词法模式，如构成名词的"X+声"（风声、水声、铃声）、"X+价"

---

① 提到"插入法"的教材有黄伯荣、廖序东《现代汉语》、邵敬敏《现代汉语通论》等。

（房价、电价）、"X+法"（吃法、唱法）、"X+形"（杯形、扇形）等，构成动词的"X+有"（存有、刻有）、"X+遍"（跑遍、问遍）等。董秀芳认为汉语的诸多词法模式内部有一定的规则性和普遍性，是新词出现的重要框架。由词法模式产生的词若具有了语义的特异性或用频很高就会进入词库，但没有进入词库的由词法模式产生的形式也是词。按照董著的说法，本章讨论的"X定"$_2$即属于由词法模式产生但尚未进入词库的复合词。

　　根据以上分析，我们认为"X定"$_2$中的"定"有词缀化的倾向。沈孟璎（1999：252—260）认为词缀化是指词根原来的实在意义逐渐虚化，在构词中产生某些附加意义的倾向。她将词缀化的特征总结为语义的虚实兼备、构词上的定位性、类化的功能性与较高的能产性。观照本书的"X定"$_2$，"定"的语义附加上说话人的主观态度，有一定的泛化程度；形式上又总是定位于动词之后；动词 X 与副词"定"结合之后"X定"$_2$的性质皆为动词性；生成能力方面"X定"$_2$也有一定的开放性，只要有合适的语境，一些强动作性动词或包含发展过程及结果走向的动词都可以与"定"组合构词（详见第五章第二节第二小节）。因此，根据"定"的意义特点和词法特点，我们把"X定"$_2$中的"定"视作表达情态的词缀。

第二节　"X定"的情态表达

一　情态成分"X定"$_1$表达的情态

　　成词的"X定"$_1$表达的情态语义类型比较明确，都是说话人对命题的真值进行判定的认识情态，其中"必定、笃定、断定、肯定、铁定、一定、指定"属于断定型认识情态，"不定、保不定、说不定、指不定"属于揣测型认识情态。

　　Palmer（1986：15）认为，句子的情态如果用语法手段来表现，往往是选用句中某一相当简单的成分来标记的。"X定"$_1$就属于这种"相当简单的成分"，其形式本身即指示认识情态语义，本书称为"情态成分"。当句中出现"X定"$_1$情态成分时，就可以知道该句传达了说话人对命题内容确信程度不同的判断。"X定"$_1$表达了认识情态内部两种不同的语义类型，"断定型"的我们记为"必定"类，"揣测型"的我们记为"不定"

类。这两类 "X定"₁语义上同属认识情态大类，但又有小类差别，相应地在句法表现上也是同中有异。

认识情态是情态范畴的典型成员，是说话人态度认识的反映，是句子命题之外的主观性内容。认识情态成分典型的句法功能 "必定" 类和 "不定" 类 "X定"₁都具备。我们将认识情态成分典型的句法分布及两类 "X定"₁的例证简单说明如下。

1. 主要充当句子状语，所参与构成的句法组合一般不能充当句子中谓语以外的其他成分。

（24）他必定写完了论文。（状语）他不定已经回家了。

（25）＊他是必定成功的人。（宾语成分）① ＊他是不定成功的人。

（26）＊必定成功的人都很努力。（主语成分）＊不定成功的人都有好运气。

（27）＊他们踢得必定赢。（补语成分）＊他们踢得不定赢。

2. 用于表强调的 "是" 之前。

（28）他肯定/指定/必定/断定/笃定/铁定是写完了论文。
（29）他说不定/指不定是回家了。

3. 位于句首或句中。认识情态成分对命题的判断推定，决定了它在句子中通常处于最外层，而且比较灵活，很多能够移到句中。如：

（30）干的活多，拿的钱也必定多。
→干的活多，必定拿的钱也多。
（31）保不定这回打进城来哩！
→这回保不定打进城来哩！

---

① 若谓语动词是 "知道" "明白" "告诉" "觉得" "怀疑" "认为" 等表示言语、心理或认知义动词时，认识情态成分也可以用于其宾语小句中。例如：我知道他肯定来。/ 我觉得指不定没人愿意干这事。

4. 可以与其他认识情态成分连续连用，并且先于别的情态成分。这体现了语义的相容性（compatibility）。如：

(32) 他肯定/指定/必定/断定/笃定/铁定不会给你幸福。

(33) 他说不定/指不定/保不定会给你幸福。

"必定"类和"不定"类"X 定"₁表达的语义不同，在形式上也有所体现。在对同样的命题进行推测时，二者要求所带命题的形式并不一样。比较下面几组用例：

(34) 他肯定来。/他肯定不来。/ * 他肯定来不来。/ * 他肯定怎么来。

? 他不定来。/? 他不定不来。/他不定来不来呢。/他不定怎么来呢。

? 他指不定来。/他指不定不来了。/? 他指不定来不来呢。/? 他指不定怎么来呢。

"肯定"语义上作用的是一个标准的命题，或真或假，表示说话人对命题为真的肯定或否定的判断。"不定"和"指不定"都不能自主地限定命题"他来"，必须添加其他情态标记或时体标记，如"他不定/指不定会来""他不定/指不定不来了"①。"不定""指不定"所带的命题要求是疑问形式，而且要求语气词"呢"用在句末与之共现。疑问句不表达命题，因此"不定""指不定"之后的疑问形式是个"伪命题"。正反问可以解释为"不一定+命题"，"不定/指不定来不来呢"意思是"不一定来"，说话人倾向于对命题发生的可能性作否定性的判断，认为"他可能不来"。特指问比较复杂，"他不定怎么来呢""他指不定怎么想呢"从语义上看相当于"说话人不知道他怎么来""说话人不知道他想什么"，而语用上还表明作坏的预想。"不知道"有不确定的意思，和情态有关。逻辑上广义模态逻辑就单独有"知道逻辑"，这也能证明"不定""指不定"仍是表达情态的成分。

---

① "他不定不来了"好像也不能说。

"X定"₁中"肯定"类与"不定"类句法表现上的不同说明"不定""指不定"等情态成分还有语用上的含义,往往暗示否定性的预想。徐晶凝(2008:162)提到过"说不定/不定"与句末语气词"呢"的连用,她认为"说不定/不定……呢"表达的推断往往隐含对常规可能性的反对,而且"呢"突出了这个推断是说话人对常规可能性有所了解的基础上作出的不同推断,同时也提请听话人注意这个可能的情况。徐著是从语气词"呢"的情态功能角度说明这种现象的,与本书的观点大致相同。

二 包含情态词缀的"X定"₂表达的情态

"定"有"肯定""一定"的意思,而"一定"是个多义的情态成分,既可以表示断定型的认识情态,还可以表示决意型的动力情态。因此包含"定"的"X定"₂也有两种情态语义,当"定"作"肯定"的理解时为认识情态,当"定"做"一定要"的理解时为动力情态。以下分两小节详述。

(一)认识情态"X定"₂

认识情态"X定"₂表示说话人认为某事件行为"肯定X"。首先看一下X的语义类型,认识情态"X定"₂句中的事件常带有发展变化的特点,或者说突出过程性,并具有事件、性状发展的最终走向或结果,而X即说话人认定的某种结果。如下例:

(35)独得3分的巴蒂斯图塔更狂:"其实,踢完半场球,我们已经赢定了。"(《人民日报》1994年6月25日)

(36)由于只能空机飞上海载客,且不能在停降香港或是澳门时接载香港或澳门旅客,导致单位成本较高,再加上要给旅行社一定的利润,几乎是亏定了。(新华社2003年1月新闻报道)

(37)慈周寨乡几位农民贷款20万元,以每500克1.5元的价格收购了大量花生,眼下看来是赔定了。(《人民日报》1995年6月30日)

(38)男方顶不住压力熊包了,这桩婚事也就黄定了。

(39)俺就一个斗,这辈子穷定了!

例(35)的球赛事件包含从开始到结束的过程,并且一定有比赛的结果。"赢定"就是对球赛结果"赢"的断定,即"肯定赢"。例(36)商家的经营、例(37)农民的生意也都有一个赢利或亏损的最终结果,"亏定""赔定"就是对亏损结果的断定,即"肯定亏/赔"。例(38)和例(39)"X"是表示性状的形容词,"黄定""穷定"表示对相关物事终结情况的预断,即"婚事肯定黄""这辈子肯定穷"。类似的还有"垮定"("如此一来钱庄也就垮定了")、"吹定"("他们俩吹定了")等。

"X"也可以是表示不能自由支配的动作行为或某种变化和属性的其他非自主动词①以及离合词。如:

(40)工作再努力,先进是丢定了。(《人民日报》2000年2月11日)

(41)这个婚我是离定了。

(42)若是旁观的都不拉走这小孩,那这顿响谷棒就挨定了。(《人民日报》2012年9月8日)

(43)木材价格涨定了,板材如何谋双赢?

(44)看来陆小凤这次已死定了!(古龙《陆小凤传奇》)

(45)擎天柱从那个通道飞到了地上,……向地下狠砸,不用说,这甬道是塌定了。

"X"还可以是身体疾病类动词,如"瞎、瘫"等。如:

(46)四年来,他经常在家为眼睛唉声叹气,心想:这辈子是瞎定了,再想见到光明怕是难了。

(47)医生就说我的腿这辈子瘫定了。

(48)不管的话诚宇的右脚就废定了。

根据大量语料,我们发现"X"多消极义,"X定"存在肯否用法不对称或积极、消极用法的不对称现象。如一般说"亏定",较少说"赚

①　自主动词的情况也有,但语义上要求句子主语是该动词所代表的动作的发出者;且非第一人称。如:"要是在过去,团委这个纯政工部门的白卷是交定了,但这回团委书记本人心里特踏实。"

定";可以说"穷定",但不说"富定"等①。另外,使用"X定"而非同义的"肯定X",我们认为可能与语言使用者在交际中的认知心理及由此带来的情态的客观化和主观化表达有关。"X定"是"肯定X"的意思,说话人选用"X定"的表达时,往往已经掌握了更充分的依据,而"肯定X"则不一定。如比赛还没开始时一般不会说某比赛方"赢定了",当比赛进行到一定程度时,观看者才可以根据赛况及双方的表现进行比赛结果的预测,就可以用上"赢定了"。但"肯定赢"开始前也可以用,但却是没有较近现实依据的断定。这样看来,"肯定X"比"X定"主观性更强,也可以说,"肯定X"是情态的主观化表达,而"X定"相对来说倾向于客观化的表达。

消极义的"X定"一般是对事件发展、事物变化进行了一定的观察之后作出的判断,或者说是基于某种客观状况的预测(事实上预测的可达成性也比较高)。从人的认知心理上说,人都有趋利避害的心理,在涉及对方或他人的相关利益时,一般不会有意作出消极预断,从而引起他人的反感,导致交际受到负面影响(相比较,人们更喜欢说吉利话,夸大未来,以获取认同)。不过,当客观上有不利的指征指向未来的发展时,说话人就以一种客观化的方式表达出来,减轻自己承担的责任,提请相关对象的注意。若使用主观性强的表达方式,则会引起相反的后果。因此,对负面结果的X的预断更倾向于使用"X定"这种客观化的表达,而不是主观性强的"肯定X"。②

总之,"X定"$_2$认识情态成分表示对事件发展最终达到X结果的肯定判断,表断定型认识情态语义。

（二）动力情态"X定"$_2$

当"定"为"一定要(做某事)"的意思时,"X定"$_2$还可以表达动力情态语义,反映句子主语的强烈意愿,从而使某事件的发生成为可能。如:

（49）这批货我们买定了。(苏殿远、张运通《107个陪葬武士

---

① "赢定""输定"以及"涨定""跌定"等都可以说。

② X中也有含积极义的,如"明年房价涨定了""这歌红定了",但这并不影响我们对"肯定X"与"X定"情态表达的不同功能的分析。

俑——汉高祖刘邦墓群被盗特大侦破记》）

（50）你出个价，我<u>要定</u>了这支梅花簪。（琼瑶《水云间》）

（51）你的事我<u>管定</u>了。（王朔《刘慧芳》）

（52）我可能是愚昧糊涂，我可能是自找苦吃，但是，不管怎样，我<u>嫁定</u>了韦鹏飞！（琼瑶《月朦胧鸟朦胧》）

例（49）和例（50）说话人通过"买定""要定"表达了自己不容更改的强烈意愿——"一定要买这批货""一定要这支梅花簪"。例（51）和例（52）更在上下文语境中表明自己在任何条件下都不会改变的意志，虽然有外力阻碍，但说话人"一定要管他的事""一定要嫁给韦鹏飞"。

"X定"$_2$传达出的动力情态语义是行为主体执意要求做某事，因此"X"一般是动作性较强的自主动词。根据"X"与"定"结构组合的能产性，我们可以推知在合适的语境下，能够表现行为主体行动意志的动词，都可以与"定"构成动力情态的"X定"$_2$。如以下例句均为笔者自造，但都具有可接受性：

（53）今天这个足球赛我是<u>看定</u>了。

（54）这衣服有质量问题，我<u>退定</u>了。

（55）这表你不让我戴？我还<u>戴定</u>了。

上几例中，说话人在行动受阻的情况下执意要做某事，都可以用"X定"$_2$来表达。从这个角度看，词法模式"X定"$_2$也具有较强的能产性。

至于表达动力情态的"X定"$_2$的句法表现，与认识情态的"X定"$_2$的一个不同之处在于，动力情态"X定"$_2$允许带上宾语，如前文所举的例子"要定了梅花簪""嫁定了韦鹏飞"；而认识情态"X定"$_2$如"赢定了比赛""亏定了生意""死定了这盘棋"等一般不可。有的动力情态"X定"$_2$不适宜带宾语时，也常用拷贝动词的方式将"X定"$_2$的支配对象突出出来。如"我管你管定了""我看球看定了""我退衣服退定了"等，这种重动表达及带宾形式似都会进一步转化为话题句的表达方式（详见下文）。

动力情态"X定"$_2$带上宾语时，会影响动词的配价，比如"帮"可以是兼语动词（三价动词），但"帮定"就只能带体宾了：

(56) a 我帮你打官司。

b＊我帮定你打官司了。

c 我帮定你了。

从语用上看，动力情态"X定"$_2$通过新旧信息的配置，将"X定"$_2$所表达的意愿情态作为表述的焦点，强调行为主体的主观意志及其对命题成真的可能性的推动。

(57) a 我一定要去上海。

b 上海我去定了。

c? 我去定上海了。

常规的信息编排往往是从旧到新，越靠近句末信息内容就越新，例(57)各句中的句末成分就是常规焦点（张伯江、方梅，1996：73）。a句使用情态成分的组合"一定要"，句子焦点在于"去上海"行动本身；b句宾语提前，句子的常规焦点是动力情态成分"X定"$_2$，也就是说主体意志成为表述重心；c句则强调行动的目的地是"上海"。

动力情态"X定"$_2$意为"一定要X"，两种不同的表达手段虽意义基本一致，但在语用功能上有所不同。我们认为"一定要X"主观性强，未然性强，而"X定"$_2$更强调预期的结果，预期中的已然。如例(57) a 句"一定要去"强调说话人"去"的意志坚决，但何时采取该行动则没有暗示。b句"去定了"不仅表示说话人"去"的意志，而且反映出在说话人的预期(expectation) 当中行动已然实现，因此b句比a句行动实现的可能性更大。

从交互主观性（Traugott & Dasher，2002：19—24；徐晶凝，2008：8—10）上来说，"去定了"表示出的说话人对听话人的态度、影响比较明显。也就是说，在交际语境中存在着听话人和说话人的互动，听话人对说话人意欲进行的行动产生一定的阻碍，在此情况下，说话人用"去定了"在重申自己意志的同时，表示出对听话人或外界其他阻力、意志不接纳、不服从的态度。如：

(58) 无论怎样，这个驾照我是考定了。

(59) 违法乱纪还蛮有理？这个案子我们查定了！（人民网语料）

例 (58) 和例 (59) 语境中的"无论怎样""违法乱纪还有理"都表明存在某种来自外界的阻力,句子用"考定了""查定了"表示说话人不受外力影响和改变的决心和意志,并向外界显示这一态度。而"一定 X"则不一定以使听话人受到影响为目的,可以具有交互主观性特征,也可以没有。如:

(60) 无论怎样,我<u>一定要</u>成功。

(61) 我的心略略得到了一丝安慰,暗下决心我<u>一定要</u>唱好!(卞庆奎《中国北漂艺人生存实录》)

(62) 加菲猫是个非常独特的形象,我<u>一定要</u>邀请朋友去看这部电影。(新华社 2004 年 12 月新闻报道)

例 (60) 中"一定要"表示说话人的态度可以是直接针对听话人的,也可以如例 (61) 和例 (62) 只是说话人自己对自己的承诺,不涉及对听话人等外部因素的影响,如上下文语境中的"暗下决心"。

值得注意的是,当句子主语为第三人称,且"X"所代表的动作的发出者就是句子主语时,"X 定"$_2$会出现情态的歧义解读,如:

(63) 这个罪名他<u>扛定</u>了。

(64) 刘炜<u>走定</u>了,姚明出面也没用。

例 (63)"他扛这个罪名"可能是说话人根据事态的发展所作出的判断,也可能是"他"主动自愿承担"这个罪名"。补充合适的语境,这两种解读均可成立,前者是断定型认识情态,后者是意愿型动力情态。例 (64) 中即使有后续句说明,也不能确定"刘炜走"是其主观意志,还是说话人的猜测,还需结合前文语境甚至篇章语境进行明确。

最后还有一个问题值得一提,就是无论认识情态还是动力情态的"X 定"$_2$,都极易形成话题句 T+S+"X 定"$_2$ (+O)[①],上文许多例子可以显示这一点。徐烈炯、刘丹青 (2007:31;37;105) 认为汉语是话题优先型

[①] 当"X 定"$_2$中的 X 为三价兼语动词时,此话题句可以带上宾语。如"这场官司我帮定你了""这些钱我还定你了""这顿饭我请定大家了"。

(topic-prominent) 语言①，话题在汉语中是与主语、宾语等句法成分地位相当的基本结构成分。汉语句子结构中有一个话题位置，或者说话题单独占据一个句法位置，而不与主语或宾语合用一个位置。话题位置可以被占用，也可以不被占用。当这一位置被某一成分占用时，该句子就是话题结构。据此，本书所讨论的"X定"₂句即是一种典型的话题结构。从话题结构的语义关系类型来看，"X定"₂句多为论元共指性话题结构，是最具普遍性的话题类型。也就是说，"X定"₂句的话题成分跟述题中的某个论元或相应的空位有共指关系，如：

(65) 那个小品演员 [他] 今年红定了。

(66) 这款车我要定 [它] 了。

(67) 这场球我们赢 [ ] 定了。

(68) 你的事我管定 [ ] 了。

例句中加方括号的是话题在述题中的复指成分，它也可不出现而成为空位。例（65）和例（66）中的话题分别与述题中的主语和宾语具有共指关系；例（67）和例（68）中话题在述题中的复指成分没有出现。

"X定"₂话题结构还可以是语域式话题类型，即话题为述题提供所关涉的范围（domain）。如：

(69) 这辈子我 [ ] 跟定你了。

(70) 这场官司我帮定你 [ ] 了

例（69）的话题为述题提供时间方面的语域，即"我在这辈子跟定你了"；例（70）的话题是述题中宾语的领属格成分，即"这场官司是你的（官司）"。这类话题不是谓语动词本身的论元，但跟谓语动词的论元有语义上的紧密联系。②

---

① 赵元任（1968）、Li & Thompson（1976；1981）更早提出这个观点。

② 关于话题结构的类型参考了徐烈炯、刘丹青（2007：105 以次）。

第三节 "X定"的语法化和词汇化

词汇化是语法化的一个方面，指短语或词组逐渐凝固或变得紧凑而形成单词的过程（沈家煊，1994）。词汇化体现了形义之间的象似性：两个意义单位之间的联系变得越是紧密，两个形式单位之间也就变得越是紧凑（Hopper，1991；沈家煊，1999）。

"X定"$_1$典型的词类性质是副词，非典型的"X定"$_1$虽然具有动词或形容词等其他词性，但它们都可以处于状语位置表达情态，具有副词性的句法功能。认识情态成分"X定"$_1$主要表达说话人对命题的主观认识和态度，是语言中主观性成分语法化的结果。"X定"$_2$虽不是典型的词类范畴，但通过上文的论述可知，"X定"$_2$中的"定"代表说话人的观点态度，有词缀化的倾向，而"X定"$_2$也相应地具有部分词汇化的特点。有的学者即将"X定"$_2$之类有一定能产性的词法模式所类推产生的形式称作词。"X定"$_1$（必定）和"X定"$_2$（赢定、管定）两类情态成分词汇化的途径有所不同，以下分别讨论。

一 "X定"$_1$的语法化模式

跨语言的历时研究证明，助动词、副词等多从动词、名词等包含词汇意义的词类演变而来，其认识情态意义也多是从表示能力、意愿、义务等的根意义发展出来的（见第二章第三节第三小节）。"X定"$_1$作为表示揣测断定的认识情态成分，其认识情态意义和用法应该也是从实义的动词或动词性结构经过主观化、语法化（或虚化）发展而来的。但是，"X定"$_1$的成员典型性不同，它们的语法化程度和表现也难以简单地用几条共性来说明。张谊生（2005：402）曾经指出：汉语副词所赖以形成的虚化机制并不完全相同，尤其是各类副词的功能语法化和语义抽象化的起始时间先后不一。史金生（2002）也认为语气副词内部不是匀质（homogeneous）的，有的语法化程度很高，有的语法化程度相对低一些，不同的语气副词在各种成分中的使用也不均衡。

鉴于"X定"$_1$在语法化中的实际表现，我们将其分成三个小组，每一小组的成员之间具有一些相对接近的语法化特征，这样的处理可以避免论述的杂乱及以偏概全。

（一）"必定、一定、不定"的语法化考察

"必定、一定、不定"三个词的虚化轨迹比较明显，我们将其归为一组①。它们都是以实义动词"定"为核心的状中结构到认识情态副词的词汇化的结果。我们可以在语料库中找到证据说明这一点。

"定"在古代汉语中属于句法层面的成分，自由度高，语义实在。如：

（71）帝盘庚之时，殷已都河北，盘庚渡河南，复居成汤之故居，乃五迁，无定处。殷民咨胥皆怨，不欲徙。盘庚乃告谕诸侯大臣曰："昔高后成汤与尔之先祖俱定天下，法则可修。"（《史记》）

例（71）中两个"定"都有实在的词汇意义，"定处"指"稳定的处所"，"定"用作修饰性的定语成分；"定天下"中的"定"是动词"平定"的意思，用作句子的谓语中心。实义动词"定"的用法一直沿用至今，并引申出多个相关的义项，"定"的词汇意义甚至仍在很大程度上影响着已经发生语法化的包含"定"的语言成分。

"必定、一定、不定"最早就是以动词"定"为核心的状中结构，如：

必定：

（72）a 故明据先王，必定尧、舜者，非愚则诬也。（《韩非子》）

b 谓戎夷其能必定一世。（《吕氏春秋》）

c 四年，项羽乃谓海春侯大司马曹咎曰："谨守成皋。若汉挑战，慎勿与战，无令得东而已。我十五日必定梁地，复从将军。"（《史记·五帝本纪》）

d 见之诚了，执之必定者，亦何惮于毁誉，岂移于劝沮哉？（葛洪《抱朴子》）

e 若使伪主授首，贼将自然倒戈，半月之间，天下必定。

---

① 本小节分出三个小组，并不意味着小组内各词的语法功能、情态表达等方面完全一致。仅为语法化阐述之便。

（《旧五代史》）

一定：

（73）a 制使万户之县，名之郡守，五千以上，名之都尉，千户以下，令长如故，自长以上，考课迁用，转以能升，所牧亦增，此进才效功之叙也，若经制一定，则官才有次，治功齐明，五也。（《三国志》）

b 若谓受气皆有一定，则雉之为蜃，雀之为蛤，壤虫假翼，川蛙翻飞，水蛎为蛤，荇苓为蛆……鼍之为虎，蛇之为龙，皆不然乎？（葛洪《抱朴子》）

c 韵气一定，故余声易遣；和体抑扬，故遗响难契。（刘勰《文心雕龙》）

d 树有百年（一作度）花，人无一定颜。（唐，《相和歌辞·杂怨三首》）

e 若安心一定，即何异定性之徒？（《祖堂集》）

f 意古之历书，亦必有一定之法，而今亡矣。（《朱子语类》）

不定：

（74）a 纳而不定，废而不立，以德为怨，秦不其然。（《左传》）

b 今君施其所恶于人，不除矣；以贿灭亲，身不定矣。（《国语》）

c 明公虽迈威德，明法术，而不定其基，为万世计，犹未至也。（裴松之《三国志裴注》）

d 从开元十八，十九，廿年，其论本并不定，为修未成，言论不同。（唐，《神会语录》）

e 惊禽栖不定，寒兽相因依。（王昌龄《扈从登封途中作》）

f 心不定，故见理不得。（《朱子语类》）

g 又见婆子与客人<u>争价不定</u>，便分付丫环去唤那婆子，借他东西看看。(明，《蒋兴哥重会珍珠衫》)

h 正自<u>疑惑不定</u>，忽然寨后一彪军出。……若此人肯相辅佐，何愁<u>天下不定</u>乎! (《三国演义》第 12 回)

i 今日东游，明日西荡，云去云来，<u>行踪不定</u>。(《西游记》第 5 回)

"必定" 是副词 "必" 与动词 "定" 的句法组合，从用例中可知表示 "一定会平定某地" "一定会使某人某社会安定、稳定" 的意思，句法功能上可以带名词性宾语、充当谓语中心、用作修饰性定语成分等。

a、c、e 三句中的 "一定" 是副词 "一旦" +动词 "确定/固定" 的状中结构，充当假设复句前一分句的谓语；b、d 两句中的 "一定" 并不是一个直接组合，"一" 是数词表示数量 "一"，"定" 是形容词 "固定的"，d 句中 "人无一定颜" 应该分析为 "人 | 无 | 一 | 定颜"，"定" 与其后的名词性成分是直接组合关系，此句意为 "人没有一个固定的、不变 (老) 的容颜"。当宾语中心名词脱落时，如 b 句 "受气皆有一定"，"一定〇" 仍是 "有" 的宾语，意思是 "有一个固定的 (规律)"。中心名词脱落的环境条件使得 "一" 和 "定" 发生了跨层组合，虽语义尚未变化，但这种句法层次的改变 (即下文提到的 "改变分界" 的情况) 为进一步词汇化创造了条件。

"不定" 是一个否定副词修饰限制谓语动词的偏正结构，表示 "不确定" (a、d、g、i 句)、"不固定" (c 句)、"不安定" (b、e、f、h 句) 等意思，主要做谓语，还可以带名词宾语，如 c 句。

"必定、一定、不定" 在不同的历史时期，意义逐渐发生转移，不再具有组合性和透明性，而是具有了一定的语义特异性。结构形式由组合变为黏合，整体语义不再能通过组成成分的语义和结构规则推导出来，句法结构中各成分的语法功能衰退，最终导致句法结构的词汇化 (董秀芳，2002：63)。先看历史语料：

必定：

(75) a 若着此卦，<u>必定</u>身亡。若也存立人间，<u>必定</u>破家灭国。(《五代敦煌变文选》)

b 翠莲坐在房中，自思道："少刻丈夫进房来，<u>必定</u>手之舞之的，我须做个准备。"（《碾玉观音》）

c 我这封书去，<u>必定</u>成事，这早晚敢侍来也。（《西厢记杂剧》）

d 此回<u>必定</u>招认。（《封神演义》第 7 回）

e 但他这一番回去<u>必定</u>向危素说；危素老羞变怒，恐要和我计较起来。（《儒林外史》第 1 回）

一定：

（76）a 这桩事须不是你一个妇人家做的，<u>一定</u>有奸夫帮你谋财害命，你却从实说来！（宋话本）

b 但这只靴是他府中出来的，<u>一定</u>是太师亲近之人，做下此等不良之事。（元话本）

c 贤弟自彼处来，<u>一定</u>知苏护端的，幸道其详。（《封神演义》第 4 回）

d 本道看你的文字，火候到了；即在此科，<u>一定</u>发达。（《儒林外史》第 3 回）

不定：

（77）a 文王问曰："甚时回来？"童子曰："<u>不定</u>；或就来，或一二日，或叁五，萍踪靡定，逢山遇水，或师或友，便谈玄论道，故无定期。"（《封神演义》第 24 回）

b 此刻是在县里吃午饭，吃过了李大人请着说闲话，晚饭还<u>不定</u>回来吃不吃呢。老残点点头，黄升也就去了。（《老残游记》第 12 回）

c 薛姨妈道："今日听见史姑娘也就回去了，老太太心里要留你妹妹在这里住几天，所以他住下了。我想他也是<u>不定</u>多早晚就走的人了，你们姊妹们也多叙几天话儿。"（《红楼梦》第 109 回）

"必定、一定、不定"三词语法化的起始时间不同，从语料上可以看出，"必定"在五代、"一定"在宋代即已出现副词用法，而"不定"则在明清时期才完成词汇化。虽时间早晚有别，但三个词的语法化过程和机制大致相同。首先语义渐趋抽象，"必定"中"定"的词汇义弱化，相应地表示说话人观点的"必"的意义和作用得到凸显和强化。"不定"的组合义是"不确定"，这也就等于说命题中的事件可能发生，也可能不发生。这种语义进而引申出说话人不知道某事是否发生的认识情态义，例（77）a句中"不定"的单用，b句中"不定"后所带的肯否形式，以及c句中"不定"后反义并列结构"早晚"的使用（意为"什么时间"），从意义上说都是说话人不能确定事件是否发生及事件发生的具体时地等情况的反映。①

"必定、一定、不定"三词在句法层面的功能变化也是其语法化的重要诱因。首先表现在句法位置上，"定"本是实义动词，"X定"组合在句子中充当谓语，"定"是句子结构的核心成分。当句子中新出现其他动词或谓词性成分时，"定"就不是句子唯一的动词，而且还会让出核心动词的地位，与其前的X逐渐黏合，同时被固定在核心动词之前的句法位置，也就是状语位置，再加上词义的虚化，就变成了谓语动词的修饰成分，即副词。例（74）c句"不定其基"，"不定"后是名词宾语；例（77）b句"不定吃不吃"后是动词性成分，"不定"可以理解为谓宾动词，意思是"不能确定吃还是不吃"，也可以理解为表达说话人不确定态度的情态副词。当后者的使用和解读频率增加，"不定"的状语位置就逐渐固定下来，它本身也就词汇化为一个表达认识情态语义的副词。

"必定"等"X、定"的结合还伴随着语法结构层次的变化。Langacker曾把结构层次的变化总结为三类：取消分界（boundary loss）、改变分界（boundary shift）、增加分界（boundary creation）（转引自沈家煊，1999）。"必定、不定、一定"属于取消分界的情况——原来的状中结构"天下必定""疑惑不定"或跨层结构"一定颜"由于成分义虚化、句法位置改变、语法功能调整等因素的共同作用，使得句法平面上"不"和"定""必"和"定""一"和"定"的分界消失。用公式可以表示为"X丨定→⌒X定"。

句法位置和结构关系的改变会引起副词化的发生，两个本来独立的性质不同的语言单位经过语义的逐步融合（mixture）就会形成新的副词。

---

① "一定"语义演变的中间状态没有在语料库中找到实例。

（二）"肯定、断定、指定、笃定、铁定"的语法化考察

将这几个词归为一组主要是考虑到它们都有表示认识情态的副词性用法，另外还有动词或形容词的非情态用法。当然必须承认这组词的内部差异较大，一是它们拥有的词性不完全一致，"肯定"有动词、区别词、形容词、副词四个词性；"断定、指定、铁定"主要用作动词，"笃定"主要用作形容词。二是它们的构词方式不一样，虚化轨迹也不会一样。比如"肯定"是支配式，"断定"是联合式，"指定"是补充式，"铁定""笃定"是状中式。另外，从语料上看，表认识情态的副词性用法在历史文献中出现极少①，词类转化的历史过程缺乏直接的充分的历时材料。因此，我们只在共时平面上，根据其句法、语义特征间接地、简单地证明这组词从动词到副词的语法化或副词化的倾向。

这组词中"肯定"具有典型的副词词性，因此我们先将"肯定"单列出来，考察其从动词到副词的语法化情况。

高增霞（2003：413—416）在证明"怕"从动词到副词的语法化历程时曾提出几条标准，包括"从句法主语到言者主语""操作域从实体到事件到命题""否定形式从有到无""疑问形式从有到无""受程度副词修饰的能力从大到小"。"肯定"的语法化程度比"怕"要高，因此，高文提到的这几条标准，"肯定"也都符合。我们结合语料说明如下：

"肯定"·动词

（78）a 各国代表普遍肯定了周恩来对亚非会议所做出的杰出贡献。（人民网语料）

b 爱吃甜软的小西爸，对那盘文思豆腐赞不绝口；爱吃清淡的小西妈，边吃着蒜茸西兰花边对何建国点头；顾小西则是全面肯定，并不时提醒大家注意被忽略掉的某个菜肴。（王海鸰《新结婚时代》）

"肯定"·副词

---

① 有的词在古汉语中没有出现，如"笃定"；有的词是古汉语中只有动词用法，如"指定"；有的词在古汉语中虽可以找到副词用例，但数量极少。如"肯定"只有 1 例清代语料，"断定"的用例也倾向于动词用法。

（79）a 顾小西的第一感觉是，这书名不错，<u>肯定</u>好卖，也不是过于低俗。（王海鸰《新结婚时代》）

b "是吗，那外国人喜欢什么样的画?" 见他懂得这么多，<u>肯定</u>是个老"北漂"了，便向他请教。（卞庆奎《中国北漂艺人生存实录》）

例（78）"肯定"做动词时，句子主语为句法主语，也就是发出"肯定"动作的施事，如 a 句的"各国代表"，b 句的"顾小西"。"肯定"的辖域则是 a 句中的名词性短语，b 句中由上文得出的"何建国做的菜"。例（79）"肯定"做副词时，a 句主语是"-有生"的，自然无法施行动作。因此，还有一个命题之上的言者主语，也就是句中的顾小西，表达对命题"好卖"的肯定性推测。b 句同样有一个言者主语，即说话人，表达"肯定"的判断，而不是句法主语"他"。相应地，"肯定"做副词时，其辖域是包括句法主语在内的整个命题。

至于否定形式和疑问形式，例（78）中的动词"肯定"都可以进行相应的变换，如 a 句"各国代表没有肯定……"，"各国代表肯定没肯定……"；b 句"顾小西却没有肯定"，"顾小西肯定没肯定……"。而例（79）则不可，a 句"不肯定好卖""肯定不肯定好卖?"和 b 句"不肯定是个老'北漂'""肯定不肯定是个老'北漂'?"都不成立。

另外，动词"肯定"可以受程度、范围等副词修饰，而副词"肯定"则不可。如例（78）中的"普遍""全面"，也可以换用程度副词，如"极大地肯定了"等；例（79）副词"肯定"本身即已表示说话人确信程度很高的判断，不适宜再用程度副词。况且，程度副词是对动作的限定，而不是对命题的限定。

"笃定"在词典中有副词和形容词两种词性，副词用法表示肯定性判断，形容词用法表示从容不迫的神情。我们一共在七部小说中找到八例"笃定"，实际上除了副词和形容词，"笃定"还可以用作动词，如例（80）中的 c：

（80）a "五千，多一块不买!" 他把双手撑在柜台上，很性格，很<u>笃定</u>。（琼瑶《聚散两依依》）

b 像这样的苗情，只要培育好，治好虫，一担皮棉<u>笃定</u>收。

（《人民日报》1995 年 8 月 18 日）

　　　　c 他是个机要员，十多年养成的职业敏感使他格外关心里面的文件，真是不看不知道，一看吓一跳：少了一份！他几乎<u>笃定</u>是年仅 7 岁的儿子干的坏事，急忙出门去找儿子。（麦家《暗算》）

　　不同词性的"笃定"有着共同的语义特征——"自信"，当"笃定"的句法环境发生改变时，便容易导致词性的转化。例（80）中 a、c 两句"笃定"的非情态用法与 b 句的情态用法的语法化关系与上文"肯定"的情况类似，因此不再赘述。从用频上看，"笃定"的形容词、动词用法仍占主导，我们找到的八个用例，有四个是形容词用法，另外动词和认识情态副词用法各有两例。词典中没有收录其动词词性，由此也可以推测，"笃定"的动词用法正逐渐向副词用法转化，其认识情态的表达功能愈加突出。

　　接下来我们再看一下"断定、指定、铁定"这几个词的语法化情况，它们在《现代汉语词典》（第 7 版）中都只有动词词性，当它们用作动词时，充当句子的核心谓语，带名词性或谓词性宾语，或者做定语等修饰成分。在意义方面表示施事的意志决断或神情状态等具体实在的词汇意义。但这些词还发展出了充当状语表示断定型的认识情态的用法，语法功能及语义功能上都类似于认识情态副词。比较以下几组用例：

断定：

　　（81）a 严班长<u>断定</u>"野小孩"偷草了，猎菜篮子装了稻草。（石言《秋雪湖之恋》）

　　　　b 在 2001 年中期，联储六次降息后，市场<u>断定</u>不大可能进一步削减利率了。（人民网语料）

指定：

　　（82）a 布雷默说，这 6000 万美元已被<u>指定</u>用于加强伊拉克边境管制。（新华社 2004 年 3 月新闻报道）

　　　　b 比亚迪汽车在烟台<u>指定</u>不好卖。

铁定：

　　（83）a 他心里铁定了回苏州的主意，唯一考虑的只是如何在这三天之后回答人家。(汤雄《吴涌根掌勺毛家湾》)
　　　　　b 但这场胜利来得太迟了，因为他们上一轮就已铁定降级。(新华社 2004 年 4 月新闻报道)

　　以上各用例中 a 句都是实义动词的用法，b 句都是认识情态副词的用法。这种断言也可以用上文中高增霞的从动词到副词的语法化标准来证明，与上文中"肯定"的情况类似，故不再赘述。不过，这几个词虽然出现表达认识情态的用法，但在语料中的出现比例还非常低，这也许是词典中并没有收录其副词词性的一个原因。因此，我们认为这几个词虽不能被认为是副词，但已经出现了副词化的倾向，它们充当状语表示认识情态的比例在逐步提高。

　　（三）"说不定、指不定、保不定"的语法化考察

　　这组词都是补充式的三音节词，从形式和意义上看，它们的形成与"不定"有密切关系。第六章第三节第一小节介绍了"不定"从动词到副词的演变，语义上从某事物现象的不确定经认知推理发展为说话人对命题内容的不确定判断，从而具有了情态表达功能。"不定"的认识情态用法在明清时期已经出现，"保不定"在清代语料中可以找到，而"说不定"在现代语料中才有使用，"指不定"则在当代语料中才有用例。在清代的语料中有"论不定"的动补结构用法和认识情态用法，如：

　　（84）a 在人家总可以剩两个，谁知你还是叫苦连天，论不定是真穷还是装穷。
　　　　　b 你们暂且下去，想想再来，或者一时忘记也论不定。
　　（85）a 想是刚才闪了力了，论不定还是三老爷把他撞坏的。
　　　　　b 倘若一齐保了上去，论不定就要驳下来，倒不如我们的斟酌妥当再出奏的好。(《官场现形记》)①

---

① 例（84）和例（85）中各句皆出自《官场现形记》。

例（84）"论不定"是实义动词"论说"及其补语"不确定"的句法组合，a 句后面跟的是选择关系的宾语小句，b 句则单独充当谓语中心语。例（85）"论不定"则黏合为一个句法词，对其后的整个命题进行限定，表达说话人不确定的判断态度。

至早我们在五代的语料中还找到"论不定"的连用，"论不定"为连动结构。如：

（86）宰相刘与冯道婚嫁，道既出镇，两人在中书，或旧事不便要厘革者，对论不定。（《旧五代史》）

从历时语料上看，"论不定"可以循出语法化的轨迹，但"论不定"在现代汉语中已经消失，"说不定"或许是"论不定"受白话文影响之后的替代形式①。

"保不定""指不定"的语法化可能是多种因素共同作用的结果，因为与它们相关的表达还有"难保""指定"等，这些相关表达形式的意义、功能、虚化情况都不能被忽略。因本书的主旨并非语法化，因此二者经语法化产生出认识情态用法的情况，本书不作深究，仅指出一点，就是这组"X不定"情态成分的形成有类推的作用。类推是语法形式形成的一个重要途径，指一个形式因类同于另一个形式而产生（Meillet，1912，转引自贝罗贝，2005）。我们推测："论不定"由连动式句法结构（动词"论说"+状中结构"不确定"）经历句法位置改变、重新分析等语法化过程变为情态表达成分。"说不定""保不定""指不定"等因形式与之接近，故在类推机制的作用下，也可以具有情态表达功能。但事实是否如此还有待语料的支持和进一步的研究。

二 "X定"₂的语法化状况

我们认为"定"是表达情态的词缀，主要是依据"X定"₂来说的。当X为语义上的谓语核心时，"X定"₂就能传达说话人主观断定的认识情态或句子主语行动意志的动力情态。前文曾明确了"X定"₂表达情态时动词X的语义类型，并指出"X定"₂有词汇化的倾向。不过，由于"X

---

① 本文对此只是猜测，并未进行考证。

定"₂中的X是个开放的聚合群,因此比较难对"X定"₂的历时演变作具体的考证。根据经验,我们先后以"定""定了"① 为关键词在北大语料库中进行搜索,考察表情态的"X定"₂在历史文献中的使用情况。通过对语料的查找分析可以知道,"V定"动补式结构早在汉代已经出现,如:

(87) 田先生坐定,左右无人,太子避席而且曰:"……"(《战国策》)

"V定"表示动作使某人、物固定, "定"为动作的结果。动补式"V定"的历史发展较为平稳,至明清达到成熟的地步。除了空间动作,还引申出心理活动动作使某结果稳固、确定不变的意思。在清代的语料中,我们可以找到很多使用不同动词的"V定",如"坐定、立定、跟定、围定、执定、把定、托定、插定、按定、拦定、倚定、选定、排定、点定、批定、料定、揣定、哭定、歇定、说定、约定、埋伏定、商议定、打算定"等,只要语义不悖,都可以进入"V定"结构。但"X定"₂与"V定"既有联系又有区别,虽X也多为动词,但"X定"不再着重表现具体的动作及其结果,而是突出说话人或句子主语的主观态度,即情态。表示说话人主观断定的认识情态"X定"₂总的来说出现较晚,用例也较少,我们只在《红楼梦》中找到两例:

(88) 凤姐道:"你去告诉赵姨娘,说他操心也太苦了!巧姐儿死定了,不用他惦着了。"②(第84回)
(89) 咱们两个如今且往老太太那里去听听,除宝姐姐的妹妹不算外,他一定是在咱们家住定了的。(第49回)

除了以上两例,其他清代语料没有发现"X定"₂的认识情态用法。但在明代语料中,有两个疑似用例:

---

① 表情态的"X定"₂常后接时态助词"了",故以"定了"为关键词可以缩小查找范围。

② 这一例中的"死定了"似乎也可解读为已然的状态——确实已死,不会有变。这时"定"是一般的结果补语,不表情态。

(90) 此是二月初旬的事。少游急欲完婚，小妹不肯。他<u>看定</u>秦观文字，必然中选。(《醒世恒言》卷 11《苏小妹三难新郎》)

(91) 少游想道："这个题目，别人<u>做定</u>猜不着。"(《醒世恒言》卷 11《苏小妹三难新郎》)

根据上下文，这两例确实传达了某种猜测态度，但"看定"指向"他"，说明小妹对秦观文字中选的确信态度，并非指向说话人的认识情态。"做定"则几近于情态副词"肯定"，可能已词化，存疑。

在早期的现代汉语文献中认识情态"X 定"$_2$用例也较少见，我们仅找到几例较为接近的：

(92) 如今我是<u>死定</u>了，不如拼死见上刘碧一面，死也心甘。(民国小说《武宗逸史》)

(93) 这么一来，走是终于<u>走定</u>了，家里便忙着替我备行装。(唐韬《三迁》)

(94) 他说："咄，咄，愚蠢丫头，你已说话，你<u>输定</u>了！饼应归我，你已无分！"(沈从文《劝人读经》)

相比来看，"X 定"$_2$的动力情态用法更多见些。在清代语料中已可见比较典型的意愿型动力情态"X 定"$_2$，如：

(95) 十三妹道："这事在我。"因含笑先拍了张金凤一把，说："姑奶奶，我<u>喝定</u>了你的谢媒茶了！"(《儿女英雄传》第 9 回)

(96) 宝玉听了，思忖半晌，乃说道："依你说，你是<u>去定</u>了？"袭人道："<u>去定</u>了。"(《红楼梦》第 19 回)

在 20 世纪三四十年代的现代小说中，动力情态"X 定"$_2$略有增多，我们共找到以下几例：

(97) "不知道。"他看了我一眼，似乎表示有许多话不便说，也不希望我再问。
我<u>问定</u>了。讨厌，但我俩是幼年的同学。(老舍《歪毛儿》)

（98）在上海找得到这样的野景，不能不说是重大的发见，所以决心租定了。（林语堂《说避暑之益》）

（99）鹿书香仿佛没有听见，只顾说他自己的："哼，说不定教我预备就职典礼就是瞧我一手儿呢！厉害！挤我！我还是干定了，凤鸣你说对了，给他们个苦腻！"（老舍《东西》）

（100）我爱定了他。他是在巴黎求学的，不是贵族，也不是富人那更使我放心，因为我早年的经验使我迷信真爱情是穷人力能供给的。（徐志摩《巴黎的鳞爪》）

（101）只有茶楼上的人却欢天喜地在那里剥瓜子、饮清茶、吞汤面——高谈阔论，嬉笑诙谐，俨然天地间的主宰是他们做定了的。（袁昌英《游新都后的感想》）

语料显示"X定"₂的动力意义比认识意义出现早，成熟早，也正符合语言中认识情态从根情态发展而来、晚于根情态、认识情态语法化程度更高这样的一般规律。不过，总的来看，"X定"₂的情态用法使用频率仍不够高。拿用频略高的动力意义来说，同时期的近义表达"一定要X"用例明显要多。我们作了个简单的统计，如表6-4所示。

表6-4　　"X定"与"一定要X"在语料中的用频对比

	《三国演义》	《红楼梦》	《儿女英雄传》	《四世同堂》
X定了	0	2	3	1
（一）定要X	4	29	10	13

说明：不同作家或同一作家不同体裁的作品语言风格不同，用例频率可能有所差别。如北大语料库"老舍短篇"（包括《五九》《热包子》《爱的小鬼》等63篇小说）中"X定了"为两例，"一定要X"为三例，用频接近。

"X定"₂的使用在当代汉语中呈缓慢增长，同义的"一定会X""一定要X"仍然占主导①。但"X定"₂最新的发展不容忽视，我们在网络小说及谷歌等网络搜索引擎中可以查找到越来越多表达情态的"X定"₂，比如近年流行的电视剧本《武林外传》中就有"死定""输定"等认识情态及"跟定""管定""娶定"等动力情态用例共近十处。书面语有一定

① 此结论的得出依据是北大语料库中的"当代"小说，年代大概在20世纪80年代之后至21世纪初。

的滞后性，我们用符合"X 定"$_2$中 X 的语义要求的不同动词去试验，基本上都可以在网络搜索引擎中查找到表达情态的"X 定"$_2$的用例，如前文提到的"亏定""红定""废定"；"要定""买定""管定"等，个别用例的用频还非常高，如"赢定""死定"等。

通过对语料的分析，我们发现"X 定"$_2$具有很强的口语色彩，是汉语使用和发展的产物。语用是语法发展的主要动力，今天的语法就是昨天的语用。人的交际需要、认知能力以及语言系统本身的发展变化、内部调整是语法化的重要动因，就"X 定"$_2$语法形式来说，说话人要表达对命题的断定的认识情态及体现行为主体主观意志的动力情态，可以采用助动词情态成分及组合"肯定""肯定会""一定要"，事实上语料显示，这些情态成分一直是情态语义的主要表达手段。但何以要出现"X 定"$_2$呢？我们考虑"X 定"$_2$这种情态表达由以下因素促成。

一是语境的要求。人类语言多从日常口语发生变化，不同的交际环境和需要，催生出不同效果的语言表达方式。"肯定（会）""一定要"表示说话人的认识或句子主语的意愿，它们传达的这种情态意义不受语境的制约。比如说"肯定"可以表达说话人对外部世界方方面面的确定性判断，"雪肯定是白的"是对事物性状的断定；"他肯定在家""大学里肯定有图书馆"是对人事物存在状态的判断；"他肯定去了"是对动作事件发生与否的判定，对象是已然事件；"他肯定去"是对未然事件发生与否的判定。可见，"肯定"表情态时的适用范围很广，而"X 定"$_2$虽然同样表达说话人的断定性认识，但上述"肯定"能够出现的语境只最后一种情形可以用"X 定"$_2$，其他都不可，如"雪白定了""他在家定了""大学里图书馆有定了"等均不成话。就"肯定 X"与"X 定"$_2$都可以出现的未然语境而言，"X 定"$_2$的使用不仅单纯表达说话人观点，还意味着说话人作出判断有充分的更为客观的证据支持。这个证据可能是说话人所了解到的真实信息，也可能是说话人随着事件的进展所获得的相关新知。如：

（102）他肯定去。主观揣测①
（102）'他去定了。直接证据
（103）他肯定赢。主观揣测

---

① 说话人作出主观判断也是以自己的知识经验为依据的，此处的"主观揣测"是相对的。

（103）' 他赢定了。推理证据

例（102）和例（103）是说话人的主观判断，例（102）'表明说话人是在有证据的基础上作出的确信判断，比如说话人看到"他"已经收拾好行李了，或者已经接到"他"的告别电话了等。例（103）'表示说话人在比赛进行一段时间之后，观察到"他"已经占了上风，因此推断"他"会赢得比赛。语料库中也有实例可以说明，如：

（104）今天比赛开始后我冷静而放松，**等比到150米时**，我就知道自己赢定了。（新华社2004年8月新闻报道）

（105）冷家钱庄一旦入不敷出，**所有人都会放弃在他那里存放钱财，如此一来**钱庄也就垮定了！（网络小说《回到古代选老公》）

以上两例加黑斜体部分明示事件进程及推论依据的语境，要求选用"X定"₂的形式表达更为客观的可信度更高的主观判断。

动力情态"X定"₂也是特殊语境影响的结果。"X定"₂表示句子主语做某事的主观意愿，也就是"一定要"做某事。"一定要"是连用的多义情态表达式，除了动力义，还可以表示道义情态，偶尔还能表认识情态。因此，从意义上说，动力情态"X定"₂与"一定要"也不完全相同。在语用功能上，"X定"₂是对语境预期的否定或逆反。如：

（106）叫我去，我也得去，不叫我去，我也得去，我去定了！

（107）他操起芜湖口音问价，却遭到营业员白眼。继而又问，仍听到硬梆梆的一句反问："你买得起吗？"傻子气得青筋直冒，便甩着腔喊道："我买定了！"（哑子、严雨《"傻子"东山再起》）

例（106）的语境是对说话人行动的限制——"我不能去"，例（107）的语境是对傻子买家具的否定性的估计——傻子买不起，在这种压抑动作实施的语境下，"X定"₂通过对此种语境的否定和逆反，更突出强调行为主体不容更改的行动意愿。

总之，"X定"₂蕴含更多语用含义，或者说，语用因素、语境要求促使该表达式生成，以适应交际的需要。

二是双音组合优势的影响。双音化是汉语发展中的一个特点，也在继续发展之中。"X 定"$_2$ 中 "X" 多为单音节，与 "定" 比较容易结合为一个音步，双音化的影响使二者在形式和意义上进一步绑定。事实上，在我们的语感当中，"X 定"$_2$ 近于一个整体的语法单位，并且有词化的倾向，这主要是其双音形式的关系。"定" 在句法语义上具有黏附性，表示说话人的态度或估价，是后置的情态成分，属于 "唯补词" 的范畴①。"定" 的结合范围很广，因而形成 "X 定"$_2$ 这种能够类推的能产的模式。

三是意义和功能的重新分析。前文提到 "X 定"$_2$ 在历史语料中的使用情况，我们认为最初的 "X 定"$_2$ 同其他的 "X 定" 一样是表结果的述补结构。但随着汉语的发展以及 "X 定" 使用环境的改变，"定" 的语义逐渐虚化，句法上的黏附性增强，"定" 就从句法语义成分变成了功能成分，"X 定"$_2$ 也就从表达与句子主语相关的动作事件及其结果关系的句法结构变成了指向说话人观点态度的情态功能表达形式。我们以 "死定" 为例再回顾一下这个语法化过程。

前文提到清代及早期的现代汉语文献中已经出现了 "死定"，如前文已列出的用例：

(88) 凤姐道："你去告诉赵姨娘，说他操心也太苦了！巧姐儿死定了，不用他惦着了。"（《红楼梦》第 84 回）

(92) 如今我是死定了，不如拼死见上刘碧一面，死也心甘。（民国小说《武宗逸史》）

这两例我们认为已经可以理解为表示说话人的断定性认识，但 "死定" 仍然是从动词 "死" 加表示 "死" 的程度结果的实义词 "定" 的动补组合发展来的。如现代汉语中还保留 "死定" 的这种用法：

(108) 一位批评家在追悼会上激昂地说："他的精神是不死的，他的杰作永远存在，是他给我们最宝贵的遗产！" 一个小读者私下舒一口气说："他的身体总算是死定了！他不会再出版新书，否则我真要破产了！" 这位读者的书都是花钱买的，那位批评家所有的书当然

---

① "唯补词" 可参看刘丹青（1994）等。

是作者签名赠送的。(钱钟书《灵感》)

（109）可也有些地方，多少年来，抱残守缺，<u>死定定</u>的就吃祖宗遗产这碗饭。(《报刊精选》1994 年第 12 期)

例（108）根据上下文，"死定"指的是主语"他的身体"已经"死"了，而且"死"的状况确定无疑，固定不变。例（109）是"死定"的引申用法。

实际上如近现代汉语的例（88），若理解为非情态用法也无不可，"巧姐死得定定的、完全彻底死了"。但至少在特定的语境中"X定"确实已经开始抽象、虚化、主观化，经过语义和功能上的重新分析，转变为表达说话人观点的情态成分。

在假设的、未然的语境中，"X定"表情态的功能逐步定型，用频也大幅增加。如：

（110）他仍不服管教，说："我们要都像你这样想，小狗现在已经<u>死定</u>了！"(梁晓声《冉之父》)

（111）当时，他长叹一声说："我是<u>死定</u>了，从我有这个念头开始，我便<u>死定</u>了！"(《报刊精选》1994 年第 6 期)

（112）假如我把话筒的事写入了我舅舅的传记，那我就<u>死定</u>了。(王小波《未来世界》)

（113）"天坑"，罗胖子摔下去不淹死也得冻死，不冻死也得困死，反正是<u>死定</u>了。(《故事会》2005 年)

（114）疼痛和压力让他不能呼吸时，他甚至绝望地感到，这一次真正是<u>死定</u>了。(张平《十面埋伏》)

（115）乔致庸，我可告诉你，离开我孙茂才，你们乔家也完了，你自己也<u>死定</u>了！不信咱走着瞧！(电视剧本《乔家大院》)

例（110）和例（111）还有可能理解为实义的"死定"，而例（112）—例（115）由于命题中的事件、动作状态都是未然的，因此可以确定只表达认识情态。从以上用例也可以看出，认识情态的"死定"在当代汉语中的用例增多了。

"死定"的认识情态用法是经历了"定"的词义的抽象、虚化，以及功能调整（从词汇句法成分到情态功能成分）逐步实现的，这其中有一个重新分析的过程。刘坚、曹广顺、吴福祥（2005：117）认为"重新分析是一种认知行为，重新分析的作用是从认知的角度把这种词义虚化、功能变化的过程以结果虚词产生的形式表现出来并加以确认"。本书的"X定"$_2$即是语义、功能重新分析的结果，但不是典型的虚词，而是近于结构上具有可分析性，意义上具有可预测性的句法词①的语法形式。

---

① "句法词"概念见董秀芳（2002）。

第七章　"X不到哪儿去"情态构式分析

第一节　"X不到哪儿去"情态构式的核心语义

一　程度判断与性质判断

"X不到哪儿去"在语言使用当中有以下几种情况：

（1）项八小姐搭讪着问道："你们到哪儿去?"蕊秋喃喃的随口答道："（我们）不到哪儿去，随便出来走走。"（张爱玲《小团圆》）

（2）"会很快查出作案者的，他跑不到哪儿去。（王朔《人莫予毒》）

（3）黑燕仔在冯家的门口开骂，老的是狐狸精，小的当然好不到哪儿去。[张欣《今生有约（4）》]

例（1）"X不到哪儿去"是一个主谓句，其结构意义由谓语动词"到"与表处所的疑问代词"哪儿"等构成成分组合相加得出；例（2）"X不到哪儿去"是一个动补结构，X是动词，"哪儿"已经虚指为不确定的某个处所。这种结构有一个整体意义，即说话人认为句子主语虽然已经实施某行动，但却达不到行动的目的。这实际上传达了说话人对命题中行动成功与否的断定，属于认识情态语义范畴。如例（2）的意思是说话人认为作案者不会成功逃跑，终归会被抓捕归案。例（2）中X为动词的认识情态构式，X多为有处所论元的规避义动词，如"逃、跑、躲、走、放、藏、塞"等。例（3）"X不到哪儿去"是对描述对象性质状况的否定性判断，"小的也不会好"，也属于认识情态表达。但例（3）比例（2）语法化程度更高，因为例（3）中构式的构成成分"到""哪儿"已完全没有处所的语义特征，作为形容词的X自然也不能与表处所的补语

成分发生结构关系。本章的研究对象即是"X 不到哪儿去"的第（3）种
情况，表达说话人对命题中事物性状的评估和判定的认识情态构式。①

第四章第四节谈到情态构式具有意义的整体性、表达的主观性、命题
的可能性和非现实性等特征。情态构式的这些特征不是相互独立的，而是
交叉联系、共同作用的。就"X 不到哪儿去"构式来看，在形式上该构
式有一个明显的主观否定标记"不"，说明说话人对事物性状否定性的主
观判断，体现了情态构式表达的主观性特征。从另一个角度来看，主观性
否定判断常常是在某性质状态尚未有定论的情况下作出的，也属于某种意
义上的非现实性。可以比较"没 X 到哪儿去"与"X 不到哪儿去"两种
评判的主客观的差别：

（4）可是诗没叫谁发过财，也<u>没叫我聪明到哪儿去</u>。（老舍
《离婚》）

（4）'诗叫人<u>聪明不到哪儿去</u>。

例（4）根据现实状况——我没有发财，没有变聪明——否定诗的作
用，是对于诗的实际效果的客观表述；改动之后的例（4）'是对诗的未
来效果的瞻望，否认诗对人的积极影响，认为人靠诗来变聪明是不可能
的。可见，"X 不到哪儿去"构式即直接表达说话人的观点态度，又与命
题的可能性有关，符合情态语义特征，属于情态表达。

接下来我们仔细分析一下"X 不到哪儿去"构式表达的整体的情态
语义，先看语料库中的实际用例：

（5）不全是我小器吧？积几十年的观察与经验，<u>错不到哪儿去</u>。
（梁凤仪《风云变》）

（6）虽然 EI 肯定不是免费使用，但费用<u>也大不到哪儿去</u>，预期
随着经济发展，一般家庭和企业都能承受。（《报刊精选》1994 年第
6 期）

（7）日本的政治人物在它的国民心目中几乎无一不是政客。在

---

① "X 不到哪儿去"中的 X 为动词时虽然也表认识情态，但与 X 为形容词时认识情态构式
义的由来途径和语法化机制不同，后者情况更为复杂。因此，我们只讨论 X 为形容词的"X 不到
哪儿去"情态构式。

国际上的形象也许反而略高一些，却也高<u>不到哪儿去</u>。（梁晓声《感觉日本》）

我们讨论的"X 不到哪儿去"构式中的 X 都是形容词，而且是能够用程度副词"很、有点"等修饰的非定量形容词（石毓智，2001：120）。非定量形容词在量上有伸展的幅度，具有连续性特征。因此这类形容词用程度副词切分出的量级之间就没有明确的分界线，比如说对于"很好"和"比较好"，我们只能大致上说前者比后者程度高，但却不能准确地指出二者的程度差别。非定量形容词不同量级的否定存在不对称现象①，有些问题还需要深入研究。

"X 不到哪儿去"也涉及非定量形容词 X 的否定，"到哪儿去"包含程度特征（详见本章第一节第二小节），X 的量级不确定，因此就出现一个问题："X 不到哪儿去"构式表达的说话人的否定判断到底是否定 X 还是否定有一定程度的 X——"很 X"？如图 7-1 所示。

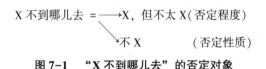

图 7-1　"X 不到哪儿去"的否定对象

从语料上看，两种理解都存在。如例（5）"错不到哪儿去"等于说"不会错"，是对"错"的否定。例（6）若只是独白语境，则是说话人对 EI 费用"不大"的断定；若是在对话语境中，可能有对 EI 费用"很大"的担心，则该句的"大不到哪儿去"也可以理解为"虽然大，但不很大"。例（7）的语境中有明确的认定，说明说话人认为日本政治人物在国民中的形象确实"高"，但"不很高"。一个是对性质的否定，一个是对程度的否定，需要根据具体语境确定。不过，从用频上看，对性质的否定判断居多，程度否定需要语境的明确。按标记理论的说法，"X 不到哪儿去"情态构式表达对言谈对象某一方面性质的否定判断，即"不

---

① 比如"好"的否定是"不好"，"很好"的否定是"不很好"，但不能类推其他量级的情况。"比较好"语义上的否定应该是"不比较好"（意味着还是好的），但形式上却是"比较不好"，意思是不好，出入较大。

X",是无标记的;而表达对言谈对象某种程度的性质的否定判断,即"不太 X",是有标记的,如例(7)中的小句"也许反而略高一些",也可能是某种语言成分,如例(8)中的"纵然……也……",例(9)中的"再……也……"等让步格式。

(8)这种纸纵然好也好不到哪儿去。(《现代汉语八百词》用例)

(9)只是给人打工,薪水再高也高不到哪儿去。

这两例说话人预先设定主语"X"的性质,然后用"X 不到哪儿去"预测 X 的程度不高,不会达到极致状态,即"不太 X"。有的情况还将"X"与"-X"两种对立的性质进行对举,说明句子主语在某方面不会达到很高的程度,也不会达到很低的程度,而是处于一种一般状态(田田,2008)。如例(10):

(10)我相信最后的结果必然是,与去年相比,经济增长快也快不到哪去,慢也慢不到哪儿去。(田田 2008 用例)

例(10)两句"X 不到哪儿去"中的 X 是反义词,表达正和负的两个极致,通过对这两个极致的对比,说明主语在某方面的性质处于一般的状态。

二 认识情态构式义的由来

(一)程度义的铺垫

"X 不到哪儿去"构式的整体语义包括三个部分,一是性质 X,二是主观否定"不",三是程度表达"到哪儿去"。上一小节我们讨论了主观否定"不"带来的对性质或程度的判断,实际上"性质"是 X 所具有的,"程度"则是由"到哪儿去"派生出的。

"到"由实义动词虚化为表示程度的补语标记,《现代汉语八百词》认为"到"可以表示动作或性质状态到达某种程度,其后可以是数量短语或表示程度的词语或小句。[①] 如:

---

① 可参见该书第 152 页。

（11）事情已经<u>发展到</u>十分严重的地步。（《现代汉语八百词》用例）

（12）这种纸纵然好也<u>好不到</u>哪儿去。（《现代汉语八百词》用例）

（13）有些生物<u>小到</u>连眼睛都看不见。（《现代汉语八百词》用例）

构式义虽不是由构成成分义直接推出，但很早就孕育于原有的句法结构之中，构式义的形成都有可追溯的原因和形成历史（刘丹青，2009）。原有的句法结构，其组成成分及内部关系有着一定的可推导性和透明度。但随着语言的发展，组成成分在语义上逐渐虚化，同时在语境的影响下，经过语用推理等认知策略的作用，原有句法结构形义关系的透明度减弱，新的整体的构式义开始形成。构式义形成过程中，如果能够被高频使用，则该构式义就能最终确定下来①。

"X不到哪儿去"构式义形成过程中，"到"从表"到达"的实义动词虚化为表程度的补语标记是重要的一步，这使得构式的整体语义带上程度特征成为可能。全国斌（2006）指出在《史记》中已有"到"表示"到某一地步"的用例，但我们没有找到。我们在汉代以后南北朝的文献中发现了"到"的程度用法，如例（14）和例（15）：

（14）昔有一乳母抱儿涉路，<u>行到疲极</u>，睡眠不觉。（《百喻经·小儿得欢喜丸喻》）

（15）鬼谷眇眇，每环奥义；情辨以泽，文子擅其能；辞约而精，尹文得其要；<u>慎到析密理之巧</u>，韩非著博喻之富；吕氏鉴远而体周，淮南采泛而文丽，斯则得百氏之华采，而辞气之大略也。（刘勰《文心雕龙》）

"X不到哪儿去"构式中的"哪儿"的意义和用法也是虚化的结果。近代汉语时期疑问代词"哪"都写作"那"，产生之初主要是询问事理，在六朝的佛经中已出现询问处所的用法。自北宋开始，"哪里（哪儿）"

---

① Bybee（2006）认为在构式的形成中，高频实例起着关键作用。

的形式用得越来越多，可以表真性疑问及反问等（蒋绍愚、曹广顺，2005：55—56）。① "X 不到哪儿（哪里）去"至晚在清代已经可以表达事物状况 X 性质或程度的否定性估测，如例（16）和例（17）中的用法与现代汉语已几无差别。

　　（16）"副帅是林岱，也是我的旧人。惟俞大猷，我认不得他。如今他们来了，我们的旨意还未定吉凶。有严太师，也<u>错不到那里去</u>，不过是调回交部议处，总降级调用，将来还可斡旋。"（清，《绿野仙踪》）

　　（17）太公听了道："幻梦无凭，何必根究！我们务农人家，只要上不欠皇粮，下不缺私债，吉也<u>吉不到哪里去</u>，凶也<u>凶不到哪里去</u>。今天的这个怪梦，无非是因你疲倦而起。这几天你可在家休息，田里的生活，让我一个人去做便了。"（民国，《汉代宫廷艳史》）

（二）认知域的投射

认知语言学认为概念域（conceptual domain）或认知域（cognitive domain）之间存在结构映射（mapping）关系，空间经验是个体成长过程中较早获得的基本经验，空间认知域向其他认知域，如时间域、目的域的投射最为常见。沈家煊（1994）举了"在"这个词的虚化来说明认知域的转移在词语虚化过程中的作用，引用如下：

　　（18）她在厨房 → 她在做饭 → 她喜欢做饭，不在吃而在消遣。
　　　　空间域 →　时间域　→　　目的域

　　因此，沈家煊（1994；2005：6）认为："从认知上看，虚化是从一个认知域转移到另一个认知域。" "X 不到哪儿去"构式从构成成分的本义来看，也是关涉空间距离的表达，即到达参照点之外的某一处所。从"到达某处"空间域概念投射到"到达某一程度"性质域的认识就导致了"X 不到哪儿去"构式义的生成，即对某性质及其程度的否定性判断。这一认知域的投射过程如图 7-2 所示。

---

① "哪儿"的任指、虚指等用法一般至明清时期才多见（来德强，2001）。

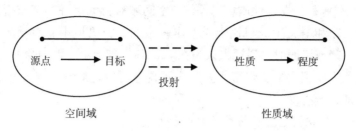

图7-2 "X不到哪儿去"认知域投射图

认知域的转移可以使基本的、具体的概念范畴派生出抽象的、主观的概念范畴，也可以使较为抽象、主观的概念范畴进一步地抽象化、主观化。上文分析"X不到哪儿去"的构式义源于空间域向性质域的投射，从语言事实上看，该构式空间域的表达已经带有主观性特征，体现了一定程度的语法化。比如例（19）—例（21）中X为动作动词，表达说话人对句子施事不会发出该动作或该动作不会达到目标处所的断定。

（19）这个当儿，珍姑娘的头是磕了，脸是开了，生米作成熟饭了，大白鸭子是<u>飞不到那儿去</u>了。（清，《侠女奇缘》）

（20）那时连褚、冯、赵、陆等不下十人，兵多将广，又不怕邪术，那羊角岭自然立破，张七与铁头陀也<u>逃不到那里去</u>了。（清，《侠女奇缘》）

（21）铁吉道："好坏味水，死了也是个臭鬼！还有那个鬼家容留饮食！"忽然听得庄内众声说道："寻寻，走也<u>走不到哪里去</u>！"开开庄门，将贺恭等俱绑出来，四处搜寻。（清，《海国春秋》）

例（19）以大白鸭子飞不了隐喻珍姑娘不会离开了；例（20）表示说话人认为张七与铁头陀逃不掉；例（21）意思是搜寻对象虽然逃走，但不会逃太远，能抓回来。"V不到哪儿去"的构式义虽已发生主观化，但仍与空间距离概念有关。如"逃不到哪儿去"是对"逃到哪儿去了"的否定，而后者是客观意义的表达。"逃不到哪儿去"中的"哪儿"已经虚化为表任指意义，可理解为"不能逃到任何一个地方"，经过语用推理和主观"识解"（construal），某谈论对象虽然出逃，但无论逃出的路途远近，最终没有到达某目标处所，也就是"逃"这一行动事件没有成功。因此，其最终确定下来的整体意义就成了"逃不掉"。

"X 不到哪儿去"性质域的评估与空间域对行动事件实施与否的估断在认知策略和语义生成机制上是基本一致的。当语境中有对某人事物 X 性质的疑问或说明时，说话人认为在 X 的各个量级上，此对象都达不到。因此说话人使用"X 不到哪儿去"表示自己对叙述对象在 X 的性质和程度方面的否定态度。

（三）认识情态述补格式的内部动因

现代汉语中补语的可能式是一种情态构式，可以表达动力情态，说明施事主语的能力状况对命题事件发生的可能性的影响。如"吃得/不完""搬得/不动"；还可以表达认识情态，说话人对主语某行动或性质的主观判断（多为否定判断），如"好不了""办不成"。认识情态可能补语的普遍存在是"X 不到哪儿去"述补格式带上主观认识意义的内部动因。

"V 不 C"结构在唐宋时期即已出现，最初是结果补语"VC"的否定式，表示结果没有达成或实现，如例（22）；当"V 不 C"用于未然语境时就转为表不可能（蒋绍愚、曹广顺，2005：346），也就是认识情态义，如例（23）：

　　（22）幽鸟<u>飞不远</u>，此行千里间。（贾岛《石门陂留辞从叔谟》）
　　飞不远＝飞得不远（非认识情态）
　　（23）野火<u>烧不尽</u>，春风吹又生。（白居易《赋得古原草送别》）①
　　烧不尽＝不可能烧尽　　（认识情态）

蒋绍愚、曹广顺（2005：346）认为宋代以后至现代汉语中，"V 不 C"就基本只用来表不可能。实际上我们知道"V 不 C"还可以表能力型动力情态，但这足以说明述补可能结构表达认识情态已有很长的历史，而且在现代汉语中仍普遍使用。"X 不到哪儿去"形式上属于述补可能式，其构式义表认识情态也是系统内部一致性的作用和表现。

三　构式的非情态解读

认识情态是说话人对命题为真的不确定的看法，因此命题内容都是非

---

①　此两例转引自蒋绍愚、曹广顺（2005：346）。

现实的、假想的、不真实的事件状态、行为或性质等。比如"他可能来""他会生气"两个认识情态句中命题"他来""他生气"都是尚未证实的、说话人主观幻想的情形，并不是现实世界中的真实状况，只是在某一可能世界中为真。"X不到哪儿去"构式表达说话人对叙述对象的性质是否是X，是否有一定程度的X等状况的判定，但叙述对象的性质结果在现实世界中并没有定论，只是说话人主观世界中的评判。比如例（24）中"坏不到哪儿去"说话人认为文学名著拍出来的电视剧不会坏，这是说话人的主观看法，但客观效果是不是"不坏"还不确知。实际上我们的经验是改编自文学名著的电视剧反映"坏"的也不少。以下是例（24）：

（24）"文学名著底子好，再怎么拍也坏不到哪儿去，认真一点就是个精品。"——一位电视导演如是说。（刘颖：《"96—97"荧屏热点：文学名著》）

"X不到哪儿去"表达可能世界的主观推断时可以确定属于认识情态范畴，但我们发现有的情况下，该构式的意义功能只是现实世界中对叙述对象的客观评价，并不包含情态义。如：

（25）二荷和群龙的父亲是银行的职员，挣的比小墩子她爹多。虽说也多不到哪儿去，但让孩子买东西的小找头能让留下。（刘心武《小墩子》）

（26）没有什么问题，但就是里头的文章一点说服力也没有。既没有令人折服的地方，也没有煽动性。矮个子的演说也好不到哪儿去，根本是老调重弹。（当代翻译作品《挪威的森林》）

例（25）"多不到哪儿去"的主体是"二荷和群龙的父亲挣的钱"，从上文"比小墩子她爹多"可知"钱多"的性质是确定的。后文用"虽……但……"转折复句格式说明"钱多"的程度，转折复句本身也是对现实状况的描述。例（26）的上下文都是确定性的评价，对于"好不到哪儿去"的评价对象"矮个子的演说"，后续句也作了定性"根本是老调重谈"，因此"好不到哪儿去"不会是"好不好"的揣测，而是"不好"的确定性评价，用"好不到哪儿去"只是一种不那么直接的、较委婉的表达而已。

从以上分析可以得出结论，"X 不到哪儿去"在现实语境中 X 的性质已被确定、认同的情况下，该构式不再有认识情态的解读。反之，若 X 的性质只是说话人个人的主观评判，而不是客观具有的效果，则属于认识情态范畴。石毓智（2001：47）认为现实和虚拟在语言中表现出一系列句法上的差异，现实句多用陈述句的方式来表示，而虚拟句多用条件句、假设句、意愿句、祈使句、疑问句等加以表示。对于"X 不到哪儿去"构式的情态解读和非情态解读也可以参考这个标准来辨别，在石文所提到的种种虚拟语境中，该构式就表现出认识情态特征①。如：

（27）可是物质文明很低，精神文明也高<u>不到哪儿去</u>。(《读者》合订本)

（28）只要有大腕儿云集，星光耀眼，这电影的票房就<u>差不到哪儿去</u>。

（29）总觉得，会买菜做饭的男人，再坏也<u>坏不到哪里去</u>吧？

例（27）—例（29）"X 不到哪儿去"分别用于假设句、条件句和疑问句中，表达主观评判的认识情态。

第二节　"X 不到哪儿去"情态构式的结构特点

"X 不到哪儿去"构式中"哪儿"有时可以替换为"哪里"，但"哪儿"更口语化，更常用。除此之外，该构式在形式上还有以下几个方面的特点。

一　X 的形容词性质

首先是 X 的词性，我们主要研究 X 为形容词的"X 不到哪儿去"认识情态构式。按照汉语形容词的传统分类②，即性质形容词和状态形容词的两分系统，X 一般为性质形容词，不能为状态形容词，例如：

---

① "X 不到哪儿去"表认识情态多用于假设句、条件句语境中。

② 学界对形容词的分类还有其他看法，如张国宪（2006）的"静态形容词"和"动态形容词"；石毓智（2001）的"定量形容词"和"非定量形容词"等。

（30） *这件毛衣雪白也<u>雪白不到哪里去</u>。

（31） *还没到腊月，水龙头里的水冰冷不到哪儿去。

从数量特征来看，状态形容词是定量的，不能再受程度词的修饰。含有程度特征的 "X 不到哪儿去" 构式限制状态形容词的出现，如例（30）和例（31）X 变为性质形容词 "白" "冷"，句子就可以成立了。

在音节的数量方面，X 以单音节为主，但也不排斥双音节，我们在语料库中就找到 "果断、好听、高明、聪明、丰富、方便、轻松、暖和、难看" 等双音节的用例。三音节及以上的用例没有发现，因为三音节以上的形容词多为形容词的 "生动形式"，也就是状态形容词。总的来说，X 以单音节为优势形态，音节数量不同的相同概念义的形容词倾向于选择单音节或数量较少的音节形式。如 "旧" 和 "陈旧"、"慢" 和 "缓慢"、"糊涂" 和 "糊里糊涂" 等，用于 "X 不到哪儿去" 构式时一般选择前者。这也说明，X 具有口语化色彩，一些双音节词因书面语色彩浓厚而不适宜用在该口语格式中。

在感情色彩方面，X 褒贬皆可，但语用效果有所不同。当 X 为积极义形容词时，说话人的态度多贬抑否定，如例（32）；当 X 为消极义形容词时，说话人的态度多宽容肯定，如例（33）：

（32）她再怎么化妆也<u>好看不到哪儿去</u>。

（33）会打扮的人<u>丑不到哪儿去</u>。

我们说 X 的褒贬或积极消极并不是绝对的，主要与言谈参与者的期望目标有关。如果 X 是听说双方所期望发生的，或者是特定社会普遍认同的，则属于积极义的，反之则是消极的。如 "胖/瘦" 这对概念，在当今时代以瘦为美，因此 "瘦褒胖贬"。如果说 "他天天大吃大喝，瘦不到哪儿去"，由于 "瘦" 属 "积极义" 的形容词，则此句表达的是说话人对他 "很胖" 的贬抑态度。

若用于明确的对话语境，则当 X 为正面的积极义形容词时，往往表达说话人对交际的另一方观点的辩驳反对，如例（34）；当 X 为反面的消极义形容词时，往往表达说话人对另一方疑虑不安心境的安抚劝慰，如例（35）。

（34）A：在外企工作薪水很高吧？

　　　　B：只是给人打工，薪水再高也高<u>不到哪儿去</u>。

（35）少担心，生意人计算过的一盘数，<u>错不到哪儿去</u>，英嘉成一定有他的把握。（梁凤仪《激情三百日》）

二　肯定式和疑问式

"X 不到哪儿去"构式形式上和内容上都属于否定结构，用于陈述句时没有相应的肯定形式"X 到哪儿去"，如：

（36）如果有制衡，他即使学坏了，<u>也坏不到哪里去</u>。（《报刊精选》1994 年第 2 期）

（36）'＊……<u>也坏到哪里去</u>。

肯定形式成立的时候有条件的限制，一般所在的句子都是否定句，也就是说原构式表达的否定态度没有改变，只是否定的辖域和时间性质有所变化。

（37）见解当然不会高明到那儿去，《红楼梦》的文学造诣当然<u>也不会高明到哪儿去</u>。＝高明不到哪儿去（《读书》卷 134）

（38）不过，我也并<u>不觉得</u>这些流行曲词<u>好到哪儿去</u>，除了少数之外，相当多的词都是花拳绣腿或滥俗套话。（《读书》卷 189）

　　＝觉得……好不到哪儿去

（39）相对论以后，事情终于变得好一点，<u>也没有好到哪儿去</u>，因为"价值"就因此而死了。＝确实好不到哪儿去（虽然好，但不太好）（《读书》卷 197）

从以上例句可以看出，"X 到哪儿去"肯定形式仍是从"X 不到哪儿去"否定形式转换过来的，而且当否定标记词"不"从否定式中移出之后，原"X 不到哪儿去"构式很有可能不再表达认识情态语义，如例（38）和例（39）只是表达说话人的现实评价态度"不觉得很好"。

"X 到哪儿去"可以用于疑问句中，表反问，意义同于"X 不到哪儿

去"。如:

(40) 二分原则以及对象化思维方式决裂，人本主义又比物本主义的命运<u>强到哪儿去呢？</u>=强不到哪儿去（《读书》卷 196）

(41) 大学生陆弘宇说，上山前我想：咱农民的儿子啥苦没吃过？山上<u>能苦到哪儿去？</u>=苦不到哪儿去（《读者》合订本）

(42) 这个王珪用心如此低下，文章<u>能好到哪儿去呢？</u>更不必说与苏东坡来较量了。（余秋雨《苏东坡突围》）=好不到哪儿去

(43) 贯彻上级精神，遵照领导的意图，填括号似的填充内容，水平<u>能高到哪儿去？</u>（陆步轩《屠夫看世界》）=高不到哪儿去

从以上例证可知，"X 不到哪儿去"主要用于陈述句中，也可以用于一般疑问句中，如"好不到哪儿去吧？"，但不用于反问句；而其肯定形式"X 到哪儿去"只能用于否定句和反问句中。"X 不到哪儿去"这种肯定否定不对称的现象，我们认为可能与石毓智（2001：74—85）所揭示的动补结构肯否不对称的规律有关。石文指出，"V 不 C"的使用频率远高于"V 得 C"①，而且否定式一般只用于陈述句中，肯定式往往用于反问句中表否定（这与"X 不到哪儿去"的情况类似）。石文通过考察分析认为"V 得 C"的肯定程度很低，而语言应用中经常借用表极小量的词语来实现完全否定。因此"V 得 C"的否定式"V 不 C"等于对实现某一行为的可能性的完全否定，在表量上有显著的倾向性，其用频就比肯定式要高。"X 不到哪儿去"虽不是"得"字短语，但也是一种与可能性有关的述补结构，在语义程度上与"得"字动补结构近似，肯否形式表现上的差异也可由此得到一定的解释。

三 与情态成分、构式的连用

"X 不到哪儿去"情态构式可与同类的情态成分、情态构式连用，如例（44）—例（46）中的认识情态成分"恐怕""肯定""十中八九（十之八九）"，例（8）和例（36）的"即使/纵然……也"，例（47）的"再……也"等认识情态构式。连用的形式基本上是连续连用，其他情态

---

① 赵元任（1968）、刘月华（1980）等也较早作过这方面的研究和统计。

成分或情态构式位于"X 不到哪儿去"认识情态构式之前。如：

（44）吏治清廉才能民风淳厚。如果干部思想作风乌烟瘴气，那么民风恐怕也好不到哪儿去。（《人民日报》1996 年 11 月 13 日）

（45）如果某一地区、某一行业口碑不佳、形象极差，闻之者莫不掩鼻而去，避之犹恐不及，那么经济效益肯定好不到哪儿去。（《人民日报》1996 年 6 月 7 日）

（46）这种感觉，当然也有牛头不对马嘴的时候，不过十中八九差不到哪儿去。（《读者》合订本）

（8）这种纸纵然好也好不到哪儿去。（《现代汉语八百词》）

（36）如果有制衡，他即使学坏了，也坏不到哪里去。（《报刊精选》1994 年第 2 期）

（47）"船"就是再好，如果"水"不涨，这条船失去了载体，注定也高不到哪里去。（《报刊精选》1994 年第 11 期）

"X 不到哪儿去"与同类情态成分或构式的连用，体现了情态和谐（modality harmonic）原则，使某种情态语义得到双重体现和强调。Lyons（1977）在谈到相关问题时指出情态协调的组合可以互相加强，另外辖域较宽（或位置靠前）的情态词表达主观认识情态，而辖域较窄（或位置靠后）的那个表达的情态更为客观化。"X 不到哪儿去"常用于连用的后位，按照 Lyons 的情态词连用语序规则，那么该构式与连用的其他同类情态成分相比，客观化色彩更浓一些。关于该构式与其他同义情态成分的比较及客观化问题，我们本章第三节还有详细论述。

四　句法功能

"X 不到哪儿去"情态构式主要充当句子谓语或让步复句后一分句的主要谓语，当该格式出现在修饰成分中时，一般表示对中心语的修饰限定。能用来做限定的性质状态自然不能是不确定的，因此该格式就不再表揣测断定的认识情态。如：

（48）自从李逵见了比自己白不到哪儿去的宋江，贴着这么一个掏钱的主儿，每天想吃多少吃多少，想喝什么喝什么。（网文《无厘

头水浒故事：完全强盗手册》）

（49）用舶来语、洋词令堆砌起的文字迷宫，译成中国的大白话，无非是讲了些比人饿了应该吃饭、人困了应该睡觉高明<u>不到哪儿去的</u>"绝对真理"。（《人民日报》1994年12月6日）

例（48）和例（49）"X不到哪儿去"处在定语位置，是对中心语"宋江""绝对真理"的否定性的修饰说明——"不白""不高明"。虽然这种说明带有强烈的主观色彩，评价者在否定的同时流露出不屑的态度，但仍只是一种主观性表达，没有涉及可能性，或者说只是借用了表可能判定的形式表达贬抑否定的主观态度。一些学者在研究狭义的情态范畴的形式制约方面得出结论[1]：认识情态成分构成疑问句、否定句，进入定语从句等经常要受到很多限制（柯理思，2005：283）。

最后还有一个形式上的问题，就是"X不到哪儿去"还有相近的变式，如"X也X不到哪儿去"：

（50）应当说，在大城市，校际间房子设备差距并不大，<u>差也差不到哪里去</u>。（《人民日报》1996年3月11日）

（51）活得还算可以，现在大家都是同样的粮票，同样的布票，<u>好也好不到哪里去</u>，<u>坏也坏不到哪里</u>。（陆文夫《人之窝》）

例（50）和例（51）"X也X不到哪里（哪儿）去"是让步类复句格式"即使……也……"的简缩格式，即"即使差/好/坏，也差/好/坏不到哪儿去"。如例（52）"再大也大不到哪里去"也可以变为"大也大不到哪里去"。

（52）这是个小房间，逻辑告诉他，由于这房间位在高塔的顶端，<u>再大也大不到哪里去</u>。但是他待得越久，这房间似乎就变得越大。（当代翻译作品《龙枪传承》）

---

[1] 指柯理思（2005：283）及其提到的Huot（1974）、安井（1977）、中右（1979）、森山（2000）等。

从"即使 X 也 X 不到哪儿去"到"X 也 X 不到哪儿去"还可以进一步简缩为"也 X 不到哪儿去"及"X 不到哪儿去"。我们在实际用例中发现简缩过程中的第三步"也 X 不到哪儿去"格式用频也较高,如上文曾提到的例(6):

> (6)虽然 EI 肯定不是免费使用,但费用<u>也大不到哪儿去</u>,预期随着经济发展,一般家庭和企业都能承受(《报刊精选》1994 年第 6 期)

例(6)中的"也大不到哪儿去"可以理解为"即使大也大不到哪儿去"的简缩用法,因此,该构式的意思就是说话人承认"费用大",但否认"费用很大",即"费用不太大";也可以认为是"X 不到哪儿去"构式加入了语气副词"也",轻读,表示委婉的语气。这时构式的意思是说话人否认"费用大",即"费用小"。当语境中出现叙述对象的比较项时,"也"兼有类同义。如:

> (53)看来,出家人日子也很清苦,张天师的徒子徒孙尚且如此,其他和尚、道士怕<u>也好不到哪儿去</u>。(《人民日报》1993 年 6 月 12 日)

例(53)"好不到哪儿去"是对其他和尚、道士生活水平的评估,由于上文有明确的比较项"张天师的徒子徒孙",经过类比、推论,用"也"表示其他和尚、道士的日子也不会好。

第三节　"X 不到哪儿去"情态构式的语用功能

一　焦点与否定

"X 不到哪儿去"构式的基本含义是对某叙述对象的否定性估测和评判,这一点也可以通过该构式话语功能上的表现得到印证。人们使用语言传递信息,并加入自己的主观态度,自觉遵守和利用各种交际原则,达到话语交际的目的。从说话人的角度讲,说话人对话语内容进行编排,其中交际双方共有的知识被作为背景(background),背景可以在话语中出现,也可以不出现。与背景相对的是说话人最想让听话人注意的重点内容，语用上称为"焦点"（focus）。理论上说，每个存在于具体交际环境中的句子都有焦点，焦点是句子内部最被突出的信息。

徐烈炯、刘丹青（2007：82）把焦点分为自然焦点、对比焦点和话题焦点三类，对于句子的自然焦点，学界的看法比较一致。一般认为，在没有对比语境和意图时，汉语句子的末尾部分是表达重点和自然重音的所在，也就是句子的自然焦点或常规焦点。当说话人要特意突出句子的某个部分时，就会赋予其语音上的强调特征，将其变为句子的焦点。由这种心理重音（范开泰，1985）所标示的焦点可以是句子中具有词汇意义的任一实词（有时也可以是表结构意义的虚词），位置比较自由。如：

（54）小张买了两本书。

例（54）中"小张""买""两本""书"都可以通过加重音的方法变成焦点。

对于"X 不到哪儿去"构式，其在话语交际中重音和焦点的落实情况是怎样的呢？先看例句：

（55）90 年代侃后现代，对于西方文化的底蕴和源流，却少有深入的了解与研究。这样，"后……"发明得再多，也后不到哪儿去。

（56）冉觉得父亲的忧虑是多余的。她认为中国人做事情，一向拖拖拉拉，体现在外交方面，也果断不到哪儿去。（梁晓声《冉之父》）

例（55）"后不到哪儿去"的前文语境中"后……"是话题主语，"后不到哪儿去"作为后续句，是话题主语的说明部分，整句属于前句的自然焦点。但就此句内部来看，更突出前文与话题有关的关键词"后"，使"后"带上焦点重音，成为强调的对象。例（56）是对比语境，陈述对象是"中国人在外交方面的表现"，前文有"中国人做事情的一贯的拖拉作风"作为其对比项，结论是强调经过类比，陈述对象的表现并不"果断"。

由此可见，在实际的话语当中，"X 不到哪儿去"并非常规的焦点模式，其后半部分"哪儿去"并不能充当语句的自然焦点，这与"哪儿""去"已经虚化有一定的关系，但更重要的是语义上 X 有跟句内或句外的背景对象进行"对比"的特征（详见下一小节），X 是句子的对比焦点。由于"X 不到哪儿去"含有否定词"不"，是一个否定构式，因此对焦点 X 的否定成为该构式表达的重点内容。

"X 不到哪儿去"在焦点和重音上的表现也符合本章第一节对该构式核心语义的分析结论，说话人认为叙述对象肯定达不到 X 的程度，不会是听话人预设中的情况，故着重突出 X，将其设定为焦点。

二　预期与反预期

"X 不到哪儿去"的使用总是与一个预期或先设相连，该构式表达的说话人对相关对象 X 性质的否定性评判是通过与不同预期中的不同参照物的对比作出的。

在对话语境中，说话人使用"X 不到哪儿去"构式常常意味着交际的另一方对言谈对象的预期就是 X。预期（expectation）是人们对事物的性质状态、事件的发生发展预先所作的判断和期待。在特定的言谈交际中，预期是对谈论对象的主观认识，可能与一般的社会常理有关，也可能与听说双方的知识状态及特定的话语语境密切相关①。在上文出现过的例（34）中，我们可以体会到言谈参与者的预期。

> （34）A：在外企工作薪水很高吧？
>
> 　　　B：只是给人打工，薪水再高也高<u>不到哪儿去</u>。

A、B 谈论的话题是"外企的薪水"，A 对此的预期是"很高"，通过揣测问句明确地体现出来。而 B 对谈论对象的观点与 A 的预期相反——"高不到哪儿去"就是针对"很高"的否定，该构式意味着说话人表达了一种反预期信息。

在非对话语境中，"X 不到哪儿去"构式的使用同样可以是对说话人之外的其他人预期的否定。如：

---

① 可参见吴福祥（2004）。

（57）朋友们听说我写了部电影，无不掩口而笑，不知我会弄出个什么四不像来。我心里却有底，相信自己的艺术感觉，相信自己的审美情趣，加之还有我的小说《学车轶事》垫底，料它<u>差不到哪儿去</u>。（叶广芩《歪打正着的收获》）

（58）长老也带着大批的高手，上那儿围剿去了，这次相逢，一定会是场很激烈的火并，败者固是全军覆没，但胜者也<u>好不到哪儿去</u>。（古龙《圆月弯刀》）

例（57）从语境中的描写中可知朋友们对于"我的电影"持否定的态度，而说话人却断言"差不到哪儿去"，即"不会差"，是肯定的态度，与朋友们的预期相反。例（58）说话人根据语境中提及的原因作出判断——胜利者的下场也不会好，这与一般常规看法不同。一般经验认为两军交战，败者凄惨而胜者辉煌。因此，例（58）中说话人表达的也是一种反预期信息。总之，从受话人的角度看，"X不到哪儿去"是一个反预期构式。

有时离开明确的对话语境，"X不到哪儿去"构式就不再特别指示存在一个与之相反的受话人预期或共享预期，而是主要强调说话人自己对某事某物的评判估断。另外值得注意的是，该构式所表达的说话人的观点是以可及证据为基础的推论，说话人作出评断之前已拥有相关背景知识或预先已对评判对象有一定的了解。如：

（59）他的论文<u>好不到哪儿去</u>。

例（59）说话人认为他的论文不好，是基于对他的专业水平或之前论文的了解和认识，因此是"合理"的结论和评判，而非完全主观的臆测。有时，说话人在作出推断之前将判断依据悉数列出，可以让人清楚地把握其推论过程。如例（60）：

（60）第二人的脚步很重，却很浮，走进来时，还在轻轻喘着气，这人身上就算有武功，也<u>好不到哪里去</u>。（古龙《小李飞刀》）

此例先对"第二人"的脚步、喘息作了细致描写，然后在此基础上作出预测：这人武功不怎么样。由此可见，从说话人的角度看，"X 不到哪儿去"构式就是自己预期的表达。另外，该构式表达的说话人的预期有一个特点，就是说话人对叙述对象拥有某方面性质的可能性抱有较低的期望值，这集中表现在该构式常与让步格式连用的情况中。意思是即使主语具有 X 的特质，但 X 的程度仍然不高。如：

（61）不管咋说，逍遥楼的姑娘再次也次不到哪里去。（徐贵祥《历史的天空》）

例（61）说话人预期"逍遥楼的姑娘"不会次，退一步讲，即使承认"次"，也达不到真正"次"的标准。这说明说话人保留评判的余地，对叙述对象的预期并不绝对，而是有一定伸缩性的较低的期望值。

三　语篇特征

从语篇的角度看，判断的依据一般出现在"X 不到哪儿去"构式之前，形成"论据（说明）→推论"的篇章结构顺序。如：

（62）印度农业占国民经济的 26%，农业一旦拖后腿，经济增长率肯定高不到哪里去。（新华社 2004 年 8 月新闻报道）
（63）可以想象，县长夫人如此具有"身份"观，平时的所作所为恐怕也好不到哪里去。（《人民日报》1996 年 7 月 2 日）

例（62）先指出农业在印度国民经济中占的比重很大，然后在农业发展不好的情况下，推断国民经济的增长率不会高。例（63）根据"县长夫人对自己身份的看重"，断定其平时的所作所为也不会好。

从情态的角度来说，说话人作出某种推断有一定的证据来源，则意味着该论断的可靠性或命题为真的可能性比较大，说话人认识上的确定性也比较高，属于高强度的认识情态判断。

"X 不到哪儿去"构式所出现的语篇环境常常含有对比的特征，或者说该构式所传达的说话人的论断对应于前文语段中的某个比较项，是前文语段对相关对象进行某方面性质的比较之后的结果。如：

（64）这个都市也好不到哪里去吧，张望着街道四周的希莉丝心中加了一句。（当代翻译作品《罗德岛战记》）

（65）朋友是自己的镜子。一个人有了这样的朋友，自己的境界也低不到哪里去。东坡先生杖履所至，几曾出现过低级而无趣的俗物呢？（《读者》1997 年合订本）

例（64）是与现实参照物的对比，例（65）是与预想中参照物的比较。例（64）说话人通过希莉丝，将比较主体"这个都市"与前文语境中经历的现实中的其他都市进行比较，得出"这个都市"也不会好的论断；例（65）的语境中有预想中的参照物，即"境界较高的朋友"，说话人认为某人受到朋友高境界的影响，境界也会提升。

第四节 与其他相近情态表达的功能差异

"X不到哪儿去"与"X不了""不会X"互为同义的认识情态表达，比如"好不到哪儿去"，我们也常用"好不了"①"不会好"来解释、替换，它们的语义内涵基本相同，都表示说话人对某事物某方面性质的否定判断。但根据"语法形式无同义原则"（Goldberg，2007：3），语义相同的不同表达形式肯定在语用或话语功能上存在一些差异。下文我们即以"好不到哪儿去""好不了""不会好"的比较为例，说明这三个同义情态表达的细微差别。

一 否定的程度

前面两小节提到，"X不到哪儿去"字面上否定程度，尤其在有标记的情况下，表示承认X，但否认"很X"。如"再好也好不到哪儿去"意思是"不会很好"，而"好不到哪儿去"无标记的情况下，实际上是否定性质，意思是"不会好"。

"好不了"与"不会好"没有歧义都是正面否定，而且是完全否定具有某性质，即"不会好"。如：

---

① "好不了"有歧义，可以是性质的判断——某物不会好；也可以是事物发展状况的判断，如某人的病"不会恢复"了。

（66）宋志平觉得工厂就像个家庭，如果家里的人没有过好日子的心气儿，这个家<u>好不了</u>。（《人民日报》1994 年 9 月 3 日）

（67）即使读了很多书，脑子像给各种马队踏过的大地一样，暂时留下各种蹄印，效果也<u>不会好</u>。（《人民日报》1994 年 9 月 3 日）

例（66）和例（67）分别表示"家不好""效果不好"，没有不完全否定"不很好"解读的可能。

这三种表达方式否定程度的不同也反映出它们在话语交际中所采用的语用原则和处理方式不同。人们在语言交际中总会采取最适当的交际策略和语言表达方式，使自己要传达的信息和观点得到对方的理解、接受和认同。就像一个人很丑，我们一般不会直接表述为"××很丑"，虽然这是最符合客观实际的表达，我们一般说"××不太好看"或其他委婉的表达法。我们认为"X 不到哪儿去"也是出于同样语用目的的处理。"好不了"若要达到这种效果也可以采用类似的表达"好不了多少"，如：

（68）刊物如此，报纸的情况也<u>好不了多少</u>。这里面当然有种种复杂的因素，很难在这里作细密的讨论。（《读书》卷 016）

二 相对客观化的情态表达

Lyons（1977）曾经论证过主观情态与客观情态的区分，但二者之间并没有明确的界限，很多情况下，日常语言的使用既可以从主观情态的角度来解读，也可以从客观情态的角度来解读。Palmer（2007：33）则认为自然语言中的情态本质上还是主观的，传统逻辑中关注客观情态比较多。某些汉语情态研究者如彭利贞（2007：60；2009）、宋永圭（2004：21）也谈到主客观情态的问题，其中宋永圭认为主观情态是情态范畴中的典型成员，主语取向的动力情态是非主观情态，是非典型的情态类型。彭利贞（2009）专门探讨了情态的主观化和客观表达问题，他从汉语情态词的具体语法表现出发，认为汉语情态动词的同现顺序、单个情态动词的多义表现、同类情态语义的不同表达方式等都与情态的主观化和客观化表达有一定的关系。

总的来看，虽然主观情态和客观情态的理论探讨和语言事实分析还有待进一步的研究，但情态的主观性本质是毋庸置疑的，而情态内部主观性的等级差异以及所涉及的不同程度的客观性特征也不能忽视。本节讨论的三种同义认识情态表达由于推论基础的主观和客观的不同，以及情态成分或情态构式本身主观性语义特征的差异，在主观性程度上也有细微差别。"不会好"主要由主观性较强的情态成分"会"来表达认识情态语义，说话人推断的依据主要是主观的知识和经验，如：

（69）经过认真阅读，我认为，这是一部别具风采的小说，阅读它时，似乎有一股浓郁的泥土芳香的"生活流"迎面扑来。当然，眼下出版这部小说，经济效益肯定<u>不会好</u>。但它是一部真正的文学精品。（吴光华《骆宾基与〈混沌初开〉》）

（70）溥仪一口北京话，报告的内容很丰富，暴露的思想很具体，很实在，认识罪恶也很深刻。没听溥仪报告之前，认为他学习得<u>不会好</u>，可是听过他的报告，打破了我的主观想象，能把溥仪改造到这种程度，由他亲口说出认罪的话，真是共产党改造人类，改造战犯的卓著成绩。（王庆祥《"赦字011号"》）

例（69）说话人断言出版小说的经济效益不好，但从上下文来看，说话人对这部小说的评价很高，若据此推测，出版这部小说应该受欢迎，经济效益应该不错。说话人的否定性断言并没有语境中论据的支持，只能是说话人主观的看法。例（70）说话人提到之前猜测溥仪学习不会好，而且后文也承认是自己的"主观想象"，语境中没有说明说话人这种主观想法的来源，但可以估计是没有客观依据的主观臆测——旧皇帝不爱学习、不会认罪。

"X 不了"可能补语可以表推断型的认识情态，其判断依据往往是客观存在的状况，并且常在语境中有所体现。如：

（71）金鹏紧接着说："还有媒体问题，他们高高在上，很吃香，习惯了被供着。媒体、客户，三扣两扣，广告公司处境<u>好不了</u>。"（《人民日报》1993年5月15日）

（72）"今年这么旱，大秋<u>好不了</u>，可哪里有富余钱买枪啊，一杆湖北造就要七八十块大洋哩!"（孙犁《风云初记》）

　　例（71）和例（72）上文中都有作出认识判断的客观依据，如"媒体、客户三扣两扣""今年这么旱"，说话人据此推断"好不了"。可见，"好不了"这种情态表达较"不会好"更客观些。"好不到哪儿去"语境中也多有作出判断的客观原因（见本章第三节），是认识情态一种较为客观化的表达。

　　需要指出的是，我们认为"X不到哪儿去""X不了""不会X"三者包含的客观性特征不同，这只是相对来说的。实际上很多情况下，三种表达形式可以互换，不能互换的原因也有可能是其他如音节协调、句法搭配等问题。这也印证了本小节之初谈到的主观情态和客观情态边界模糊、相互转化的特征。

第八章 复句与情态

　　本书前面的章节探讨的是单句结构中情态意义的使用和表达，从逻辑的角度讲，就是一个简单命题中由于情态成分的作用使得此命题所代表的事件存在得以发生的可能性和必然性。本章着重探讨复句中的情态问题。复句在结构上由两个或两个以上的单句组合而成，语义上表达前后两个分句之间的逻辑联系。根据情态的定义，情态的核心是命题的可能性与必然性特征，在以复合句为形式的复合命题中，这种情态特征是否依然存在，如何存在？其存在的方式、特点与简单命题中的情态特征有何异同？复句是否可以看作另一种汉语情态表达手段？它的内部情态语义表达是否是整齐划一的？本章尝试解答上述问题。

第一节　现代汉语复句研究的历史和现状

一　传统研究及成果

　　复句研究一直是现代汉语语法研究中重要的一部分，从 19 世纪末汉语语法学创建以来，在第一部系统的汉语语法专著《马氏文通》中就讨论到复句问题。在复句理论的初创阶段，代表性的著作还有黎锦熙的《新著国语文法》，对复句的定义、内部分类、连词的作用等作了深入的论述，为后来的复句系统研究奠定了基础。在 20 世纪 30—50 年代末的文法革新大讨论中，关于复句的讨论是重要内容。包括单复句的划分标准问题、包孕句的归属问题、语音停顿在单复句划分中的作用问题等，同时出版了大量语法著作，如吕叔湘、朱德熙的《语法修辞讲话》（1952），张志公的《汉语语法常识》（1953），人民教育出版社出版的《"暂拟汉语教学语法系统"简述》（1956），丁声树等的《现代汉语语法讲话》（1961）等。这些著作在复句的很多问题上基本达成了共识，如明确了复句范围，包孕句被确认为单句；紧缩复句意义上是复句，结构上像单句；

确定了划分单复句的标准——"成分划分法";复句内部分类稳定下来两种,一种是二分法,把复句分为联合复句和偏正复句,另一种是多分法,按逻辑意义直接划分各小类。到"文化大革命"前,复句理论体系初步定型。

"文化大革命"之后,复句理论和方法的研究不断深入,研究者对既有的复句研究问题进行了反思、总结和深化,并探索新的复句研究途径。代表性的著作和观点有吕叔湘的《汉语语法分析问题》(1979)、邢福义的《语法问题探讨集》(1986)、王艾录(1981)的"谓语形式"单复句划分标准,张静等(1983)的"结构中心"标准等。这些研究和讨论使得对复句的定义有了更为科学的揭示,复句的分类标准更趋完善,内部分类体系更全面,复句的关联手段等具体问题也开始涉及。(李敏,2001)

自 20 世纪末至 21 世纪初前十年,复句研究有了很大的进展,取得了非常丰硕的成果。影响较大的系统性论著有王维贤等的《现代汉语复句新解》(1994)和邢福义的《汉语复句研究》(2001)。复句研究的深入化、多元化发展,形成多种观点并存、互相补充促进的局面。如复句分类研究方面,各语法教材大多采用"联合/偏正复句"的二分法;邢福义用逻辑的方法,以"从关系出发,用标志控制"为分类标准,将复句分为"因果、转折、并列"三种类型;邵敬敏则在"空间"与"时间"的认知背景下,以语义特征为标志,分出"平等""轻重""推理""违理"四种复句。复句的二级类划分也多有探讨,如李军、王永娜(2004)将转折复句分为撤销预期类、补充限制类、句外对比类、句内对比类四类;谢晓明(2010)把因果复句分为说明性因果复句、推断性因果复句和醒悟性因果复句三个次类;吴锋文(2011)将有标复句划分为充盈态和非充盈态两大类等。①

除了复句的理论研究和分类研究,新时期在复句的关联标记、复句句式等方面也开展了大量研究。如邢福义(2001)、周刚(2002)、褚泽祥(2008)等对关联标记的分类描写和分析;周刚(2002)、马清华(2006)、姚双云(2008)、刘云(2008)等对关联标记的搭配套用及语法功能的研究。复句关联标记的个案研究成果更为丰富,常常从新兴的语法

---

① 此段概述参考了李敏(2008)、吴锋文(2013)。

化、类型学的角度观照复句连接词的语义发展过程，如张谊生（2002）
对"就是"的研究，马清华（2003）对并列连词的研究，李晋霞（2005）
对"如果说"的研究，史金生（2005）对"要不"的研究，肖奚强、王
灿龙（2006）对"之所以"的研究，邢福义（2007）对"为此"的研
究等。

　　复句有关联词连接两分句，容易形式化为固定格式。因此，对复句句
式的研究也十分多见，代表性专著有徐阳春（2002）的《现代汉语复句
句式研究》。单篇论文数量众多，研究的复句句式主要有："倒是"转折
句、"由于"句、"宁可"句、"要不是"句式、"不是 A，就是 B"句式、
"还"字复句、"即使"句、"如果"句、"尚且"句等（宗守云，2001；
李凤吟，2005；屈哨兵，2002；邢福义，2002；张宝胜，2007；李杰，
2004；徐春阳，2005；马明艳，2005；肖任飞，2009；宋晖，2010），这
些研究对复句句式的语义特点和语用价值进行了分析和挖掘（详见吴锋
文，2013）。

二　当前研究特色

　　21 世纪以来的复句研究有以下特色：

　　一是不再纠缠于复句语法地位、单复句划分标准、复句的几级分类等
宏观的理论探讨，转向复句内部微观问题的研究。关于汉语中有无复句的
问题、复句是否属于一级语言单位、复句划分的标准等问题，长期以来争
议不断，其间也有取消单复句划分（孙良明，1989）、将复句构造原则等
同于单句的（范晓，1984）声音。思考和争论使我们对汉语复句的认识
更为全面深刻，虽然还有一些问题没有达成共识，但并不影响对复句自身
规律的进一步发掘。从上文的综述可以看出，对于复句连接词、复句句式
的个案研究越来越多。这些微观的分析描写，复句构造元素语义发展、语
用价值的深入剖析，相近对象的对比研究等，是对复句研究的丰富和扩
展，也能更准确地把握复句内部的真实特点，从而对复句语义关系及分类
等宏观问题的认识产生积极作用。

　　二是与新兴语法理论紧密结合，从新的视角和思路研究复句的相关问
题。最近十几年的复句研究受到同时兴起的语法化理论、类型学、话语标
记理论、关联理论、主观性和主观化理论、构式语法理论等的影响，扩大
了研究视野和研究范围，在借鉴相关理论的基础上，对复句的构成成分、

内部语义关系、形式标志等进行了大量研究。比如出现的一系列复句关联词语的语法化研究，有的是考察动词（短语）如何经历词汇化和语法化演变为连词，具有篇章连接功能；有的是考察连词如何发展出话题标记功能；有的是从主观性、预设的角度分析近义关联词的差异（李晋霞，2004；方绪军，2004；王永娜，2007）；还有的是对复句关系标记作类型学角度的考察和阐释（周刚，2002；刘丹青，2003；戴兴敏，2006；赵越，2007；褚泽祥，2008）。

三是对复句的语用价值有了更多关注和挖掘。传统的复句研究中，对复句的句法特征进行分析描写的比较多，比如关联词语在主语的前后位置、语义辖域的不同，关联词的搭配连用等。近年来，在复句逻辑语义关系研究的基础上，更多关注和考察不同复句格式表达出的说话人主观态度、语用意图等的细微差别，比如虚拟推测、褒贬态度、强调或委婉语气、预期与假设等，从而对复杂多样的复句形式和语义关系有更深入全面的认识。

另外，复句研究也出现一些新思路，如沈家煊（2003）从"行、知、言"三域探讨复句语义关系的理解；邵敬敏在"空间"与"时间"的认知背景下，对复句进行的 4 大类 27 小类的划分等。

三　复句中的情态研究

复句表达前后分句间的逻辑语义关系，这种关系有现实性的，也有非现实性的。非现实性是情态范畴的重要特征，情态句中的命题往往指示推测、将来、建议、命令等非现实性内容，情态语义就是表达说话人对命题是否为真、能否成真的主观判定。复句表达说话人的判断、假设等主观态度或其他非现实内容时必然涉及情态语义，如条件句即属于典型的非现实情态范畴（沈家煊，1999；Palmer，2001）。

从上文的复句研究综述可以看出，复句研究虽然近年来领域拓展，思路和方法也有新变化，但关注的重心仍然在复句语义关系的进一步揭示及复句形式标记——关联词的各种语义、语用特征和历时变化的分析上，直接从情态的角度观照复句自身特征和规律的研究还未见到。最近几年已经开始出现关注复句中的情态问题的研究，但数量还不多，涉及的问题也是附带性的，或是在复句语义关系、句法特点的解释中考虑情态的因素，或是在关联词语的发展演变中考虑到情态义的来源。如王春辉（2011）在研究汉语条件句的句法表现时发现，一些典型情态词可以出现在条件句的结果小句中，并与条件句的非现实性命题特征密切相关。杨黎黎（2012；2015）也是从非现实性的共性出发，考察了假设条件句和情态的关联。最新的章敏（2016）的研究则是对有明确标记的反事实条件句中的情态问题进行考察，结论是不同类型的情态语义及情态词在反事实句中的表现并不均衡。另外在近年来的一些研究假设复句、条件复句、虚拟范畴的博士学位论文中（罗晓英，2006；罗进军，2007；张雪平，2008；祁艳红，2013），也能看到结合情态进行考察的内容。

复句中的情态研究才刚刚开展，复句中的许多情态问题还有待进一步发掘，这不仅是情态研究在复句领域内的实践，也是复句研究向纵深发展的新路径。本章尝试从情态的角度对现代汉语的复句系统进行语义分类、特征分析等基本考察，以抛砖引玉。

第二节　从情态角度对复句进行再分类

一　复句中的情态问题

复句与情态的关系是非常密切的，复句的结构特点及逻辑语义关系符合情态的定义。复句分句之间结构上相互独立，不作彼此的结构成分，但语义上两个分句联系紧密，表达一个完整的意思，而并非两个相互独立的意思。如"如果下雨，地上就湿"。语义重心在后一分句，后一分句代表的命题事件"地上湿"的发生存在一定的必然性，这也就是情态语义。情态表达说话人对句子命题内容的真实性、命题事件发生的可能性的观点和态度，在"如果……就……"复句中，前一分句是假设条件，说话人根据这一条件可以推断出后一分句命题的发生具有必然性，这是复句表达的典型的情态语义。

就语言事实来看，复句的前后分句中常出现指示各种情态语义如建议、将来、推测等的情态词。复句语义关系中的条件、假设等与情态中的可能性、必然性具有同一性，前后分句中经常出现情态词很自然，如：

（1）我们阅读古书，即使每一个汉字都认识，也会有很多地方

看不懂。(当代\CWAC\ALT0049.txt)①

（2）（那块土地）只要我还活着，就不能随便卖。（当代\CWAC\AHJ0030.txt）

例（1）中"即使……也……"让步复句前一分句假设一种情形"每一个汉字都认识"为真，后一分句在具备这种条件的情况下，用认识情态词"会"对相应的结果进行判定——"有很多地方看不懂"是很可能的。例（2）中"只要……就……"复句中前一分句提出一个充分条件"我还活着"，后一分句中的结果"不能随便卖（这块土地）"就必然发生。后句中道义情态成分"不能"表达了说话人坚决的禁止态度，也传达出命令的语力。

条件句的非现实性特征与情态的语义本质相契合，句中能够使用情态成分以彰显或加强情态语义。而非条件句虽多指向事实的陈述与列举，但与各类情态依然相容，在并列复句和转折复句的前后分句中，都可以出现情态义的表达。如：

（3）应试教育虽然有很多弊端，但它无疑是以客观分数为标准的。(当代\CWAC\AEE0003.txt)

（4）调查学生个人的生活需要既要满足于当前需要，也要着眼于未来。(当代\CWAC\AEB0001.txt)

例（3）"虽然……但是……"转折句后一分句中添加认识情态成分"无疑"表达了说话人对命题的判断把握极大。如果去掉这一情态成分，句子仍然成立：

（3）'应试教育虽然有很多弊端，但它是以客观分数为标准的。

例（3）'没有情态成分，说话人确信断定的主观态度不见，主要表达前后分句相背离的逆转关系。

例（4）并列复句"既……也……"连接两个传达道义要求的情态分

---

① 北京大学网络版语料库的显示出处。后同。

句，表示这两种道义要求同时存在。复句本身是客观的并联关系，但前后分句中道义情态成分"要"的加入使得该复句转变为表达复合情态语义的情态句。

复句可以表达情态语义毋庸置疑，但不同语义关系的复句表达情态的性质是不同的。有的复句需要加入情态成分、在特定的语境条件下才能表达情态语义，有的复句从标记形式上或者说格式本身就可以传达情态语义。因此，我们并不认为所有类型的复句都是情态复句，下文对此进行详细论述。

实际上不仅汉语，世界上其他语言中的复合句也都是可以表达情态的，且表达方式相近。我们可以从许多学者的研究中窥见一斑。比如说很多语言都有语气这个语法范畴，语气常被分为直陈语气和虚拟语气，而虚拟语气主要在从句中使用。Palmer（2007：108—116）在研究过一些语言，如拉丁语、意大利语、西班牙语、古希腊语等之后发现，这些语言中的虚拟语气既可以用于从句中，也可以用于主句中，同时可以表示预测型、报道型等各种情态语义。Perkins（1982）通过同义替换的方法论证了英语条件句中"if"可以被看作情态成分（If may therefore be regarded as a modal particle. p.111）。Seiko Fujii（2004）在研究构式类型（construction types）和构式图式（constructional schemes）中也涉及日语表达情态的条件句构式。(见本书第四章第一节第二小节)

形态语言中包含主句、从句的复合句可以运用情态成分表达说话人的主观判定态度和分句间逻辑语义关系，汉语中的复句虽然存在大量"意合"情况，但也可以通过关联标志以及共现的情态成分等进行情态研究。汉语的复句形式多样，语义关系复杂，同一句式既与特定的逻辑关系相关联，又可以在实际使用中同时呈现多种语义解读，如"一 p 就 q"复句，格式本身的逻辑关系为蕴含关系，如果 p 真，那么 q 真，p 发生就可以推出 q 发生。p、q 之间是条件关系，如"一感冒就发烧"。但在具体语境当中，又包含行为紧接的承接关系（一下课就回宿舍），以及假设或因果关系，如"一下雨就全完了"。引入情态的视角，或许可以对复句复杂的语义关系进行统一的观照和说明，我们即尝试做这个工作。

二　复句的情态语义分类标准

从情态的角度研究复句，首先要看能否对复句的分类问题有所贡献。

我们知道，长期以来争议不断的复句分类问题虽然目前形成几种接受度较高的观点，比如联合复句和偏正复句的二分法，因果、转折、并列的三分法，一次分类至各细目的多分法，但仍然是存在较大分歧的。这与复句本身的复杂性以及研究方法的描写性有关（徐阳春，1999），因此有必要寻求和结合新的方法和路径。我们根据情态语义的本质内涵，对复句是否表达情态进行一级划分。这种划分看起来简单明了，但鉴定的标准和过程却需要明确，具体操作以下详述。

（一）研究范围的限定

汉语的复句在形式和内容上都十分复杂，我们的研究对象并不涵盖所有的复句，而是限定在一定的范围之内。我们设定了两个条件，一是有标复句，二是表达复合命题的复句。只有同时具备这两个条件的复句，才是我们的考察对象。

有标复句顾名思义是指复句一定要有形式化的标志，"用来联结分句、标明分句间语义关系、形成特定格式"。复句系统的构建、语义关系的分类都需要通过"抓住标志"来实现（邢福义，2001）。为了研究的有针对性和方便，我们也主要考察有标志的复句，"有标志"的具体情形有以下几种：

一是在前后分句中都出现并配合使用的特定格式，如"如果……就……""因为……所以……""越……越……"等。这种成对连用的复句关联词语形式标志明确，逻辑语义关系也能明确显示。

二是只在前一分句或后一分句中出现，即一个复句连接词单独使用。这种情况要分别对待，如果这个单独出现的连接成分本身能够标示复句关系，我们把它看作该种类型复句关系的形式标志，反之，则不为考虑。如：

（5）a. 摸准了他的为人，就会从心眼儿里敬他。（浩然《夏青苗求师》）

b. 里边没人应声，他们就走了进去。（浩然《夏青苗求师》）

（6）a. 村干部、团支部动员他有半个月，他才答应跟杜大叔学放羊。（浩然《夏青苗求师》）

b. 客人来了，才多加两个菜。（刘震云《一地鸡毛》）

（7）人俱有生死，连皇帝老子也难活过百岁，<u>何况</u>庶民百姓。（尤凤伟《石门夜话》）

（8）锁子有能力承担起秀秀的一切，<u>否则</u>我也不会帮助他。（礼平《小站的黄昏》）

例（5）a、b两例关联副词"就"只出现在后一分句，形式上为"……，就……"复句格式。但抽离语境单看这种格式，无法确知复句表达何种逻辑语义关系。具体例（5）a中是假设关系，意为"如果摸准了他的为人"，就会有结果"从心眼儿里敬他"。例（5）b的语境中，"就"表示的是时间上的顺承关系。这两种解读都不能单凭格式"……，就……"得知。同样，例（6）中的"才"，a句表示连贯承接，b句表示假设或因果，也必须在实际语境中明确。像这样在复句中单用的"就"和"才"在本章中不算作复句关系标志。

例（7）和例（8）中也有单用的连词"何况""否则"，这两个词即使脱离语境，也能识解出它们所反映的复句逻辑语义关系。如"何况"是在肯定前一分句的情况下，对后一分句的命题内容作更深一步的判定和确认。例（7）中即是表达"庶民百姓也难逃一死"的观点。例（8）"否则"是在假设前一分句不能实现的情况下，推出后一分句的结果"如果锁子没有能力承担起秀秀的一切，我就不会帮助他"。类似的还有"反而"（车不停，反而更快了）、"除非"（认真读读这一段，人们就笑不出来了，除非是笑自己）等。这类词的共同点是在复句中既能连接分句，又能不依赖语境独立标示分句间关系，虽然单独出现，但也属于明确的复句关系标志。

还有很多"意合"复句不出现关联词语，其内在的逻辑语义关系不能明确显示，只是靠"意合"的方式来实现。虽然在口语中，这种"意合"的无标复句使用频率高于有标复句，但对复句进行语法分析时，有标复句的实际作用大于无标复句（邢福义，2001：20）。对无标复句的描写分析，邢福义先生的办法是"配上标志"，但在本章中，不再做配齐标志的工作，直接将无标意合复句排除在研究范围之外。

之所以研究有标志的复句，还因为它不仅能表明逻辑语义关系，还可以被视为表达情态语义的形式标志，是我们进行复句情态研究的重要凭据。所以复句连接词或说关系词十分重要，必不可少。复句关系标记词可

以是多种词类，如连词、副词、助词（如"的话"）等。同时也不固定
为词类，还可以是短语形式的关联词语，如"不但不""与其说是"等。

　　本章研究的复句还必须是表达复合命题的复句，复合命题是表达复合
判断的语言形式，不表达判断的复句不是复合命题，也不在本文讨论的范
围之内。如："我们是今天去，还是明天去？"这是一个选择关系的复句，
但因后一分句采用疑问形式，没有作出断定，因此不是复合命题，本章不
讨论这样的复句。现实语言的复句中，两分句可以表现为不同句类的句
子，如：

　　（9）明白人总是宁可相信常识相信理性，而不愿意相信大而无
当的牛皮。（王蒙《难得明白》）
　　（10）"你就这么酸哪，一挨打，怎么就认得荞麦啦？"（浩然
《夏青苗求师》）
　　（11）只有你亲自走一趟，才能完成这个任务啊！①
　　（12）要是身体不舒服，你就回去休息吧！

　　上面四例后一分句分别是陈述句、疑问句、感叹句和祈使句，例
（10）疑问句表示疑问，不表判断，不属于复合命题。例（9）两分句都
是命题判断，是表达复合命题的复句。例（11）、例（12）忽略句末语气
词也是说话人的主观判定，语气词并不影响命题的内容和真值，因此也属
于本章研究的表达复合命题的复句。

　　在命题逻辑中，任一复合命题形式，必须有明确的命题联结词，同时
命题联结词所表示的逻辑关系又都有明确的定义，所以其内在的逻辑关系
都是显性的，这也与第一条有标复句的标准相一致。

　　（二）分类的依据

　　长期以来的复句分类都是依据分句间存在的不同逻辑语义关系，同时
考察参照实际使用中的语义内容。不过，客观事实是，具体语境中不同句
式、同一句式所能显现的逻辑语义关系常常彼此交错纠合，很难将某一复
句划归至明确的类属。我们从情态的角度重新观照汉语的复句，在分类问
题上同样要面对复句纷繁复杂的语义关系，虽然这不可避免，但我们不采

————————

① 王维贤用例（1994：94）

用传统的归纳法，而是用演绎和逻辑定义的方法来处理复句间语义关系这一分类依据。明确地说，就是根据复句连接词本身的逻辑关系是否包含情态语义来对复句进行情态角度的划分。复句的两个连接项之间是否存在命题发生的必然性和可能性倾向，或者说前项的存在是否能够推动后项的发生成为可能。如果复句连接词能够表达说话人对命题可能性特征的主观态度，则该复句为情态复句，反之，则为非情态复句。

在单句情态分析中，如果句中命题事件存在发生的可能性或必然性，那么这个句子表达情态。这种情态语义一般依靠句中某情态成分传达出来，此情态成分可以是句法结构的组成部分，充当句子成分。如"明天会下雨"中认识情态词"会"充当句子状语；也可以是句子的附加成分，如"这种工作的意义最好是直接一点"中道义情态成分"最好是"可以算作句子的插入成分。与单句的句法结构模式不同，复句是一种逻辑模式，复句的结构成分是分句，复句包含的情态语义却不是由分句来表达。分句可以有情态表达成分，但仅囿于分句内部，作为分句的一个结构成分，是简单命题中的情态语义。如"虽然我很想去，但我不能去"中前句表达意愿型动力情态，后句表达指令型道义情态，但由"虽然、但是"连接成典型转折复句后，表达的是前后分句因果违逆的关系，而这种关系并不直接指向情态。① 由此看来，复句情态分析并不能取决于分句本身具体的语义内容，而是需考察脱离语境抽象出来的关联词语表达的语义关系及情态内容。

在命题逻辑中，复合命题的支命题之间的逻辑关系完全是由命题联结词的性质决定的，即有什么样的命题联结词，支命题之间就有什么样的逻辑关系，并不关心各支命题所表达的内容是否存在事实上的内在联系。文献中常常见到的一个例子是"如果 $2+2=4$，那么雪是白的"。前后两个分句意义毫不相关，在实际的语言交际中是不存在的，但在逻辑上是成立的。而且因为联结词"如果、那么"被定义为代表蕴含关系，所以这一复合命题的显性的逻辑关系就是蕴含关系。

综上所述，我们考察复句的情态特点时把复句当作复合命题来操作，抓住复句关联词语这一形式标志，先考察关联词语的逻辑定义，再结合汉

---

① 从意义重心的角度看，就此句来讲，主要表达后一分句的意思"我不能去"，可以看作表达的是道义情态语义。

语的实际，综合判定汉语复句关联词语的情态含义，从而对汉语复句进行情态角度的划分。

三 非情态复句

王维贤先生认为：复句的分类实际上是关联词语的分类（1994：80）。关联词语本身可以表现分句间的逻辑语义关系，即表达"人对客观事物间关系的认识以及主观对这种关系的态度"。本章对复句进行情态角度的分类，实际上也是对复句的关联词语是否传达情态语义进行考察。

情态语义具有非现实性，表达说话人的推断、建议等主观态度。复句中由已然命题构成、表示现实语义的非条件句①多是非情态复句，其关联词不包含情态语义。从传统逻辑的角度看，关联词作为逻辑算子，表示命题间三种最基本的逻辑语义关系，即蕴含、合取、析取，非情态复句的复合命题一般具有合取或析取关系，即广义的联合关系。具体列举如下：

（一）并列复句

表示并列关系的复句关联词语包括"既……，又……""既……，也……""也……，也……""又……，又……""一边……，一边……""一面……，一面……""一方面……，一方面……"等②。这些关联词语的逻辑基础是合取并列关系，表示已知属性或已然事实的并举，不含情态语义。下面的例句是该类非情态关联词语具体使用中的情况，分别表示同时存在的两种性质，如例（13）和例（14）；两种状态，如例（16）；两种动作，如例（17）和例（18）；以及两种相互对照或补充的情况，如例（15）和例（19）。

（13）在社会发展的过程中，教育既同生产力的状况有关，又同生产关系的性质有关。（当代 \ CWAC \ AEB0001. txt）

（14）这种观点既不了解历史，也没认清现实。（《报刊精选》1994 年第 7 期）

（15）社会主义也有市场调节，资本主义也有计划控制。（《报刊精选》1994 年第 5 期）

---

① 王维贤等将单纯的关联词连接的复句分为"条件的"和"非条件的"两类（1994：67）。

② 非情态复句格式不穷尽列举，仅说明大类及代表性关联标记。

（16）苏铃可忙死了，又拍电影，又演电视剧。（岑凯伦《还你前生缘》）

（17）她一边哭，一边喃喃地诉说着。（茅盾《林家铺子》）

（18）老头子一面回答，一面拉住了他的儿子，逃也似的走了。（茅盾《林家铺子》）

（19）敌人一方面包围槐林，一方面到所有能藏人的地方去搜索。（老舍《火葬》）

（二）连贯复句

连贯复句也被叫作承接复句，前后两分句表示连续性的动作、行为或先后发生的事。关联词语表示时间上的承接关系或事理发展的先后顺序，如"……，接着……""……，然后……""先……，然后……""……，随即……""起先……，后来……""……，随后……"等①。例句如下，都是表示已然事件的先后发生，不含未然的情态语义。

（20）茅草燃旺了，接着就有小声儿的必剥必剥的爆响。（茅盾《秋收》）

（21）黄道士的眼睛瞪得更大，看看六宝她们，又看看荷花，然后摇着头，念咒似的说。（茅盾《残冬》）

（22）每天起床之后，他先吃碗蒸蛋、喝杯牛奶，然后围着院子慢慢转悠。（闻卓《给老爸老妈的100个长寿秘诀》）

（23）看到我，他起初一愣，随即笑了。（卞庆奎《中国北漂艺人生存实录》）

（24）起先，他受别人引诱，坐上了牌桌；后来赌瘾越来越大，一发不可收拾。（《人民日报》1994年9月20日）

（25）他把辛楣的信交来人先带走，随后就到校长卧室。（钱钟书《围城》）

（三）递进复句

递进关系典型句式"不但……，而且……"表示"以一层意思为基

---

① 姚双云在《复句关系标记的搭配研究》（2008）中收连贯关系标记29个，其他类标记详见该书。

点向另一层意思顺递推进"（邢福义，2001：220）。这类联结词的逻辑基
础仍是前后支命题的合取关系，只是在实际使用中语义上有更进一步的特
点，其语义重心在后一分句。句式的前项可以是"不但""不仅""不单
（单）""不光""不只"，后项多为"而且""并且""还""也"等，前
后项可以自由搭配。例句如下，表示对前后具有相关性的事实或状态的说
明，并不包含未然性的推测判断等情态语义。

（26）她<u>不但</u>很有主见，<u>而且</u>主见很牢固。（钱钟书《围城》）

（27）秦汉时代的宰相，他<u>不但</u>要管国家政务，<u>还</u>要管及皇帝的
家务。（当代 \ CWAC \ APT0080. txt）

（28）戏曲里的插科打诨，他<u>不仅</u>且看且笑，<u>还</u>一再搬演，笑得
打跌。（杨绛《写〈围城〉的钱钟书》）

（29）快乐的引诱，<u>不仅</u>像电兔子和方糖，使我们忍受了人生，
<u>而且</u>仿佛钓钩上的鱼饵，竟使我们甘心去死。（钱钟书《写在人生
边上》）

（30）堵先生<u>不单单</u>来找哥哥，他<u>也</u>老和曲时人说很长的时间。
（老舍《蜕》）

（31）这个仗必须打，<u>不单</u>为抵抗，<u>也</u>是为改建国家。（老舍
《蜕》）

（32）刮脸，这么看起来，<u>不光</u>是一种习惯，里面<u>还</u>含着些情韵
呢。（老舍《二马》）

（33）马威看李子荣，在这一两分钟内，<u>不只</u>是个会办事挣钱的
平常人，<u>也</u>是个心神健全的英雄。（老舍《二马》）

递进复句中还有两种特殊的递进句式，一是反逼性递进句式，如
"尚且……，何况……""连……都……，何况……""别说……，连……
也……"等；二是反转性递进句式如"不但不……，反而……"。前者通
过序列中高层级向低层级或低层级向高层级的推进，突出地说明前文中提
到的事物的特点。如例（34）"开辟新路"是较易达成的低层级的行为，
"建寺修庙"是难度更大的高层级的行为，如果低层级行为不能达成，那
么高层级行为也不能达成。"何况"引导高层级行为作用并不是进行关于
"建寺修庙"的可能性的判定，而是通过显而易见的一般常识推论来强调

"悬崖峭壁上不能建寺修庙"这一固有观点。例（35）也不是预测判断80岁休克病人手术的风险大不大，而是恰巧强调这种情况风险很大。前文中也出现了这一明确观点。例（36）同样也不是预测能不能看上电视，而是强调那时候条件不好，电灯、电视都没有。

例（37）前后分句"不发愁"与"乐起来"之间既有递进关系，情绪上更进一层，又有转折关系，"发愁"与"高兴"意义是相反的。这样看来，"不但不……，反而……"句式仍是对客观事实状态的陈述，虽然带有主观强调、推论的色彩，却并不属于情态表达，未涉及命题的必然性与可能性特征。

（34）更要命的是悬崖峭壁，要开辟出一条路来尚且不易，更何况建寺修庙！（《人民日报》1998年1月23日）

（35）决定手术，风险很大，因为手术室连氧气都没有，更何况病人已80高龄，处于休克状态。（《人民日报》1996年6月7日）

（36）那时候我大约有10岁。别说看电视，连电灯也用不上。（《人民日报》1995年1月27日）

（37）谁知努尔哈赤想了一会儿，不但不发愁，反而爽快地乐起来啦。（李文澄《努尔哈赤》）

（四）转折复句

非情态的转折复句①后一分句的意思并非从前一分句推出，而是与前一分句相反或相对。其典型形式标记是"虽然A，但是B"，从语言的角度看，此句式同时断定了A和B，二者是同时存在却相互对立，前后两分句在逻辑上仍是合取并列关系。如例（38）中前句的"活泼"与后句的"安静"，例（39）中前句的"一无所有"与后句的"非常富足"，词语意义上的相反显示了复句语义关系的转折。这类转折复句关联词本身是对两种已然事实或状况的说明，也不涉及情态语义，在具体使用中也是如此，如下面例句中可见。

---

① 很多文献中让步复句也属于转折句，但由于其假设性，本文将其看作与转折句不同的一类复句。

（38）他<u>虽然</u>活泼好动，<u>但是</u>也有安静到令人惊奇的地步。（张小蛇《李小龙的功夫人生》）

（39）我的人生<u>虽然</u>一无所有，<u>但是</u>内心<u>却</u>非常富足。（刘长了《包容的智慧》）

（40）批评的意见<u>虽然</u>很多，<u>却</u>没有人提出要拆掉重修。（陆文夫《围墙》）

（41）天<u>虽然</u>还是白的，<u>但</u>我的眼前更加迷蒙。（残雪《天堂里的对话》）

（42）连队<u>虽然</u>粮食超支，<u>还是</u>给各人补助过不少粮票。（石言《秋雪湖之恋》）

（43）芦花<u>虽然</u>渺小，<u>可是</u>顽强。（石言《秋雪湖之恋》）

（44）其实那时她就知道自己想找什么，<u>不过</u>故意以为自己不知道就是了。（赵琪《告别花都》）

非情态的转折复句关联词标记主要有"虽然……，但是/但……""虽然……，却……""虽然……，但是却……""虽然……，还是……""虽然……，可是……""……，但是/可是/不过……"等。

（五）因果复句

因果复句标识说明性因果关系，逻辑上也属于蕴含关系。前一命题为真，必然推出后一命题为真。客观世界中的因果联系是现实性的，原因已然出现，成为客观存在，才能导致某种结果的发生。邢福义先生认为"因为……所以……"句式一般表示已然的因果联系，就已实现的事来述说因果，但并不绝对，原因和结果都可能是已然或未然的。他举出的例外情况如"下午要下雨，因此他把雨伞带走了"，这个因果复句中，原因是未然的，结果是已然的①。邢先生认为原因句"下雨"尚未成为事实，所以原因是未然的。但我们认为，结果句"他把雨伞带走了"是"他"的行为，促成这一行为发生的原因不是"尚未下雨"这个客观情况，而是"他觉得会下雨"这种主观判断。人的意愿、观点是促使其行动的原动力，是一种"已然"的客观存在，并非"未然"的事件、状态。因此，我们认为因果复句只是述说事物间客观现实的因果联系，不表达非现实的

---

① 见邢福义《汉语复句研究》，第59—60页。

情态语义。常用关联词语包括"因为……，所以……""因为……，……"
"……，所以……""正/就因为……，才……""……，因此/因而……"
"由于……，所以……""由于……，因而……""（之）所以……，（是）
因为……""……，因为……""……，以致……"等。例句如下：

（45）他们因为在广东传教不利，所以迁移其活动于广西桂平
县。（当代＼CWAC＼AHB0018. txt）

（46）因为梁大伯闹病，惠荣代理了生产小组长。（浩然《新
媳妇》）

（47）就因为摆脱了这些具体的利益关系，军民之间的交往才更
加淳朴了。（赵琪《告别花都》）

（48）正因为你缺乏领导才能，所以才把你选到领导岗位上。
（谌容《减去十岁》）

（49）最近他搞乐队想买新乐器，所以晚上都到歌厅里去弹琴挣
钱。（朱文《我爱美元》）

（50）她原来是学毛著积极分子，在省里开过会，因此便到公社
当了干部。（吕新《圆寂的天》）

（51）由于四肢的增长比躯干快，所以初中学生的体型发展常常
是不协调的。（当代＼CWAC＼AEB0001. txt）

（52）由于各国具体国情不同，因而采取的国家结构形式也不尽
一样。（当代＼CWAC＼LCB0238. txt）

（53）他们之所以称为法术之士，是因为他们提出了治理大国的
法术。（冯友兰《中国哲学简史》）

（54）他住了口，因为女人扳住他的肩膀，使他回过脸来，面对
着她。（田晓菲《哈得逊河上的落日》）

（55）在这里她总想着王景，以致心绪纷乱。（赵琪《告别
花都》）

四　完全情态复句

传统的复句分类中，根据分句间的意义关系有无主从之分将复句二分
为偏正复句和联合复句，虽然此种分类方法有一定的主观性，意义的轻重

主从没有对应的结构形式上的区分，但仍说明了一定的问题，即从直观上看，有一部分复句的分句间的地位并不均衡，意义重心是有侧重的。或者说，复合命题中支命题的地位是不均衡的。从情态角度看，一个偏正复句表达的意思体现在主句中，从句作为主句发生的推动力或伴随条件。以从句为前提，说话人对主句发生的可能性或必然性进行判断或推测，这就表达了情态语义。

前文提到过，复句内部添加情态语义是可能的。在具体使用中，每一个分句都可以添加情态词来表达该分句内部的认识、道义、动力等各种情态语义，但这种情态语义是动态的、泛化的。我们要考察的是脱离语境的情况下，某种复句格式是否仍能传达情态语义。如"要不是"是语法化程度较高、含有否定算子的假设词，其本身即能表达反事实语义。即便脱离语境，人们往往也能够识解出反事实语义，并在此基础上进行进一步的推断，从而表达认识情态语义。可以说，"要不是"本身的词汇意义即包含情态内容，当其用在复句中表达复合命题时，又与主句中的"就"前后呼应，形成"要不是……，就……"复句格式，作为一个整体表达情态语义。如"要不是下雨，我们就去爬山了"复句中，事实是"下雨了"，但使用"要不是"表达的语义是反事实假定"不下雨"的情况下，后一分句即主句中的命题事件"爬山"的发生具有较大的可能性或必然性，"要不是……，就……"表达了断定型的认识情态语义。

至此，我们回顾整理一下判定路径："要不是 A，就 B"复句格式，表示"假设非 A，那么肯定 B"，其逻辑表达式为：$\sim A \to B$[①]，B 具有非现实特征，该复句格式整体表达说话人对 B 发生的可能性的断定，属于认识情态构式。

本小节即通过上述方法对复句格式是否表达情态进行判定，若是在任何语境下，从另一个角度说即是脱离语境条件下，关联词语构式自身都能理解为非现实的逻辑蕴含关系，我们就将其归类于"完全情态复句构式"，其所构成的复句属于完全情态复句。以下分别论述表达完全情态语义的不同复句类型。

---

① 逻辑学中一般用"p、q"表示复合命题的两个支命题。本书用"A、B"表示，还是将其看作情态复句中的分句，也符合语言学中复句格式的表达习惯。

（一）情态条件句

条件句指语义上表达假设或条件的小句[1]，本小节所说的条件句是典型的条件句，包括必要条件句、充分条件句和无条件句。条件句的前一小句表示条件，后一小句表示在所给条件的推动下，可能发生的后果。前后小句 A 和 B 语义相关，由 A 真必然能推出 B 真。这种推断关系即反映说话人对命题事件的主观认识和判断的情态语义关系，其逻辑表达式可以写作：A→B[2]。条件句中的关联词可以直接标示条件蕴含关系，表达情态语义，具体有以下几种格式：

1. 只要……，就……

"只要……，就……"是充分条件关系复句格式，一般认为它既表条件，又表假设，"根据某种条件来推断事物间的因果联系，……同时又有明显的假设意味"（邢福义，1985：52）。该格式中"只要"引出充分条件，假设在具备这种条件的情况下，"就"承接相应的后果。这种"条件—后果"都是尚未发生、并不存在的事件或状态，具有非现实特征。说话人根据假想的条件，对此条件下事件发生的可能性进行肯定性推断，表达断定型认识情态语义。在一般条件句"A→B"基础上，如果后一分句包含"必然"模态词，如例（56）后一分句中的断定型认识情态词"一定"，那么该复句格式的逻辑表达形式也可以写作：A→□B，"□"为模态逻辑中的必然算子。实际上，在语言的使用当中，无论分句中出不出现断定型认识情态词，"只要……，就……"格式语义中都是包含该类型情态语义的。该情态复句格式具体用例如下：

（56）只要参加学习，就一定有收获。 （当代＼CWAC＼AEE0006.txt）

（57）只要是有孩子在身边，爸妈就要做这道菜的。（当代＼应用文＼菜谱＼菜谱集锦.txt）

例（56）和例（57）两例中"只要"所在的条件分句，"参加学习"

---

[1] 引自［英］戴维克里斯特尔编《现代语言学词典》，沈家煊译，商务印书馆 2000 年版，第 75 页。

[2] 本章节是在日常思维的意义上使用条件句这个概念，严格意义上的条件句逻辑性质和推理结构的形式表达过于复杂，与自然语言语法中连接词的逻辑内容并不完全一致。

"有孩子在身边"是否是事实无关紧要，说话人要表达的是这两个条件满足的话，就一定出现"就"所在分句的后果，"一定有收获"及"爸妈就要做这道菜"。说话人对这种后果的出现十分肯定，把握很大，是一种断定型的认识情态表达。

"只要 A，就 B"在实际使用中，有时 A 是已然存在的事实，如：

（58）只要我活着，就不会让孩子吃一点儿苦。（《报刊精选》1994 年第 4 期）

例（58）A 小句"我活着"肯定是事实，否则说话人不能说出这样的句子，但 B 小句中情态词"会"表示"我"的承诺，包含道义情态语义。但从复句格式"只要……，就……"整体上看仍然表达说话人从前句的条件推出后句的结果的断定型认识情态。这一结论也可以从后句可以添加认识情态词"肯定"得到验证，"只要我活着，就肯定不会让孩子吃一点儿苦"完全成立。

2. 只有……，才……

"只有 A，才 B"表示说话人认为 A 是使 B 发生的必要的唯一的条件，如果 A 没有发生，那么 B 一定不能发生。胡裕树主编的《现代汉语》中认为这一复句格式表示"如果没有所说的条件，就不可能产生所说的结果"。从这个描述上也可以看出，说话人使用"只有 A，才 B"要表达的是不具备条件 A 的情况下，对 B 发生的可能性进行的否定性的推断，也属于断定型的认识情态表达。因此，该情态复句的逻辑表达式可以写作：～A→～B。具体用例如下：

（59）只有在父母去世之后，兄弟们才分家。（当代＼CWAC＼AHJ0030．txt）

（60）只有客人来了，才能开饭。（当代＼CWAC＼ALJ0043．txt）

例（59）和例（60）两例中说话人所作的判定是"父母去世"以及"客人来了"没有发生的情况下，"兄弟们可能分家""可能开饭"也一定不会发生。或者理解为：例（59）"兄弟分家"如果成真，那么可以推知"父母去世了"；例（60）"开饭"如果成真，那么可以推知"客人来了"。前一种理解的逻辑推理过程是"~ A→~ B，后一种可以写成"B→A"①。

3. 除非……，才……

"除非 A，才 B"在复句研究中被认为与"只有……才……"同属条件句，区别仅在于"只有"表积极条件，"除非"表消极条件（黎锦熙、刘世儒《汉语语法教材》）；"只有"表必需条件，"除非"表唯一条件（吕叔湘《中国文法要略》）；"只有"是指定条件，"除非"是推断条件（胡裕树《现代汉语》）等②。"除非 A，才 B"中 A、B 之间的基本逻辑语义关系也是"~ A→~ B"。如下两例：

(61) 除非我寿终正寝，才会停笔。（幼彤《刘微的"通行证"》）

(62) 除非饿极了，才出去找吃的。（余华《活着》）

例 (61) 意为"我"如果不"寿终正寝"，就不"会停笔"。或者说 B 小句"停笔"如果发生，A 小句"我寿终正寝"也必然发生。例 (62) 也可以作此分析，从 B 小句"出去找吃的"成真，必然可以推出 A 小句"饿极了"成真。

由此看出，"除非 A，才 B"与"只有 A，才 B"在逻辑语义上是相等的。从情态的角度看，二者都表示说话人对后一小句 B 发生的可能性所作的判定，判定的结果是前一小句 A 是推动 B 发生必不可少的条件。

上文三种典型条件句格式"只要……，就……""只有……，才……""除非……，才……"本身即可以表达说话人由前句的条件推断出后句的结果，属于完全情态复句格式。

4. 无论……，都……

"无论 A，都 B"这类无条件句还有其他格式，如"不论……，都……""不管……，都……""无论……，总……""不论……，总……""不管……，总……"等。它们都表示假定各种不同的情况都为真，但这些不同的条件却产生相同的后果。条件小句中可以是一种情况及

---

① 实际上，"~ A→~ B"逻辑上的等值形式是"A←B"，"←"为逻辑联结词"反蕴含"符号。写成"B→A"是不同角度的自然语言理解过程的反映。

② 参见王维贤《现代汉语复句新解》，华东师范大学出版社 1994 年版，第 83—84 页。

其相反情况的并列，如"无论下不下雨"；也可以是一种情况及其对立面的对举，如"无论下雨还是刮风"；还可以是一种情况所有可能性程度的集合，如"无论下多大的雨"，都可以推出结果小句"他都坚持锻炼身体"。无条件句的逻辑形式可以写作：$(A \vee \sim A) \rightarrow B$。①

　　从情态的角度看，这类无条件句格式本身可以表达各种情态语义，由 A 小句的不同虚拟情况，对 B 主句后果发生的同一可能性进行推断。语法学界还认为这类无条件句是假设句的扩展，或纵予句、让步句的变形②，具有非现实性。因此，我们也认为这类无条件句表达认识情态语义，如下例（63）、例（68）、例（69）、例（70），主句中也有"会""可能""大概"等认识情态词配合使用。由于无条件句的格式语义，后果 B 不以 A 所包含的各种条件的变化而改变，因此说话人也会相应地提出建议对策，从而表达道义情态语义。如例（64）中"要"、例（65）中"能"、例（71）中"该"和"别"都反映了说话人命令、劝阻等道义语义。例（66）、例（67）、例（68）主句 B 中添加动力情态词"总"，表示对惯常行为和规律性现象的推断。

　　（63）很显然，无论三者谁赔都赔不起，都会倾家荡产。（《报刊精选》1994 年第 9 期）

　　（64）不论是学校还是家庭，都要给儿童青少年留下足够的进行自由选择和发展的空间。（当代 \ CWAC \ AEJ0007. txt）

　　（65）让一切儿童不分贫富、贵贱、男女，不管住在城里还是乡下，都能在国语学校受教育。（当代 \ CWAC \ AEB0001. txt）

　　（66）无论做任何事，总有人不守时。（CCL 网络版语料库《哈佛管理培训系列全集》）

　　（67）他从小怕水，陪人到海滨时，不论多热，总是穿着长靴。（《报刊精选》1994 年第 7 期）

　　（68）只要是地段好的城区，不管房价多高，总会有单位的买家来接盘。（《人民日报》1998 年 5 月 11 日）

　　（69）不管他们在哪儿，尼队已不可能参赛了。（新华社 2001 年

---

① 具体逻辑分析可见王维贤等《语言逻辑引论》，湖北教育出版社 1989 年版，第 304—305 页。

② 参见王维贤《现代汉语复句新解》，第 109—110 页。

8 月新闻报道)

(70) <u>无论</u>有多么深厚修养的人,大概<u>也</u>不至于说鲁迅肤浅。
(当代 \ 报刊 \ 读书 \ vol-182. txt)

(71) 与朋友相处,不论男的、女的,都该坦诚一点,别让误会
愈陷愈深。(岑凯伦《青春偶像》)

从以上分析和语料观察来看,"无论……,都……"类无条件句格式
表达说话人对任意条件下出现相同结果的断定,或者对不同条件下应该作
出相同对策的建议,表达认识情态和道义情态语义。该复句格式在所有语
境下都具有此非现实、主观性等情态特征,我们将其归为完全情态复句
格式。

(二)情态假设句

假设句属于"非现实句",表明说话人认为相关命题表达的事情只是
可能发生的,或虚设的,属于情态范畴(沈家煊,1999:104—105)。
"所谓假设,是指叙述的内容尚未证实。"(林裕文,1987[①]) Palmer 的情
态分类中认识情态的第三种即是假设句。假设句的形式标志如"如
果……,就……"等,格式本身即可以表明,前后小句并非对已然事实
的记述,而是说话人主观上假设一种情形,并在此基础上对可能发生的情
况作出预测、提出建议、进行评价等。假设句前后分句逻辑关系的表达式
可以写作:A→B,逻辑学中这种蕴含关系的联结词也是选用的语言中的
"如果"一词。假设句格式的上述特征即情态语义特征,以下对现代汉语
中常用假设句格式所表达的情态语义作举例分析和说明。

1. 一般假设句格式

这类假设句格式前一小句连接词常常为"如果""要是""假使"
"设若""倘若""……的话",后一小句用"就"承接,或者不用特定标
志。搭配使用后复句格式包括"如果……,就……""如果……的话,
就……""假使……,就……""假使……的话,(就)……""要
是……,就……""要是……的话,就……""倘若……,就……""倘
若……的话,就……""设若……,就……""……的话,就……"等。
也表示一般的逻辑蕴含关系:A→B,如果前一小句 A 为真,那么后一小

---

① 转引自王维贤《现代汉语复句新解》,第 155 页。

句 B 也为真。先看一些用例：

(72)……都可以通过语言表达出来。如果改用手势，效果就要差得多。(当代 \ CWAC \ ALT0049. txt)

(73) 父亲如果死了的话，儿子就会得到这些财产的全部。(当代 \ CWAC \ AHJ0030. txt)

(74) 假使时间弯曲，也就无所谓"逝者如斯"了。(张小娴《蝴蝶过期居留》)

(75) 假使你不嫌弃我有少许近视的话，我愿意做你的一双眼睛。(张小娴《情人无泪》)

(76) 要是由着她们的性儿说，大概一夜也说不完。(老舍《离婚》)

(77) 要是找不到月票，就骑自行车去上学。(土一族《从普通女孩到银行家》)

(78) 你要是让爸爸妈妈放心的话，就吃得胖胖的。(《报刊精选》1994 年第 7 期)

(79) 倘若来不及逃跑，就会使出装死的伎俩，身体翻滚，四脚朝天。(《中国儿童百科全书》)

(80) 倘若肾中精气不足的话，思维就开始停滞、呆板。(张小暖《女人养颜经》)

(81) 在这些情况下，设若居民愿意，就必须让他们撤出，并给以赔偿。(丘吉尔《第二次世界大战回忆录》)

(82) 设若找到了小福子，他也还应当去努力。(老舍《骆驼祥子》)

(83) 打哈欠说明你确实是非常疲倦，那么有条件的话，最好休息一下。(当代 \ 网络语料 \ 网页 \ C000022. txt)

通过观察分析语料，我们发现一般假设句主要表达两种情态语义。一种是认识情态语义，如例 (72)，说话人假定"改用手势"成真，断定"(表达)效果差得多"。当解读为认识情态语义时，后一小句，即主句中往往有认识情态词配合使用。如例 (72) 中的"要"，例 (73)、例 (76)、例 (79) 中的"会""大概"。或者可以在主句中添加这类认识情态词，如例（80）主句可以变为"思维就会开始停滞、呆板"。

　　从假想的 A 小句推断出 B 小句发生的可能性，是表达认识情态语义；另外，假想 A 小句为真，也可以据此进行行动方面的指导和建议，这是道义情态的解读。如例（77）假定"找不到月票"成真，那么给出的行动建议是"骑自行车去上学"。道义情态假设句的主句中也常常有道义情态词配合使用，如例（81）、例（82）、例（83）中的"必须""应当""最好"，例（78）中也可以添加道义情态词变为"就得/要吃得胖胖的"。

　　例（75）中假定"你不嫌弃我"为真，那么主句中句子主语"我"的意愿是"做你的一双眼睛"。"愿意"是意愿型动力情态词，是不是此时假设句表达动力情态语义呢？我们认为，当主句主语为第一人称，假设句可以表达说话人在假定的条件满足的情况下，相应地表现出某种能力，产生某种意愿。又如"如果让我参加比赛，我能拿一等奖"；"如果改时间，我们要重新计划"。但这是在具体语境当中加入了动力情态成分之后复句语义的情态解读。但若仅就形式标志"如果……就……"格式来看，仍是表达认识情态语义。例（75）可以重新解释为，假定"你不嫌弃我"为真，那么可以推断出会有某种意愿——"做你的一双眼睛"的产生。原句中也可以添加认识情态词"会"变为"假使你不嫌弃我有少许近视的话，我会愿意做你的一双眼睛"。

　　由以上分析可见，一般假设句同所有复句一样，在特定的语境下可以与三种情态语义相融合。但就一般假设句的抽象格式而言，无论何种语境，主句中句子主语为何种人称，都是表达在假定条件满足的情况下进行推断或建议的认识情态或道义情态语义。

　　2. 反事实假设句格式

　　①要不是……，就……

　　在复句研究中，大家都注意到一种特殊的假设句，前一分句为否定形式，如"如果不是"或已具较强凝固性的"要不是"，所述情况一般都具有反事实的特征。如例（84），"要不是"假设分句中"其他选手也失误"是已然事实，否定之后是假定该事实没有发生，那么判定后一分句的事件或状态也不可能发生。从情态角度看，这是表示推测和判断的认识情态语义。该情态句式的语用价值在于通过反证强调假设分句中已然事实的重要性，对造成已然后果具有关键性影响。如例（85）中，已然后果是"他找到了这里",造成这一后果的重要原因是"傅湘领路"。

（84）要不是其他选手也失误,我就进不了决赛了。（新华社2003年7月新闻报道）

（85）若不是傅湘领路,他根本就找不到这里。（刘军《张伯驹和陈毅的交往》）

（86）小到一个人,大到一个国家,如果不是在思考中前进,就有可能在麻木中沉沦。（CCL网络版语料库《读书》卷032）

对"要不是"反事实句的逻辑推理过程以往的研究也有过分析,一般认为是用假言反证法比较间接地证明某种原因,是一种反证释因。①"要不是A,就B"中,事实是发生了A,所以导致非B。假定没有发生A,即"非A",那么就会发生B。据此,其逻辑表达式可以写作~A→B。

②……,否则……

另外一种特殊的假设句是后一分句由"否则"连接的复句,前一分句的形式标记词可以是"幸亏""可惜""不能不要"等,"否则"也可以换为"不然",前后连用时的格式包括"幸亏……,否则……""不能/不要……,否则……""幸亏……,不然……""可惜……,不然……"等。

与"要不是"类复句前项反事实不同,"否则"类复句前项是已然事实,后项是反事实。连接词"否则"的含义有两部分,"否"是对前项事实的否认,假定该事件没有发生或状态没有出现,"则"表达说话人或句子主语推测否认之后会出现的后果,属于认识情态语义。该句式的逻辑表达式也是~A→B。

（87）医生们看到X光片中的铁钉大为惊讶,幸亏没穿入要害部位,否则极可能导致瘫痪。（《人民日报》2000年4月19日）

（88）可惜我没有尾巴,否则我一见到你至少摇三次。（古龙《陆小凤传奇》）

（89）基本工资应该是比较稳定的,原则上只升不降,不能随意

---

① 参见邢福义《汉语复句研究》,商务印书馆2001年版,第121—123页。

变动，<u>否则</u>会导致员工的不满意，影响其工作积极性。（当代 \
CWAC \ CMM0200. txt）

（90）<u>幸亏</u>有技术，<u>不然</u>出去打工只能抱石头。（新华社 2001 年
10 月新闻报道）

（91）那年轻驾驶员说："<u>可惜</u>我这车出故障了，<u>不然</u>可以搭我
的车。"（彭荆风《绿月亮》）

③除非/不能/不要……，否则/不然……

上文所述两种特殊假设句，前后项中都有与已然事实相关的内容，
"要不是"类前项为对已然事实的逆反，后项推测逆反后的结果；"否则"
类前项确认已然事实，后项为对已然后果的逆反。与这两种句式相关的其
他格式中，前后项也可以都是未然假定的情况，前项为反事实假定，后项
仍然表达据此所作的推断，表达认识情态语义。如例（92）和例（93）
两例，前一分句用"除非"表示假定一种特殊情况成真，后一分句"否
则、不然"表示在这种特殊情况并未发生时可能出现的情况。例（94）
和例（95），前一分句虽然使用道义情态词"不能/不要"，表示指令、劝
谏，但后一分句"否则/不然"表示在达不到前句的要求时，推测会出现
的后果，仍然是认识情态语义。这类句式的逻辑形式为 A→B。

（92）我国的小学也有校服，许多学校<u>除非</u>有特别活动，<u>否则</u>校
方一般不会强制小学生每天都要穿校服上学。（土一族《从普通女孩
到银行家》）

（93）我看我们两个，闲着也是闲着。<u>除非</u>我能马上动身去广
州，<u>不然</u>就需要找点事做。（琼瑶《青青河边草》）

（94）生酱油<u>不能</u>直接食用，<u>否则</u>很容易发生食物中毒。（沈倩
《生活健康密码》）

（95）<u>不要</u>涂过多的睫毛膏，<u>不然</u>你会变成受惊的蜘蛛。（安妮
塔·耐克《懒女孩的美丽指南》）

本小节假设句都可以在无具体语境下完全表达情态语义，主句以表达
认识情态为主，一般假设句还可以在分句条件满足的情况下，表达采取相
应行动的建议，即道义情态语义。

（三）情态让步句

"即使……，也……"被认为是表示分句间存在虚拟让步关系的代表句式，与"即使"作用大致相当的还有"即便""哪怕""就算""纵然"等①。"让步"是"姑且承认"之意，让步句中前一分句 A 就是姑且承认的对象。也就是说，A 并不是客观事实，是虚拟的暂且承认的前提。在此假定前提为真的情况下，说话人推断出与预设推理一致的后果 B。如例（96），前一小句 A "人的听觉能够察觉"并未发生，但假定这种情况出现，说话人对"有的差别"进行判定的结果仍倾向于前文中或预设中的结果——后一小句 B 中的"不必加以区分"。其逻辑表达式仍为 A→B，但包含了"即使 A，也 B"逻辑语义关系中转折的成分。

从情态角度考察，A 是假设的事实，具有非现实性，在此基础上对 B 发生的可能性进行推断，属于认识情态。如例（97）虽然假定 A "侥幸不被斩首"发生，但说话人借陈胜之口认为 B 小句中"守边死亡"发生的可能性仍然很大。从例（96）、例（97）、例（98）、例（99）中的认识情态词"可能""要""多半""会"的共现，也可以说明表达的是估计推测性的认识情态语义。

通过考察语料，我们还发现如例（100）和例（101），在假定 A 为真之时，说话人提出相应的 B 建议，"要少许喝一点""要把富日子当穷日子过"，表达的是建议型的道义情态。从上文的句式逻辑语义分析来看，在预设一种情况时，可以就此进行推测，也可以就此进行建议，语料中的实例补充了我们的演绎结论。

（96）有的差别，<u>即使</u>人的听觉能够察觉，<u>也</u>可能因为差别小而不必加以区分。（当代 \ CWAC \ ALT0049. txt）

（97）陈胜慷慨激昂地说："现在大家误了行期当斩，<u>即使</u>侥幸不被斩首，守边<u>也</u>要死亡十之六七。"（《中国儿童百科全书》）

（98）向上级提出组织人力调查，可又估计根据当时先后缓急的考虑很可能会排不上，<u>即使</u>不被拒绝，<u>也</u>多半要拖很长时间。（《人民日报》2000 年 9 月 2 日）

（99）很多时候，箭头上还会抹上剧毒药汁，中箭的盗墓者<u>即使</u>

---

①　见徐阳春《现代汉语复句句式研究》，中国社会科学出版社 2002 年版，第 151 页。

不被射死，也会中毒身亡。（倪方六《中国人盗墓史》）

（100）给你东西你必须吃，即使你不会喝酒也要少许喝一点，不然就认为你看不起他们。（《中国儿童百科全书》）

（101）即使将来富裕了，也要把富日子当穷日子过，要时时不忘艰苦奋斗，处处都要勤俭节约。（《人民日报》1994 年 4 月 5 日）

邢福义先生（2001：440）认为"即使 A，也 B"有两种，一种是假言句，一种是实言句。实言句如：

（102）那时，他们很少交谈。即使交谈，也只是工作上的联系，干干巴巴，三言两语。（转引自邢福义）

邢先生认为，"即使"连接的前一小句"交谈"，是前文中的时间确指项"那时"工作联系中发生过的事实，等于说"虽然偶尔交谈"。这种解释虽然说得通，但说话人使用"即使"而未选用"虽然"，正是因为"即使"有假言之意，强调"交谈"行为的假定性，弱化其已然性，并表达对此行为的主观判定。因此，我们认为"即使"句的实言用法和理解并不影响其情态语义性质的确定。

（四）情态选择句

综合已有文献，学界一般认为选择复句代表句式有以下几种：

①或者 A，或者 B（或许 A，或许 B）

②要么 A，要么 B

③不是 A，就是 B

④宁可 A，也 B（宁可 A，也要 B；宁愿 A，也不 B；宁愿 A，也要 B）

⑤与其 A，不如 B

这些句式都是表示在 A、B 两个小句所代表的事件或状态中有一种或两种情况为真，说话人给出选择范围，或施行选择行为选择其中之一。从这些句式本身来看，除了第①②两种"或者 A，或者 B""要么 A，要么 B"句式①，其他三种句式在任何语境条件下都能表达情态语义，都表示

---

① 前两种句式表达情态的特点留待本章第二节第五小节探讨。

说话人正在作出选择，或者在选择前所作的判断决策，因选择尚未成为事实，因此都是非现实性的。其不同在于，说话人作出选择的依据是主观判断还是主观意志，前者表达了认识情态语义，后者表达了动力情态语义。以下具体分析说明。

1. 不是……，就是……

从格式本身来看，"不是 A，就是 B"的逻辑含义是 A 或 B 必具其一，如果非 A，那么 B 一定为真。此时，其逻辑表达式为 ~A→B。实际使用中，该格式包含两方面的内容，除了"非 A 可以推出 B"，也包含"非 B 可以推出 A"的意思，此时的逻辑推理表现为：~B→A①。因此，"不是 A，就是 B"复句体现了一种排斥性的选择关系，A、B 两种选择只能有其中的一种成真，而不能同时并存。但究竟哪一种情况为真，格式本身并不能确定，这也说明该格式包含具有非现实性可能特征的情态语义。说话人使用"不是 A，就是 B"复句格式，对 A、B 为真的可能性进行主观判定，判定结果是二者必具其一，只有一种情况为真，同时没有其他选择的可能。由此可见，"不是 A，就是 B"表达认识情态语义。下面考察实际用例对上述演绎推理进行验证。

（103）这些赞助款除一部分用作奖金、宣传费用外，相当大的数目，不是进了个人腰包，就是供少数人挥霍享用掉了。（《报刊精选》1994 年第 1 期）

（104）当今世界，标举某一种形式的"民主"为样板，强行推广，不是笑话，就是骗局。（当代 \ CWAC \ AHJ0025. txt）

（105）节假日走亲访友，他不是骑自行车，就是乘坐脚踏三轮出租车。（《报刊精选》1994 年第 3 期）

（106）你反正生出来 50% 就是男孩，不是男的，就是女的。（《梁冬对话王东岳》文字版）

例（103）对赞助款的一大部分数目的去向，说话人的猜测是两种可能，一是进了个人腰包，如果没有进个人腰包，不是这种可能，那么就一

---

① 两种情况综合起来也可以用一个逻辑表达式来表现，即（A∨B）→（A∧~B）∨（~A∧B）。

定是另一种可能——被少数人挥霍享用掉了。例（104）的推测也是"笑话"和"骗局"两种情况，实际上表达的是一种断定的很有把握的态度，即某种形式的所谓民主并不是真正的民主。

例（103）和例（104）表达认识情态语义，与我们的演绎结论相符。但观察例（105）和例（106），虽然也可以理解为说话人断定 A 或 B 其中之一为真，但实际上，就某种行为习惯或自然常理而言，更倾向于理解为某种惯常行为或客观规律的认定。如例（105）中并不是就某个具体时间对他选择何种出行工具进行预测，而是反映其所有节假日的出行习惯。例（106）生孩子的概率不是男的，就是女的，也是一种常识和客观常理。因此，这两例中我们认为表达的是动力情态中的惯常情态语义，而非表达说话人现时的主观判断的认识情态。

2. 宁可……，也不……

"宁可""宁愿""宁肯""情愿"等本就是表示说话人主观意愿的动力情态词，用在"宁可 A，也不 B"等复句格式中，直观上就能看出，这种复句格式整体语义仍然是选择句子主语决意选择的内容——前一小句 A，而摒弃后一小句 B 的可供选择的内容。因此，此种复句格式表达的动力情态语义也并未改变。

该句式的预设含义及逻辑结构是，A 和 B 都不符合当事人的主观愿望，但是相对来说，B 背离的程度更甚于 A，因此，如果不选择 B 使 B 成真，那么接受 A 也可以。逻辑表达式可以写作（A∨B）→（A∧~B），意思是在有两种选择 A 和 B 的情况下，经过权衡，还是选择 A，摒弃 B。可对照如下具体用例：

（107）许多顾客宁可站着等上数十分钟，也不愿到别处就餐。（《报刊精选》1994 年第 9 期）

（108）把历史知识故事化，首先是历史，其次才是故事。宁肯使故事性弱一点，也不虚构情节，敷演成文。（《中华上下五千年》）

（109）部队补给船因台风靠不了岸，官兵们宁愿啃咸菜馒头，也不去捕杀一只野生动物。（《报刊精选》1994 年第 7 期）

例（107）中"站着等数十分钟"与"到别处就餐"都不是顾客们所希望的，但是如果可以不"到别处就餐"，那么就选择"站着等数十分钟"。由此表达的顾客们的主观意愿是两害相权取其轻。

3. 宁可……，也要……

对"宁可 A，也要 B"进行逻辑分析，其推理过程为：当事人的愿望是 B，而 A 是不希望的，或者说非 A 和 B 是当事人的愿望，但二者不可得兼。如果选择"非 A"，可能得到"非 B"。但当事人的最后决定是选择 A 和 B，虽然 A 并不如意。如例（110），A 是"干得慢"，喜欢的是"非 A"——干得快，但非 A"干得快"可能会导致"非 B"——干得不好。因此，为了达到 B"干得好"，舍弃非 A"干得快"，选择 A"干得慢"。逻辑表达式抽象为（~A→~B）→（A∧B）。

　　（110）在处理质量和速度的关系上，宁可干得慢一点，也要干得好一点。(《报刊精选》1994 年第 10 期)
　　（111）宁肯少造一栋楼，也要多增一片绿。(《人民日报》1998 年10 月 23 日)
　　（112）广大群众宁愿自己吃糠咽菜，也要把仅有的一点儿粮食送给子弟兵。(《人民日报》1993 年 1 月 10 日)

"宁可 A，也要 B"句式包含一个选择对比的过程，反映了当事人强烈的主观意志和决心，整体仍表达意愿型动力情态语义。

4. 与其……，不如……

"与其 A，不如 B"被认为是一种优选句式，即在有 A 和 B 两种选择的情况下，舍弃 A，而优先选择 B。逻辑表达式可以写作（A∨B）∧~A→B，其含义是经过比较之后不选择 A，选择 B。如下例（113），A"亡羊补牢"与 B"防患未然"相比，B 更胜于 A，因此在说话人的选择建议下，A 发生的可能性就比较小，而 B 发生的可能性就比较大。

虽然同为选择句式，但与"宁可 A，也要 B"表达当事人"二者必择其一"的强烈主观意志不同，"与其 A，不如 B"预设有两种选择可能，仅表示当事人倾向于 B，A 和 B 并非尖锐对立，语气相应地也并不是非常坚决。语气强度的减弱影响了句式情态语义的性质，不再是主观意志突出的动力情态，而转变为建议性质的道义情态。又如例（114），说话人不认同 A"待在家里怨天尤人"，转而建议 B"出去闯一闯"。

（113）与其亡羊补牢，不如防患未然。（《报刊精选》1994 年第
11 期）

（114）与其待在家里怨天尤人，还不如出去闯一闯。（《人民日
报》1998 年 5 月 6 日）

本小节三种选择句式虽然逻辑语义关系都是选择，但情态语义各有不
同。"不是 A，就是 B" 表达断定型认识情态和惯常型动力情态语义；"宁
可 A，也不 B" 与 "宁可 A，也要 B" 都只表达意愿型动力情态语义；
"与其 A，不如 B" 表达建议型道义情态语义。

（五）情态因果句

因果复句主要是据实性地说明分句间存在因果关系，本章第二节第三
小节分析探讨了因果复句为非情态的复句类型。然而还有一种复句分句间
也存在因果关系，但是前后分句并非都是客观原因或事实结论的陈述，而
是存在推论性的因果关系，带有较明显的主观色彩。这种复句就是 "既
然 A，就 B" 类句式，"既然" 可以单说成 "既"，"就" 也可以由 "便、
那么" 等替换。

"既然 A，就 B" 类句式原因分句 A 是对某已然事实的陈述，但不像
"因为 A，所以 B" 句式客观地揭示不同现象间的因果联系，而是将 A 事
实作为推论的起点，强调 A 作为交际双方共知的信息，在 B 结果分句中
表达对现实中某一事态发生的可能性进行预测或进行应对，提出应对策略
和建议等。如例（115），先举出事实 "高价商品有人买"，用 "既然"
引导这一分句，其实言外之意在于，如果 "高价商品没人买"，那么就不
会 "出现更高的价格"。现在 A "高价商品有人买" 是既定事实，那么可
以推断出 B "出现更高的价格" 也有很大的可能为真。从这个推论可以
看出，此时该句式是表达说话人主观判断的认识情态语义的，例（116）
主句中认识情态成分 "很可能" 的出现也说明了这一点。这样看来，"既
然 A，就 B" 类句式的逻辑表达式仍然可以写作 A→B，与一般的假设句
或条件句逻辑语义关系的性质相同。不同的是，前一小句为不可改变的既
成事实，并且强调是在承认、接受这一事实的前提下进行推论，从而凸显
自己推论的合理性。

（115）既然高价商品有人买，就会随之出现更高的价格。（《市

场报》1994 年)

　　（116）既然与医生一块儿出发，那么很可能与医疗有关了。（《报刊精选》1994 年第 12 期）

　　例（117）和例（118）中主句表达的是对既定事实无法改变时所应采取的应对策略的建议，属于道义情态。单从"既然 A，就 B"格式上看，即便脱离具体语境，也可以作此种理解。因为 A 是已然事实，无法改变，那么能做的就只能是想办法应对，提出较为有益的建议，即 B。

　　（117）既然登上了三尺讲台，便要恪尽职守、敬业爱岗。（新华社 2001 年 9 月新闻报道）
　　（118）既然搞不懂，就不要在这件事上浪费时间了。（卞庆奎《中国北漂艺人生存实录》）

五　不完全情态复句（半情态复句）

　　纷繁复杂的汉语复句系统中，有的复句格式在脱离语境情况下，根据其逻辑含义，能抽象出说话人推测、判断以及劝诫、建议等情态语义，我们称之为完全情态复句格式；有的复句格式表达的是现实事件或状态之间逻辑语义关系的反映，我们将其归入非情态复句格式。还有一部分复句类型，从格式上看，既能反映现实关系，又能表现主观态度、未然状况，属于不完全情态复句，或者可称为半情态复句。本小节即考察此种类型的复句格式，先从自省出发，用演绎的方法确定其语义内涵及逻辑定义，然后根据实际语料及相关研究成果进行验证。

　　（一）半情态选择句

　　本章第二节"四"之（四）小节考察了完全情态选择句的三种句式，包括"不是……就是……"类、"宁可……也……"类及"与其……不如……"类。另外还有两种典型的选择句式"或者……或者……"与"要么……要么……"，既可以表达情态，也可以表达非情态，属于不完全情态复句格式。

　　1. "或者……或者……"句式

　　"或者"的基本义是表示说话人的推测语气，词典中的第一个义项是用认识情态词"或许、也许"来解释替代。因此，"或者……或者……"选择句式有条件成为情态复句格式，表达说话人对某事件发展或存在状态的推测。因为给出两种可能性，不能确定，所以属于揣测型认识情态。如例（119）中对残酷战争影响士兵的后果进行预测，说话人认为可能"走向暴戾"，也可能"走向怯懦"。

　　（119）残酷的战争，会使那些心理最正常的士兵，也会出现一种变态，或者是走向暴戾，或者是走向怯懦。（高建群《大顺店》）

　　"或者……或者……"句表达认识情态语义时，提出两种选择，都有发生的可能，但一种情况发生时，另一种情况不会同时发生。这种语义特点与"不是……就是……"认识情态复句表达的语义相一致，其逻辑形式为（A∨B）→（A∧~B）∨（~A∧B）。

　　"或者"表示说话人的推测，包含不确定的内容。这种不确定也可以反映在提出建议时，说话人并不作绝对性强制性的要求建议，而是提出几种参考，语气较为委婉而易于为听话人所接受。如"或者今天去，或者明天去，看你方便"。这种给听话人留有选择余地的"或者……或者……"句表达的是建议型道义情态语义。

　　徐阳春认为"或者A，或者B"句式有选择式与推测式两种类型，其明显的区别是标记词"或者"含有推测意味①。邢福义先生也认为该句式所表示的选择关系一是可能性选择，"各选择项都指未然的事"，二是交替性选择，"各选择项都指已然的事"。其他观点也相类似，如王维贤先生的"举例性的"和"估计猜测意思的"区分等。估计推测即是认识情态语义，举例选择则是一般的事实的列举，因此有的语境中可以替换为"有的……有的……"。如例（120），陈述"武林高手们"的生活状态，有的人"家财万贯"，有的人"过着中产的日子"，并未穷尽列举。

　　（120）武林高手们或者家财万贯，或者起码是过着中产的日子。（当代\CWACC\EB0133.txt）

———————
① 见徐阳春《现代汉语复句句式研究》，第249页。

"或者……或者……"句表示已然事实或状态的列举时，是一种非情态的并列关系。前后两项涉及的两种情况可以同时存在，因此，逻辑表达式为 A∨B。

2. "要么……要么……"句式

"要么"在词典中的释义是"表示两种情况或两种意愿的选择关系"，研究的一般看法也是"要么……要么……"具有"或者……或者……"的用法，但与之有一点不同就是主观性较强，包含表明决心、表达意愿的色彩。这样看来，"要么……要么……"句式既可以有非情态的用法，如例（121）对大锅饭机制下的两种出路的说明列举；还有与"或者……或者……"句式相同的认识情态用法，如例（122）中人面对命运的两种可能行为和后果；另外主要表达句子主语主观意志强烈的建议及要求，如例（123）中我提出干脆的行动建议，例（124）中政府的要求坚决执行的命令。这两例的前文中有表现句子主语态度的词语"急了""十分坚决"等，增强了道义情态语义的主观色彩。

（121）人才不能充分发挥才能，职业前景暗淡，大锅饭的机制促使你要么选择离开，要么选择平庸。（当代 \ CWAC \ CIB0166.txt）

（122）面对命运，人要么被打垮，要么挺身承受。（张清平《林徽因》）

（123）最后我都急了："这事有什么好犹豫的？要么走，要么留，你决定就是了。"（新华社 2003 年 4 月新闻报道）

（124）对待这一问题，政府的态度十分坚决，要么搬迁，要么减产。（《报刊精选》1994 年第 5 期）

"要么……要么……"句的逻辑关系同"或者……或者……"句，表示非情态选择并列关系时表现为 A∨B。当"要么……要么……"句表达预测推断型认识情态或建议要求型道义情态时，其逻辑关系为（A∨B）→（A∧~B）∨（~A∧B）。如果断定 A 或建议 A，那么就能推出断定的结果不是 B，也不再建议 B，反之亦然。总之，A 和 B 两种推断或建议不能同时并存。

（二）半情态条件句

典型的条件句表达在非现实的条件下，预测相应的后果，其逻辑语义关系属于情态语义的范畴。但自然语言的形式和意义丰富复杂，汉语中还有两种特殊的条件句，前一分句是促成后一分句发生或影响后一分句产生变化的条件。但两个分句的时间性质并不完全是未然的，也有反映现实事件的情况，可以被看作不完全情态条件句，或者叫半情态条件句。

　　1. "越……越……"条件倚变句式

　　"越"在《现代汉语词典》中的释义是"表示程度随着条件的变化而变化"，以此为形式标志的"越 A 越 B"句式的格式语义即在某种条件发生变化的情况下，出现发生相应变化的一种结果。"越 A"是程度不断加深变化的条件或依据，"越 B"是相应的程度也不断加深变化的结果。从形式上可以将"越 A""越 B"分别看作一个整体，语义上大致相当于"只要越 A，就越 B"①。这从逻辑上看，就是假言条件复合判断。本章第二节第四小节讨论过"只要……，就……"属于情态条件句，那么"只要越 A，就越 B"也可以表达假设性的未然判断，表示说话人对某种条件倚变关系下的结果的断定。如例（125）在给出的条件——分值"越来越高"的情况下，可以断定会出现相应的结果——产生焦虑倾向，而且这个倾向也会"越来越明显"。例（126）中对风险与回报的倚变关系进行了判定，如果风险的程度加大，那么回报的力度也会加大。句中可以加入表假设的连接词"如果……那么……"及表推断的情态词"会"，即"成大事者都必须经历风险，如果风险越大，那么回报也就会越多。"可见，"越……越……"复句格式可以表达断定型认识情态语义。

　　（125）临界值为 T 分 50，分值越高，焦虑倾向越明显。（当代 \ CWAC \ APL0094. txt）

　　（126）成大事者都必须经历风险，风险越大，回报越多。（《读者》合订本）

　　在语言的实际运用当中，"越……越……"也可以指示已然事实，为直言判断。既可以反映过去事实，如例（127）②；也可以反映正在持续的现实状况，如"雨越下越大"及例（128）中的"连锁店越开越多"。还

---

　　①　邢福义先生就是这个观点。（见《汉语复句研究》，第 378 页。）

　　②　转引自邢福义（2001：379）。

可以反映一般规律或科学现象，如例（129）中紫外线波长与对皮肤产生影响的相关关系。

（127）谁叫他们上面要瞎报产量，"放卫星"？他们上报越多，我们也就瞒产越多——不能把大人孩子一个个活活地饿死啊！

（128）遵循着萨姆·沃尔顿的信念，沃尔玛的连锁店越开越多。（张剑《世界100位富豪发迹史》）

（129）紫外线 B，简称 UVB，波长 290—320nm。波长越短，热量越大，对皮肤的影响也就越大。（张晓梅《修炼魅力女人》）

从对语料的考察及上文的论述来看，"越……越……"复句格式一方面可以表达预测性认识情态语义，另一方面也可以表示现实性伴随语义关系，是非情态的语义表达。从前项和后项的逻辑联系上看，两种情况也能区分，"越……越……"情态格式的逻辑表达式可以写作"A→B"，从 A 可以推出 B，A、B 前后项为蕴含关系；"越……越……"非情态格式的逻辑语义关系却是"A∧B"，A、B 两种情况是并存共进的。如例（127），"上报越多，瞒产越多"相当于"上报的越来越多，瞒产的情况也越来越多"，"上报"和"瞒产"两种情况同时存在，而且数量、程度呈交互递进式发展，是一种相关性的并陈列举。

至此，我们可以认为"越……越……"句是一种不完全情态复句格式，既可以表达非现实的认识情态语义，也可以表达并列关系的非情态现实语义。

2. "一……就……"句式

已有的复句研究中对"一……就……"句式所表示的关系，基本上认同两种情况：一是表示两事时间上前后紧接，属于承接或连贯关系。如例（130）和例（131），"抄家"的发生紧跟在"人死"之后，"提出某事"紧接着就"答应某事"，都是对现实事件的反映。这种情况不包含情态语义。

（130）张居正要以相体自居，他一死，他家就被抄了。（当代\CWAC\APT0080.txt）

（131）他来到农业社跟主任一提这件事儿，主任就满口答应。

（浩然《夏青苗求师》）

"一……就……"句式还可以表示假设性条件关系，前后分句中的事件行为并不是时间上先后发生，而是前句是后句发生的条件，两句所表示的行为活动都是"非确指性的和非一次性的"①。如例（132）假设前句"外地客商踏上新疆的土地"成真，那么说话人推断后句"碰上塔城人的'磁铁'"也会发生。这种情况，后句往往包含或可以添加"要""会"等认识情态词，例（132）和例（133）中就是如此。因此，这种情况表达了揣测型的认识情态语义。

（132）外地客商一踏上新疆的土地，往往就要碰上塔城人的"磁铁"。（《报刊精选》1994年第8期）

（133）劳动的异化性质明显表现在，只要肉体的强制或其他强制一停止，人们就会像逃避鼠疫那样逃避劳动。（当代\CWAC\APE0054.txt）

"一……就……"句式还有一种情况，前后分句之间是一种反复出现的衍生关系，如例（134）中每次感到冷就感冒，每次感冒都会引发肺炎，已经形成规律性事件，例（135）中"女儿每次拿到年历都会标出好友们的生日"也已成为固化的生活习惯。本书第三章中讨论过此种情况表达的是惯常型的动力情态语义。

（134）他有肺心病，最怕冷，最怕过冬季，一冷就感冒，一感冒就引发肺炎，剧咳不止。（《报刊精选》1994年第11期）

（135）每年年初，女儿一拿到年历，就会细心地把好友们的生日标在年历上。（土一族《从普通女孩到银行家》）

根据上文论述，"一……就……"句也可以被看作一种不完全情态复句格式，分别表示非情态的连贯语义及揣测型认识情态和惯常型动力情态语义。

_____

① 见邢福义（2001：521）。

第三节　情态复句的特点

一　情态语义表达有明确前提和推论依据

　　语言中的简单句和复合句都可以表达情态，单句情态直接反映说话人对简单命题或直言判断为真或成真的可能性和必然性的判定，强调的对象是命题事件本身。复句表达情态时，情态语义在主要小句中呈现，其语义类型也主要是靠主句的情态成分来确定，但从属小句或者说偏句，是复句结构不可或缺的一部分，而且在语义上是主句作出推断或提出建议的前提条件。复句情态强调前后小句间的逻辑语义关系，此种关系也是一定的情态语义的反映。

　　复句情态相对于单句情态最大的特点是复句的情态语义表达在形式上有明确的推论依据和前提，这一前提就是偏句中假定的事件或状况。如例（136）a 句是单句情态，通过情态成分"会"表达断定型认识情态语义。b 句是复句情态，表达同样的认识情态，后一分句中也用了相同的情态成分"会"。但在"如果……就……"这个复句格式之内，"如果"所在小句承载了作出断定的条件，从这个条件出发，在满足这个条件的前提下，"就"所在的后一小句表达根据这个条件所作的推断。前后小句的逻辑关系明确，语义关系更为复杂，说话人进行推理的依据和结果都是外显的。单句情态虽然也一定会有推论的出发点和依据，但却是内隐的，或者在上下文中与情态论点的关系比较松散。如笔者设计了 a 句的两种语境，a'给出推论的依据"看过天气预报了"，是一个现实条件，据此推断出的"今天不会下雨"实际上具有转述的意味，是天气预报的推断，说话人的推断有客观依据，因此该句的主观性有一定的弱化。a"中没有出现明确的证据来源，可能是看过天气预报，也可能是自己的经验，但这并不重要，重要的是下文的建议是"你不用带伞"。因此，单句"今天不会下雨"表达认识情态语义时，其推论依据并不是明确和关键的。复句形式标志——关联词语前后配对使用，形成固定格式，格式之内的前提与推论的关系自然十分紧密。另外，说话人假定某种条件，并据此作出推论，主观性更强。

　　（136）a 今天不会下雨。

b 如果我带伞，今天就不会下雨。

a' 我看过天气预报了，今天不会下雨。

a" 今天不会下雨，你不用带伞。

　　除了认识情态，复句其他情态类型也都具有明确的来源背景，可以表达更为丰富的语义内容。如"既然……就……"道义情态复句格式，"既然"小句表示作出的建议是基于无法改变、必须承认的既成事实，这就比单纯的表达建议更有说服力，更易于达到为听话者所接受的目的。又如"宁可……也……"动力情态复句格式，"宁可"小句引导一个较为不利的情况，通过对不利状况的容忍接受及与采取某种行动的比较，突出表达说话人坚决做某事的意志决心。

二　情态语义类型的分布具有不均衡性

　　从本章第二节的论述可知，复句格式可以表达三种情态语义，但三种情态类型在复句格式中的出现频率是不均衡的，其中认识情态语义出现频率最高，其次是道义情态语义，动力情态语义表达得最少。我们先整理一下各情态复句所表达的情态语义类型。详见表 8-1 及表 8-2。

表 8-1　　　　　　　　　完全情态复句表达情态语义类型一览表

	复句类型及代表句式	认识情态	道义情态	动力情态
情态条件句	充分条件句"只要……就……"	+	−	−
	必要条件句"只有……才……"	+	−	−
	唯一条件句"除非……才……"	+	−	−
	无条件句"无论……都……"	+	+	−
情态假设句	一般假设句"如果……就……"	+	+	−
	反事实假设句"要不是……就……"；"除非……否则……"	+	−	−
情态让步句	虚拟让步句"即使……也……"、"哪怕/就算……也……"	+	+	−
情态选择句	限选句"不是……就是……"	+	−	+
	优选句"与其……不如……"	−	+	−
	取舍句"宁可……也不……"、"宁可……也要……"	−	−	+
情态因果句	推论性因果句"既然……就……"	+	+	−

表 8-2　　　　　　　　　　不完全情态复句表达情态语义类型一览表

	复句类型及代表句式	认识情态	道义情态	动力情态
半情态 选择句	任选句"或者……或者……"	+	+	-
	限选句"要么……要么……"	+	+	-
半情态 条件句	条件倚变句"越……越……"	+	-	-
	条件紧缩句"一……就……"	+	-	+

　　表 8-1、表 8-2 中共列出 7 大类 15 小类情态复句格式，其中格式本身能够直接表达认识情态语义的有 13 种，占 86.7%；表达道义情态语义的有 7 种，占 46.7%；表达动力情态语义的有 3 种，占 20%。有的复句同时拥有两种情态语义类型的解读，可以看作多义情态复句格式。

　　前文提到过，在特定的语境下，汉语的复句可以表达各种情态语义。但就抽象的复句格式本身来看，情态类型的分布是不均衡的。其中认识情态复句格式比例最大，因为认识情态也是典型性更强的情态类型，直接反映说话人的主观判定。道义情态复句格式大多也可以同时表达认识情态语义，对于事件命题，说话人是在作出判断推测，而对于听话人，说话人则可以进行相应的建议要求。因此，一些复句格式具有认识情态与道义情态两种语义性质，其内部语义是有相关性的。动力情态复句格式数量较少，表达的是句子主语的意志决定或惯常表现。

三　复句格式的情态语义与格式内成分的情态义相关

　　情态复句格式是一种情态构式，情态构式中显性的标记性成分可能是情态成分，其情态义与整体构式义相一致；也可能是非情态成分，与构式中其他标记成分构成固定格式，整体上表达情态语义。复句情态构式大多属于前一种，其标记性成分，即复句连接词一般可以传达出一定的情态语义，并与复句整体构式义相一致。如：认识情态复句构式"如果……就……""要不是……就……""即使……也……"等中的连接词"如果""要不是""即使"等，本身即包含非现实的假设、虚拟或让步义，这也决定了整个构式表推测判断的认识情态语义。又如道义情态复句构式"与其……不如……"、动力情态复句构式"宁可……也……"等，"不如""宁可"本身包含"经比较后给出较好的行动建议""权衡之后按照自己的意志作出选择"的语义，也就是说，复句构式中形式标志词本身的词义包含情态义，这直接影响了构式整体的情态义。

实际上，复句格式被判定为情态构式，很大程度上取决于其连接词是否能表达情态语义。因为在具体的语境条件下，任何复句格式都可以添加情态成分，表达情态语义，而脱离语境仍能推出复句情态义的，往往连接词本身即是情态成分。也有少数连接词并不包含情态语义，如"一……就……"紧缩复句格式，单独看"一"和"就"不是情态成分，但两者前后搭配使用后就构成一个有机整体，表示动作或事件紧承顺接的连贯关系，并由此基本关系演变为根据前一现象的发生即能推测出后一现象发生的可能性的认识情态语义。

四　情态复句的语义类型由主句的不同形态特点确定

从前面两小节的论述来看，情态复句格式大多可以表达两种情态语义。不同语义类型的确定往往取决于主句的不同形态特点。如：

（137）a. 如果赶不上，就去不成。表判断推测的认识情态

　　　　b. 如果赶不上，就改乘火车。表建议的道义情态

　　　　c. 如果看见他，你就（要）叫警察。表建议的道义情态

　　　　d. 如果看见他，我就（会）叫警察。承诺对未来发生事件的认识情态

例（137）"如果……就……"情态复句构式，在前一小句假设条件相同的情况下，后一小句，也就是主句被赋予不同的句法条件如人称、情态成分等时会得到不同的情态解读。a 句是可能补语认识情态成分，因此该句也是表推测可能性的认识情态；b 句无标记形式表示在假设的条件为真的情况下，给出进行相应行动的建议，表达的是道义情态语义；c 句主语为第二人称，决定了是针对听话人的建议型道义情态语义；而 d 句的第一人称主语与言者主语重合，表示说话人对未来事件的发生进行承诺的认识情态语义。这也是情态复句在实际使用中落实情态语义的途径和方式。

五　情态复句格式选择的主观性

复句语义关系既反映客观实际，又反映主观视点。二者可以重合，也可以并不相同，但在对复句格式的选用中，起主导作用的是主观视点

（邢福义，2001：499）。使用者选择复句格式的主观性可以从两个方面来考察，一是相同语义关系的复句，选用不同的关联词语格式，表达的主观性存在差异。如：

> （138）a. 由于他反对，会议也就没开成。
> 　　　　b. 既然他反对，会议也就开不成。①

例（138）中 a、b 两句都是因果关系的复句，基本的语义内容大致相同，都是存在一个原因"他反对"，从而导致一个后果"会议不能开"。但两句使用不同的连接词"由于"和"既然"，复句所表现的说话人对事件的主观态度和认识也就有所不同。"由于"句表示说明性因果关系，是现实世界客观域的理解，后一小句结果的表达选用客观否定形式"没"；"既然"句是情态复句格式，与逻辑推理域相关联，后一小句是对相应后果的推测判定，形式上有主观标记——可能补语"开不成"同现。因此，选用"既然"复句格式表达的因果关系主观性要强于"由于"复句。②

另一方面，不同复句格式对复句语义关系的呈现产生积极影响。情态复句一般是典型的虚拟句式，反映非现实的语义内容和语义关系。如需表现客观的现实语义关系，则选择非情态复句格式。但在语料中有的客观为真的现实内容，也可以选用情态复句格式，如前面提到的例（58）：

> （58）只要我活着，就不会让孩子吃一点儿苦。（《报刊精选》
> 1994 年第 4 期）

前一分句"我活着"显然是客观事实，并非假设的情形。因此，应该选用据实性的复句格式，如"因为我活着，所以不会让孩子吃一点儿苦"。例（58）使用"只要……就……"情态复句格式，表达的就不是客观的因果关系，而是主观的强调事件原因的充分条件关系。由此可见，复句格式对复句语义关系也有反制约作用，或者说一旦进入某复句格式框架，便容易被认为具有该格式的语义关系特征，带上更强的主观性。

---

① 此例为邢福义、沈家煊用例。
② 可参见李晋霞（2004）。

第九章　结语和余论

第一节　主要内容回顾

本书尝试对现代汉语的情态语义系统及形式表达系统作一整体的构建，并对其次范畴作了语义上和形式上的分类。本书运用认知语言学、构式语法等功能语言学的理论和方法，同时借鉴国外情态研究的理论和成果，从现代汉语事实出发，重点探讨了现代汉语的情态语义类型和形式类型，分析考察了承载情态语义的语言成分和构式在情态表达中的特点，并以个案研究为例，对本书的理论体系进行了落实验证。

本书的研究内容除了情态研究综述之外，可归纳为三大部分。其中第一部分是情态语义系统的概貌，包括情态语义内涵的确定、情态语义类型的划分、情态语义的特征、情态语义的语法化以及情态与其他相关语义范畴的关系。我们认为情态的界定有两个条件：一是表达说话人对命题的观点和态度；二是包含可能性语义特征，也就是命题的真值与实现存在一定程度的可能性。按照这两条标准，可以把情态语义为分三种类型，即认识情态、道义情态和动力情态。其中认识情态表示说话人对命题为真的可能性的判定，道义情态和动力情态表示说话人对命题成真的可能性的观点和态度，前者促使命题实现的是说话人的指令等外部因素，后者是命题内部句子主语的相关特征。情态的三分类型是认同度比较高的一种分法，本书基本沿用，但对各类型及其次类进行了更为深入的分析判定。另外与一般看法有所不同的是，本书将反映句子主语惯常特征、性情喜好的惯常用法也算作情态，归入动力情态类型。

情态是一个非常复杂的语义概念，但其内部却有高度一致的语义特征——可能性大小的程度差别。如认识情态表达说话人对命题为真的可能性的推断，推断有把握大小的不同；道义情态表示促动命题成真的外部要求的强制约束力的大小；动力情态体现行为主体能力的大小和意愿的强弱。除了情态语义的这一量级特征，原型性特征是情态的另一个重要特征。我们通过对情态语义小类之间的交叉现象的考察，列出情态语义次范畴的原型性等级，说明情态是一个原型范畴，其内部成员有典型性程度的差异。

通过借鉴情态的历时研究成果，我们尝试做出汉语情态语法化序列并对其进行语用认知解释。情态与语气、情态与主观性、情态与非现实等相近范畴的关系问题，我们也进行了一定的探讨。

第二部分是现代汉语的情态类型，包括情态语义类型和情态形式类型。这部分内容主要反映在第三章和第四章中。第三章从语义的角度讨论了现代汉语情态类型的本质内涵及语义次范畴的划分。本书参照英语情态语义划分的方法和结果，将汉语的情态也分为认识情态、道义情态和动力情态三种语义类型。同时结合现代汉语事实，论证了各情态类型的下位语义小类。根据说话人对命题为真的确信程度的不同将认识情态分为断定型、揣测型和旁证型三种类型；根据施诸指令对象的道义责任强度的不同，以及由此带来的命题中行为事件被施行的可能性大小的不同，将道义情态分为许可型、劝谏型和指令型三种类型；根据命题中句子主语所具备的内在特征的不同，将动力情态分为能力型、意愿型和惯常型三种类型。另外，依托庞大的语料库，本书对各情态小类在现代汉语中的形式表现（主要是句法上的词类）进行了认定和归类，并列举实际用例进行说明。

第四章主要是从构式语法的角度对现代汉语的情态表达系统进行观照。受构式语法理论的启发，我们认为情态的表现形式不仅仅限于以往研究中的语法实体单位——词类，这在语表上有显性标志，是句子独立的构成成分，而且还包括凝固性和规约性较强的语法构式。据此，我们从形式的角度将汉语的情态分为成分情态和构式情态两种类型，并结合现代汉语的实例，探讨了情态的这两种形式类型之间的关系，并对同义情态成分与情态构式的功能差别进行了分析。第四章最后在文献资料、工具书和语料库的基础上，收集并列出现代汉语中各类型的情态构式，同时附以例句说明。

本书第三部分是现代汉语情态成分及情态构式的专题研究，这部分内容主要反映在第五章至第八章中。本书将现代汉语的情态表现形式分为情态成分和情态构式两大类，前者是独立承载情态意义的单一的词语形式单位，包括各种语法词类及熟语、插入语等习用语或句子特殊成分；后者是由两个以上词语形式单位构成、具有整体的不可分解的情态意义的固定格式。第五章至第七章分别选取"大不了""X定""X不到哪儿去"作为现代汉语情态成分及情态构式的代表进行个案考察，第八章对汉语的复句系统进行了情态角度的观照和分析，从而对本书区分情态成分与情态构式的理论进行了实际运用和落实。

第五章探讨了"大不了"作为一个情态成分的语义类型、语用功能及主观性等特征。"大不了"在实际使用中有四种情况，"大不了$_1$"是情态构式"A+不了"的一个用例，是述补短语，表达说话人对其所在命题中主体性质是否为"大"的否定性推测。"大不了$_2$"和"大不了$_3$"都是语气副词，前者是揣测型认识情态成分，后者是劝谏型道义情态成分。"大不了$_2$"表达说话人对事件结果最严重程度的推断和估测，"大不了$_3$"表示说话人在已发生某种不如意事件的情况下，对稳定情势所作的补偿性建议。"大不了$_4$"是一个形容词，用于否定或反问构式中，表示说话人对言谈对象严重程度或紧要程度的否定评价，是现实性的非情态成分。第五章最后对"大不了"的语义来源和语法化轨迹进行了一定的考察。

第六章"X定"有两种情况，"X定$_1$"是"肯定""铁定"等断定型认识情态成分及"不定""指不定"等揣测型认识情态成分；"X定$_2$"指的是"赢定"类断定型认识情态及"管定"类意愿型动力情态成分，其中"X定$_2$"中的"~定"可看作情态成分中的情态词缀。"X定$_1$"与"X定$_2$"在情态成分的性质、表达的情态类型、语法化状况以及语用功能等方面都各有特点。

第七章对情态构式"X不到哪儿去"进行了分析考察。该情态构式的核心语义与认识情态有关，表达说话人对言谈对象某一方面性质的否定判断，即"不X"；在有标记的情况下，如与"再……也……"等让步格式连用时则表达对言谈对象某种程度的性质的否定判断，即"不太X"。"X不到哪儿去"构式义的由来与其构成成分的程度义、空间认知域到性质认知域的投射以及述补格式的认识情态性质有关。本书讨论的"X不到哪儿去"认识情态构式中的X是形容词性质，该构式形式上和内容上都属于否定结构，其肯定形式成立的时候也要求句子为否定句。"X不到哪儿去"情态构式可与同类的情态成分、情态构式连用，体现了情态和

谐原则，使其表达的情态语义得到双重体现和强调。在语用功能方面，
"X 不到哪儿去"语义上 X 有跟句内或句外的背景对象进行"对比"的特
征，故 X 是句子的对比焦点。"X 不到哪儿去"的使用总是与一个预期或
先设相连，该构式表达的说话人对相关对象 X 性质的否定性评估是通过
与不同预期中的不同参照物的对比作出的。与"X 不了""不会 X"等同
义的认识情态表达相比，"X 不到哪儿去"情态构式由于判断依据多为客
观原因，所以带上了较多的客观色彩。

　　第八章探讨了复句表达情态的特点，并对现代汉语中的复句进行了情
态角度的分类。复句在结构上由两个单句形式组合而成，可以被看作一种
特殊的构式。这种特殊构式的形式标志，即复句连接词，是判定复句是否
表达情态的重要标准。复句在一定语境中，可以表达各种情态语义，但表
示某种逻辑语义关系的复句类型是否是情态构式，取决于该复句连接词本
身的逻辑关系是否包含情态语义。根据这一标准，本书将复句分为完全情
态复句、半情态复句及非情态复句三种类型，并对各类型的复句代表句式
进行了列举和例证。第八章最后总结了情态复句的表达特点，认为情态复
句有明确的推论依据，在前一分句中说明假设的前提条件；情态复句表达
认识情态语义为多，其次为道义情态，动力情态语义相对较少。另外，复
句格式的情态语义往往与格式内成分的情态义相关，复句连接词本身常包
含情态义，是情态成分，这直接影响了构式整体的情态义。复句的主句中
不同的句法特点，如人称、情态成分等的不同，也会使复句得到不同的情
态解读。本书通过考察发现，当复句的逻辑语义关系一定时，选用不同的
关联词语格式，表达的主观性存在差异。另外，情态复句格式也能反作用
于复句语义关系，使现实性的客观内容在情态复句格式中带上非现实的主
观色彩。

第二节　价值与不足

　　综观现代汉语情态研究现状，研究的力度虽已逐渐加深，但多为个案
分析，或局限于情态系统的某些方面，现代汉语情态系统的整体框架还未
见到。本书借鉴已有相关成果，结合汉语实际，构建了现代汉语情态的语
义系统和形式表达系统，涵盖了情态语义类型及其下位小类、情态形式类
型及其成员集合等，使得对汉语情态系统的概貌有了一个全面整体的

认识。

　　成分情态与构式情态的提出及特征分析是本书的一处创新。情态的这一分类与认识、道义、动力的情态三分结果并不冲突，它是从形式的角度根据语言单位的不同语法表现对情态范畴所作的分类。成分情态是指由特定的、独立的语法成分表达的情态，构式情态是指由凝固的、语义不可分解的结构实体（区别于自由的句法结构）表达的情态。从构式语法的角度我们将情态的表现形式首先分为情态成分和情态构式两大类，前者主要包括各种表达情态的句法词类及语类，如助动词、副词、动词、形容词、熟语、插入语等；后者主要包括口语格式和复句格式。本书试图将汉语的情态表达形式进行穷尽式列举，这对汉语情态研究来说具有重要的参考作用和基础性价值。

　　本书第五章至第八章是现代汉语情态成分与情态构式的专题研究，考察了"大不了""X定""X不到哪儿去"作为现代汉语中具体的情态表达手段的特点、功能以及语法化状况，采用了全新的视角，得出有一定价值的观点，对这些语言现象的认识更为全面、深刻。另外，本书从情态的角度对现代汉语复句系统的研究也是另一创新之处。单句结构中情态意义的使用和表达比较容易把握，研究也较多，但对复句结构中情态意义的存在方式和表达特点的系统考察，在汉语情态研究中尚属首次。

　　本书兼顾情态系统的构建这一宏观研究，以及具体汉语事实的分析等微观考察。情态是一个极为复杂的非匀质的系统，虽然在世界语言中具有普遍性，但在个别语言中的表现千差万别。比如说在英语中，情态的表现形式相对整齐一些，而在汉语中的形式表达手段则呈现多样化、多义性的特征，因此在定性和归类时难免失于主观。囿于研究者的水平和时间，本书草建的情态系统肯定还有值得斟酌甚至不合理之处，归纳的现代汉语中情态的各种表现形式及例词也并非无一疏漏。比如说由于掌握材料的限制，情态构式的收集可能有所遗漏，这将在今后的研究中不断补充完善。

　　本书的研究对现代汉语的情态研究工作只是抛砖引玉，提出与情态相关的诸多问题，以引起学者们对许多汉语事实的全面观照和深入挖掘，从而对现代汉语情态研究的进一步开展和完善有所助益。

第三节　有待继续的研究课题

情态研究在现代汉语语法研究中仍是一个年轻的课题，很多工作需要深入开展，很多问题值得继续探索。汉语情态语义的系统构成、表达情态的手段方法及情态意义与形式之间的相互作用等是情态研究的基础性内容，本书在这方面作了一些尝试性的探讨，但鉴于时间和水平的限制，仍有一些问题没有涉及。比如说汉语不同情态类型的共现情况。国外情态研究中提到过两种以上情态表达手段的连用，但是由于这种情况在某些语言中并不常见，所以受关注度不够，没有作深入分析。汉语中情态成分的连用非常普遍，连用方式、顺序及所受到的语义、句法制约等也非常复杂，不同形式类型之间的共现规律还需要进一步地挖掘。另外，根据本书的研究，我们还可以突破情态形式类型的连用，考虑不同情态语义类型连用的表现和规律，比如说认识情态和道义情态的共同使用，"你可能应该早点儿回去"。表面上是两种不同的情态类型共用，但实际上两种情态语义的地位是不同的，话语功能等方面的影响和要求带来了某种情态语义上的弱化。

谈到情态一定是跟命题有关系的，但在语言使用当中，很多情态成分所关涉的并不是一个完整的命题，而是命题的一部分。从句法上看，也就是说，情态成分或包含情态成分的语言片段常常充当某个句子成分，如"锅碗瓢盆都是生活中一定要有的东西"。对于这样的语言表达是否也可以看作情态？如果是，它与典型的情态表达有哪些方面的差别？如果不是，其中的情态成分又作何理解？语言现象是丰富复杂的，与情态相关的表达远远不限于传统情态研究的范围。

句子主语人称的不同对情态语义的解读也有着重要影响，人称对情态生成及解读的制约体现在语言情态表达系统的各个层面。人称的不同还可以显化同类情态词的细微差异。情态词的多义性特点也与人称有着密切联系，不同人称也可以验证具体情态词的归属等。

情态语义的语法化问题，学者们仅是以个案考察为依据，得出情态语法化序列的初步构想和设计——从根情态到认识情态。但这个序列的准确度和普适性如何，恐怕需要在大规模的个案分析数据和不同语言的类型学考察的基础上才能得出。

　　从系统的角度看，现代汉语情态的各种表现形式都值得作个案研究，它们表达情态语义的特点，与其他相近形式的语义、功能等各方面的差别等，都是可以开垦的领域。另外涉及情态的现代汉语语法问题还有更多，情态理论和视角的引入有助于许多实际问题的解决。如今流行语言类型学的研究视角和方法，从世界语言的基本事实出发，寻找人类语言的共性特征。汉语的情态研究也应该有宏观的视野、系统的眼光，同时立足于语言事实，发掘汉语的情态特点，为世界语言的情态研究提供实例，作出贡献。

附 录

现代汉语情态表达手段一览表

<table>
<tr>
<th colspan="2"></th>
<th colspan="5">情态成分</th>
<th>语级组合格式</th>
<th colspan="2">情态构式</th>
</tr>
<tr>
<th></th>
<th></th>
<th>助动词①</th>
<th>副词</th>
<th>动词</th>
<th>其他词类①</th>
<th>熟语及其他固定用语②</th>
<th></th>
<th>常用口语格式</th>
<th>复句格式③</th>
</tr>
<tr>
<td>认识情态</td>
<td>断定</td>
<td>得dei认、
会i认、
要i认</td>
<td>八成、保准、
必认、
必得dei认、必将、
不免、迟早、
当然、定认、
定然、
断认、断断认、
断乎、断然认</td>
<td>保管、
敢保认、
管保认、谅、
免不得、
免不了、
明摆着、
少不得、
少不了、铁定、
无疑</td>
<td>必然、可、
见、明、显、
难免、显然</td>
<td>八九不离十、
板上钉钉、不容置疑/
无可置疑、毋庸置疑、
不言而喻、不用说、
不消说、
大势所趋、箭在弦上、
同、十拿九稳、
而知、可想
十有八九/十之八九</td>
<td>X定</td>
<td>不……才怪；
非……不可认；
……就更不用说；
（……）了；
要……了；
怎么说/怎么着
也……；
不X则Y；
要X早X了；
有得X了；（没）有Y
X就……了认</td>
<td>不 是 …… 就
是 ……；
除非……才……；
除非……就……认；
既然……就……；
如 果 …… 就
……认；④
无 论 ……
都 ……；
要 不 是 …… 就
……认；
一……就……认；
越……，越……；</td>
</tr>
</table>

① 包括形容词、语气词、助词、连词等。

② 主要是做句子特殊成分的插入语。

③ 表中仅列出各类复句代表句式。

④ 同类复句其他格式可以在正文中查看。

续表

		情态成分					情态构式		
		助动词	副词	动词	其他词类	熟语及其他固定用语	语级组合格式	常用口语格式	复句格式
认识情态	断定		非$_{认}$、分明、决$_{认}$、决计、决然$_{认}$、绝、绝对、肯定、明明、势必、想必、未免、一定$_{认}$、一准儿、指定、准$_{认}$、准定、自然、自是、准保$_{认}$			势在必行、显而易见、指日可待		这下可 X 了；X 不到哪儿去；N 不 X 谁不 X；N 才不 V 呢；N 有你（们）V 的；X 不了；X 了去了；X 的还在后头	只要……就……；只有……才……；……，否则……
	揣测	该$_{1认}$、会$_{1认}$、可能、能$_{1认}$、应当、应该$_{1认}$	保不定、保不齐、保不住、别$_{1认}$、别是、不定、不见得、不一定、大半、大、不了$_{1认}$、大抵、大概、大约、多半、盖是、敢不是、敢保、或、或是、或则、或者、恐、恐怕	不致、不至于、充其量、估计、量、看来$_{认}$、没准儿、难保、难说、起码、想来、感觉、好似、忧似、忧若、看似、貌似	吧、似的	我看、无风不起浪、凶多吉少、在所难免；搞不好、难保$_{2认}$、看起来、看上去、看样子	X 来；V 起来、V 上去、X 是	该……了$_{认}$；若……若非……；似……似……；有可能……；有……的可能	或者……似；即……使$_{1认}$；也……$_{1认}$；要么……么$_{1认}$

续表

		情态成分					情态构式		
		助动词	副词	动词	其他词类	熟语及其他固定用语	语缀组合格式	常用口语格式	复句格式
认识情态	揣测		莫非、难道、怕、怕$_1$认、说不定、未必、未认、兴许、许$_1$认、也许、许是、也许、指不定、至少、至多；仿佛、好像、似、似乎、像						
	旁证			讹传、风传、据称、据说、据闻、据传、谬传、哄传、盛传、世传、听说、外传、误传、相传、谣传		按常理/按道理/按理、按理说、按说/照说、常言道、据我所知、理所当然、一般、来说、俗话说、众所周知		按/按照/依/照……来说；按/照/用……的；据……说；依/照/在……看来	

续表

道义情态	情态成分					语缀组合格式	情态构式	
	助动词	副词	动词	其他词类	熟语及其他固定用语		常用口语格式	复句格式
许可	可$_1$道、可以$_1$道、能$_2$道、能够$_1$道	不妨$_1$道、无妨$_1$道、大可；不必、不须、不用、无须、毋庸（无庸）	成$_1$道、得以$_1$道、行$_1$道、许$_2$道、允许、准$_2$道、准许	好了$_1$道、就是了$_1$道	可有可无、悉听尊便、无可无不可；用不着	X得/不着$_{zháo}$	随……去吧；……随他的便；爱X（就）X；不X就不X吧；可X可Y$_1$道；你（们）的；想V就V$_1$道；V到哪儿算哪儿；X就X（吧）	或者……，或……者$_2$道；
劝诫	当、得$_{dei2}$道、该$_2$道、须$_1$道、须要$_1$道、要$_2$道、应、应当$_2$道、应该$_2$道	必$_2$道、必得$_{dei2}$道、必须$_2$道、非$_2$道、非得$_{dei}$道、总得$_{dei}$道、不妨$_2$道、大不了$_2$道、顶好、还是、何必、何不、何妨、何须、尽量、尽早、莫	该当、理当、理应、需要、不如、不宜、犯不上、犯不得、使不得、不得	好了$_2$道、就是了$_2$道、算了、要不	何乐而不为、事不宜迟、适可而止	X不得$_{de}$	不要……了；该……了$_2$道；还是……的好/为好、……不就行了/得/完/好了吗？/好好+V；不V白不V；该V（就）V；的V$_1$、V$_2$；该V就V$_2$道；的着V$_2$道；看着V吧；能V就V能不V就不V；有什么好V的；VV看	既……就$_2$道；无论……都$_2$道；要么……$_2$道；与其……不如……

续表

		情态成分					情态构式		
		助动词	副词	动词	其他词类	熟语及其他固定用语	语缀组合格式	常用口语格式	复句格式
道义情态	劝诫		千万、切、切切、无妨₂道、毋、毋宁、最好					X什么Y什么就V……；(要) V一点儿；V一V (VV)	……，
	指令	须₂道；须要₂道；不得de、不可₁道、	必得dei3道、必须₂道、非得dei1道、务必、务须；甭、别₂、不要、勿	不成₁道、不容、不行₁道、不许、不准		不可或缺、刻不容缓、下不为例		别……的；非……不可₂道；非……才；管……呢；少……（了）；说什么也得……；不V不行/不成；还V呢；叫你有V你就V；哪儿有N那么/这么V的；谁V谁Y；N不V谁V；V（个）什么V；V什么V；V₁什么V₂什么；V也得V，不V也得V	即　使……₂道；也……₂道

续表

		情态成分				情态构式		
	助动词	副词	动词	其他词类	熟语及其他固定用语	语缀组合格式	常用口语格式	复句格式
道义情态 承诺		必定$_{2道}$、定$_{2道}$、一定$_{2道}$、准保$_{2道}$	包、包管、保管、保准$_{2道}$、敢保$_{2道}$、管保$_{2道}$		包……身上、打包票			
动力情态 能力	不可$_{2动}$、会$_{2动}$、可$_{2动}$、可以$_{2动}$、能$_{3动}$、能够$_{2动}$；敢	不愧	不堪、不配、不善、不宜、不值、不足、长于、够、堪、见不得$_{1动}$、擅长、善于、适宜、宜于、值得、足够、足以、不敢、胆敢、敢于、害怕$_{1动}$、怕$_{2动}$、勇于	不成$_{2动}$、不行$_{2动}$、成$_{2动}$、行$_{2动}$	不费吹灰之力、得心应手、驾轻就熟、力不从心、轻车熟路、轻而易举、无能为力、小菜一碟、易如反掌、游刃有余	V不得 de、V得、不来$_{1动}$、V得/不了	有能力/潜力/潜能/勇气……；有……的能力/潜力/潜能/勇气；(不)可X可Y$_{2动}$上、V得/不上；V得/不C	

续表

| | | 情态成分 | | | | 情态构式 | | |
	助动词	副词	动词	其他词类	熟语及其他固定用语	语缀组合格式	常用口语格式	复句格式
动力情态 意愿	想；肯、愿$_{2动}$、愿意、得 del3动；要$_{3动}$	必定$_{3动}$、定$_{3动}$、断断$_{2动}$、断然$_{2动}$、非$_{3动}$、决$_{2动}$、决然$_{2动}$、宁、宁可、宁愿、宁愿、一定$_{3动}$、执意	但愿、希望、愿$_{1动}$、祝；巴不得、恨不得、恨不能、懒得；不甘、甘于、甘心、甘愿、害怕$_{2动}$、乐意、乐于、怕$_{3动}$、坚持、决心、决意、力图、企图、试图	勉强	尽力而为、力所能及、勉为其难、迫不及待、全力以赴、心甘情愿、心向往之、一厢情愿、一意孤行、自告奋勇		非X不可$_{3动}$；有信心/决心/耐心……；有……的信心/决心/耐心；才不V呢；非X不Y；想V不想V的；要V不V（的）；想V就V$_{2动}$	宁可……也；不……；宁可……也要……

续表

	情态成分					情态构式		
	助动词	副词	动词	其他词类	熟语及其他固定用语	语缀组合格式	常用口语格式	复句格式
动力情态　惯常		常、常常、从来、经常、老、老是、历来、每每、生来、时不时、时时、时常、通常、素来、向来、任任、一直、一般、总、总是、不常、不大、很少、同或、偶尔、一度、有时	惯于、见不得$_{2动}$；爱、好、怕$_{4动}$、嗜好、讨厌、喜欢		雷打不动、熟视无睹、司空见惯、习惯成自然、习以为常	V得/不惯；V得/不来	……哪儿……，……；哪儿……；什么X，Y什么；V惯了	一……，就……$_{2动}$

参考文献

白晓红：《先秦汉语助动词系统的形成》，见《语言研究论丛》（第七辑），语文出版社 1997 年版。

［法］贝罗贝：《汉语的语法演变——论语法化》，见吴福祥主编《汉语语法化研究》，商务印书馆 2005 年版。

蔡维天：《谈汉语模态词其分布与诠释的对应关系》，香港中文大学 2009 年讲义。

曹逢甫：《汉语的提升动词》，《中国语文》1996 年第 3 期。

陈英：《递进复句与语言的主观性》，《新疆大学学报》2004 年第 4 期。

陈颖：《现代汉语传信范畴研究》，中国社会科学出版社 2009 年版。

陈中干：《现代汉语复句研究》，语文出版社 1995 年版。

储城志：《语气词语气意义的分析问题——以"啊"为例》，《语言教学与研究》1994 年第 4 期。

崔希亮：《事件情态和汉语的表态系统》，见《语法研究和探索》（十二），商务印书馆 2003 年版。

崔希亮：《语气词"哈"的情态意义和功能》，《语言教学与研究》2011 年第 4 期。

崔诚恩：《现代汉语情态副词研究》，博士学位论文，中国社会科学院研究生院，2002 年。

邓云华、石毓智：《论构式语法理论的进步与局限》，《外语教学与研究》2007 年第 5 期。

董秀芳：《论句法结构的词汇化》，《语言研究》2002 年第 3 期。

董秀芳：《汉语的词库与词法》，北京大学出版社 2004 年版。

董燕萍、梁君英：《走近构式语法》，《现代外语》2002 年第 2 期。

董正存：《情态副词"反正"的用法及相关问题研究》，《语文研究》

2008 年第 2 期。

　　范开泰：《语用分析说略》，《中国语文》1985 年第 6 期。

　　范开泰：《语义分析说略》，见《语法研究和探索》（四），北京大学出版社 1988 年版。

　　范伟：《一种情态表达式"X 定"》，《现代语文》2011 年第 6 期。

　　范伟：《"大不了"的情态语义探析》，《池州学院学报》2014 年第 5 期。

　　范文芳：《情态在不同语境中的意义》，《外语与外语教学》2006 年第 10 期。

　　冯棉：《"可能世界"概念的基本涵义》，《华东师范大学学报》（哲学社会科学版）1995 年第 6 期。

　　傅雨贤、周小兵：《口语中的助动词》，见《语法研究与探索》（五），语文出版社 1991 年版。

　　高更生等主编：《现代汉语知识大辞典》，山东教育出版社 1992 年版。

　　高增霞：《汉语的担心——认识情态词"怕""看"和"别"》，见《语法研究和探索》（十二），北京大学出版社 2003 年版。

　　龚千炎：《论几种表示强调的固定格式》，见《语法研究和探索》（一），北京大学出版社 1983 年版。

　　郭昭军：《汉语情态问题研究》，博士学位论文，南开大学，2003 年。

　　郭昭军：《汉语助动词的情态表达研究》，博士后出站报告，上海师范大学，2005 年。

　　郭中：《近三十年来汉语复句关联标记研究的发展》，《汉语学习》2014 年第 5 期。

　　韩启振：《"说不准"的语法化》，《汉语学习》2011 年第 8 期。

　　何容：《中国文法论》，商务印书馆 1985 年版。

　　贺阳：《试论现代汉语书面语的语气系统》，《中国人民大学学报》1992 年第 5 期。

　　胡建锋：《现代汉语非预期信息表达研究》，博士学位论文，上海师范大学，2007 年。

　　胡明扬：《语法形式和语法意义》，《中国语文》1958 年第 3 期。

　　胡明扬：《再论语法形式和语法意义》，《中国语文》1992 年第 5 期。

胡明扬：《北京话的语气助词和叹词》，《中国语文》1981 年第 6 期。

黄和斌、戴秀华：《双重情态动词的句法、语义特征》，《外语与外语教学》2000 年第 3 期。

黄乃辉：《试论汉语模态词对主语指称的制约》，第十二次现代汉语语法学术讨论会论文，2002 年。

黄卫星：《漫步在"语言·逻辑·叙事"的丛林之间》，学林出版社 2016 年版。

黄章恺：《现代汉语常用句式》，北京教育出版社 1987 年版。

姬凤霞：《略论人称代词"咱"的言语行为情态》，《现代语文》2008 年第 4 期。

姜望琪：《当代语用学》，北京大学出版社 2003 年版。

蒋绍愚、曹广顺：《近代汉语语法史研究综述》，商务印书馆 2005 年版。

柯理思：《西北方言的惯常性行为标记"呢"》，《咸阳师范学院学报》2009 年第 3 期。

柯理思：《汉语标注惯常性行为的形式》，见《日本现代汉语语法研究论文选》，北京语言大学出版社 2007 年版。

柯理思：《"形容词+不了"格式的认识情态意义》，见吴福祥主编《汉语语法化研究》，商务印书馆 2000 年版。

来德强：《"哪儿"的非疑问用法》，硕士学位论文，河南大学，2001 年。

赖鹏：《情态的概念范围和跨语言研究——〈语气与情态〉评介》，《现代外语》2005 年第 3 期。

黎锦熙：《新著国语文法》，商务印书馆 1992 年版。

李会荣：《现代汉语让步范畴与主观性研究》，博士学位论文，上海师范大学，2009 年。

李基安：《情态意义研究》，《外国语》1998 年第 3 期。

李基安：《情态与介入》，《外国语》2008 年第 7 期。

李剑影：《现代汉语能性范畴研究》，博士学位论文，吉林大学，2007 年。

李晋霞：《"由于"与"既然"的主观性差异》，《中国语文》2004 年第 2 期。

李军华、李长华：《"呢"字句的情态类型与语气词"呢"的情态意义考察》，《语言研究》2010 年第 7 期。

李敏：《"十五"以来汉语复句研究的新进展》，《鲁东大学学报》（哲学社会科学版）2008 年第 5 期。

李敏：《现代汉语的义务情态分析》，《语言教学与研究》2010 年第 1 期。

李明：《汉语助动词的历史演变研究》，博士学位论文，北京大学，2001 年。

李明：《汉语表必要的情态词的两条主观化路线》，见《语法研究和探索》（十二），北京大学出版社 2003 年版。

李明：《从"容""许""保"等动词看一类情态词的形成》，《中国语文》2008 年第 3 期。

李勇忠：《祈使句语法构式的转喻阐释》，《外语教学》2005 年第 2 期。

李战子：《情态——从句子到语篇的推广》，《外语学刊》2000 年第 4 期。

李战子：《Palmer〈语气·情态〉导读》，世界图书出版公司 2007 年版。

李宗江：《"V 得（不得）"与"V 得了（不了）"》，《中国语文》1994 年第 5 期。

梁晓波：《情态的多维研究透视》，《解放军外国语学院学报》2002 第 1 期。

廖秋忠：《〈语气与情态〉评介》，《国外语言学》1989 年第 4 期。

刘长征：《"（X）整个一（个）Y"格式试析》，《汉语学习》2007 年第 2 期。

刘丹青：《"唯补词"初探》，《汉语学习》1994 年第 3 期。

刘丹青：《作为典型构式句的非典型"连"字句》，《语言教学与研究》2005 年第 4 期。

刘丹青主编：《语言学前沿与汉语研究》，上海教育出版社 2005 年版。

刘丹青编著：《语法调查研究手册》，（原作：Bernard Comrie，Norval Smith）上海教育出版社 2008 年版。

刘丹青：《构式的透明度和句法学地位：流行构式个案二则》，南京师范大学国际文化教育学院 2009 年 4 月 7 日学术讲座。

刘丽辉：《试析动词第二人称命令体的情态意义》，《克山师专学报》1999 年第 4 期。

刘敏：《"难不成"的词汇化过程》，《黑龙江教育学院学报》2009 年第 3 期。

鲁川：《语言的主观信息和汉语的情态标记》，见《语法研究和探索》（十二），商务印书馆 2003 年版。

鲁晓琨：《现代汉语基本助动词语义研究》，中国社会科学出版社 2004 年版。

陆丙甫：《从语言类型学看模态动词的句法地位》，见《语法研究和探索》（十四），商务印书馆 2008 年版。

陆俭明：《句式语法理论与汉语语法研究》，《中国语文》2004 年第 5 期。

罗进军：《有标假设复句研究》，博士学位论文，华中师范大学，2007 年。

罗晓英：《现代汉语假设性虚拟范畴研究》，博士学位论文，暨南大学，2006 年。

罗耀华、刘云：《揣测类语气副词主观性与主观化》，《语言研究》2008 年第 3 期。

吕叔湘：《中国文法要略》，商务印书馆 1982 年版。

吕叔湘：《现代汉语八百词》，商务印书馆 1999 年增订版。

麻玉林：《"大不了"的语法化》，《文学界·语言研究》2010 年第 5 期。

马建忠：《马氏文通》，商务印书馆 1983 年版。

马庆株：《汉语动词和动词性结构》，北京语言学院出版社 1992 年版。

马悦然：《关于古代汉语表达情态的几种方式》，《中国语文》1982 年第 2 期。

苗振芳：《国内构式语法的研究现状及思考》，《外语教学与研究》2007 年第 4 期。

闵星雅：《"能"和"会"的认知研究》，博士学位论文，上海师范大学，2007年。

　　牛保义：《〈构式语法的跨语言研究〉述评》，《当代语言学》2006年第4期。

　　牛保义：《复句语义的主观化研究》，《外国语言文学研究》2005年第4期。

　　潘晓军：《"说V就V"的表达功能及虚化发展》，《北方论丛》2009年第1期。

　　彭兵转：《从情态角度看语言意义的主观性》，《外语学刊》2011年第3期。

　　彭利贞：《现代汉语情态研究》，中国社会科学出版社2007年版。

　　彭利贞：《论情态的主观和客观》，第十届现代语言学研讨会参会论文，2009年。

　　齐春红：《现代汉语语气副词研究》，云南人民出版社2008年版。

　　齐沪扬：《偏正短语中形容词的连用》，见《语法研究和探索》（八），商务印书馆1995年版。

　　齐沪扬：《语气词与语气系统》，安徽教育出版社2002年版。

　　齐沪扬：《语气副词的语用功能分析》，《语言教学与研究》2003年第1期。

　　齐沪扬：《语气系统中助动词的功能分析》，见《中国语言学报》（十一），商务印书馆2003年版。

　　齐沪扬主编：《现代汉语语气成分用法词典》，商务印书馆2011年版。

　　祁艳红：《现代汉语有标条件复句研究》，博士学位论文，东北师范大学，2013年。

　　屈哨兵：《"值得"结构表达被动观念的形式、动因及相关比较》，见《汉语语法研究的新拓展》（三），东北师范大学出版社2007年版。

　　邵敬敏：《建立以语义特征为标志的汉语复句教学新系统刍议》，《世界汉语教学》2007年第4期。

　　沈家煊：《"判断语词"的语义强度》，《中国语文》1989年第1期。

　　沈家煊：《"语法化"研究综观》，《外语教学与研究》1994年第4期。

　　沈家煊：《词义与认知：〈从词源学到语用学〉评介》，《外语教学与研究》1997 年第 3 期。

沈家煊：《语言的"主观性"和"主观化"》，《外语教学与研究》2001 年第 4 期。

沈家煊：《复句三域"行、知、言"》，《中国语文》2003 年第 3 期。

沈家煊：《语用原则、语用推理和语义演变》，《外语教学与研究》2004 年第 4 期。

沈家煊：《认知与汉语语法研究》，商务印书馆 2006 年版。

沈家煊主编：《现代汉语语法的功能、语用、认知研究》，商务印书馆 2007 年版。

沈洁：《现代模态逻辑对必然性的刻画》，《东南大学学报》（哲学社会科学版）2006 年第 6 期。

沈孟璎：《现代汉语理论与应用》，南京师范大学出版社 1999 年版。

石毓智：《肯定和否定的对称与不对称》，北京语言文化大学出版社 2001 年版。

石毓智、白解红：《将来时态标记向认识情态功能的衍生》，《解放军外国语学院学报》2007 年第 1 期。

史金生：《现代汉语副词语义研究》，博士学位论文，南开大学，2002 年。

束定芳主编：《语言的认知研究——认知语言学论文精选》，上海外语教育出版社 2005 年版。

宋文坚：《逻辑学》，人民出版社 1998 年版。

宋永圭：《现代汉语情态动词否定研究》，中国社会科学出版社 2007 年版。

孙茂恒：《"大不了"的词汇化及其词典释义探究》，《鲁东大学学报》（哲学社会科学版）2011 年第 7 期。

孙汝建：《语气和口气研究》，中国文联出版社 1999 年版。

孙锡信：《近代汉语语气词》，语文出版社 1999 年版。

汤敬安：《情态动词的语用综观性》，《外语与外语教学》2008 年第 9 期。

汤廷池：《华语情态词序论》，见《汉语语法论集》，台北金字塔出版社 1997 年版。

全国斌：《"到"的语法化过程》，《殷都学刊》2006 年第 2 期。

全国斌：《粘合与结构的词汇化》，《殷都学刊》2008 年第 4 期。

田朝霞：《形义匹配种种——四种构架语法模式的比较研究》，《外语教学》2007 年第 1 期。

汪云：《情态理论下的英汉情态动词的情态意义对比分析》，《太原大学教育学院学报》2008 年第 12 期。

王春辉：《汉语条件句的句法表现》，《中国社会科学院研究生院学报》2011 年第 2 期。

王惠：《从构式语法理论看汉语词义研究》，《中文计算语言学期刊》（台湾）2005 年第 10 期。

王虹良：《认识情态与强制情态之探讨》，《兰州大学学报》（哲学社会科学版）1996 年第 4 期。

王路：《亚里士多德的逻辑学说》，中国社会科学出版社 1991 年版。

王维贤、李先焜、陈宗明：《语言逻辑引论》，湖北教育出版社 1989 年版。

王维贤等：《现代汉语复句新解》，华东师范大学出版社 1994 年版。

王伟：《情态动词"能"在交际过程中的义项呈现》，《中国语文》2000 年第 3 期。

王晓凌：《论非现实语义范畴》，博士学位论文，复旦大学，2007 年。

汪兴富、刘国辉：《构式语法专题研讨会综述》，《外国语》2007 第 6 期。

魏本力：《情态动词的量值取向》，《外语学刊》2005 年第 4 期。

文旭：《国外认知语言学研究综观》，《外国语》1999 年第 1 期。

吴福祥：《试说"X 不比 Y·Z"的语用功能》，《中国语文》2004 年第 3 期。

吴福祥主编：《汉语语法化研究》，商务印书馆 2005 年版。

吴启主、李裕德：《现代汉语"构件"语法》，湖北教育出版社 1986 年版。

吴为善：《汉语韵律句法探索》，学林出版社 2006 年版。

吴为善：《认知语言学与汉语研究》，复旦大学出版社 2010 年版。

武柏索等：《现代汉语常用格式例释》，商务印书馆 1988 年版。

肖奚强：《现代汉语语法与对外汉语教学》，学林出版社 2002 年版。

谢佳玲：《汉语表强调的"是"与表预断的"会"》，《清华学报》

2001 年第 3 期。

谢佳玲：《汉语的情态动词》，博士学位论文，（台湾）清华大学，2002 年。

谢佳玲：《汉语情态词的语义界定》，《中国语文研究》（台湾）2006 年第 1 期。

谢晓明：《"大不了"的表达功用与演化过程》，《汉语学报》2013 年第 1 期。

邢福义：《复句与关系词语》，黑龙江人民出版社 1985 年版。

邢福义：《汉语复句研究》，商务印书馆 2002 年版。

熊文：《汉语"能"类助动词和英语 can 类情态动词的对比》，见《中国对外汉语教学学会第五次学术讨论会论文选》，北京语言学院出版社 1996 年版。

熊学亮、张韧弦：《试论条件句和结论句之间的逻辑规约》，《外国语》2005 年第 2 期。

徐晶凝：《现代汉语话语情态研究》，昆仑出版社 2008 年版。

徐李洁：《英汉条件句：if 与"如果"和"如果说"》，《外国语》2004 年第 3 期。

徐烈炯、刘丹青：《话题的结构与功能》（增订本），上海教育出版社 2007 年版。

徐晓菁：《现代汉语可能情态研究》，硕士学位论文，华东师范大学，2007 年。

徐阳春：《复句和复合命题》，《宁夏大学学报》1994 年第 4 期。

徐阳春：《现代汉语复句句式研究》，中国社会科学院出版社 2002 年版。

许和平：《汉语情态动词语义和句法初探》，第三届国际汉语教学讨论会论文选，1991 年。

严辰松：《构式语法论要》，《解放军外国语学院学报》2006 年第 4 期。

姚双云：《复句关系标记的搭配研究》，华中师范大学出版社 2008 年版。

杨将领：《独龙语的情态范畴》，《民族语文》2004 年第 4 期。

杨黎黎：《假设条件句的非现实性和现实性》，《湖北师范学院学报》

（哲学社会科学版）2015 年第 1 期。

杨黎黎：《认识情态词向让步标记的发展》，《汉语学报》2012 年第 4 期。

杨荣祥：《近代汉语否定副词及相关语法现象略论》，《语言研究》1999 年第 1 期。

杨曙、常晨光：《情态的评价功能》，《外语教学》2012 年第 7 期。

姚占龙：《"说、想、看"的主观化及其诱因》，《语言教学与研究》2008 年第 5 期。

尹洪波：《语气及相关概念》，《江淮论坛》2011 年第 3 期。

于康：《命题内成分与命题外成分——以汉语助动词为例》，《世界汉语教学》1996 年第 1 期。

袁毓林：《词类范畴的家族相似性》，《中国社会科学》1995 年第 1 期。

张宝胜、毛宇：《成语的句法——语义功能，从"他这样做是 P 的"跟"他这样做是 P"中 P 的对立说起》，见《汉语语法研究的新拓展》（三），东北师范大学出版社 2007 年版。

张斌：《句子分析漫谈》，《中国语文》1982 年第 3 期。

张斌、胡裕树：《汉语语法研究》，商务印书馆 1989 年版。

张斌主编：《现代汉语虚词词典》，商务印书馆 2001 年版。

张伯江、方梅：《汉语功能语法研究》，江西教育出版社 1996 年版。

张伯江：《疑问句功能琐议》，《中国语文》1997 年第 2 期。

张伯江：《现代汉语的双及物结构式》，《中国语文》1999 年第 3 期。

张伯江：《论"把"字句的句式语义》，《语言研究》2000 年第 1 期。

张伯江：《功能语法与汉语研究》，《语言科学》2005 年第 6 期。

张楚楚：《情态与非情态》，《西安外国语大学学报》2012 年第 6 期。

张国宪：《现代汉语形容词功能与认知研究》，商务印书馆 2006 年版。

张和友：《情态确认型"是"字构式中"是"的语义功能》，《北京大学学报》（哲学社会科学版）2007 年第 3 期。

张静：《汉语语法问题》，中国社会科学出版社 1987 年版。

张黎：《汉语句法的主观结构和主观量度》，《汉语学习》2007 年第 2 期。

张黎：《"有意"和"无意"———汉语镜像表达中的意合范畴》，

《世界汉语教学》2003 年第 1 期。

张敏：《认知语言学与汉语名词短语》，中国社会科学出版社 1998年版。

张维耿：《助动词"想"和"要"的区别》，《语言教学与研究》1982 年第 1 期。

张雪平：《现代汉语假设句研究》，博士学位论文，南开大学，2008 年。

张雪平：《情态和命题的含义及关系》，《吉林省教育学院学报》2008年第 1 期。

张雪平：《现代汉语非现实句的语义系统》，《世界汉语教学》2012年第 4 期。

张谊生：《现代汉语副词研究》，学林出版社 2000 年版。

张谊生：《论与汉语副词相关的虚化机制——兼论现代汉语副词的性质、分类与范围》，《中国语文》2000 年第 1 期。

张豫峰：《近代汉语中表情态的"得"字句》，《河南师范大学学报》1999 年第 6 期。

张则顺：《现代汉语确信情态副词的语用研究》，《语言科学》2012年第 1 期。

章敏：《"本来"反事实句与情态共现问题研究》，《新疆大学学报》（哲学社会科学版）2016 年第 1 期。

章敏：《"要不是"反事实条件句的情态问题研究》，《中南大学学报》（哲学社会科学版）2016 年第 2 期。

赵春利、石定栩：《语气、情态与句子功能类型》，《外语教学与研究》2011 年第 7 期。

周北海：《模态逻辑》，中国社会科学出版社 1996 年版。

周丽颖：《现代汉语语序研究》，上海辞书出版社 2008 年版。

周敏莉：《副词"大不了"及其词汇化》，《文史天地·理论月刊》2012 年第 12 期。

周小兵：《"会"和"能"及其在句中的换用》，《烟台大学学报》1989 年第 4 期。

朱德熙：《语法讲义》，商务印书馆 1982 年版。

朱冠明：《摩诃僧祇律情态动词研究》，博士学位论文，复旦大学，

2002 年。

朱冠明:《汉语单音情态动词语义发展的机制》,《解放军外国语学院学报》2003 年第 6 期。

朱冠明:《情态动词"必须"的形成和发展》,《语言科学》2005 年第 5 期。

朱林清等:《现代汉语格式初探》, 天津人民出版社 1987 年版。

朱倩倩:《基于可能性推测的显性与隐性表达》,《浙江树人大学学报》2008 年第 4 期。

［日］佐藤晴彦:《"难道"小考》, 见大河内康宪主编《日本近、现代汉语研究论文选》, 北京语言学院出版社 1993 年版。

Bybee, J.R.Perkins & W.Pagliuca, *The Evolution of Grammar*: *Tense*, *Aspect*, *Modality in the Languages of the World*, Chicago: The University of Chicago Press, 1994.

Bybee, Joan & Fleischman, Suzanne (eds.), *Modality in Grammar and Discourse*, Amsterdam: John Benjamins, 1995.

Bybee, Joan, "From Usage to Grammar: The MIind's Response to Repetition", *Languages*, 2006, 82 (4).

Chaef, Wallace, "The Realis—Irrealis Distinction in Caddo, the Northern Iroqioian Languages and English", In Bybee, Joan & Fleischman, Suzanne (ed.), 1995.

Coates, Jennifer. *The Semantics of the Modal Auxiliaries*. Beckenham: Croom Helm Ltd. , Provident House, Burrell Row, 1983.

Comrie, Bernard, *Language Universals and Linguistic Typoology*, (Second Edition), Chicago: The Chicago University Press, 1981.

Comrie, B., *Tense*, Cambridge: Cambridge University Press, 1985.

David Crystal 编, 沈家煊译,《现代语言学词典》(第四版), 商务印书馆 2007 年版。根据 Blackwell Publishers Ltd. (1997) 第四版译出。

Dieter Stein & Susan Wright, *Subjectivity and Subjectivisation*, Cambridge: Cambridge University Press, 1995.

Ehrman, M.E., *The Meaning of the Modals in Present-day American English*.The Hague: Mouton, 1966.

Fillmore, C.J. "The Case for Case".载 E.Bach & R.Harms (eds.) *Uni-*

versals in Linguistic Theory，1968，1-88.中译本：《"格"辨》，胡明扬译，商务印书馆 2002 年版。

Goldberg，A.E.*Constructions：A Construction Grammar Approach to Argument Structure* ［M］.Chicago：Chicago University Press，1995.中译本《构式：论元结构的构式语法研究》，吴海波译，北京大学出版社 2007 年版。

Guo，Jiang Sheng，*Social Interaction，Meaning，and Grammatical Form：Children's Development and Use of Modal Auxiliaries in Mandarin Chinese.*Doctoral Dissertation，University of California at Berkley，1994.

Halliday，M. A. K，*An Introduction to Functional Grammar.* London：Edward Arnold，1994.

Heine，Bernd，Ulrike Claude and Fridedrike Hünnemeyer，*Grammaticalization：A Conceptual Framework.*Chicago：University Press，1991.

Jesperson，O.，*The Philosophy of Grammar.*London：Allen and Unwin，1924.中译本：《语法哲学》，何勇等译，语文出版社 1988 年版。

Kay，Paul and Charles J. Fillmore. *Grammatical Constructions and Linguistic Generalizations：The What's X doing Y?.* construction. Language，1999，75：1-33.

Langacker R.W.，*Foundations of Cognitive Grammar.*Standford University Press，1990.

Lee，Felicia，Antisymmetry and the Syntax of Sạn Lucas Quiavini Zapotec.Ph.D.dissertation，UCLA，1999.

Lyons，John，*Semantics*（V. 2.）. Cambridge：Cambridge University Press，1977.

Lyons，J.，*Linguistic Semantics：An Introduction*，《语义学引论》，外语教学与研究出版社、剑桥大学出版社 2000 年版。

Mirjam，Fried & Jan-ola，Östman，*Construction Grammar in a Cross-language Perspective.*Amsterdam：John Benjamins，2004.

Mithun，Marianne，*The Langugaes of Native North America*，1999.

Cambridge：Cambridge University Press.

Nuyts，Jan.*Modality：Overview and linguistic issues.The Expression of Modality.*Berlin，New York：Mouton de Gruyter，2005.

Palmer，F.R.，*Mood and Modality*（1st *edition*）.Cambridge：Cambridge

University Press, 1986.

Palmer, F.R.,《语气·情态》(第二版),剑桥大学出版社、世界图书出版公司 2007 年版。

Pamela Munro, *Modal Expression in Valley Zapotec. The Expression of Modality* [C].Berlin, New York: Mouton de Gruyter, 2005.

Papafragou, Anna, *Modality: Issues in the Semantics - Pragmatics Interface.* Amsterdam: Elsevier, 2000.

Perkins, Michael R., *Modal Expressions in English.*Norwood: Ables Publishing Co., 1983.

Quirk, R., *A Comprehensive Grammar of the English Language.*London: Longman, 1985.

Renzhi Li, *Modality in English and Chinese: a Typological Perspective*, PHD Thesis at University of Antwerp, 2003.

Rescher, N, *Topics in Philosophical Logic.*Dortrecht: Reidel, 1968.

Saeed, John I., Semantics. Oxford, UK; Cambridge, M A: Blackwell Publishers, 1997.

Shepherd, S.C., *Modals in Antiguan Creole, Child Language Acquisition and History.*PhD Dissertation, Stanford University, 1981.

Steele, S., *An Encyclopedia of AUX: a Study in Cross-linguistic Equivalence.* Cambridge, MA: MIT Press, 1981.

Sweetser, Eve.*From Etymology to Pragmatics: Metaphorical and Cultural Aspects of Semantic Structure.*Cambridge: Cambridge University Press, 1990.中译本:《从语源学到语用学:语义结构的隐喻和文化内涵》,北京大学出版社 2002 年引进。

Taylor, J.R., *Cognitive Grammar.*Oxford: Oxford University Press, 2002.

Tiee, Henry Hung-Yeh (铁鸿业).Modality in Chinese. In Nam-kil Kim and Henry Hung-Yeh Tiee (eds.), Studies in East Asian Linguistics. Los Angeles: Department of East Asian Languages and Cultures, University of Southern California. 1985。

Traugott, E.C.& Dasher, R.B., *Regularity in Semantic Change*, Cambridge: Cambridge University Press, 2002.

Traugott E.Closs, *Subjectification in Grammaticalisation* [A].*Subjectivity and Subjectivisation*：*Linguistic Perspectives*. Cambridge：Cambridge University Press，1995.

Tsang，Chui Lim，A Semantic Study of Modal Auxiliary Verbs in Chinese. Ph.D Dissertation，UMI，1981.

Von Wright，G. H.，*An Essay in Modal Logic*. Amsterdam：North-Holland，1951.

William，Frawley，*The Expression of Modality*. Berlin，New York：Mouton de Gruyter，2005.

后　记

本书是在 2010 年我的博士学位论文的基础上修改而成的，增加了第五章和第八章两章内容，并对现代汉语中情态成分和情态构式的收集整理作了一些增删修正，其他章节的架构和内容基本未变。本书的主要工作是对现代汉语情态的语义系统和形式表达系统进行分类描写，同时对具体的情态表达手段进行专章分析。增加的两章都是情态表达手段的专题研究，第五章关于情态成分"大不了"的分析已经发表成文，第八章考察作为情态构式的各类复句表达情态的特点，是最新完成的部分。

博士学位论文完成至今七年的时间倏忽而过，对论文的补充修改心头从未放下，实际行动却缓慢拖沓，其中有密集工作、家庭负担的客观原因，但主要还是自己没有处理好各种关系。原以为可以工作、学习两不误，但那是让我敬佩的榜样才能做到的，事实证明我只能一个时间做一件事。态度肯定是认真的，但还不知道这一件事能做到多好。博士学位论文的书稿早在 2012 年底就与出版社签订了出版合同，后来几年间零零星星作过一些梳理修改，但都没有完整的一段时间可以专心思考。直到去年 9 月，工作上的事情告一段落，精神上、体力上的压力减轻了许多，书稿才真正捡起来。因为放的时间比较长，我把近几年的相关文献查阅了一遍，吸收借鉴了相关研究成果，对自己书稿中的相关理论问题和实际问题进行了相应的修补完善。另外，本书的一个重要成果是对情态成分和情态构式的收集整理，在这个过程中，各种词典和其他工具书我翻阅了不下数十遍，每一条每一项都反复琢磨其性质和用法，斟酌其定性和归类，在不同的工具书中相互查对验证。这种工作的主观性是比较强的，也肯定仍有疏漏或谬误之处。心中一直忐忑，但想到可以抛砖引玉，为同行研究者和学习者提供参考，也算做了一些工作。

大半年的时间过去了，书稿的面目逐渐清晰，但问题仍然很多。有的语言现象并不能作出合理的深层的解释，有的复杂问题也可能简单化了。

写作过程中常有力不从心之感，突破和创新十分艰难，相伴而生出深深的愧疚和努力读书的决心。希望在以后的日子里能做到，对尊敬爱戴的老师少一些愧疚，让关心支持我的老师多一些欣慰。我的这一心声最想诉说的人就是我的博士导师齐沪扬先生。齐老师给了我读博的宝贵机会，一个做久了汉语教学的人回头去写本体的论文，齐老师花费了大量的心血，对我的论文耐心地指导点拨，为我的论文组织多次学术沙龙，会诊、开方，也不断地给我鼓励，给我信心，使我最终能够三年完成学业。齐老师对学生细致关怀，对他人谦和正直，学问精深，勤奋敬业，老师身上的优秀品质值得我一生学习。博士毕业后的几年，我的工作、学习一直得到齐老师的谆谆教导和真诚帮助，也取得了一些成绩。还有博士学位论文的成书，没有齐老师的助力也绝对不可能实现。我对齐老师的感激之情无以言表，无以回报，唯有加倍努力，在学术上有所进步，才能对得起老师的一番心血。

书稿写完的时候，我的第一感觉并不是如释重负，而是思绪万千，想到了一路上支持我、帮助我、给我积极影响的老师们，非常感谢他们，想念他们。

20 年前读本科时尚是懵懂的青春岁月，是李敏老师、张绍麒老师、亢世勇老师、陈洪昕老师等的语言学课、语法学课、逻辑学课深深地吸引了我。至今我还清楚地记得张绍麒老师给我们上的原版语言学名著欣赏的课，那时候的我们很认真地一段一段地准备，上课时轮流翻译，解释，谈理解，说看法，张老师会心地听着，笑着，时而又激情地讲着，我们都陶醉地听着，那课堂竟像文学欣赏课的课堂。彼时彼景，恍如昨日。

硕士时候的段业辉老师、李葆嘉老师、王政红老师等的语言学专业课既开拓了我的学术视野，又指导我进一步确定专业方向，有一定倾向性的阅读和研究。当时李葆嘉老师给我们每个研究生指定了不同的较为前沿的领域，自己去读书，思考，一起讨论。比如有的是配价方面的研究，有的是认知研究，有的是完句成分的研究，等等，使我们接触和开始了一定的学术训练，具备了基本的研究素质。老师们还教给我们具体的语言研究的方法，我发表在《语言教学与研究》上的第一篇学术论文就是王政红老师手把手地教我写作和修改出来的。

读博期间聆听了多位先生精彩翔实的授课，更是获益良多。特别是德高望重的张斌先生，耄耋高龄仍坚持为学生授业解惑，先生的睿智及对学术的执着让人景仰和感佩。范开泰教授、陆丙甫教授、陈昌来教授渊博的学识、深入浅出的授课给人颇多启发。我还要特别感谢张谊生教授和吴为善教授，两位老师对我的博士学位论文提出了很多具体的建议和修改意见，使我进一步反思论文并逐步完善。

博士同门的师兄师姐对我的无私帮助和热情鼓励常常使我溢满泪花。朱敏师姐是同事、同学，也是师姐、师友，没有朱师姐的积极推荐，我就无缘成为齐老师的学生。胡建峰师兄、姚占龙师兄、曾传禄师兄、刘慧清师姐、张素玲师姐，赵国军师兄、李文浩师弟等在我论文的不同阶段，在很多场合给过我不少的论文改进建议，并帮我查找资料等。在这次书稿的修改过程中，还翻到了当年跟几位师兄师姐的邮件往来，满满的都是鼓励、建议，想起来温暖温馨。

白少辉师兄、潘国英师姐与我同门同窗，情深意厚；读博时与同屋师姐李虹一起生活、学习的点点滴滴也将在记忆中永藏。刘辉、刘红妮、李会荣学长在学习上给予我帮助，与石慧敏老师，徐晓羽、潘晓军、屈正林、郑湖静等同学一起听课、讨论的情景，都给我留下了美好的回忆。

在这次书稿修改和校对过程中，还得到了上海师范大学人文学院刘辉老师、南京师范大学国际文化教育学院钱慧真老师和李贤卓老师、曲阜师范大学外语学院刘玉春老师的指点和帮助，在此深表谢意。

最后我还要感谢我的家人，他们的理解、支持、宽容、爱护是我顺利完成博士学位论文、完成书稿的保证。儿子今年小升初，学习任务繁重，但他总是懂事地尽量少占用我的时间。放了学自己坐公交车回家，周末自己去上辅导班，让我省下时间赶快完成书稿。儿子也很争气，在重点小学基本上都是班级第一、年级前十。儿子的优秀常常激励着我，我也应该不懈努力，跟儿子一起进步，在学术上不断成长。

感谢我所有的老师们，感谢所有关心、帮助过我的人！

范伟

2017 年 5 月于南京